비잔티움 제국

최후의 날

비잔티움 제국

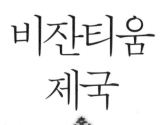

Constantinople
THE LAST GREAT SIEGE, 1453

최후의 날

로저 크롤리 지음 | 이재황 옮김

산처럼

콘스탄티노플은 알려진 명성보다 더 큰 도시다.
하느님께서 자비와 관용으로 이 도시를 이슬람의 수도로 만들어주시기를.

- 하산 알리 알하라위(?~1215, 아랍의 작가)

나는 콘스탄티노플의 … 그 엄청난 위난危難 이야기를 할 것이다.
나는 그것을 가까이서 내 두 눈으로 직접 보았다.

- 히오스의 레오나르도스

포위전 답사 중 해안 성벽에서 다친 잰에게
사랑을 담아 바친다.

| 일러두기 |

1. 이 책은 Roger Crowley의 *Constantinople : The Last Great Siege, 1453*을 완역한 것이다.
2. 외래어 인명은 국립국어원의 외래어 표기법을 따르되 나라와 시대에 따라 기준을 달리했다. 비잔티움 제국 시대의 인명은 유스티니아누스 왕조까지는 라틴어로, 그 이후는 그리스어로 표기했다. 오스만 제국 시대의 인명은 오스만 터키어를 기준으로 했다.
3. 외래어 지명은 국립국어원의 외래어 표기법을 따르되, 당시 국가에서 발음되는 표기로 밝혔으며, 현재 지명 또는 당시의 다른 언어 표기 등을 괄호 안에 병기했다. 비잔티움 제국 시대의 지명은 고대 그리스어를 기준으로 했다.
4. 교황 이름은 한국 로마가톨릭교회가 사용하는 표준 표기에 따랐다.
5. 본문의 괄호 안에 옮긴이 주를 실었다. '옮긴이' 표시가 없는 것은 원서의 보충 설명이다.

차례

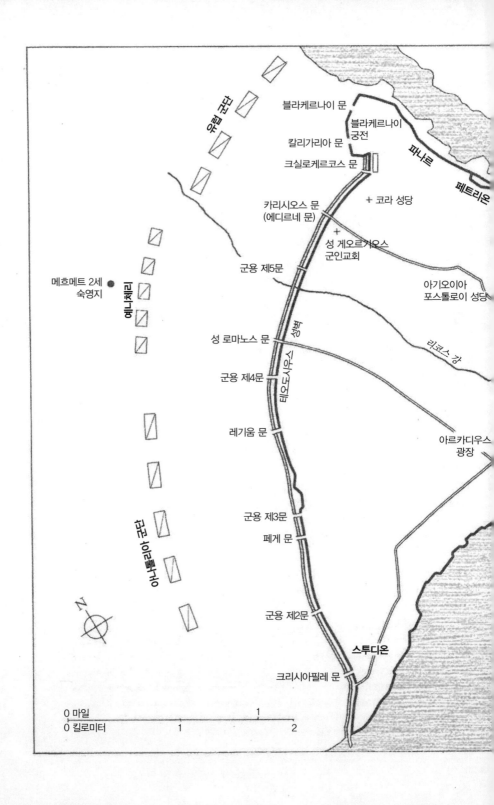

블라케르나이 문

블라케르나이 궁전

칼리가리아 문

크실로케르코스 문

유럽 군단

파나르

페트리온

카리시오스 문
(에디르네 문)

코라 성당

성 게오르기오스
군인교회

군용 제5문

아기오이아
포스톨로이 성당

메흐메트 2세
숙영지

하니체리

리코스 강

성 로마노스 문

테오도시우스 성벽

군용 제4문

레기움 문

아르카디우스
광장

아나톨리아 군단

군용 제3문

페게 문

N

군용 제2문

스투디온

크리시아필레 문

0 마일   1

0 킬로미터   1   2

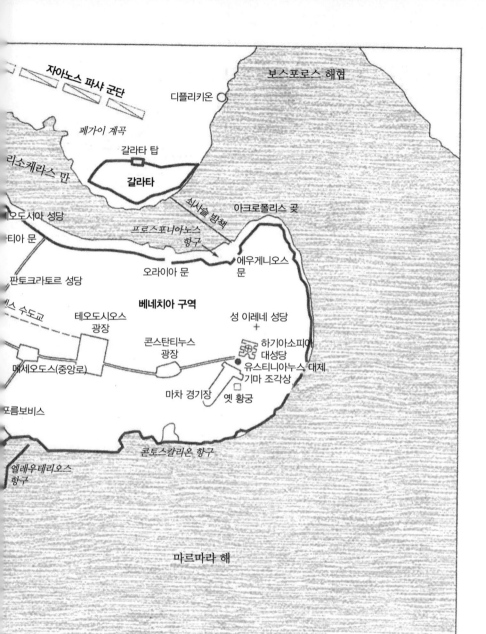

보스포로스 해협

자아노스 파샤 군단

디플리키온

페가이 계곡

갈라타 탑

리소케라스 반

갈라타

아크로폴리스 곶

쇠사슬 방책

오도시아 성당

프로스포니아노스 항구

티아 문

오라이아 문

에우게니오스 문

판토크라토르 성당

베네치아 구역

성 이레네 성당

스 수도교

테오도시오스 광장

하기아소피아 대성당

콘스탄티누스 광장

유스티니아누스 대제 기마 조각상

메세오도스(중앙로)

마차 경기장

옛 황궁

포름보비스

콘토스칼리온 항구

엘레우테리오스 항구

마르마라 해

콘스탄티노플, 1453

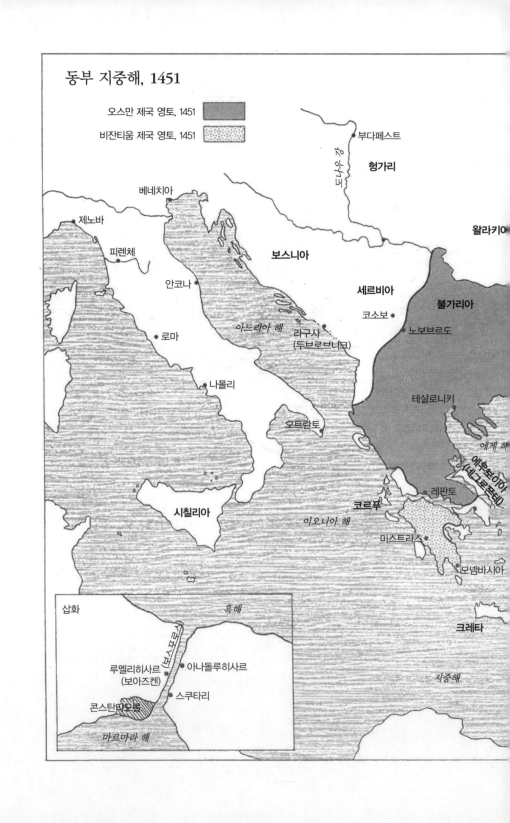

동부 지중해, 1451

오스만 제국 영토, 1451
비잔티움 제국 영토, 1451

부다페스트

헝가리

왈라키아

베네치아

제노바

보스니아

피렌체

세르비아

불가리아

안코나

코소보

노보브르도

로마

아드리아 해

라구사
(두브로브니크)

테살로니키

나폴리

오트란토

에게 해

에우보이아
(네그로폰테)

레판토

코르푸

시칠리아

이오니아 해

미스트라스

모넴바시아

크레타

삽화

흑해

보스포루스

루멜리히사르
(보아즈켄)

아나돌루히사르

스쿠타리

콘스탄티노폴

마르마라 해

지중해

타나

조지아

카파

흑해

바르나

트라페주스

말라즈기르트

콘스탄티노폴

삽화를 보라

아마시아

이즈미트(니코메디아)
이즈니크(니카이아)
앙카라

부르사

마니사
즈미르(스미르나)

아나톨리아

코냐

카라만

로도스 섬

키프로스

맘루크

N

0   200마일

0   300킬로미터

프롤로그

빨간 사과

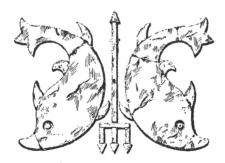

콘스탄티노플의 돌고래 문장.

빨간 사과가 돌을 맞는다.

— 터키 속담

이른 봄날. 솔개 한 마리가 이스탄불 상공에서 선회하고 있다. 새는 완만한 원을 그리며 쉴레이마니예 모스크(이스탄불의 이슬람 사원으로, 쉴레이만 1세(재위 1520~1566) 때인 1557년 완성되어 오스만 건축의 최고 걸작으로 꼽힌다—옮긴이)를 돈다. 마치 그 미너렛(뾰족탑)에 묶여 있기라도 한 것처럼. 새는 그곳에서 1500만 인구가 살고 있는 도시를 관찰한다. 차분한 눈으로 나날과 시대가 흘러가는 것을 살핀다.

1453년 3월의 어느 추운 날에 이 새의 조상들이 콘스탄티노플 상공을 선회할 때도 도시의 구획은 비슷한 모습이었을 것이다. 비록 훨씬 덜 어수선하기는 했겠지만. 그곳은 주목할 만한 장소다. 대략 삼각형 모양으로 동쪽 끝에서 저돌적인 코뿔소의 뿔처럼 약간 추켜올려져 있으며, 양쪽은 바다의 보호를 받고 있다. 북쪽으로는 크리소케라스('황금 뿔'이라는 뜻이어서 '금각만金角灣'으로도 번역되며, 터키어로는 '후미'라는 뜻의 '할리치'로 불린다—옮긴이)라는 이름의 아늑하고 깊은 후미가 자리 잡고 있다. 남쪽으로는 마르마라 해에 면해 있는데, 이 바다는 다르다넬스 해협의 병목 지대를 지나 서쪽의 드넓은 지중해로 연결된다. 하늘에서 보면 삼각형의 이 두 바다 쪽을 방어하고 있는 요새들이 빈틈없이 줄지어 있는 모습을 발견할 수 있고, 해류가 코뿔소의 뿔을 7노트의 속도로 빠르게 통과하는 모습을 볼 수 있다. 이 도시는 사람의 손으로 방어하기도 했지만, 또한 자연의 힘으로 방어하기도 했다.

그러나 가장 특이한 것은 삼각형의 밑변이다. 망루들이 촘촘하게

쉴레이마니예 모스크.

박혀 있고 거대한 해자에 면해 있는 세 겹의 복잡한 성벽이 띠를 이루며 크리소케라스 만에서 마르마라 해까지 뻗쳐 있어 도시를 공격으로부터 막아준다. 이것이 천 년 역사를 지닌 육지 쪽의 테오도시우스 성벽(테오도시우스 2세(재위 408~450) 때 건설된 것이어서 이런 이름이 붙었다―옮긴이)으로, 중세 세계에서 가장 견고한 방어 시설이었다. 14~15세기의 오스만 제국에 이 성벽은 '알라의 목에 걸린 가시'였다. 그들의 야망을 비웃고 그들의 정복 기도를 좌절시키는 골칫덩이였다. 반면 서방 기독교 세계에는 그것이 이슬람 세력을 막아주는 방파제였다. 서방 사람들은 그것이 있어 이슬람 세계로부터 안전할 수 있었고, 편안한 삶을 누릴 수 있었다.

1453년 봄의 상황을 살펴보면, 갈라타라는 제노바인들의 성곽 도시도 발견할 수 있을 것이다. 크리소케라스 만 건너편에 자리 잡은 작은 이탈리아 도시국가다. 바로 여기서 유럽이 끝난다. 보스포로스 해협은 마치 강이 낮은 수풀 우거진 산들을 가르듯이 두 대륙을 나누며

크리소케라스 만.

흑해로 이어진다. 반대편에는 소아시아 즉 아나톨리아가 있다. 그리스어로 '동쪽'이라는 말이다. 100킬로미터 밖에 눈 덮인 올림포스 산 (같은 이름의 산이 그리스·터키·키프로스 등지의 여러 군데에 있으나, 여기서는 이스탄불 남쪽 마르마라 해 건너편에 있는 터키 부르사 주의 울루다 산을 가리킨다—옮긴이) 봉우리가 엷은 빛으로 반짝이고 있다.

다시 유럽 쪽을 보면, 땅은 230킬로미터 서쪽에 있는 오스만의 도시 에디르네(아드리아노플)까지 몇 겹의 완만한 기복을 이루며 뻗쳐 있다. 눈 밝은 사람이라면 바로 이 장면에서 중요한 점을 찾아낼 수 있을 것이다. 두 도시를 연결하는 울퉁불퉁한 길을, 긴 대오를 이룬 사람들이 행진하고 있다. 무리를 이룬 사람들은 흰 모자를 쓴 사람들과 붉은 터번을 두른 사람들이 이끌고 있다. 활과 창, 화승총과 방패가 낮게 비치는 햇빛을 받아 반짝인다. 전진하는 기병 부대가 지나가면서 흙을 박찬다. 사슬 갑옷이 물결치며 달그랑거린다. 그 뒤에는 짐을 실은 노새와 말과 낙타의 긴 행렬이 따르고, 군수품과 그것을 공급하는 사람들도 함께 간다. 갱부와 취사병, 총포공과 율법학자, 목공과 전리품 사냥꾼들이다. 그리고 더 뒤쪽으로도 또 다른 행렬이 계속 이어진다. 황소 대부대와 수많은 사람이 폭신한 땅 위에서 굉장히 힘들게 대포들을 운반하고 있다. 오스만 군대 전체가 이동하고 있다.

시야를 더 넓히면 이 작전의 더욱 구체적인 부분이 드러난다. 마치 중세 그림의 배경과도 같이 노를 장착한 함대가 힘겹게 바람에 맞서며 다르다넬스 해협 쪽으로부터 천천히 이동하고 있음을 발견할 수 있다. 키가 큰 수송선들이 목재와 곡물과 포탄 등을 싣고 흑해로부터 출항했다. 아나톨리아로부터 양치기 무리와 성자聖者, 종군 인력과 부랑자들이 고원을 나와 보스포로스 해협으로 내려와서는 오스만의 징병에 응했다. 사람과 장비의 이런 여러 가지 모습은 하나의 목표를 가진 군대의 공조 움직임이었다. 그 목표는 바로 1453년 당시 얼마 남지 않은 영토를 가지고 있던 오래된 제국 비잔티움의 수도 콘스탄티노플이었다.

이제 이 싸움을 벌이게 될 중세 사람들은 미신에 푹 빠진 사람들이었다. 그들은 예언을 믿었고, 징조를 찾았다. 콘스탄티노플 안에서는 고대의 기념물과 조각상들이 마법의 원천이었다. 사람들은 거기서 미래의 세계를 보았다. 고대 로마의 기둥들에 쓰여 있던 이야기에 암호화돼 담겨 있던 것이었는데, 그 본래의 이야기는 이미 전하지 않고 있었다. 그들은 날씨에서 징조를 읽었고, 1453년 봄이 불안스러운 시기임을 알게 됐다. 당시 날씨는 전에 없이 눅눅하고 추웠다. 3월에 안개

15세기의 콘스탄티노플 상상도. 맨 오른쪽이 갈라타다.

층이 두텁게 보스포로스 해협을 뒤덮었다. 약한 지진이 일어났고, 때 아닌 눈이 내렸다. 기대에 넘쳤던 도시에 그것은 좋지 않은 징조였다. 아마도 세상의 종말에 대한 전조일지도 몰랐다.

처들어가는 오스만인들 역시 자기네의 미신을 가지고 있었다. 그들의 공격 목표는 아주 단순하게 '빨간 사과'로 알려져 있었다. 그것은 세계 권력의 상징이었다. 그곳을 점령하는 일은 거의 선지자 무함마드(570~632)까지 거슬러 올라가 800년을 이어온 이슬람권의 처절한 갈망이었다. 그리고 그것은 전설과 예견 그리고 전거가 불확실한 이야기들로 둘러싸여 있었다. 진군하는 병사들의 상상 속에서, 이 사

과는 도시의 특정 지역에 위치하고 있었다. 하기아소피아 대성당(하기아소피아는 '성스러운 지혜'라는 뜻의 그리스어인데, 보통 성聖소피아로 옮기고 현대 터키에서는 아야소피아라고 부르지만 이 책에서는 당시에 불렸던 하기아소피아로 적는다—옮긴이) 밖의 30미터 높이 기둥 위에 유스티니아누스 대제(재위 527~565. 하기아소피아 대성당을 재건해 동방정교회의 중심지로 만든 황제다—옮긴이)의 거대한 기마 조각상이 서 있었다. 초기 비잔티움 제국의 힘을 나타내는 기념물이자, 제국이 동방에 맞서 기독교

세계의 수호자 노릇을 했다는 상징물이었다. 6세기의 작가 프로코피오스(500~560. 팔레스티나 카이사리아 출신의 비잔티움 역사가—옮긴이)에 따르면 그것은 놀라운 것이었다.

말은 동쪽을 향하고 있으며, 웅장한 모습이다. 이 말 위에는 거대한 황제의 조각상이 올라타고 있는데, 아킬레우스 같은 옷을 입었고… 그의 가슴받이는 반신반인의 것과 닮았다. 그의 머리를 덮고 있는 투구는 위아래로 움직이는 듯하고, 휘황찬란하게 빛나고 있다. 그는 해가 떠오르는 쪽을 바라보며 말을 타고 있는데, 그것은 내게 마치 페르시아인들을 향하고 있는 것처럼 보인다. 그는 왼손에 공 하나를 들고 있

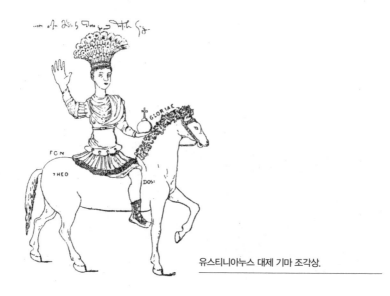

유스티니아누스 대제 기마 조각상.

다. 조각가는 이를 통해 모든 땅과 바다가 그의 것임을 말하고 있다. 그는 비록 칼이나 창이나 다른 무기도 없고 공 위에 십자가만 올려놓고 있지만, 그것만으로도 그가 왕국을 건설했고 전쟁에서 이겼음을 나타내고 있다.[1]

오스만인들이 '빨간 사과'의 위치로 콕 짚은 곳은 바로 십자가를 받치고 있는 유스티니아누스의 공 안이며, 그들은 이것을 노리고 쳐들어가고 있는 것이다. 굉장히 오래된 기독교 제국의 명성과 세계 권력의 가능성이 거기에 담겨 있다고 생각했던 것이다.

포위 공격을 당하는 일에 대한 공포는 비잔티움 사람들의 기억 속에 깊이 새겨져 있었다. 그들의 도서관과 대리석의 방들, 모자이크로 장식된 교회에 도깨비들이 출몰했지만, 그들은 이를 너무도 잘 알고 있었기 때문에 놀라지 않았다. 1453년 봄까지 1,123년 동안에 이 도시는 대략 스물세 번 정도 포위를 당했다. 도시는 딱 한 번 함락당했다. 아랍인들에게도 아니었고 불가르족에게도 아니었으며, 제4차 십자군의 기독교 기사들에 의해서였다. 그것은 기독교의 역사에서 가장 기이한 사건 가운데 하나였다. 육지 쪽 성벽은 돌파당한 경우는 없었고, 다만 5세기에 지진으로 무너진 적이 있을 뿐이다. 그 외에는 성벽이 굳건하게 유지됐고, 이에 따라 술탄 메흐메트 2세(재위 1444~1446, 1451~1481)의 군대가 1453년 4월 6일 마침내 도시 바깥에 말을 세웠을 때 방어자들은 살아남을 수 있다는 합리적인 희망을 품었던 것이다.

이 순간에 이르기까지 그리고 그 이후에 일어난 일들이 이 책에서 다룰 내용이다. 그것은 인간의 용기와 잔인성에 대한 이야기이며, 기술상의 창의력과 행운, 비겁함과 편견 그리고 수수께끼 같은 일에 대한 이야기다. 이 책은 또한 변화의 출발점에 있던 한 세계의 다른 여러 측면을 다룬다. 대포의 발달, 포위전의 기술, 해군 전술, 종교적 믿음, 신화와 중세 사람들의 미신 등이다. 그러나 무엇보다도 이 책은 장소에 대한 이야기다. 해류와 산들, 반도와 날씨에 대한 이야기다. 땅이 오르락내리락하는 모습과 해협이 어떻게 두 대륙을 그렇게 좁게 갈라 '거의 입맞춤할 정도'가 됐는지, 절벽 해안으로 방어막을 친 도시의 강한 곳은 어디인지, 공격에 취약하게 만드는 특수한 지질학적 특성은 무엇인지 등을 이야기한다.

콘스탄티노플이 제국의 운명에 가장 중요한 곳이 되고 그토록 많은 군대가 그 성문 앞으로 오게 된 것은 이 장소가 지닌 가능성, 즉 교역과 방어와 식량을 위해 이 도시가 제공한 가능성 때문이었다. 게오르기오스 트라페준티오스(1395~1484. 그리스의 철학자이자 르네상스의 선구자 가운데 한 사람이다—옮긴이)는 이렇게 썼다.

로마 제국(여기서 말하는 '로마 제국'과 '로마인'은 비잔티움 제국과 비
잔티움인을 말한다—옮긴이)의 중심지는 콘스탄티노플이고, 로마인들
의 황제 자리에 앉아 있는 사람은 또한 전 지구인의 황제다.[2]

근대 민족주의는 콘스탄티노플 포위전을 그리스 민족과 튀르크 민
족 사이의 투쟁으로 해석했다. 그러나 그렇게 단순화시키는 것은 본
질을 호도하는 것이다. 어느 쪽도 이런 딱지를 선뜻 받아들이거나 심
지어 이해하려 하지 않았고, 다만 각자가 서로 상대편을 그렇게 생
각했을 뿐이다. 오스만인(말 그대로 오스만 종족 사람들이다)은 자신들
을 오스만인으로 부르거나, 그저 무슬림으로 불렀다. '튀르크'는 서방
국민국가들이 사용한, 대체로 멸시하는 용어였다. '터키'라는 이름은
1923년에 새로운 공화국을 창설하기 위해 유럽에서 빌려오기 전에는
그들이 알지도 못하던 것이었다.

1453년의 오스만 제국은 이미 민족적 정체성에 대한 고려는 별로
없이 자기네가 정복한 여러 민족을 흡수한 다문화적 창조물이었다.
그들의 정예부대는 슬라브인들이었고, 지휘 장수는 그리스인이었으
며, 함대의 제독은 불가리아인이었고, 술탄은 한쪽 조상이 아마도 세
르비아인이거나 마케도니아인이었을 것이다. 더군다나 중세의 속국
이라는 복잡한 규범 아래서 수천 명의 기독교인 부대가 에디르네에
서 출발한 원정 길에 술탄을 따라왔다. 그들은 그리스어를 사용하는
콘스탄티노플 주민들을 정복하러 온 것인데, 이 도시 주민들은 지금
우리가 비잔티움인으로 부르고 있지만, 그 말은 이 중요한 포위전으

로부터 꼭 400년 뒤인 1853년에 처음 영어로 사용된 것이었다. 그들은 로마 제국의 후예로 간주됐고, 따라서 자신들을 로마인이라고 불렀다. 그리고 그들을 지휘한 것은 어머니가 세르비아인이고 친·외가 조부모 중 한 명이 이탈리아인인 황제(비잔티움 멸망 당시의 황제였던 콘스탄티노스 11세(재위 1449~1453)를 말한다—옮긴이)였으며, 방어 병력의 대부분은 비잔티움인들이 '프랑크인'으로 부른 서유럽에서 온 사람들이었다. 그들은 베네치아인·제노바인·카탈루냐인들이었으며, 종족상으로 튀르크족·크레타인인 사람들이 뒤를 받쳤고 스코틀랜드인도 하나 있었다.

포위전에 참여한 사람들의 정체성 또는 국적을 단순하게 확정하기는 어렵지만, 모든 당대의 역사가들이 절대로 빼먹지 않은 이 싸움의 한 측면이 있다. 바로 신앙 측면이다. 무슬림들은 자신의 상대방을 '천한 이교도', '형편없는 불신자', '신앙의 적'이라 불렀으며, 그 대가로 자신들은 '이단자', '미개한 이교도', '신앙심 없는 튀르크족'으로 불렸다. 콘스탄티노플은 진정한 신앙을 놓고 이슬람교와 기독교가 벌인 오랜 싸움의 최전선이었다. 그곳은 서로 다른 두 가지 진실이 800년 동안에 걸친 전쟁과 휴전을 통해 상대와 맞닥뜨린 장소였으며, 1453년 봄 바로 이곳에서는 역사의 한 치열했던 순간을 맞아 두 거대 일신교—神敎 사이의 새롭고도 영구적인 태도들이 굳어지게 된다.

불타는 바다

629~717년

마차 경기장에서 관람하고 있는 황제의 모습.

오, 세상의 지배자이시고 주인이신 그리스도여,
저는 이제 이 종속된 도시와 이 왕권과 로마의 권력을 당신께 바칩니다.[1]

– 콘스탄티노플에 있는 콘스탄티누스 대제 기념비의 새김글

이 도시에 대한 이슬람 세력의 갈망은 이슬람교 자체의 역사만큼
이나 오랜 것이다. 콘스탄티노플을 대상으로 하는 성전聖戰의 기원은
한 사건을 통해 멀리 선지자 무함마드에게까지 거슬러 올라가지만,
이 도시 역사의 상당 부분이 그러하듯이 그 사건의 정확한 내용은 확
인할 수가 없다.

629년 '로마인들의 독재자'로 불렸던 비잔티움의 28대 황제 헤라
클레이오스(재위 610~641)는 예루살렘을 향해 도보 순례에 나서고 있
었다. 이때가 그의 생애 최고의 순간이었다. 그는 여러 차례의 놀라
운 승리를 통해 페르시아인들을 분쇄했으며, 기독교 세계의 가장 성
스러운 유물인 성십자가聖十字架(예수가 십자가 형을 당한 실제 십자가 유
물을 일컫는 말이다―옮긴이)를 되찾았다. 그는 의기양양하게 이 십자
가를 성묘교회聖墓敎會(예수가 십자가에 못 박히고 그 시신이 묻혔던 곳으로
전하는 터에 지은 교회이며, 콘스탄티누스 1세 때 성당을 짓기 위한 발굴 과정
에서 성십자가와 무덤이 발견됐다고 전한다―옮긴이)에 반환했다. 이슬람
교의 전승에 따르면, 그는 예루살렘에 도착했을 때 편지 한 통을 받았
다. 내용은 간단했다.

가장 인정 많고 가장 자비로우신 알라의 이름으로 드립니다. 이 편
지는 알라의 종이자 그분의 사도使徒인 무함마드가 비잔티움의 지배
자 헤라클레이오스에게 보내는 것입니다. 안내를 따르는 사람들에게
평화가 있기를. 나는 당신이 알라 앞에 무릎 꿇기를 청합니다. 이슬람

성묘교회, 1885.

교와 알라를 받아들이면 당신은 갑절의 보상을 받을 것입니다. 그러나
이 초대를 거부한다면 당신은 당신의 백성들을 잘못 이끌게 될 것입니
다.[2]

헤라클레이오스는 이 편지를 누가 썼는지 종잡을 수가 없었다. 그
러나 그는 조사를 해보고 그 내용을 얼마간 존중했던 것으로 전해진
다. 비슷한 편지가 페르시아에 있는 '왕 중의 왕'에게도 보내졌지만,
그는 이를 찢어버렸다. 이 소식을 전해 들은 무함마드는 퉁명스럽게
대답했다.

"그에게 말하라. 우리 종교와 나의 통치권은 호스로(이 편지를 받은
것으로 전해지는 당시 사산 왕조의 샤 호스로 2세(재위 590, 591~628)를 말

헤라클레이오스가 성십자가를 되찾아 의기양양하게 말을 달리고 있다.

하며, 그는 사산 왕조의 최대 판도를 확보한 샤였다—옮긴이)의 왕국이 결코 얻을 수 없었던 범위까지 확대될 것이라고."[3]

호스로 2세에게는 시간이 없었다. 그는 전해에 화살을 맞아 서서히 죽어가고 있었다. 하지만 이 미심쩍은 편지는 기독교 국가 비잔티움과 그 수도 콘스탄티노플에 떨어지려고 하는 엄청난 타격을 예고하는 것이었다. 그 타격으로 모든 황제가 이루어 놓은 일들은 모두 허사로 돌아가고 만다.

그 이전 10년 동안에 무함마드는 아라비아 반도의 반목하던 부족들을 이슬람교라는 단순한 메시지 아래 통합하는 데 성공했다. 유목민 무리는 하느님의 말씀에 자극되고 공동체의 기도를 통해 훈련돼 조직적인 전투 병력으로 탈바꿈했다. 이들의 갈망은 이제 사막의 한계를 넘어서 밖으로 투사돼, 신앙에 따라 두 개의 분명한 구역으로 첨예하게 나뉜 세계로 향했다. 한쪽에는 '다르 알이슬람Dar al-Islam' 즉 '이슬람의 집'이 있었고, 다른 한쪽에는 여전히 개종시켜야 할 영역인

'다르 알하르브Dar al-Harb' 즉 '전쟁의 집'이 있었다.

630년대 무렵에는 정착지에서 점차 황무지로 변해 가고 있던 비잔티움 변경의 공지空地에, 마치 모래폭풍 속에서 나온 유령처럼 무슬림 군대가 나타나기 시작했다. 아랍인들은 기민하고 지략이 있었으며 강인했다. 그들은 시리아에서 굼뜬 용병 부대의 혼을 쏙 빼놓았다. 그들은 공격을 하고 나서 사막으로 퇴각해 적을 자신의 본거지로부터 황량한 들판으로 끌어낸 뒤 포위하고 학살했다. 그들은 거친 공지를 가로질러 가면서 자신들의 낙타를 죽여 그 위 속에 있는 물을 마셨으며, 그렇게 함으로써 적이 예상치 못한 상태에서 그들의 등 뒤에 불쑥 나타났다. 그들은 도시들을 포위했고, 이를 함락시키는 방법을 알고 있었다. 다마스쿠스가 함락됐고, 그다음은 바로 예루살렘이었다. 이집트는 641년에, 아르메니아는 653년에 항복했다. 20년 안에 페르시아 제국은 붕괴했고, 이슬람교로 개종했다. 정복 속도는 믿을 수 없을 정도였으며, 적응 능력은 특출했다.

이 사막의 사람들은 하느님의 말씀과 성스러운 정복에 추동돼 "바다에서 성전을 수행하기 위해"[4] 이집트와 팔레스티나의 선창船廠에서 해군을 창설했다. 현지 기독교도들의 도움을 받아서였다. 648년에는 키프로스를 점령했으며, 그 뒤 655년에 '돛대 전투'(오늘날의 터키 남해안 피니케 부근 해상에서 벌어진 아랍 세력과 비잔티움 사이의 해전으로, 양쪽이 전투 내내 초승달과 십자가 깃발을 돛대 위에 달았다고 해서 이런 이름이 붙었다—옮긴이)에서 비잔티움 함대를 물리쳤다. 결국 무함마드가 죽은 지 40년이 채 되지 않은 669년에 칼리프 무아위야 1세(재위 661~680, 우마이야 왕조(661~750)의 창설자다—옮긴이)가 콘스탄티노플에 결정타를 날리기 위해 대규모 상륙 부대를 파병했다. 이어 승리했다는 소문이 들려오자 그는 한껏 승리를 예감했다.

무아위야 1세에게 그것은 세심하게 배려하고 철저하게 기획하며 실행해 온 야망에 찬 장기 계획의 정점이었다. 669년에 아랍 군대는 이 도시를 마주보고 있는 아시아 쪽 해안을 점령했다. 이듬해에는 400척의 함대가 다르다넬스 해협을 지나 마르마라 해 남쪽 편에 있는 키지코스 반도(현재의 카프다 반도다―옮긴이)에 기지를 확보했다. 보급품이 비축되고 선박 수리 시설과 기타 보수 설비가 만들어졌다. 필요한 만큼 길게 계속될 군사작전을 지원하기 위한 것이었다. 무슬림들은 도시의 서쪽 해협을 건너 유럽 해안에 처음으로 상륙했다. 여기서 그들은 한 항구를 점령하고 그곳을 기반으로 포위 공격을 하며 도시 배후 지역 곳곳에서 대규모 약탈을 자행했다. 콘스탄티노플 도시 안에서는 방어군이 거대한 성벽 뒤에 숨어 있었고, 크리소케라스 만에 정박해 있는 그들의 함대는 적에 대해 반격에 나설 채비를 하고 있었다.

아랍인들은 674년에서 678년까지 5년 연속 한결같은 모습으로 군사작전을 벌였다. 그들은 해마다 봄과 여름 사이에는 성벽을 포위하고 비잔티움 함대와 전투를 치르는 등 해협에서 해상 작전을 늘렸다. 양쪽은 노를 장착한 비슷한 형태의 갤리선으로 싸웠으며, 선원들도 대체로 비슷했다. 무슬림들이 자기네가 정복한 레반트(현재의 레바논·이스라엘·요르단·시리아 등지를 포괄하는 지중해 동쪽 일대를 가리키는 말이다―옮긴이) 지역 기독교도들의 항해술을 익힌 데 따른 것이었다. 겨울에 아랍인들은 키지코스에 있는 자신들의 기지에서 병력을 재편하고 배를 수리하며 이듬해에 다시 압박을 가할 준비를 했다. 그들은 장기적인 안목으로 포위 작전을 펴고 있었으며, 결국 승리할 수

밖에 없다는 믿음이 확고했다.

그러던 중 678년에 비잔티움 함대가 결정적인 움직임을 보였다. 그들은 무슬림 함대에 공격을 감행했다. 아마도 군사작전을 벌이는 계절이 끝나가던 무렵에 키지코스 기지에서였을 것이며, 선봉에 나선 것은 빠른 드로몬선(가볍고 빨리 항해하며 노가 많은 갤리선이었다)의 소함대였을 것이다. 상세한 내용은 분명치 않고 또한 의도적으로 은폐됐을 것이다. 그 이후에 무슨 일이 일어났는지에 대한 당대의 설명은 전혀 없다. 다만 후대의 기록에서 세부 사항을 추측할 수 있을 뿐이다.

공격 함선들은 적에게 다가서자 으레 하던 대로 날개 달린 발사체를 쏜 뒤에 뱃머리에 높이 탑재한 분사구噴射口로부터 엄청난 액체 불덩이 세례를 퍼부었다. 불붙은 분출물은 가까워지는 양쪽 배 사이에 있는 바다 표면을 불태웠고, 그런 뒤에 적선을 휘감아 "앞에 있는 바다 표면에 번개의 섬광처럼"[5] 떨어졌다. 불꽃이 폭발하면서 천둥 같은 소음이 동시에 일어났다. 연기가 하늘에 시커멓게 피어났고, 아랍인들의 배에서는 증기와 가스가 겁에 질린 선원들을 질식시켰다. 이 불의 폭풍은 자연법칙을 거부하는 듯했다. 그것은 옆쪽이나 아래쪽 등 작동하는 사람이 원하는 방향으로 조준할 수 있었다. 그것이 바다 표면에 닿으면 물에 불이 붙었다. 그것은 또한 접착성이 있는 듯했다. 나무로 된 선체와 돛에 달라붙어 끄려고 해도 끌 수 없었고, 이에 따라 배와 거기에 탄 선원들은 금세 성난 신이 내뿜는 듯한 거센 불길에 휩싸였다. 이 엄청난 불지옥은 "아랍인들의 배와 거기에 탄 선원들을 산 채로 태워버렸다."[6] 함대는 파괴됐고, 정신적 충격을 받은 생존자들은 "수많은 병력을 잃고 큰 상처를 안은 채"[7] 포위를 풀고 배를 저어 고국으로 돌아갔다. 겨울의 폭풍은 남은 배마저도 대부분 부서뜨

그리스의 불.

렸으며, 아랍 육군은 아시아 해안에서 매복군을 만나 격퇴당했다. 무아위야 1세는 낙심해서 679년에 불리한 조건으로 30년 동안 휴전할 것을 받아들였고, 이듬해 좌절을 안은 채 죽었다. 무슬림의 대의는 처음으로 커다란 좌절을 맛보았다.

역사가들은 이 이야기를 "하느님이 로마 제국을 보호했다"[8]는 분명한 증거로 제시했다. 그러나 사실은 새로운 과학기술이 구해 준 것이었다. 바로 '그리스의 불'(물로 잘 꺼지지 않아 비잔티움 해군이 해전의 주요 무기로 사용했던 화기다―옮긴이)의 발명이다. 이 엄청난 무기에 대한 이야기는 지금까지도 무수한 억측을 낳는 주제로 남아 있다. 그 제조법은 비잔티움의 국가 기밀로 간주됐다.

대략 그 포위 공격이 있었던 시기에 칼리니코스라는 이름의 그리스인 도망자가 빨대를 통해 액체 소이탄을 분사하는 기술을 가지고 시리아에서 콘스탄티노플로 왔던 듯하다. 만약 그렇다면 그는 서아시아 지역에 널리 알려진 화공火攻 기술을 기반으로 했을 가능성이 높다. 혼합체의 핵심 성분은 거의 틀림없이 흑해의 노천 유정油井에서 난 원유였을 것이고, 여기에 분말 수지樹脂를 혼합해 접착성을 지니도록 했을 것이다. 포위 기간 동안에 도시의 비밀 병기창에서 완성했을 것으로 보이는 것은 이 물질을 분사하는 기술이었다. 로마 제국의 실용 공학 기술을 이어받은 비잔티움인들은 이 혼합체를 밀봉된 청동 용기에서 가열하고 수동 펌프를 이용해 압력을 가한 뒤 분사구(거기서 액체는 불꽃에 의해 점화된다)로 분사하는 기술을 개발했던 것으로 보인다. 나무로 만들어진 배에서 가연성 물질과 압력 그리고 불을 다루려면 정확한 제조 기술과 고도로 숙련된 인력이 필요했고, 678년에 아랍인들의 사기를 꺾어놓은 것은 '그리스의 불'의 진짜 비밀이었던 바로 이 기술이었다.

40년 동안 콘스탄티노플에서의 좌절은 다마스쿠스의 우마이야 왕조 칼리프들에게 한이 됐다. 이슬람 신학에서는 인류 전체가 결국은 이슬람교를 받아들이지 않거나 무슬림의 지배에 복종하지 않는다는 것은 상상도 못할 일이었다. 717년, '신앙'을 유럽으로 확산시키는 일을 저해하는 장애물을 극복하기 위한 두 번째이자 더욱 단호한 시도가 이루어졌다. 아랍의 공격은 제국이 혼란에 빠져 있던 시기에 이루어졌다. 새 황제 레온 3세(재위 717~741)는 717년 3월 25일 즉위했다. 그는 즉위 다섯 달 전에 8만 명의 대부대가 육지 쪽 성벽 전체를 파고 있고 1800척의 함대가 해협을 통제하고 있음을 알았다.

아랍인들은 이전 포위 때에 비해 한 단계 높은 전략을 들고 나왔다. 무슬림 장군 마슬라마(685~738)는 이 도시의 성벽이 공성 도구들을 가지고는 함락시킬 수 없다는 것을 재빨리 알아차렸다. 이번에는 전면적인 봉쇄를 하고자 했다. 그의 생각이 진지한 것이었음은 그가 거느린 부대가 밀 씨앗을 가지고 온 데서 분명하게 드러났다. 717년 가을에 그들은 성벽 밖에서 밭을 일구고 이듬해 봄에 수확할 곡식을 심었다. 그리고 그들은 차분하게 기다렸다. '그리스의 불'을 쏘는 배들이 부분적으로 성공을 거두기도 했지만, 아랍 쪽의 옭죄기를 깨는 데는 실패했다. 이교도들을 쳐부수기 위해 모든 일이 조심스럽게 계획됐다.

그러나 그 결과로 아랍인들에게 실제로 일어난 것은 상상도 못할 참변이었고, 그것은 숨 가쁘게 전개됐다. 비잔티움 측 역사가들에 따르면, 레온 3세는 자신들의 기준으로도 인상적일 정도로 대단히 능란한 뒤통수치기로 적들을 속여 넘기는 데 성공했다. 그는 아랍인들이 양곡 창고를 헐고 방어군에게 곡식을 좀 나눠주면 도시를 들어 투항하겠다고 마슬라마를 설득했다. 그렇게 해주자 레온 3세는 성벽 뒤에 바싹 붙어 협상을 거부했다. 이제 속아 넘어간 군대는 너무도 혹독한 겨울을 맞아야 했고, 그들은 그럴 준비가 제대로 돼 있지 않았다. 눈이 100일 동안 대지를 덮고 있었다. 낙타와 말들이 추위를 견디지 못하고 죽어가기 시작했다. 동물들이 죽게 되자 점점 자포자기에 빠진 병사들은 그 고기를 먹는 수밖에 없었다. 얼마나 객관적인지는 알 수 없지만, 그리스 측 역사가들은 암울한 공포가 스며들었음을 암시했다. 100년 뒤에 '증거자' 테오파네스(760~818)는 이렇게 썼다.

그들은 심지어 죽은 사람과 발효시킨 그들의 똥을 솥에 넣고 삶아 먹었다는 말도 있다.[9]

굶주림에 이어 질병이 돌았다. 수천 명이 추위 속에서 얼어 죽었다. 아랍인들은 보스포로스 해협의 대단히 혹독한 겨울을 지내본 경험이 전혀 없었다. 땅은 너무 딱딱해서 시신을 묻을 수도 없었다. 수백 구의 시신은 바닷속에 던져 넣어야 했다.

이듬해 봄에 대규모 아랍 함대가 고통에 빠진 육군을 구조하기 위해 식량과 보급품을 싣고 도착했다. 그러나 곤두박질치고 있던 운세를 되돌릴 수는 없었다. 그들은 '그리스의 불'이 위험하다는 경고를 받았기 때문에 짐을 부린 뒤 배를 아시아 해안에 숨겨놓고 있었다. 불행하게도 일부 선원들(이집트인 기독교도들이었다)이 비잔티움으로 탈주해 함대의 위치를 누설해 버리고 말았다. 제국의 화공선 함대가 대비 없는 아랍 함선들에 덤벼들어 이를 파괴했다. 시리아에서 파견돼 함께 구조하러 왔던 육군 부대도 비잔티움 보병 부대의 매복 공격을 받고 괴멸됐다. 그러는 사이에 결단력과 교활함이 끝이 없는 듯한 레온 3세는 이교도인 불가르족과 협상을 하고 있었다. 그는 성벽 밖의 이교도들을 공격하도록 그들을 설득했다. 그렇게 벌어진 싸움에서 2만 2천 명의 아랍인이 살해당했다.

그들이 도착한 날로부터 거의 1년이 돼가던 718년 8월 15일, 칼리프의 부대들은 포위를 풀고 육로와 해로를 통해 고국으로 패주해 돌아갔다. 퇴각하는 병사들은 아나톨리아 고원 너머까지도 추격을 받았다. 무슬림의 대의에 예비된 또 하나의 재난도 있었다. 일부 선박은 마르마라 해에서 폭풍우를 만나 파괴됐고, 나머지는 에게 해에서 수중 화산 폭발로 물속에 가라앉았다.

(이 폭발은) 바닷물을 끓게 만들었다. 평저선의 틈새에 바른 역청이 녹으면서 배들은 깊숙이 가라앉았고, 선원과 다른 모든 것 또한 마찬

가지였다.[10]

출항했던 대규모 선단 중에서 겨우 다섯 척만이 시리아로 돌아와 "하느님의 엄청난 위업을 선포"[11](기독교도인 테오파네스의 글을 인용한 것이어서 기독교도의 입장이 드러난 것이다—옮긴이)했다. 비잔티움은 이슬람의 맹공격에 옥죔을 당했지만 무너지지 않았다. 콘스탄티노플은 기술 혁신과 노련한 외교, 개인의 뛰어난 능력과 거대한 방어 시설이 어우러져 살아남았다. 그리고 천운도 있었다. 이는 다가올 수백 년 동안에도 끊임없이 반복될 주제다. 이런 상황하에서 놀라운 일은 아니지만, 비잔티움인들은 자기네 스스로 이런 설명을 했다.

하느님과 하느님의 어머니이신 지극히 성스러운 동정녀께서 이 도시와 우리의 기독교 제국을 지켜주셨다. 그리고 … 진심으로 하느님께 간구하는 사람을 완전히 저버리시는 일은 없다. 비록 우리 자신의 죄때문에 일시적으로 꾸지람을 듣는 일은 있을지라도.[12]

이슬람 세력이 717년에 이 도시 점령에 실패한 것은 오랫동안 영향을 미쳤다. 콘스탄티노플이 무너졌다면 무슬림들이 유럽으로 확장해 들어가는 길을 열어놓았을 것이고, 이에 따라 서방의 모든 미래가 재구성됐을 것이다. 이 일은 아직도 역사 속의 중요한 '만약에' 가운데 하나로 남아 있다. 이는 15년 뒤 지중해의 반대편 끝에서 최고 수위를 기록했던 첫 번째의 강력한 이슬람 지하드(성전) 공격을 무디게 만들었다. 무슬림 부대가 파리에서 남쪽으로 겨우 240킬로미터 떨어진 루아르 강변에서 패배한 일을 말하는 것이다(732년 투르-푸아티에

전투에서 프랑크 왕국이 우마이야 왕조의 이슬람군을 물리쳐 이슬람 세력의
진격을 저지했다—옮긴이).

이슬람 세력 스스로에게 콘스탄티노플에서의 완패가 지닌 의미는
군사적인 것이라기보다는 오히려 과학기술적인 것이었다. 이슬람교
가 생겨나고 첫 100년 동안에는 '신앙'의 궁극적인 승리를 의심해야
할 이유가 거의 없었다. 지하드의 원칙은 피할 수 없는 정복을 명령했
다. 그러나 콘스탄티노플 성벽 밑에서 이슬람은 자기 신앙의 거울형
상mirror image(실제 사물과 그것이 거울에 비치는 모습처럼 좌우가 뒤집힌 형
상을 말한다—옮긴이)에 의해 격퇴당했다. 기독교는 비슷한 사명감과
개종시키려는 욕구를 지닌 경쟁 관계의 일신교였다. 두 개의 밀접하
게 연관된 변종은 수백 년을 두고 진실을 추구해 왔고, 콘스탄티노플
은 그 둘 사이의 오랜 싸움에서 최전선이 된다. 그러는 동안에 이슬람
사상가들은 '이슬람의 집'과 '전쟁의 집' 사이의 관계에서 실제적인
변화가 일어났음을 인식하지 않을 수 없었다. 비무슬림 세계에 대한
최종적인 정복은 연기돼야 했고, 어쩌면 세상의 종말을 맞는 순간까
지 연기될지도 몰랐다. 일부 율법가들은 제3의 상태인 '휴전의 집'까
지도 생각하고 있었다. 궁극적 승리의 연기를 표현하기 위한 것이다.
지하드의 시대는 끝나게 된 듯했다.

비잔티움은 가장 끈질긴 적임이 드러났고, 콘스탄티노플이라는 도
시는 여전히 무슬림에게 한편으로는 생채기이면서도 또 한편으로는
깊은 갈망의 원천이었다. 많은 순교자가 그 성벽 앞에서 죽어갔다. 예
컨대 669년의 이슬람 지도자 아부 아이유브 알안사리 같은 경우가 그
랬다. 그들의 죽음은 이슬람 세계에 이 도시를 성소로 각인시켰으며,
그곳을 점령하는 일은 세상을 구원하는 것과 같은 의미를 부여받았

다. 그곳에 대한 포위전들은 많은 신화와 전승의 유산을 남겼고, 그것은 수백 년 동안 전해졌다. 그 내용은 대부분 무함마드가 했다는 말을 모은 『하디스』(이슬람교의 창시자 무함마드의 언행록으로, 이슬람법의 4대 원천 가운데 하나다—옮긴이)에 들어 있다. '신앙'의 전사들의 패배와 죽음 그리고 궁극적인 승리라는 사이클을 미리 이야기하는 예언들이다.

콘스탄티노플과 맞서 싸우는 지하드에서 무슬림의 3분의 1은 그들에게 패배를 당할 것이며, 알라는 이를 용서할 수가 없다. 또 3분의 1은 싸움에서 죽어 대단한 순교자가 될 것이다. 그리고 3분의 1은 승리를 거둘 것이다.[13]

그것은 장기간에 걸친 싸움이 될 터였다. 이슬람 세력과 비잔티움 사이의 싸움은 규모가 너무나도 커서, 그 뒤로도 650년 동안 그 도시 성벽 앞에서 무슬림의 깃발은 펄럭이지 않는다. 1453년 이후 현재까지의 기간보다도 더 긴 기간이었다. 그러나 예언은 그들이 돌아올 것이라고 돼 있었다.

천 년 전 전설 속의 그리스인 비자스가 개척했다는 정착지(콘스탄티노플이 되기 전에는 비자스의 이름을 따서 비잔티온으로 불렸고, 그 라틴어형이 비잔티움이다—옮긴이) 터에 건설된 콘스탄티노플은 마슬라마의 병력이 고국으로 패주해 갈 무렵에는 이미 기독교도들의 도시가 된 지 400년이나 지난 뒤였다. 서기 324년 콘스탄티누스 1세 황제가 새로운 기독교 중심지로 선택한 이곳은 입지상으로 엄청난 천혜의 이점을 지니고 있었다. 5세기에 육지 쪽 성벽이 건설되자, 이 도시는 포위 공격의 장비가 투석기 수준에 머무는 한 사실상 난공불락이었다. 20킬로미터에 이르는 외성外城 안쪽으로 콘스탄티노플에는 가파른 산들이 줄지어 솟아 있어 주변의 바다에 비해 자연적으로 유리한 지점들을 활용할 수 있었다. 또한 동쪽에는 구부러진 사슴뿔처럼 생긴 크리소케라스 만의 물줄기가 안전하고 수심 깊은 피난처를 제공했다. 유일한 단점은 곶 지역이 불모지라는 점이었는데, 이 문제는 로마의 수리공학水利工學을 이용해 여러 곳에 수로와 저수장들을 정교하게 구축함으로써 해결하게 된다.

이곳은 공교롭게도 무역로와 병력 이동로의 교차 지점에 위치해 있었다. 이 도시의 초기 정착의 역사는 행진하는 군화 소리와 철벅거리며 노 젓는 소리로 가득 차 있다. 그리스 신화의 이아고와 아르고호 선원들은 드네프르 강 하구의 금 채취자로부터 황금 양털을 구하기 위해 배를 타고 이곳을 지나갔다. 페르시아 왕 다리우스 1세(재위 서기전 522~서기전 486)는 스키타이인들과 싸우기 위해 배다리를 통해 70만 병력을 인솔해 건너갔다. 로마의 시인 오비디우스(서기전 43~서기 17)는 흑해 연안으로 유배를 가는 길에 "두 바다의 거대한 출입구인 곳"[14]을 아쉬운 듯이 쳐다보았다.

교차 지점에 있던 이 기독교인의 도시는 방대한 배후 지역의 부를 통제하게 됐다. 동쪽으로는 중앙아시아의 부자들이 보스포로스 해협을 통해 이 제국 수도의 창고를 드나들 수 있었다. 러시아에서는 이민족들의 금과 모피와 노예가 들어왔고, 흑해에서는 캐비어가 건너왔으며, 먼 동방에서는 밀랍·소금·향신료·상아·호박琥珀·진주가 들어왔다. 남쪽으로는 육로를 통해 다마스쿠스·알레포·바그다드 등 서아시아의 도시들로 연결됐다. 그리고 서쪽으로는 뱃길이 다르다넬스 해협을 지나 지중해 전역으로 이어졌다. 이집트와 나일 강 삼각주, 풍요로운 섬 시칠리아와 크레타, 이탈리아 반도 그리고 지브롤터 해협 너머 어디든지 갈 수 있었다. 좀 더 가까이에는 목재와 석회석과 대리석이 있어 강력한 도시를 건설하고 이를 유지하는 데 필요한 모든 자원을 얻을 수 있었다. 보스포로스 해협의 특이한 해류로 인해 계절적으로 물고기가 많이 잡혔고, 유럽 쪽의 트라키아(발칸 반도 남동부 지역의 옛 명칭으로, 오늘날 터키의 유럽 대륙 부분과 여기에 인접한 그리스 및 불가리아의 일부 지역을 가리킨다—옮긴이) 들판과 아나톨리아 고원의 비옥한 저지대에서는 올리브유와 옥수수와 포도주를 풍성하게 공급했다.

이런 곳에 생겨난 이 번영하는 도시는 제국의 화려함을 드러내주는 표상이었는데, 로마 황제가 통치하고 주민들은 그리스어를 사용하는 사람들이었다. 콘스탄티누스 대제는 격자의 가로수 길을 설계했다. 그 옆에는 주랑현관柱廊玄關이 있는 공공건물과 넓은 광장, 정원, 기념비와 개선문이 자리 잡았다. 기독교도들의 것과 함께 이교도들의 것도 있었다. 고전(서양사에서 '고전 고대'는 서기전 8세기부터 서기 5세기까지의 그리스 · 로마 시대를 가리킨다—옮긴이) 세계에서 약탈해 온 조각상과 기념물들(이 가운데는 아마도 그리스의 조각가 리시포스가 알렉산드로스 대왕을 위해 만든 것으로 보이는 멋진 청동 마상馬像도 있는데, 이것은 지금 베네치아의 우상이 돼 있다), 로마의 것에 필적할 만한 마차 경기장, 궁전들 그리고 "1년의 날수보다도 더 많은"[15] 수의 교회도 있었다. 콘스탄티노플은 대리석과 얼룩 돌의 도시가 됐다. 거기에 금과 화려한 모자이크를 박았다. 이 도시의 인구는 가장 많을 때 50만 명까지 불었다.

성모 마리아에게 콘스탄티노플을 봉헌하는 콘스탄티누스 대제, 하기아소피아 대성당의 모자이크.

　　이 도시는 장사를 하거나 동쪽의 로마 제국 황제에게 경의를 표하기 위해 찾아온 방문객들을 깜짝 놀라게 했다. 미개한 유럽 지역에서 온 이민족들은 입을 떡 벌린 채 "세계가 갈망하는 도시"[16]를 바라보았다. 11세기에 이곳에 온 푸셰르 드 샤르트르(1059~1127. 중세의 연대기 작가로 제1차 십자군에 참여하기 위해 1097년 콘스탄티노플에 도착했다─옮긴이)의 반응은 여러 시대에 전해진 많은 기록 가운데 전형적인 것이다.

　　아, 너무나도 멋진 도시다. 너무도 위풍당당하고 너무도 근사하다. 이곳에 얼마나 많은 수도원이 있는지! 순전히 노동력만으로 한길과 거리에 얼마나 많은 궁전이 세워졌는지! 얼마나 많은 예술작품이 있어 보기에 좋은지! 온갖 좋은 것들이 너무도 많아 말하다 보면 질리게 될 것이다. 금과 은, 여러 가지 유행하는 옷들 그리고 너무도 성스러운

유물들. 배는 이 항구에 연락부절이어서 사람들이 원하는 것치고 이곳으로 들어오지 않는 것은 없다.[17]

비잔티움은 로마 제국의 마지막 계승자일 뿐만 아니라 또한 첫 번째 기독교 국가이기도 하다. 이 수도는 만들어질 때부터 천국의 모사품으로 생각됐고, 그 황제는 지상에서 하느님을 대행하는 존재로 간주됐다. 기독교에 대한 숭배는 모든 곳에서 드러나고 있었다. 교회 꼭대기의 둥근 지붕에서, 여러 가지 종을 울리는 데서, 수도원에서, 수많은 수도사와 수녀에게서, 거리와 성벽 곳곳을 이콘icon(기독교의 예수·성모·성인 등 주요 인물을 그린 그림이나 조각상—옮긴이)들이 끝없이 행진하는 데서, 끊임없이 기도를 반복하고 기독교 의식을 치르며 그러는 가운데서 신앙심 깊은 주민들과 그들의 황제가 살아가는 데서. 금식일과 축일祝日과 철야 기도가 연례 일정이 되고 시간표가 됐으며 생활의 뼈대가 됐다. 이 도시는 기독교 세계 유물의 보고寶庫가 됐다. 성지聖地에서 수집해 서방 기독교도들에게 선망의 대상이 된 것들이다. 여기에 세례 요한의 머리가 있고, 가시 면류관이 있고, 십자가의 못과 무덤에서 나온 돌이 있고, 사도들의 유물이 있고, 금으로 만들어지고 보석이 박힌 유물함에 담긴 다른 수많은 기적을 일으키는 공예품들이 있다.

정교회 신앙은 사람들의 감성에 강력하게 작용했다. 모자이크와 이콘들의 강렬한 색깔, 희미한 등불이 켜진 교회에서 열리는 성찬식에서 일어서고 앉는 신비로운 아름다움, 천국에라도 온 것처럼 감각을 황홀하게 하기 위해 설계된 화려한 의식이 진행되는 동안에 교회와 황제를 함께 감싸고 있는 분향焚香과 정성스러운 의례를 통해서다.

1391년 황제의 대관식을 목격한 어느 러시아 방문객은 느릿느릿한 행사의 화려함에 깜짝 놀랐다.

그동안에 성가대가 가장 아름답고도 놀라운 성가를 불렀다. 지식으로 도달할 수 없는 세계였다. 황제의 행렬은 너무도 천천히 전진해서, 대문에서 옥좌가 놓인 돈대까지 가는 데 세 시간이 걸렸다. 머리부터 발끝까지 미늘로 뒤덮인 열두 명의 무장한 병사가 황제를 호위했다. 그의 앞에서는 검은 머리의 기수 두 명이 행진했다. 그들의 깃대와 옷, 머리 장식은 모두 붉은색이었다. 이 기수들 앞에는 전령들이 걸어가고 있었다. 그들이 손에 든 막대기는 은으로 도금돼 있었다. … 황제는 돈대에 올라 황제의 예복을 걸치고 황제의 머리띠를 했으며 삐죽삐죽한 왕관을 썼다. … 그러고는 성스러운 예식이 시작됐다. 누가 그 아름다움을 다 묘사할 수 있을까?[18]

마치 거대한 배처럼 도시 중앙에 자리 잡고 있는 것은 하기아소피아 대성당이었다. 537년 유스티니아누스 대제가 단 6년 만에 건립해 봉헌한 것이다. 이 성당은 고대 말기의 가장 특이한 건물이었다. 그 구조물의 거대함은 필적할 만한 것이 없고 오직 스스로의 화려함에나 비길 수 있을 뿐이었다. 공중에 뜬 거대한 반구형 지붕은 보는 사람들에게 이해할 수 없는 기적이었다. 프로코피오스는 이렇게 말했다.

그것은 튼튼한 돌 위에 놓여 있는 것이 아니라 마치 하늘에 매달려 있다는 듯이 아래의 공간을 덮고 있는 것처럼 보였다.[19]

1719년 하기아소피아 대성당의 그림.

그것은 매우 넓은 공간을 둘러싸고 있어서, 처음으로 그것을 보는 사람들은 말 그대로 할 말을 잃었다. 1만 6천 제곱미터의 황금 모자이크로 장식된 둥근 천장은 너무도 찬란했다. 파울로스 실렌티아리오스는 이렇게 썼다.

황금 빛줄기가 쏟아져 내려 사람의 눈을 때리기 때문에 거의 바라볼 수 없을 지경이었다.[20]

여러 가지 색깔의 대리석이 많아 그는 감동을 받고 시적인 감흥에 젖었다. 그것들은 마치 "별들을 뿌려놓은" 것처럼 보였다.

빛나는 검정색 표면 위에 튄 우유처럼, … 또는 바다나 에메랄드 원석처럼, 여기저기 눈 더미가 있는 잔디 속의 푸른 수레국화처럼.

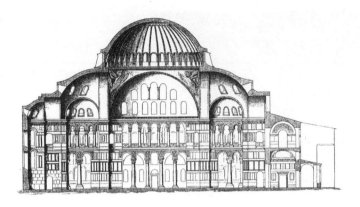

하기아소피아 대성당 단면도.

러시아를 정교회로 개종시킨 것은 하기아소피아 대성당 성찬식의 아름다움이었다. 10세기에 키예프에서 보낸 조사단이 이 예배를 경험하고 보고서를 올린 뒤다.

우리는 스스로가 천국에 있는지 지상에 있는지 알 수 없었다. 왜냐하면 지상에는 그렇게 화려하고 아름다운 것이 없기 때문이다. 그리고 우리는 그것을 어떻게 표현해야 할지 당혹스럽다. 우리가 알 수 있는 것은 오직 하느님이 거기서 인간과 함께 살고 계시다는 것뿐이다.[21]

정교회의 온갖 화려한 모습은 이슬람교의 꾸밈없는 순수함과 정반대의 모습이었다. 한쪽은 사막 지평선의 추상적인 단순함을 내놓았다. 해를 볼 수 있다면 어디서나 치를 수 있는 간편한 숭배이며, 하느님과 직접 접촉하는 것이다. 다른 쪽은 이미지와 색깔과 음악을 내놓았다. 영혼을 천국으로 이끌기 위해 설계된 성스러운 신비의 은유로 황홀하게 하는 것이다. 양쪽은 똑같이 세계를 자기네 하느님에 대한

하기아소피아 대성당의 내부.

환상으로 개종시키려 골몰하고 있었다.

비잔티움인들은 기독교 세계의 역사에 거의 어울리지 않을 정도로 강렬한 영적 생활을 영위했다. 때로 군 장교들이 너무 많이 은퇴하고 수도원으로 들어가는 바람에 제국의 안정성이 위협을 받기도 했으며, 거리에서 신학적 문제들이 정열적으로 토론되다가 폭동으로 발전하기도 했다. 짜증이 난 한 방문객은 이렇게 전했다.

이 도시는 신학자를 겸하고 있는 노동자와 노예들로 가득 차 있다. 어떤 사람에게 환전을 해달라고 하면 그는 성부聖父와 성자聖子가 어떻게 다른지 이야기한다. 빵 가격을 물으면 성자가 성부보다 못하다고 열변을 토한다. 목욕물이 데워졌느냐고 물으면 성자는 무無로부터 만들어졌다는 대답이 돌아온다.[22]

그리스도는 하나였는가, 여럿이었는가? 성령은 성부만으로부터 내려왔는가, 성부와 성자로부터 내려왔는가? 이콘은 우상숭배인가, 성

높은 자리에 있으면 위험하다. 로마노스 3세(재위 1028~1034)는 욕실에서 익사했다.

스러운 것인가? 그것은 쓸데없는 질문이 아니었다. 구원이냐 파멸이냐가 그 대답에 달려 있었다. 정통과 이단의 문제는 제국의 생활에서 내전만큼이나 폭발력 있는 것이었고, 이런 문제들이 사실상 통합을 저해했다.

비잔티움의 기독교 세계는 또한 기묘하게도 운명론적이었다. 모든 일은 하느님이 정하는 것이었고, 불행은 지갑을 잃어버리는 일에서부터 포위 공격을 당하는 중대한 일에 이르기까지 그 정도에 관계없이 개인적인 또는 집단적인 죄악의 결과로 간주됐다. 황제는 하느님의 명령으로 지명되는 것이었지만, 그가 궁정 쿠데타로 타도되면 그것 역시 하느님의 의지였고 어떤 숨겨진 죄악이 있다는 징표였다. 음모를 꾸민 자들에 의해 난도질당해 죽거나, 욕실에서 칼에 찔리거나, 목이 졸려 죽거나, 말 뒤에 질질 끌려가거나, 그저 시력을 잃어 추방을 당하거나 마찬가지였다(왜냐하면 황제의 운은 불안정하기로 유명했기 때문이다). 그리고 운은 예고되는 것이었기 때문에 비잔티움인들은 미신적으로 예언에 집착했다. 불안한 황제들이 자기 운명의 단서를 찾기 위해 기독교 성서를 아무 데나 펼쳐 읽는 것은 흔한 일이었다. 많은 사람은 점을 치는 일에 몰두했다. 그래서 종종 성직자들로부터 비난을 받기도 했다. 그러나 그리스인들의 마음에서 이를 없애기에는 너무도 깊이 인이 박혀 있었다.

그것은 약간 기묘한 형태를 띠었다. 9세기의 한 아랍 방문객은 먼 곳에서 이루어지고 있는 군사작전의 진행 상황을 보고하는 데 신기하게 말을 이용하고 있는 것을 목격했다.

그들은 굴레가 걸려 있는 교회 안으로 안내된다. 말이 굴레를 입으로 물면 사람들은 이렇게 말한다.

"우리는 이슬람의 땅에서 승리를 거두었습니다."

(때로는) 말이 다가가서 굴레의 냄새를 맡고 돌아와서 다시는 굴레 쪽으로 다가가지 않는 경우도 있다.[23]

후자의 경우 사람들은 아마도 패배할 것이라는 우울한 예상을 하고 떠나갔을 것이다.

수백 년 동안 햇빛처럼 찬란했던 비잔티움과 그 수도의 이미지는 그 변경 너머에까지 중력을 행사했다. 부유하고 쉽게 멸망하지 않는다는 눈부신 이미지를 발산한 것이다. 이 나라 황제들의 두상이 들어간 그들의 통화通貨인 베잔트(도시 이름인 '비잔티온'이 변형된 것이다—옮긴이) 금화는 서아시아 지역의 표준 금화였다. 로마 제국의 위

베잔트.

세가 그 이름에 붙었다. 무슬림 세계에서 그것은 간단하게 룸Rum(로마)으로 알려졌고, 로마와 마찬가지로 그것은 나라 밖의 미개인에 가까운 유목민들이 갈망하고 선망하는 대상이었다. 발칸 반도 지역과 헝가리 평원으로부터, 러시아 삼림과 아시아 초원 지역으로부터 이동하는 민족들의 거센 파도가 그 방벽을 강타했다. 훈족과 고트족, 슬라브족과 게피드족, 타타르계 아바르족, 튀르크계 불가르족 그리고 야만스런 페체네그족 등이 모두 비잔티움 세계를 휘젓고 다녔다.

이 제국은 전성기에 이탈리아에서 튀니스까지 지중해를 둘러싸고 있었지만, 이들 이웃들의 압력 아래서, 계속 끄트머리가 말려 올라가는 커다란 지도처럼 끊임없이 확대와 축소를 반복했다. 해마다 제국의 육군과 해군이 마르마라 해안의 큰 항구들을 출발해 깃발을 나부끼고 나팔을 불었다. 어떤 지방을 되찾거나 변경을 지키기 위해서였다. 비잔티움은 항상 전쟁을 치르고 있는 나라였고, 콘스탄티노플은 교차로에 위치해 있기 때문에 유럽과 아시아 양쪽으로부터 계속해서 압박을 받았다. 아랍인들은 제국이 존재한 기간 가운데 처음 500년 동안 육지 쪽 성벽 앞에 진을 쳤던 수많은 부대 가운데 단연 가장 완강했다. 페르시아인들과 아바르인들은 서기 626년에 쳐들어왔고, 불가르족은 8세기, 9세기, 10세기에 거듭 쳐들어왔으며, 키예프 공국의 이고르 대공(재위 914~945)은 941년에 쳐들어왔다.

포위전은 그리스 사람들과 그들의 오랜 신화 속에서 늘 유념하고 있는 상황이었다. 사람들은 기독교 성서 이후에 호메로스의 트로이 이야기를 알고 있었다. 이는 그들을 현실적이게도 만들었지만 또한 미신적이게도 했다. 도시 성벽 보수는 항구적인 주민의 책무였다. 곡식 창고는 항상 채워져 있었고, 저수장에도 물이 가득했다. 그러나 정교회 신앙을 통해 정신적으로 방어하는 일 또한 가장 중요한 일이 돼야 했다. 동정녀 마리아는 도시의 수호자였다. 위기가 닥치면 마리아 이콘을 들고 성벽을 따라 행진했으며, 717년의 포위 때 구해 준 것이 마리아라고들 생각했다. 그것들은 『쿠란』에 맞먹는 확신을 주었다.

육지 쪽 성벽 밖에 진을 치고 포위 공격에 나섰던 어느 군대도 이 물리적인 방어벽과 심리적인 방어벽을 무너뜨릴 수 없었다. 방어 시설을 돌파하기 위한 과학기술과 바다를 봉쇄하기 위한 해군력 그리고 주민들을 굶겨 죽이는 데 필요한 인내심은 어느 예비 정복자도 얻을 수 없었다. 제국은 비록 한계점까지 다다른 경우도 많았지만, 놀라운 복원력을 보여주었다. 도시의 기반 시설과 제국의 시스템이 지닌 힘 그리고 위기의 순간에 뛰어난 지도자가 때맞춰 나타난 행운 등은 그 주민들이나 적 모두에게 동쪽의 로마 제국이 영원히 지속될 듯이 보이도록 만들었다.

그러나 아랍인들에게 포위당했던 경험은 도시에 심각한 흔적을 남겼다. 사람들은 이슬람 세력이 뜻대로 할 수 없는 반대 세력임을 깨달았다. 질적으로 그 밖의 적들과는 다른 존재였다. 사라센인들(기독교 세계에는 아랍인들이 그렇게 알려지게 됐다)에 대한 그들 자신의 예언은 세계의 미래에 대한 불길한 예감을 또렷이 전하고 있었다. 한 작가는 이들이 종말의 날의 '네 번째 짐승'이라고 단언했다.

(그것은) 지구상의 네 번째 왕국이 될 것인데, 모든 왕국 가운데서 가장 큰 재난을 초래하며 온 지구를 사막으로 바꾸어놓을 것이다.[24] (기독교 성서 『다니엘』 제7장 제23절에 비슷한 구절이 있다―옮긴이)

그리고 11세기가 저물 무렵에 이슬람 세력의 손에 의해 두 번째 편치가 비잔티움에 가해졌다. 그것은 너무도 갑작스럽게 일어났기 때문에 당시에는 아무도 그 의미를 제대로 파악하지 못했다.

이스탄불을 꿈꾸다
1071~1422년

이슬람 세계와 기독교 세계의 격돌 : 무슬림들과 십자군 전사들.

내가 보니 하느님은 제국의 태양을 튀르크족의 집에서 빛나게 하셨고,
천체들이 그들의 영지 둘레를 돌게 하셨고, 그들을 튀르크라
이름 붙이셨고, 그들에게 통치권을 주셨고, 그들을 그 시대의 왕으로
만드셨고, 그 시대의 사람들에 대한 통제권을 그들에게 주셨다.[1]

– 마흐무드 알카시가리(1005~1102)

잠들어 있던 지하드 정신을 되살린 것은 튀르크족의 부상浮上이었다. 그들은 6세기에 이미 비잔티움의 지평선에 처음 나타났다. 페르시아 제국에 맞서 동맹을 맺자고 사절을 보낸 것이었다. 비잔티움인들에게 그들은 그저 이 대도시로 끝없이 몰려드는 수많은 민족 가운데 하나일 뿐이었다. 그들의 본거지는 흑해 너머였고, 멀게는 중국까지 뻗쳐 있었다. 그들은 경사가 완만한 중앙아시아 초원 지대에 사는 이교도들이었다. 그들의 중심지로부터 유목민 침략자들의 충격파가 주기적으로 쏟아져 나와 그 너머의 정착민들을 유린했다. 그들은 이 과정에 대한 기억으로서 '오르두ordu'(현대 터키어로는 '군대'라는 뜻이다—옮긴이)라는 그들의 단어를 서방에 남겼다('무리'를 뜻하는 영어의 'horde'가 그것이다). 마치 모래 위에 찍힌 희미한 발자국처럼.

비잔티움은 이들 튀르크 유목민들의 이름을 알기 오래전부터 그들로부터 반복적으로 약탈을 당해 왔다. 그리스어를 사용하는 정착민들에게 가장 먼저 타격을 가한 튀르크족은 아마도 훈족일 것이다. 그들은 4세기에 기독교 세계로 밀려들어왔다. 그들에 이어 이번에는 불가르족이 들어왔고, 그 파도는 매번 대지를 황폐하게 만드는 메뚜기 떼처럼 합리적인 설명이 불가능했다. 비잔티움인들은 이들의 출현을 기독교도들의 죄악에 대한 하느님의 징벌이라고 생각했다.

튀르크족은 그들의 사촌 격인 몽골인들과 마찬가지로 드넓은 대지와 더 드넓은 하늘 사이의 안장 위에서 살았으며, 중개자인 주술사들을 통해 하늘과 땅 모두를 숭배했다. 그들은 끊임없이 움직이고 부족

단위로 이동했으며, 짐승을 키우고 이웃들을 약탈하며 생활했다. 약
탈물은 그들의 존재 이유였고, 도시는 그들의 적이었다. 합성궁合成弓
(목재 이외에 짐승의 뿔이나 힘줄, 쇠붙이 등 여러 가지 재료를 조합해 만든
활—옮긴이)을 사용하고 기마전에서 기동 전술을 씀으로써 그들은 정
착민들보다 군사적인 우위를 차지할 수 있었다. 아랍의 역사가 이븐
할둔(1332~1406)은 이것을 역사의 중요한 과정으로 보았다. 그는 이
렇게 썼다.

> 정착해 사는 사람들은 게으름과 편안함에 익숙해지곤 한다. 그들은
> 자신들을 둘러싸고 있는 성벽 그리고 자신들을 보호해 주고 있는 방어
> 시설들에서 안전을 확신한다. 베두인족에게는 문이나 담이 없다. 그
> 들은 언제나 무기를 들고 다닌다. 그들은 길을 가면서 모든 방향을 조
> 심스럽게 살핀다. 그들은 말을 타고 있을 때에나 … 겨우 쪽잠을 잔다.
> 그들은 약한 소리나 잡음에도 모두 주의를 기울인다. 불굴의 정신은
> 그들의 성격적 특징이 됐고, 용기는 그들의 본성이 됐다.[2]

이것은 기독교와 이슬람 세계 모두에서 곧 다시 반복될 문제였다.

아시아 중심부에서 잇달아 동란이 일어나자, 이들 튀르크 종족들
은 계속해서 서쪽으로 밀려나게 됐다. 9세기 무렵에 이들은 이란과
이라크의 무슬림들과 만나게 됐다. 바그다드의 칼리프는 이들의 전
투 능력을 알아보고 그들을 노예 군사로서 자신의 부대에 충원했다.
10세기 말에는 경계 지역에서 이슬람교가 튀르크족들 사이에서 굳건
히 뿌리를 내렸지만, 그들은 자기네의 민족적 정체성과 언어를 유지
했다. 그리고 그들은 곧 자기네 주인들로부터 권력을 빼앗았다. 11세

기 중반에는 바그다드에서 셀주크라는 튀르크 왕조가 술탄으로 떠올랐고, 그 세기말에는 중앙아시아에서 이집트에 이르는 이슬람 세계의 대부분을 튀르크족이 지배했다.

그들이 이슬람 세계에서 부상한 것은 조금도 불만을 느낄 수 없을 정도로 빨랐는데, 이는 대부분 신의 섭리에 의한 기적이라고 생각됐다. 하느님이 "죽어가고 있던 이슬람교를 되살리고 무슬림을 다시 통합시키기 위해"³ 만들어낸 것이다. 정통 순나Sunnah('관행'을 의미하는 '순나'는 무함마드 등이 확립한 규범을 말하며, '수니파'라는 명칭도 여기서 나왔다—옮긴이) 전통에 대한 순종을 선택한 튀르크족의 셀주크 왕조는 이집트의 비정통 시아파 왕조와 같은 시기에 존재했기 때문에 진짜 '가지gazi'로서의 정통성을 얻을 수 있었다. 가지란 이교도들과 비정통 무슬림들을 상대로 지하드를 벌이는 '신앙'의 전사를 말한다. 호전적인 이슬람의 정신은 튀르크족의 투쟁심과 딱 맞아떨어졌다. 약탈하려는 욕구는 알라에 대한 경건한 봉사로 정당화됐다. 튀르크족의 영향 아래 이슬람교는 초기 아랍인들이 지녔던 정복에 대한 열의를 회복하고 자신들의 적인 기독교도들에 맞서는 거대한 규모의 성전을 재개했다. 비록 살라딘(재위 1174~1193. 살라흐 앗딘 유수프 이븐 아이유브. 아이유브 왕조의 창시자—옮긴이) 자신은 쿠르드족이었지만, 그와 그의 후계자들은 튀르크족의 정신을 지닌 군대를 이끌었다. 13세기의 인물 알라완디는 이렇게 썼다.

하느님이시여, 찬양을 받으소서!
이슬람교가 강력하게 지원받는도다! …
아랍인과 페르시아인, 로마인과 러시아인들의 땅에서

튀르크족의 손에 칼이 들려 있고,

그들의 칼에 대한 공포가

사람들의 마음속에 뿌리를 내렸도다![6]

아나톨리아의 남쪽 변경을 따라 기독교인들과 무슬림 사이에서 수백 년 동안 조용히 연기를 내고 있던 전쟁이 이 새로운 동력을 바탕으로 불꽃을 일으키기까지는 오랜 시간이 걸리지 않았다. 바그다드의 셀주크 왕조는 제멋대로인 유목 민족 투르크멘인들 때문에 골치를 썩이고 있었다. 이들의 약탈하고자 하는 욕구는 이슬람교의 심장부에서 불협화음을 일으키고 있었다. 셀주크는 이 민족의 전사들의 힘을 서쪽의 비잔티움 즉 '룸' 왕국으로 돌리도록 유도했다. 11세기 중엽에는 약탈에 나선 '가지' 전사들이 성전이라는 미명하에 너무도 자주 아나톨리아의 기독교 지역을 습격했기 때문에 콘스탄티노플의 황제는 단호한 조치를 취하지 않을 수 없었다.

1071년 3월, 로마노스 4세(재위 1068~1071) 황제는 이 상황을 개선하기 위해 직접 동쪽으로 출발했다. 8월에 그는 동부 아나톨리아의 말라즈기르트(만지케르트)에서 투르크멘인들이 아니라 셀주크 군대를 만났다. 훌륭한 지휘관이었던 술탄 알프 아르슬란(재위 1064~1072. '용맹한 사자'라는 의미)이 이끌고 있는 부대였다. 그것은 흥미로운 일이었다. 술탄은 싸우려 하지 않았다. 그의 핵심 목표는 기독교도들에 맞서 싸우는 것이 아니라 이집트의 혐오스런 시아파 정권을 무너뜨리는 것이었다. 그는 휴전을 제안했지만, 로마노스 4세는 이를 거부했다. 곧이어 전투가 벌어졌고, 무슬림이 완승을 거두었다. 전통적인 유목민들의 매복 작전과 비잔티움 용병 부대의 탈주가 승패를 갈랐다.

로마노스 4세는 살아남았지만 승리자인 술탄 앞에 머리를 조아려야 했고, 술탄은 늘인 그의 목에 발을 올려놓았다. 승리와 굴복의 상징적인 표현이었다. 그것은 세계사의 결정적인 순간임이 드러났고, 콘스탄티노플에게는 재앙이었다.

비잔티움인들에게 말라즈기르트 전투는 '끔찍한 날'이었다. 그들을 두고두고 괴롭힐 엄청난 규모의 패배였다. 그 결과는 재앙 수준이었지만, 콘스탄티노플에서는 이를 곧바로 알아차릴 수가 없었다. 투르크멘인들은 아무런 제지도 받지 않고 아나톨리아로 쏟아져 들어왔다. 그들은 전에는 그곳을 약탈하고 다시 돌아갔지만, 이번에는 그대로 머물러 점점 더 서쪽으로 밀고 들어와 아나톨리아의 '사자 머리'(아나톨리아 서쪽 부분이 사자의 머리처럼 생겼기 때문에 이렇게 표현한 듯하다―옮긴이) 쪽으로 밀어붙였다. 중앙아시아에서 천막과 쌍봉낙타를 끌고 이란과 이라크의 뜨거운 사막 지대를 지나온 이 유목민들에게 경사가 완만한 고원은 만족스런 풍광이었다. 그들은 정통 수니파 신앙 체계와 열렬한 이슬람적 요소를 함께 가지고 왔다. 수피교도(이슬람교 신비주의자들―옮긴이)와 데르비시(수피의 수도승―옮긴이), 지하드와 기독교 신자들에게 받아들여졌던 성인에 대한 신비주의적 숭배를 함께 설파하는 방랑하는 성자 등이 바로 그 이슬람적 요소였다.

말라즈기르트 전투로부터 20년도 되지 않아서 튀르크족은 지중해 연안에 도착했다. 그들은 기독교를 믿는 잡다한 주민들로부터 거의 저항을 받지 않았는데, 주민들 가운데 일부는 이슬람교로 개종했고 그러지 않은 사람들도 콘스탄티노플의 세금 징수와 박해가 사라져 기쁘기만 했다. 이슬람교는 기독교도들을 '성서를 믿는 사람들Ahl al-Kitāb'(직역하면 '책의 사람들'인데, 여기서 '책'은 모세 5경을 가리키는 것으로 이슬람교 쪽에서 신앙의 뿌리가 같은 유대교도와 기독교도들을 가리키는 말이다—옮긴이)로 보았다. 그런 만큼 그들은 법과 숭배의 자유 속에서 보호를 받을 수 있었다. 분리파 기독교도들은 심지어 튀르크의 지배를 적극적으로 환영했다. 미카엘 시로스(1126~1199. 시리아 정교회 총대주교를 지냈다—옮긴이)는 이렇게 썼다.

튀르크족이 공정하고 잘 다스렸기 때문에 그곳 주민들은 그 통치 아래 살아가는 것을 좋아했다. 튀르크족은 종교적인 비의秘儀에 대해 아무런 생각이 없었기 때문에 … 신앙 고백에 대해 따지거나 자신들의 이익을 위해 누군가를 박해하는 데 전혀 익숙지 않았다. 사악하고 이단적인 그리스인들과는 대조적이었다.[5]

비잔티움 국가 내부의 다툼은 튀르크족의 움직임을 더욱 부추겼다. 그들은 곧 비잔티움을 해체시키고 있던 내전에 도와달라는 요청을 받기에 이르렀다. 소아시아 정복은 너무도 쉽고 또한 저항도 거의 없었기 때문에, 1176년 비잔티움 군대가 다시 한 번 패전할 무렵에는 침입자들을 몰아낼 가능성이 영원히 사라져버렸다. 말라즈기르트 전투의 패배는 되돌릴 수 없는 것이었다. 1220년대쯤에는 서양 작가들이 이미 아나톨리아를 '투르키아Turchia'라고 불렀다. 비잔티움은 자신의 식량 자원과 상품을 생산할 인력을 잃어버렸다. 그리고 거의 같은 시점에 비슷한 재앙이 콘스탄티노플을 덮쳤다. 더욱 생각지도 않았던 곳, 기독교 세계인 서방에서 온 것이었다.

십자군 운동은 무슬림인 튀르크족이 침략해 들어오는 것을 저지하기 위한 활동으로 생각돼 왔다. 그것은 "저주받은 민족, 하느님과 완전히 멀어진 민족"[6]인 셀주크인들에 맞서는 것이었다. 교황 우르바노 2세(재위 1088~1099)는 1095년의 클레르몽 공의회에서 "이 혐오스러운 민족을 우리 땅에서 박멸하자"[7]는 운명적인 설교를 하고, 350년에 걸친 십자군 전쟁의 시동을 걸었다.

서방의 형제 기독교도들의 지원에도 불구하고 이 사업은 비잔티움에게 끊임없는 고통의 원천임이 드러났다. 1096년 이후로 줄곧 비잔티움에는 사냥에 나선 기사들이 계속해서 밀려들었다. 그들은 제국을 지나 예루살렘을 향해 남쪽으로 쭈뼛쭈뼛 가면서 정교회 형제들이 지원해 주고 부양해 주고 감사할 것을 기대했다. 이들과 접촉하게 되면서 서로 간에 이해하지 못하고 믿지 못하게 됐다. 양쪽은 모두 관습과 숭배 형태의 차이를 면밀히 관찰할 수 있는 기회를 얻었다. 그리스인들은 무거운 갑옷을 입은 서방의 형제들이 낯선 미개인 모험가와 별 차이가 없음을 알게 됐다. 그들의 전도는 경건을 가장한 제국주의적 정복 과정에서의 위선적인 활동이었다. 니케타스 코니아테스(1150~1216. 비잔티움의 정치가·역사가—옮긴이)는 이렇게 한탄했다.

그들은 자존심이 무척 세고 잔혹한 성격이었다. … 그리고 우리 제국에 대한 고질적인 증오로 인해 더욱 흥분했다.[8]

사실 비잔티움인들은 때로 정착한 무슬림 이웃들을 더 좋아했다. 그들과 가까이 있었기 때문에 처음 성전이 시작된 이후 수백 년 동안에 어떤 친밀감과 존경심이 생겨났던 것이다. 콘스탄티노플의 한 총대주교가 한번은 바그다드의 칼리프에게 이런 편지를 쓴 적이 있다.

우리는 형제처럼 함께 살아야 합니다. 비록 우리가 풍습과 생활 태도와 종교가 다르긴 하지만 말입니다.[9]

십자군 전사들 쪽에서는 비잔티움인들을 타락한 이단자들로 보았다. 그들은 생각이 위험스러울 정도로 동양적이었다. 셀주크와 튀르크 병사들은 주기적으로 비잔티움을 위해 싸웠다. 십자군 전사들은 또한 동정녀 마리아에게 봉헌된 도시 안에 이슬람 사원인 모스크가 있는 것을 발견하고 깜짝 놀랐다. 십자군 전사 외드 드 되이(1110~1162. 역사가)는 이렇게 말했다.

콘스탄티노플은 부유하다고 젠체하고 있고, 그 행동은 믿을 수 없으며, 믿음 측면에서는 타락했다.[10]

더욱 불길하게도, 콘스탄티노플의 부와 보석이 박힌 유물이 있는 멋진 보물 창고는 십자군 전사들의 입을 떡 벌어지게 했다. 시샘이 담긴 완곡한 기록 하나가 노르망디와 라인 강의 작은 마을들에 보내진 보고 속에 섞여 들어갔다. 샹파뉴 백작 티보 3세(1179~1201)의 가로(家老)였던 조프루아 드 빌아르두앵(1160~1212. 제4차 십자군에 참여해 콘스탄티노플 점령에 관한 기록을 남겼다—옮긴이)은 이렇게 썼다.

이 세상이 생겨난 이래로 한 도시에서 그렇게 엄청난 부를 모은 것을 본 일이 없다.[11]

그것은 강렬한 유혹이었다.

서방으로부터의 군사적 · 정치적 · 상업적 압력이 오랫동안 비잔티움 제국에 가해지고 있었다. 그러나 12세기 말에는 그것이 콘스탄티노플에서 아주 분명한 모습을 띠고 있었다. 대규모의 이탈리아인 상업 공동체가 이 도시에 세워졌다. 베네치아인과 제노바인들에게는 특권이 부여됐고, 이에 따라 혜택을 받고 있었다. 폭리를 취하고 물질만능주의에 빠진 이탈리아인은 대중들이 좋아하지 않았다. 제노바인들은 갈라타에 자신의 식민지를 가지고 있었다. 크리소케라스 만 건너편의 성벽으로 둘러싸인 도시였다. 이 제노바 식민지는 "자신들의 부와 번영에 대한 자신감이 지나쳐 황제의 권력조차 깔본다"[12]는 인식이 퍼져 있었다. 대중들 사이에서 외국인 혐오증의 물결이 휩쓸었다. 1171년 갈라타가 그리스인들의 공격을 받아 파괴됐다. 1182년에는 전체 이탈리아 공동체가, 비잔티움의 장군이었던 '폭군' 안드로니코스 콤네노스(1118~1185. 그는 이때 정권을 장악해 이듬해 황제(안드로니코스 1세. 재위 1183~1185)가 된다—옮긴이)가 지켜보는 가운데 초토화됐다.

1204년, 이 상호 불신과 폭력의 역사는 대참사라는 형태로 콘스탄티노플에 다시 나타났다. 이로 말미암아 그리스인들은 절대로 서방 가톨릭교도들을 진심으로 용서할 수 없게 된다. 그것은 기독교 세계의 역사에서 가장 기묘한 사건들 가운데 하나였다. 베네치아의 배를 타고 명목상으로는 이집트를 향해 가고 있던 제4차 십자군이 뱃머리를 돌려 이 도시를 공격했다. 이 작전을 기획한 사람은 실명한 것이 분명한 여든 살의 베네치아 도제Doge(중세 베네치아 · 제노바 등의 이탈리아 도시국가에서 국가원수를 일컫던 말이다—옮긴이) 엔리코 단돌로(1107~1205)였다. 그는 속임수가 끝이 없는 사람으로, 직접 이 원정

외젠 들라크루아의 그림 『십자군의 콘스탄티노플 입성』, 1940.

대를 이끌고 있었다. 그는 비잔티움의 제위가 자기네 것이라고 주장하는 만만한 사람들(형의 반란으로 제위를 빼앗겼던 이사키오스 2세(재위 1185~1195, 1203~1204)와 그 아들 알렉시오스 4세(재위 1203~1204)로, 이들은 이때 공동 황제가 된다—옮긴이)을 황제라 일컫고는 1203년 6월 대규모 함대를 이끌고 마르마라 해로 들어갔다. 십자군 전사들은 아마도 이집트 해안이 아니라 기독교도들에게 매우 중요한 도시인 콘스탄티노플이 뱃머리에 나타나는 것을 보고는 깜짝 놀랐을 것이다. 크리소케라스 만을 보호하고 있던 쇠사슬 방책防柵으로 맹렬하게 돌진해 들어간 베네치아 함대는 갯벌로 올라가 해안 성벽을 부수고자 했다. 공격이 지지부진하자 팔십 대의 도제는 산 마르코 깃발(베네치아 공화국의 상징이다—옮긴이)을 손에 들고 해변으로 달려 내려가 베네치아인들에게 용기를 보여달라고 촉구했다. 성벽은 무너졌고, 제위를 주장하던 알렉시오스 4세는 당연히 황제 자리에 올랐다.

이듬해 4월, 십자군 전사들이 갈수록 안달하는 가운데 겨울 동안 음침한 내부 모의가 이루어진 끝에 콘스탄티노플은 철저하게 약탈을 당했다. 끔찍한 대학살이 뒤따르고, 도시의 상당 부분은 불타 파괴됐다. 프랑스의 기사 조프루아 드 빌아르두앵은 이렇게 썼다.

프랑스 왕국의 가장 큰 세 개 도시에서 발견할 수 있는 것보다도 많은 수의 집이 불에 탔다.

도시의 위대한 미술 유산들이 야만적으로 파괴됐으며, 하기아소피아 대성당도 더럽혀지고 약탈당했다. 역사가 니케타스 코니아테스는 이렇게 썼다.

그들은 말과 노새를 성당 안으로 끌고 들어왔다. 성스러운 그릇과 옥좌나 설교단에서 뜯어낸 장식된 금·은, 문짝 그리고 도처에서 발견되는 가구들을 가져가는 데 편리했기 때문이다. 그리고 이 동물들이 미끄러져 넘어지면 그들은 칼로 동물들을 베어 죽였기 때문에 성당은 이들의 피와 배설물로 더럽혀졌다.[13]

베네치아인들은 조각상과 유물 그리고 귀중품 등 수많은 노획물을 가지고 서둘러 떠났다. 자기네의 산 마르코 대성당을 치장하기 위해서였다. 콘스탄티누스 대제 시절 이래로 콘스탄티노플 마차 경기장에서 있었던 네 마리의 청동 말도 노획물 가운데 하나였다. 콘스탄티노플은 검게 그을린 폐허로 남았다. 역사가 니케타스 코니아테스는 이렇게 울부짖었다.

아아, 도시여, 도시여,
모든 도시의 눈이여,
너는 주님의 분노의 잔을
한 방울도 남김없이 마셨구나![14]

이것은 비잔티움의 전형적인 반응이었다. 그러나 이 재앙의 대행자가 사람이든 신이든, 그 결과는 마찬가지였다. 콘스탄티노플은 과거의 위대했던 모습의 그림자 속으로 떨어지고 말았다. 거의 60년 동안 이 도시는 라틴 제국(1204~1261. 공식 명칭은 '로마니아 제국'이다―옮긴이)이 돼서 플랑드르 백작 보두앵 1세(재위 1204~1205)와 그 후계자들이 통치하게 된다. 비잔티움 제국은 분할돼 프랑크족 국가들과 이탈리아 식민지들이 산재한 집합이 됐고, 주민의 상당수는 그리스로 떠나갔다. 비잔티움인들은 아나톨리아의 니카이아(아나톨리아 반도 서북부에 있던 도시로, 현재 터키의 이즈니크다―옮긴이)에 망명 왕국을 세워 튀르크족이 더 밀고 들어오는 것을 막는 데 비교적 성공을 거두었다.

1261년 그들이 콘스탄티노플을 탈환했을 때는 도시의 기반 시설들이 거의 폐허나 다름없었고, 그 영토도 여기저기 분산된 조각들로 줄어 있었다. 비잔티움인들은 자기네의 부를 재건하고 서방으로부터 밀려오는 새로운 위험에 맞서려 하면서 다시 아나톨리아의 이슬람 세력에게 등을 돌렸고, 그러면서 더욱 커다란 대가를 치렀다.

아나톨리아는 더욱 동쪽의 대규모 인구 이동으로 계속해서 몸살을 앓았다. 콘스탄티노플 약탈 2년 후에 테무친(1162~1227)이라는 부족 지도자가 반목하던 내몽골의 유목민들을 조직화된 전사 집단으로 통합하는 데 성공하고 칭기즈칸이라는 칭호를 받았다. '세계의 지배자' 라는 의미다. 긴 머리에 하늘을 숭배하는 몽골인들은 엄청나게 흉포한 모습으로 이슬람 세계로 들어왔다. 페르시아가 혼란에 뒤덮이면서 더욱 많은 유민의 파도가 서쪽의 아나톨리아로 쏟아져 들어왔다. 이 대륙은 그리스인·튀르크족·이란인·아르메니아인·아프간인·조지아인(그루지야인) 등 여러 민족적 정체성이 뒤섞이는 용광로였다. 몽골인들이 1243년 가장 응집력이 있는 공국公國인 룸셀주크 왕조를 무너뜨리자 아나톨리아는 작은 왕국들의 모자이크로 전락했다.

떠돌던 튀르크 민족들은 서쪽으로 더 이상 옮겨갈 데가 없었다. 이슬람 세력의 정당한 이교도 정복을 행사할 대상으로서의 이웃이 더 이상 없었다. 그들이 바다를 만나자 일부는 배를 구해 비잔티움의 바닷가 영토를 습격했다. 또 일부는 자기네들끼리 싸웠다. 아나톨리아는 혼란에 빠졌고, 분열됐으며, 위험스러웠다. 신비적 수피 교의와 정통 수니파 교의가 불붙기 좋게 혼합돼 만들어진, 침략자들과 약탈자들과 신앙심 깊은 몽상가들이 득실대는 황량한 서부였다. 투르크멘인들은 여전히 장식한 안장 깊숙이 앉아 먼 지평선으로 달려가며 약탈을 하고 '가지' 전통을 항구적으로 유지하려 했다. 그러나 이제 한 보잘것없는 왕국을 세운 오스만 부족은 계속해서 북서 아나톨리아에서 이교도의 땅 비잔티움에 손을 대고 있었다.

지금 서양에서 '오토만'이라고 부르는 이들의 진짜 기원에 대해서는 아는 사람이 아무도 없다. 이들은 1280년을 전후한 시기에 이름 없이 떠돌던 투르크멘인들 사이에서 생겨났다. 이들은 천막에서 나무를 때며 살던 글 모르는 전사 계층이었으며, 말 위에 앉아 통치를 했고 서명도 지장을 찍어 대신했다. 이들의 역사는 나중에 제국의 신화를 만들어내면서 재구성됐다.

전설에 따르면 오스만 1세(오스만 제국을 창건한 초대 술탄(재위 1299~1326)다—옮긴이)는 항상 위대해지도록 돼 있었다. 어느 날 밤 그는 잠을 자면서 꿈을 꾸었다. 꿈에서 그는 콘스탄티노플을 보았다.

(그곳은) 두 바다와 두 대륙이 만나는 곳에 위치해 있었고, 두 개의 사파이어와 두 개의 에메랄드 사이에 박힌 다이아몬드처럼 보였다. 또한 전 세계를 아우르는 방대한 영토라는 반지에 박힌 보석 노릇을 하는 것처럼 보였다.[15]

오스만 1세는 '가지'의 책무를 떠맡았고, 그의 부족은 그것을 이용했다. 행운이 따르고 같은 여건에서 두뇌 회전이 빨랐기 때문에 오스만의 영토는 작은 공국에서 꿈에 그리던 세계의 강국으로 변모했다.

북서 아나톨리아에 있던 오스만 1세의 영토는 콘스탄티노플을 지키고 있던 비잔티움의 방어선 바로 맞은편에 위치해 있었다. 정복되지 않은 이교도의 땅이 눈앞에 보이자, 그것이 오스만 1세의 명령에 따라 자신들의 행운을 시험해 보고자 했던 '가지'들과 모험가들과 땅에 굶주린 난민들을 끌어당겼다. 오스만 1세는 부족 지도자로서 자신의 백성들과 접촉하며 통치했다. 동시에 오스만인들은 이웃의 비잔티움 국가를 연구하고 그 구조를 모방할 절호의 기회를 잡았다. 이 부족은 말 그대로 "말발굽 위에서" 배워 놀라운 속도로 기술과 의례와 전술을 흡수했다. 1302년 오스만 1세는 비잔티움을 상대로 첫 승리를 거두어 위신과 새로운 백성을 자신에게로 끌어왔다. 그는 허물어지고 있는 제국의 방어벽을 더욱 밀어붙여 프루사(부르사)라는 도시를 고립시키는 데 성공했다. 그는 포위전 기술이 부족했기 때문에 7년 동안이나 끈기 있게 봉쇄를 해야 했고, 결국 그의 아들 오르한 1세(재위 1326~1362)가 1326년에 이 도시를 함락시켜 작은 왕국의 수도를 확보했다. 1329년에 오르한 1세는 펠레카논에서 안드로니코스 3세(재위 1328~1341)를 물리쳐 비잔티움이 이제 더 이상 아나톨리아에 남아 있는 도시들을 지원할 수 없도록 했다. 그들은 잇달아 여러 도시를 함락시켰다. 1331년에는 니카이아, 1337년에는 니코메디아, 그 이듬해에는 스쿠타리(현재 터키에서는 위스퀴다르로 부르고 있다―옮긴이)였다. 무슬림 전사들은 이제 자기네 땅에서 바다로 이어지는 땅 끝까지 말을 달려 보스포로스 해협 건너 유럽을 바라볼 수 있게 됐다. 그들은 건너편의 콘스탄티노플을 볼 수 있었다. 그 해안 성벽이 이어지는 선과 하기아소피아 대성당의 거대한 반구형 지붕 그리고 망루와 궁전에서 펄럭이고 있는 제국의 깃발들을.

정복자들은 전진하면서 함락된 도시들의 그리스식 지명을 튀르크어의 모음조화에 맞도록 다듬었다. 스미르나는 이즈미르가 됐고,「니카이아 신경信經」의 본고장인 니카이아는 이즈니크가 됐다. 프루사는 자음의 위치를 바꾸어 부르사로 변했다. 콘스탄티노플은 오스만인들이 공식적으로는 그대로 유지해 아랍어형인 코스탄티니예로 부르려 했지만, 아직도 확실히 알 수 없는 어떤 돌연변이로 인해 일상 튀르크

부르사에 있는 술탄 오스만 1세와 오르한 1세의 무덤.

어에서는 이스탄불로 변형돼 쓰였다. 이 말은 콘스탄티노플이 단순히 변형된 것일 수도 있고, 아주 다른 데서 나온 것일 수도 있다. 그리스어 사용자들은 콘스탄티노플을 보통 '도시'라는 의미의 '폴리스'로 부르곤 했다. 누군가가 그곳으로 가면 '도시로eis tin polin' 간다고 하는데, 이 그리스어 '이스 틴 폴린'이 튀르크족의 귀에 '이스탄불Istanbul'로 들렸을 수도 있다.

오스만의 전진 속도는 700년 전 아랍인들의 그것만큼이나 행운이 깃들어 있는 듯했다. 유명한 아랍의 여행가 이븐 바투타(1304~1368)는 1331년 오르한 1세의 공국을 방문하고 그곳의 지칠 줄 모르는 에너지에 감명을 받았다.

그는 어느 한 지역에 한 달 내내 머무르는 일은 절대로 없다고 한다. 그는 끊임없이 이교도들과 싸우며, 그들을 계속 포위 공격한다.[16]

초기의 오스만인들은 자신들을 '가지'라고 불렀다. 그들은 '신앙'의 전사라는 칭호를 이슬람의 녹색 깃발처럼 자신의 몸에 둘둘 감았다. 곧 그들 자신도 술탄이 됐다. 1337년 오르한 1세는 부르사에 비석을 세우고 자신을 이렇게 칭했다.

> 술탄이자
> 가지들의 술탄의 아들이자
> 가지이자
> 가지의 아들이자
> 보이는 모든 땅의 제후이자
> 세상에서 가장 뛰어난 용사.[17]

당시는 참으로 이슬람 정복의 새로운 영웅시대였으며, 그것은 호전적인 무슬림들의 맥박을 더욱 빠르게 했다. 1400년 무렵의 연대기 작가 아흐메티는 이렇게 썼다.

> 가지는 하느님의 칼이다. 그는 신자들의 보호자이자 피난처다. 만약 그가 하느님의 방식대로 순교자가 된다면 그가 죽었다고 생각지 말라. 그는 더없는 행복 속에 알라와 함께 살아 있다. 그는 영원히 산다.[18]

정복은 무임승차한 유목민 침략자들과 낡아빠진 외투를 걸친 신비주의 데르비시들 사이에서 무절제한 기대를 불러일으켰다. 이들은 전사들과 함께 아나톨리아의 먼지 나는 길을 달려온 사람들이었다. 허공에는 예언과 용사들의 노래가 가득 차 있었다. 그들은 콘스탄티노플 정복에 관한 『하디스』의 말과 '빨간 사과' 전설을 상기했다.

1350년대에 요안네스 6세 칸타쿠제노스(재위 1347~1354) 황제가 끝없이 계속되는 비잔티움 국가의 내전에서 도와달라고 오르한 1세의 전사 집단을 다르다넬스 해협 건너로 부르자, 무슬림들은 서기 718년 이래 처음으로 유럽 땅에 발을 디뎠다. 1354년 겔리볼루(갈리폴리. 옛이름 칼리폴리스)의 성벽이 지진으로 무너지자 오스만인들은 재빨리 그것이 하느님이 무슬림들에게 보내는 신호라고 주장하고 도시를 점령해 버렸다. 이들을 따라 전사들과 성자들이 물결을 이루어 꾸준히 유럽으로 들어왔다. 1359년, 한 이슬람 부대가 650년 만에 처음으로 도시 성벽 밖에 나타났다. 천년왕국의 예언에 주목하는 분위기가 슬그머니 퍼졌다. 아흐메티는 이렇게 물었다.

가지들은 왜 맨 나중에 나타났는가? 가장 좋은 것은 항상 끝에 나오기 때문이다. 마치 결정적인 선지자 무함마드가 다른 예언자들 뒤에 왔던 것처럼, 마치 『쿠란』이 모세 5경과 시편과 복음서들보다 나중에 하늘에서 내려온 것처럼, 그렇게 가지들 또한 맨 나중에 이 세상에 나타났다.[19]

콘스탄티노플 함락은 금방이라도 손에 잡힐 듯한 꿈으로 생각됐을 것이다.

오스만 제국의 진격 속도는 기적이나 진배없었다. 마치 신이 정해 놓은 듯했다. 지리와 관습과 행운의 도움을 받아 오스만 제국은 비잔티움 국가의 분해 과정에서 번영을 누리기에 가장 좋은 위치를 차지하고 있었다. 자기 부하들이나 자연과 가까이 살았던 초기 술탄들은 자기네 주변의 정치 환경을 변화시키는 데 있어 상황과 가능성에 신경을 썼다. 비잔티움인들이 천 년 동안 내려온 의례와 전통에 집착한 반면, 오스만인들은 두뇌 회전이 빠르고 유연하며 개방적이었다. 이슬람의 법은 정복당한 사람들에게 자비를 베풀도록 하고 있었고, 오스만인들은 그 신민들을 관대한 방식으로 통치해 대체로 유럽의 봉건 영주들보다 나은 것으로 보였다. 주민의 대부분을 차지하는 기독교도들을 이슬람교로 개종시키려 하는 일은 전혀 없었다. 사실 그런 시도는 제국의 성격을 띤 왕조에게는 바람직하지 않다는 것이 일반적인 생각이었다. 샤리아(『쿠란』과 『하디스』 등에 근거한 이슬람의 규범 체계를 말한다—옮긴이) 법에 따라 무슬림들보다는 이교도들의 세금 부담이 클 수밖에 없었지만, 어쨌든 그들의 부담은 그리 크지 않았다. 발칸반도의 농민들은 부담이 더 무거웠던 봉건제하의 예속 상태에서 풀려난 것을 반겼다.

동시에 오스만인들은 왕조의 이점을 자신들에게 유리하도록 내재화했다. 초기 술탄들은 다른 튀르크족의 공국과 달리 왕국을 나누어 승계시키지 않았다. 또한 후계자를 지명하지도 않았다. 모든 아들이 통치를 할 수 있도록 준비시켰지만, 그중 한 명만이 대권을 잡을 수 있었다. 적자생존이 확실하게 이루어질 수 있도록 냉혹하게 설계된 듯한 방식이었다. 서방 사람들에게 무엇보다 놀라웠던 것은, 그들이 혼인을 통한 승계에 전혀 관심이 없다는 점이었다. 비잔티움 황제들이 다른 모든 유럽의 왕가들과 마찬가지로 왕실 간 혼인과 입증된 혈통을 통한 적법한 승계를 확보하기 위해 온갖 노력을 기울인 데 반해, 오스만인들은 그런 일에는 거의 신경 쓰지 않았다. 한 술탄의 아버지는 당연히 이전 술탄이 되겠지만, 그의 어머니는 정실부인이 아니거나 노예일 수도 있었다. 어쩌면 무슬림 가정 출신이 아닐 수도 있고, 수많은 신민 가정 출신일 수도 있었다. 이 혈통에 대한 포용성은 오스만 왕조에 놀라운 자산을 제공하게 된다.

오스만 왕조가 이룩한 모든 혁신 가운데 가장 중요한 것은 아마도 정규군의 창설이었을 것이다. 열성적인 가지 전사 집단은 지금 커지고 있는 오스만 술탄들의 야망을 충족시키기에는 너무도 미숙했다. 방어 태세가 잘 갖추어진 도시를 포위 공격하려면 인내심과 체계적인 방법 그리고 특수한 여러 가지 기교가 필요했다. 14세기 끝 무렵에 술탄 무라트 1세(재위 1362~1389)는 발칸 반도 국가들에서 포로로 잡은 노예들로 구성된 새로운 군대를 창설했다. 기독교를 믿는 청년들에 대한 징집이 정기적으로 이루어져, 이들을 이슬람교로 개종시키고 튀르크어를 가르쳤다. 가족의 품을 떠난 이들 신병들은 오직 술탄에게만 충성을 바치도록 돼 있었다. 이들은 술탄의 사병私兵이었다. 이른바 '카프쿨루Kapıkulu' 즉 '문을 지키는 노예'였다. 이들은 보병 부대 즉 '예니체리'와 기병대로 조직됐고, 모두 유럽에서 로마 시대 이래 최초로 급여를 받는 직업 군인이 됐다. 이 군대는 오스만 국가 발전 과정에서 결정적인 역할을 하게 된다. 이것은 오스만인들 자신의 역사에서 곧바로 끄집어내 온 관습이었다. 튀르크족 스스로가 이슬람 세계 변경에서 노예 군사로 입적된 경험이 있었던 것이다. 이는 그들이 발전하는 방편 역할을 했다. 그러나 이 과정을 멀리서 지켜보고 있는 기독교인들에게 그것은 얼어붙을 정도의 공포심을 불러일으켰다. 노예에 대한 다른 이미지들과 함께, 붙잡힌 기독교도 아이들을 돌려 세워 기독교도들에게 맞서게 한다는 생각이 사악하고 비인간적이었기 때문이다. 이것이 '야만스런 튀르크족'이라는 신화에서 중요한 요소가 되는 것이다.

'튀르크족'이라는 관념은 서방에서 일찍부터 사용됐다. 그것은 대체로 유럽인들의 생각이고 서양의 정체성에 부합하는 용어였으며, 오스만인들은 거의 사용하지 않았다. 그들은 이 말을 경멸적인 것으로 생각했다. 그들은 대신 민족이나 영토와 관계없고, 고정된 영토의 제한을 받지 않는 자신들의 유목민으로서의 유산과 다민족적 구성을 반영하는 칭호를 선택했다. 정체성에서 가장 중요한 것은 종교였다. 오스만 제국의 술탄들은 자신들을 점점 더 화려하게 장식한 용어인 '이슬람의 주인'으로, 자기네 제국을 '신앙의 피난처' 또는 '보호된 땅'으로, 자기네 백성을 '무슬림'이나 '오스만인'으로 표현하게 됐다. 오스만의 '화장化粧'은 서로 다른 요소들과 민족들을 특이하게 조합한 것이었다. 튀르크의 종족 조직, 수니파 이슬람교, 페르시아의 궁정 관례, 비잔티움의 행정·조세·의례 그리고 튀르크족의 언어 구조와 아랍어 및 페르시아어 어휘가 조합된 거창한 궁정 언어 등이다. 오스만이 지닌 정체성의 모든 요소는 다 스스로가 지닌 것이었다.

오스만 제국의 상승 곡선은 그에 상응해 비잔티움의 부가 멈춤 없이 감소한 모습을 잘 보여주고 있다. 유럽에서 1300년 이후의 시기를 '재난의 세기'로 만들게 되는 요인들은 동쪽 제국인 비잔티움에서도 모두 나타났다. 분열과 내전, 인구 감소와 궁핍이 콘스탄티노플에 만연해 있었다. 여기에는 분명하게 상징적인 순간들이 있었다. 1284년에 안드로니코스 2세(재위 1282~1328) 황제는 제국 해군을 폐지한다는 결정을 내려 자충수를 두었다. 실직한 선원들은 오스만으로 탈주해 그들이 함대를 건설할 수 있도록 도왔다. 1325년 무렵의 어느 시기에 팔라이올로고스 왕가(비잔티움 최후의 왕조로 안드로니코스 2세의 아버지 미카엘 8세가 1261년 즉위할 때부터 콘스탄티노플이 함락되던 1453년까지 이어졌다—옮긴이)의 황제들은 쌍두 독수리를 자신들의 상징으로 채택했다. 그것은 간혹 생각하듯이 동쪽과 서쪽 모두를 바라보는 강력한 제국의 상징이 되지는 못하고, 다만 걸핏

팔라이올로고스 가문의 쌍두 독수리 문장.

하면 다투던 같은 가문 출신의 두 황제 사이의 권위 분할을 상징할 뿐이었다. 독수리는 예언력이 있는 듯했다.

　1341년에서 1371년 사이에는 잇달아 일어나는 파멸적인 사건들에 시달렸다. 내전, 오스만 및 강력한 세르비아인 국가의 제국 영토 침입, 종교적 갈등과 전염병 등이었다. 콘스탄티노플은 유럽에서 처음으로 흑사병을 겪은 도시였다. 흑해의 항구 카파(현재의 우크라이나 크림 자치공화국의 페오도시야다—옮긴이)에서 건널판을 통해 배에 탄 쥐들이 1347년 콘스탄티노플에서 배를 내렸다. 인구가 10만 명 남짓한 수준으로 줄었다. 여러 차례의 지진이 콘스탄티노플을 황폐하게 만들었고(1346년에는 하기아소피아 대성당의 반구형 지붕이 무너져내렸다), '순금의' 도시는 점점 더 궁핍하고 황량해져 갔다. 그 주민들은 신앙에 회의가 들기 일쑤였다. 이 도시를 찾은 여행자들은 그곳의 침울한 모습을 언급했다. 이븐 바투타가 본 것은 도시가 아니라 들판을 사이에 두고 뚝뚝 떨어져 있는 열세 개의 마을이었다. 에스파냐인 페드로 타푸르(1410?~1484? 에스파냐의 여행가 · 작가—옮긴이)가 이곳을 찾았을

때 그는 궁전조차도 "그런 상태에 있"는 것을 발견했다.

> 궁전과 도시는 모두 사람이 겪었고 또한 아직도 감내하고 있는 재
> 난을 잘 보여주고 있었다. … 도시에는 사람들이 드문드문 살고 있었
> 다. … 주민들이 입은 옷은 좋지 못했고, 우울하고 궁핍해 (진정한 기독
> 교의 박애정신은 차치하더라도) 자신들의 운명에 따른 고난을 보여주고
> 있었다. 그러나 그것은 자신들이 당해야 할 몫보다는 적은 것이었다.
> 그들은 죄악에 푹 빠진 부도덕한 사람들이기 때문이다.[20]

도시는 성벽 안쪽으로 범위가 쭈그러들었다. 마치 노인이 젊은 시
절 입었던 옷을 걸친 듯한 모습이었다. 그리고 그 황제는 겨우 제 집
한 채 가지고 있는 영세민이었다. 1347년 요안네스 6세의 대관식에
참석한 사람들은, 왕관의 보석은 유리로 대신했고 연회에 쓰인 접시
는 찰흙과 땜납으로 만든 것이었음을 발견했다. 황금 접시는 내전 비
용을 대느라 팔아버렸고, 보석들은 베네치아인들에게 담보로 잡혀 산
마르코 대성당 보물 창고에 있었다.

이런 혼란 속에서 오스만은 아무런 제지도 받지 않은 채 유럽으로
진군을 계속했다. 1362년에 그들은 후방에서 콘스탄티노플을 사실
상 포위했다. 서쪽으로 230킬로미터 지점에 있는 도시 아드리아노플
(에디르네)을 점령했던 것이다. 그들은 자기네 제국의 수도를 이 유럽
도시로 옮겼다. 그들이 1371년의 전투에서 세르비아인들을 격파하자
요안네스 6세 황제는 기독교도들의 지원을 전혀 받지 못하고 고립된
채 술탄의 제후가 돼서, 술탄이 요구하면 병력을 파송하고 국내 인사
도 술탄의 재가를 청하는 수밖에 다른 도리가 없었다.

오스만의 진군은 제지할 수 없을 듯했다. 14세기 말엽에 그들의 영토는 도나우 강에서 유프라테스 강까지 뻗쳐 있었다. 세르비아인이었던 '예니체리' 콘스탄틴 미하일로비치(1435~1501)는 이렇게 썼다.

튀르크의, 또는 이교도의 팽창은 바다와 같다. 가만히 있는 순간이 없고 언제나 넘실거린다. … 뱀의 대가리를 박살내지 않는 한, 사태는 더욱 악화된다.[21]

교황은 1366년 교서를 발표해 오스만에 대항하는 십자군 전쟁을 선포했으며, 이탈리아와 아드리아 해 연안국들이 그들과 교역하면서 무기를 공급한다는 이유로 파문하겠다고 위협했지만 효과가 없었다. 이어진 50년 동안에 이교도들에 맞서는 십자군 활동이 세 차례 일어났다. 세 차례 모두 동유럽에서 가장 큰 위협을 받았던 나라인 헝가리가 이끈 것이었다. 이들은 기독교 세계 연합군의 '백조의 노래'(백조가 죽을 때 가장 아름다운 노래를 부른다 해서 예술가의 마지막 작품을 의미한다—옮긴이)가 될 예정이었다. 이들 모두는 뼈아픈 패배를 당했고, 패배의 원인을 찾는 것은 어렵지 않았다. 유럽은 분열돼 있었고, 궁핍에 시달렸으며, 내부 분쟁으로 고통을 받고 있었고, 흑사병으로 약해져 있었다. 군대 자체는 빠릿빠릿하지 못했고, 툭하면 다투기나 했으며, 제대로 훈련되지 않았고, 전술적으로도 서툴렀다. 기민하고 잘 조직돼 공통의 대의 아래 통합된 오스만 군대와 대조적이었다. 그들을 가까이서 본 소수의 유럽 사람들은 '오스만군의 체제'에 대해 은근한 감탄을 드러내지 않을 수 없었다. 1430년대에 프랑스의 여행가 베르트랑동 드 라 브로키에르(1400~1459)는 이렇게 썼다.

처음으로 포위전에 의해 도시를 점령한 오르한 1세의 투그라(오스만 제국 술탄의 인장).

그들은 성실하고, 자발적으로 일찍 일어나며, 생활비도 많이 쓰지 않는다. … 그들은 잠자리에 신경 쓰지 않으며, 보통 땅바닥에 드러눕는다. … 그들의 말은 훌륭하고, 먹이에 쓰는 비용이 적으며, 잘 뛰고 오래 달린다. … 그들은 상관에게 절대 복종한다. … 신호가 떨어지면 선도자들이 조용히 행진해 나가고, 나머지 사람들이 역시 말없이 따라간다. … 그런 경우에 튀르크 병사 만 명이 내는 소음이 기독교도 군대의 백 명이 내는 것보다도 작을 것이다. … 나는 여러 가지 경험을 통해 언제나 튀르크족이 솔직하고 충직하다는 것을 발견했으며, 용기를 보여주어야 할 필요가 있을 때면 언제나 어김없이 그렇게 했다는 사실을 인정하지 않을 수 없다.[22]

이런 여건에서 15세기의 시작은 콘스탄티노플에 암울해 보였다. 오스만의 포위 공격은 되풀이되는 생활의 일면이었다. 1394년 마누엘 2세(재위 1391~1425) 황제가 충성 맹세를 깨자 술탄 바예지드 1세(재위 1389~1402)는 이 도시를 잇달아 공격했고, 1402년 바예지드 1세 자신이 튀르크계 몽골 세력이었던 티무르 제국과의 싸움에서 패하고 나서야 철수했다.

그 이후 황제들은 서방에 도움을 청했으나(마누엘 2세는 심지어 1400년에 잉글랜드까지 갔었다) 점점 가능성은 희박해져 갔으며, 한편으로 오스만의 대권을 노리는 사람들을 위해 외교적 음모를 꾸미고 지원하는 정책을 추구했다. 술탄 무라트 2세(재위 1421~1444, 1446~1451)는 1422년 비잔티움 황제 자리를 노리는 사람들을 지원하기 위해 콘스탄티노플을 포위했지만, 도시는 여전히 버텨냈다. 오스만은 도시를 봉쇄하기 위한 함대도 없었고 거대한 육지 쪽 성벽을 재빨리 돌파할 수 있는 과학기술도 없었으며, 이제 나이가 많이 들었지만 여전히 모든 외교가 가운데서 가장 영악한 축에 속하는 마누엘 2세는 오스만의 대권을 노리는 또 다른 사람을 생각해 내고는 내전이 일어날 것이라고 위협했다. 포위는 풀렸다. 그러나 콘스탄티노플은 간신히 버티고 있었다. 오스만이 도시를 점령하기 위해 대군을 이끌고 다시 쳐들어오는 것은 단지 시간 문제인 듯했다. 오스만을 억누르고 있는 것은 오직 유럽의 연합 십자군에 대한 두려움뿐이었다.

술탄과 황제

1432~1451년

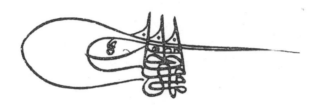

메흐메트 2세의 투그라.

메흐메트 첼레비술탄('첼레비' 또는 '첼레비술탄'은 오스만 왕가의 왕자들에게
붙였던 칭호다—옮긴이). 하느님께서 영원히 그의 권위의 끈을 조여주시고,
예정된 날까지 그의 권력을 유지하도록 더욱 도와주시기를![1]

— 메흐메트 2세 어머니 무덤의 새김글

그리스도를 믿는 진정한 황제이자 로마인들의 전제군주
콘스탄티노스 팔라이올로고스.

— 비잔티움 제국의 88번째 황제 콘스탄티노스 11세의 의식용 칭호

이 도시에 대한 무슬림의 올가미를 조이도록 운명 지어진 사람은 무라트 2세의 포위 공격이 있은 지 10년이 지나서 태어났다. 튀르크 전승에 따르면, 1432년은 여러 가지 전조가 나타난 해였다. 말들은 수많은 쌍둥이를 낳았고, 나무에는 열매가 많이 열려 가지가 휘었으며, 길게 꼬리를 단 혜성이 한낮에 콘스탄티노플 상공에 나타났다. 3월 29일 밤에 술탄 무라트 2세는 에디르네에 있던 궁전에서 출산 소식을 기다리고 있었다. 그는 잠을 이룰 수 없어 『쿠란』을 읽기 시작했다. 그가 막 불신자들에 대해 승리를 거둘 것임을 약속한 시들로 이루어진 '승리' 수라sura('수라'는 『쿠란』의 장章을 말하며, '승리' 수라는 전체 114개 수라 가운데 48번째 수라다—옮긴이)를 읽고 있을 때 심부름꾼이 아들을 낳았다는 소식을 가지고 왔다. 그 아이는 무라트 2세의 아버지 이름을 따서 메흐메트라는 이름으로 불렸다. 무함마드의 튀르크어 변형이다.

다른 많은 예언과 마찬가지로 이런 일들 역시 그들에게 분명히 과거로 돌아가는 듯한 느낌을 주었다. 메흐메트 2세는 무라트 2세의 아들들 가운데 셋째였다. 이복형들은 모두 그와 나이 차이가 꽤 났고, 소년은 아버지로부터 귀여움을 받아보지 못했다. 그가 살아서 술탄이 될 가능성은 희박했다. 아마도 메흐메트 2세가 권력을 잡는 데는 이것이 매우 중요했던 듯, 그의 어머니의 신상에 대해서는 상당히 불투명한 구석이 많다. 몇몇 튀르크의 역사가들은 그의 어머니가 튀르크 민족이며 무슬림이라고 주장하려 애썼지만, 변경 습격 때 데려왔거나 해적에게 붙잡힌 서방 출신의 노예였을 가능성이 매우 높다. 아마도 세르비아인이거나 마케도니아인이고, 기독교도 집안에서 태어났을지도 모른다. 이런 혈통은 모순적인 메흐메트 2세의 본질에 이상한 빛을 던져주었다. 자신의 혈통상 조합이 어떤 것이었든 간에, 메흐메트 2세는 그의 아버지 무라트 2세와는 판연히 다른 성격을 드러내게 된다.

15세기 중반 무렵에는 오스만 술탄들이 더 이상 말을 타고 전사 집단을 지휘하는 까막눈이 부족장이 아니었다. 흥분을 불러오는 지하드와 전리품의 조합은 사라지고, 보다 신중한 어떤 것이 그 자리를 차지했다. 술탄은 여전히 이슬람의 땅에서 성전의 최고 지도자로서 대단한 위세를 누렸지만, 이것은 갈수록 왕조의 정책 수단이 됐다. 오스만 통치자들은 이제 자신들을 '룸의 술탄' 또는 '파디샤Padishah'라고 불렀다. 전자는 고대 기독교 제국을 이어받았다는 주장을 함축하고 있는 칭호이고('룸'은 '로마'다—옮긴이), 후자는 과장된 페르시아의 상투 문구다(페르시아어로 '파드'는 '주인'이라는 의미고 '샤'는 군주를 가리키는 말이어서 '왕 중의 왕'이라는 말이다—옮긴이). 그들은 비잔티움을 보면서 군주국의 의례 장치에 대한 취향을 키워가고 있었다. 그 왕자들은 고위직을 맡을 수 있도록 정식 교육을 받게 돼 있었다. 왕궁은 높은 담이 쳐졌고, 술탄을 만나는 일은 세심하게 통제됐다. 독살에 대한 공포와 음모 및 암살 때문에 통치자와 그 신민들 사이의 거리는 점차 멀어졌다. 1389년 제1차 코소보 전투 직후 세르비아 사절이 무라트 1세를 살해한 이후 진행돼 온 과정이었다.

무라트 2세의 치세는 이 과정의 지렛목이었다. 그는 여전히 자신을 튀르크의 귀족을 가리키는 옛 칭호인 '베이bey'(본래는 '족장'을 의미하

보스포로스 해협에서 바라본 톱카프 궁전.

는 말이라고 한다—옮긴이)라고 칭하면서 더 근사한 '술탄'을 쓰지 않았으며, 그 백성들에게 인기가 있었다. 헝가리의 수도사 죄르지는 그에 대한 의전儀典이 전혀 없음을 보고 깜짝 놀랐다.

술탄은 그의 옷이나 그의 말에도 자신을 드러나게 하는 특별한 표지를 전혀 하지 않았다. 나는 그의 어머니 장례식에서 그를 보았는데, 그가 나를 가리키지 않았더라면 나는 그를 알아볼 수 없었을 것이다.[2]

그와 동시에 술탄과 그 주변 세계와의 거리가 생겨나기 시작했다. 베르트랑동 드 라 브로키에르는 이렇게 썼다.

그는 절대로 사람들이 보는 데서 무언가를 먹지 않았다. 그래서 그가 말하는 것을 보았다거나, 그가 먹고 마시는 것을 보았다고 자랑하는 사람이 거의 없었다.[3]

이것은 뒤를 잇는 술탄들을 창문 없는 바깥 성벽으로 둘러싸인 톱카프 궁전(오스만 제국이 1453년 콘스탄티노플을 점령한 지 몇 년 후에 새로 지은 궁전이다—옮긴이)이라는 밀폐된 세계와 복잡한 의전으로 이끌어가는 과정이었다.

메흐메트 2세의 어린 시절에 큰 영향을 미친 것은 오스만 궁정의 냉랭한 분위기였다. 대권 승계 문제는 남자 아이의 훈육에 긴 그림자를 던졌다. 아버지에게서 아들로 왕위를 직접 승계하는 일은 제국의 생존을 위해 긴요했다. 하렘(이슬람 사회에서 한 남성과 결혼한 복수의 부인들이 함께 거처하는 공간으로 외부 남성의 출입이 금지됐다—옮긴이)이라는 제도는 왕권을 보호하기 위해 살아남는 남자 아이들을 충분히 공급하기 위해 필요한 것이었다. 그러나 그것은 최대 취약점이 되기도 했다. 대권은 남성 자손들 사이의 경쟁의 결과물이었다. 맏아들에게 우선권을 주는 규정은 없었다. 술탄이 죽으면 살아남은 왕자들은 대권을 차지하려고 그야말로 끝까지 싸웠다. 그 결과는 하느님의 뜻으로 생각됐다. 후대의 한 술탄은 자기 아들에게 이렇게 썼다.

만약 네가 나를 이어 왕국을 차지할 것이라고 그분께서 정하셨다면 살아 있는 어느 누구도 그것을 막지 못할 것이다.[4]

승계는 종종 중앙을 차지하려는 경쟁이 됐다. 승자는 상속자가 돼서 수도와 국고와 군의 지원을 확보한다. 그것은 적자생존을 중시하는 방식이기도 했지만, 또한 내전으로 인도하는 길이기도 했다. 오스만 제국은 15세기 초반 무렵에 권력을 놓고 골육상쟁을 벌여 거의 붕괴될 뻔했는데, 거기에는 비잔티움이 깊숙이 관여하고 있었다. 콘스탄티노플에서는 오스만의 왕권을 주장하고 대권을 차지하려는 사람들을 지원해 왕조가 약해지는 시기를 버텨내는 것이 거의 국가 시책이 됐다.

술탄들은 선제공격이 일어나지 않도록 경계하고 아울러 아들들에게 통치술을 가르치기 위해 그들을 아주 어린 나이부터 지방을 다스리도록 파견했다. 세심하게 고른 후견인을 감시의 눈으로 붙여서다. 메흐메트 2세는 유아 시절을 에디르네에 있는 궁전의 하렘에서 보냈지만, 두 살 나이에 아나톨리아에 있는 아마시아라는 지역 중심지로 보내졌다. 그를 교육시키기 위한 초기 준비를 하도록 한 것이다. 그의 이복형이었던 맏이 아흐메트는 열두 살이었는데, 이때 그곳 총독으로 임명됐다. 그 뒤 10년 동안 음험한 무리들이 왕권을 미끼로 왕자들에게 몰래 접근했다.

1437년에 아흐메트가 아마시아에서 갑자기 죽었다. 6년 뒤에는 그의 또 다른 이복형 알리가 총독이었는데, 도시에서 섬뜩한 오스만판 '탑 속의 왕자들'(1483년 잉글랜드의 에드워드 5세가 아버지인 에드워드 4세 사후 열세 살 나이로 즉위하자 에드워드 5세의 삼촌과 외삼촌 사이에 권력 투쟁이 벌어져 에드워드 5세가 동생과 함께 런던탑에 감금됐다가 살해되고 삼촌 리처드가 왕위에 올랐다―옮긴이) 미스터리 사건이 일어났다. 지도급 귀족인 카라 흐즈르 파샤가 아마시아로 파견됐다. 누가 보냈는지는 알 수 없다. 밤중에 왕궁에 잠입하는 데 성공한 그는 침대에 있던 알리를 목 졸라 죽였다. 알리의 어린 두 아들도 함께였다. 하룻밤 사이에 그 가족의 혈통이 끊어져버렸다. 메흐메트 2세는 유일한 왕위 계승자로 남았다.

이런 음습한 사건들의 배후에서 검은 그림자처럼 파문을 일으키고 있는 것은 국가의 지도자가 되기 위한 오스만 지배층 내부의 오랜 권력투쟁이었다. 무라트 2세는 자신의 치세 동안에 노예로 충원한 부대인 예니체리 군단을 강화하고 기독교에서 개종한 몇몇 사람을 대신 지위에 올렸다. 튀르크 전통 귀족과 군대가 가진 힘과 균형을 이루도록 하려는 시도였다. 이것은 9년 뒤 콘스탄티노플의 성벽 앞에서 최종 결론이 나기까지 치열하게 펼쳐지게 되는 경쟁이었다.

알리는 무라트 2세가 가장 좋아하는 아들이었다. 그의 죽음은 술탄에게 큰 충격을 주었다. 그렇지만 동시에 왕자가 음모를 꾸미는 것을 알아내고 무라트 2세 자신이 처단을 지시했을 가능성도 충분히 있다. 어쨌든 술탄은 이제 어린 메흐메트 2세를 에디르네로 불러 그의 교육을 가까이서 관리하는 수밖에 다른 도리가 없음을 깨달았다. 그 순간에는 열한 살배기가 오스만 왕조의 유일한 미래가 됐다.

무라트 2세는 소년을 다시 보고는 소름이 끼쳤다. 왕자는 이미 고집불통이고, 제멋대로이며, 거의 가르칠 수 없을 정도였다. 메흐메트 2세는 이전 선생들에게 공개적으로 반항하고, 체벌을 받거나 『쿠란』을 배우는 일을 거부했다. 무라트는 유명한 물라mullah(이슬람교의 법과 교리에 정통한 사람을 높여 부르는 말—옮긴이)인 귀라니 아흐메트 (1416~1488)를 불러 이 어린 왕자를 때려서라도 복종시키라고 명령했다. 물라는 회초리를 손에 들고 왕자를 만나러 갔다. 그는 이렇게 말했다.

"아버님께서 왕자님을 가르치라고 저를 보내셨습니다. 그러나 왕자님께서 복종하지 않으면 체벌을 가하라고도 하셨습니다."[5]

메흐메트 2세가 위협하는 말을 듣고 큰 소리로 웃자 물라는 매를 때렸고, 메흐메트 2세는 재빨리 굴복하고 공부를 했다. 이 엄한 선생

밑에서 메흐메트 2세는 『쿠란』을 공부하기 시작했고, 그런 다음 더 넓은 범위의 지식을 받아들였다. 소년은 놀라운 이해력을 보여주었으며, 이와 함께 성공을 하고야 말겠다는 강철 같은 의지도 드러냈다. 그는 여러 언어를 유창하게 숙달했다. 여러 자료를 종합해 보면 그는 튀르크어·페르시아어·아랍어를 알았고, 그리스어 구어와 슬라브어 방언 그리고 약간의 라틴어도 했다. 그리고 역사와 지리, 과학과 실용적인 공학, 문학에도 매혹됐다. 놀라운 인물이 떠오르기 시작하고 있었다.

1440년대는 오스만 제국에게 새로운 위기의 시대였다. 제국은 아나톨리아에서 투르크멘계 속국 가운데 하나였던 카라만의 이브라힘 베이(?~1464)가 일으킨 반란으로 위협을 받고 있었고, 서방에서는 헝가리인들이 이끄는 새로운 십자군이 준비되고 있었다. 무라트 2세는 기독교도들로부터의 위협을 10년간의 휴전협정으로 누그러뜨려 놓고 골칫덩이 베이 문제를 처리하기 위해 아나톨리아로 떠났던 듯하다.

그는 떠나기 전에 왕위에서 물러난다는 놀라운 조치를 취했다. 그는 나라 안에서 벌어지는 내전을 두려워하고 있었고, 자신이 죽기 전에 메흐메트 2세의 권력 기반을 확고히 하고자 했다. 세상에 대한 염증 또한 한 가지 요인이었다. 오스만 술탄에게는 과중한 업무 부담이 지워져 있었고, 무라트 2세는 자신이 가장 사랑했던 알리의 피살로 우울증에 빠져 있었을 것이다. 메흐메트 2세는 열두 살 나이에 믿을 수 있는 수석대신 찬다를르 할릴 파샤(?~1453)의 지도 아래 에디르네에서 정식으로 술탄 자리에 올랐다. 그의 이름으로 동전이 주조됐고, 매주 기도를 할 때면 특전에 따라 그의 이름이 언급됐다.

이 실험은 대재앙이었다. 어린 풋내기 술탄이 즉위해 생긴 기회에 유혹을 느낀 교황은 즉각 헝가리 왕 라슬로 5세(재위 1444~1457)의 휴전 서약에 대한 면책권을 부여했으며, 십자군 부대가 요란하게 진군했다. 십자군은 9월에 도나우 강을 건넜다. 베네치아 함대가 무라트 2세의 귀환을 막기 위해 다르다넬스 해협으로 급파됐다. 에디르네의 분위기는 요동치고 있었다.

1444년, 신통하다는 이단 시아파 광신도 하나가 도시에 들어왔다. 군중이 이 페르시아 전도자에게 몰려들었고, 그는 이슬람교와 기독교 사이의 화해를 약속했다. 그리고 메흐메트 2세 자신도 그의 가르침에 끌려 그를 궁전으로 불러들였다. 종교 지도자들은 충격을 받았고, 할릴은 이단자에 대한 대중의 열광에 깜짝 놀랐다. 반대파들은 그를 체포하려 했다. 전도자는 궁전 안으로 피신했지만, 메흐메트 2세는 설득을 당한 끝에 그 사람을 내주었다. 그 사람은 결국 공공 기도장으로 끌려가 화형에 처해졌다. 그 추종자들은 학살당했다.

비잔티움인들 또한 이 혼란을 이용하기로 작정했다. 그들은 오스만의 왕권을 노리던 오르한(1412~1453. 무라트 2세의 동생이자 메흐메트 2세의 숙부다―옮긴이) 왕자를 도시에 붙잡아두고 있었는데, 이 사람을 풀어주어 반란을 선동하도록 했다. 오스만의 유럽 내 영토에서는 봉기가 이어졌다. 에디르네는 공황 상태에 빠졌다. 마을의 상당 부분이 불타버렸고, 튀르크계 무슬림들은 다시 아나톨리아로 도망치기 시작했다. 메흐메트 2세의 치세는 혼란 속에서 해체돼 가고 있었다.

그러는 사이에 무라트 2세는 카라만의 이브라힘 베이와 휴전협상을 마치고 위협에 대처하기 위해 귀환을 서둘렀다. 그는 다르다넬스 해협이 베네치아 함대에 의해 막힌 것을 발견하고는 그들의 경쟁자인 제노바인들의 도움을 얻어 부대를 이끌고 보스포로스 해협을 건넜다. 한 사람당 1두카토(중세 후기부터 20세기 초까지 유럽에서 널리 쓰이던 금·은화—옮긴이)라는 후한 뱃삯을 치르고서였다. 그러고는 진군을 계속해 1444년 11월 10일 흑해 해안의 바르나에서 십자군 부대와 마주쳤다. 결과는 오스만의 완승이었다. 라슬로 5세의 두개골은 창끝에 걸려 오스만의 옛 도시 부르사로 보내졌다. 무슬림의 패권이 승리를 거두었음을 상징하는 것이었다. 이때가 기독교 세계와 이슬람 세계 사이의 성전에서 중요한 순간이었다. 서방의 십자군 원정은 그 운동이 시작되고 350년이 지난 뒤 바르나에서 패배를 당함으로써 그 의욕이 완전히 꺾이게 됐다. 기독교 세계는 다시는 무슬림을 유럽 밖으로 몰아내려는 노력을 위해 뭉치는 일이 없게 된다.

이로써 발칸 반도에서 오스만의 존재가 확실해졌으며, 콘스탄티노플은 이슬람 세계 속의 섬으로서 완전히 고립된 채로 남았다. 오스만이 공격할 경우 서방에서 도와줄 공산이 적어진 것이다. 더 큰 문제는 무라트 2세가, 1444년의 혼란에 대한 책임의 상당 부분이 비잔티움에 있다고 생각했다는 점이다. 이런 판단에 따라 오스만은 곧 전략을 짜내게 된다.

바르나 전투 직후, 메흐메트 2세가 술탄 즉위 초 적응에 실패한 상황에서도 무라트 2세는 다시 아나톨리아로 물러갔다. 할릴 파샤는 여전히 수석대신의 자리를 지켰지만 메흐메트 2세는 총독 직을 맡고 있던 다른 두 사람의 영향을 더 많이 받고 있었다. 유럽 지역의 영주였던 우두머리 환관 셰하브엣딘(?~1453) 파샤와 단호한 기독교 배교자 자아노스 메흐메트(?~1462) 파샤였다. 이들 두 사람은 모두 콘스탄티노플 점령 계획을 진행하는 것을 지지했다. 왕권을 노리는 오르한

이 아직 이 도시에 있다는 생각에서였다. 그곳을 점령하면 메흐메트 2세의 통치를 안정된 기반 위에 올려놓을 수 있고, 어린 술탄이 커다란 개인적 영예를 얻게 된다. 메흐메트 2세가 어린 시절에도 자석에 끌리기라도 한 듯이 이 기독교 도시를 점령해 스스로 로마 제국의 상속자가 되려는 계획에 끌렸음은 분명하다. 그가 쓴 시에 이런 구절이 있다.

> 내 간절한 바람은
> 이교도들을 분쇄하는 것.[6]

그러나 메흐메트 2세의 이 도시에 대한 동경은 종교적인 측면만큼이나 제국 경영이라는 측면도 있고, 부분적으로는 놀라울 정도로 비이슬람적인 근원으로부터 나온 것도 있다. 그는 알렉산드로스 대왕(서기전 356~서기전 323)과 율리우스 카이사르(서기전 100~서기전 44)의 위업에 깊은 흥미를 가지고 있었다. 알렉산드로스 대왕은 중세 페르시아와 튀르크 서사시에서 이슬람의 영웅으로 변형됐다. 메흐메트 2세는 어린 시절부터 알렉산드로스를 알고 있었을 것이다. 그는 궁전에서 날마다 로마 시대의 작가 아리아노스(86~160. 그리스 출신의 정치가·역사가로, 『알렉산드로스의 내륙 원정』의 저자다—옮긴이)가 쓴 이 '세계 정복자'의 그리스어 전기 읽어주는 것을 들었다. 이런 영향들로 인해 그는 자신의 정체성을 두 가지로 생각했다. 하나는 정복지가 지구 끝까지 뻗쳐 있는 무슬림 알렉산드로스고, 또 하나는 이교도들에 맞서 지하드를 이끄는 가지 전사였다. 그는 역사의 흐름을 되돌리고 싶었다. 알렉산드로스는 동방을 휩쓸었지만, 그는 자신이 이번에는 서방을 정복함으로써 동방과 이슬람교에 영광을 가져오고자 했다. 그것은 그의 개인적 조언자들이 불을 붙인 흥분되는 상상이었고, 그 조언자들은 정복의 물결 속에서 자신들의 출세가 이루어질 수 있음을 알아챘다.

조숙했던 메흐메트 2세는 자신의 스승들로부터 도움을 받으며 1445년에 이미 콘스탄티노플에 대한 새로운 공격 계획을 짜기 시작했다. 그는 열세 살이었다. 할릴 파샤는 깜짝 놀랐다. 그는 어린 술탄의 계획에 반대했다. 1444년에 큰 낭패를 겪었지만, 그는 이런 움직임이 더 큰 재앙으로 끝나지 않을까 우려했다. 오스만 제국은 엄청난 자원을 가지고 있지만 내전으로 거의 붕괴할 뻔했음을 생생하게 기억하고 있다. 그리고 할릴 파샤는 총력을 기울인 콘스탄티노플 점령 시도가 서방 기독교 세계의 거대한 반동을 불러올 수 있다는 다수 사람들의 깊은 우려에 동조하고 있었다. 그에게는 개인적인 동기도 있었다. 그는 전쟁광인 기독교 배교자들 때문에 자신의 권력과 튀르크계 무슬림 전통 귀족의 권력이 침식당하지 않을까 우려하고 있었다.

그는 예니체리(이들은 봉급 인상 요구가 거부되자 불만을 품고 있었다 —옮긴이)의 반란을 선동하고 무라트 2세에게는 에디르네로 돌아와 다시 통치권을 잡도록 청원해 메흐메트 2세의 퇴위를 꾀하기로 결심했다. 사람들은 광적인 열기 속에 무라트 2세를 다시 맞아들였다(1446년 9월의 일이다—옮긴이). 오만하고 차가웠던 어린 술탄은 백성들에게도, 예니체리들에게도 인기가 없었다. 메흐메트 2세는 자신의 조언자들과 함께 마니사로 물러갔다. 이것은 그가 용서할 수도, 잊을 수도 없는 굴욕적인 좌절이었다. 이 때문에 할릴 파샤는 뒷날 자신의 생명을 잃게 된다.

이후 메흐메트 2세는 무라트 2세가 죽을 때까지 음지에 머물러 있었다. 그러나 그는 여전히 자신이 술탄이라고 생각했다. 그는 1448년 제2차 코소보 전투에 아버지를 따라갔는데, 이 전투는 헝가리인들이 오스만의 세력을 깨기 위해 마지막으로 도전한 것이었다. 그것은 메흐메트 2세에게 힘든 첫 전투 경험이었다. 오스만도 비록 큰 손실을 입기는 했지만 결과는 바르나 전투만큼이나 압도적이었고, 오스만은 무적이라는 전설을 더욱 굳히는 역할을 했다. 서방에서는 음울한 비관론이 퍼지기 시작했다. '예니체리' 미하일로비치는 이렇게 썼다.

튀르크족은 그러한 조직을 통해 훨씬 앞서가고 있다. 당신이 그를 쫓아가면 그는 달아날 것이다. 그러나 그가 당신을 쫓아오면 당신은 도망칠 수 없다. … 타타르인들은 튀르크족에게 몇 차례 승리를 거두었지만, 기독교도들은 그들을 이겨본 적이 없다. 특히 진영을 정비하고 격돌하는 싸움에서는 더욱 그러하다. 무엇보다도 튀르크족이 자신들을 포위하고 측면에서 공격하도록 허용하고 있기 때문이다.[7]

무라트 2세는 말년을 에디르네에서 보냈다. 술탄은 군사적 모험을 더 하려는 의욕을 잃고 전쟁의 불확실성보다는 평화의 안정성을 더 좋아하는 듯했다. 그가 살아 있는 동안에는 콘스탄티노플도 불안한 평화 속에서 숨을 쉬고 있었다. 1451년 2월에 그가 죽자 친구도, 적도 함께 애석해했다. 그리스 출신의 역사가 미카엘 두카스(1400?~1462년 이후)는 이렇게 언명했다.

그는 자신이 기독교도들과 함께 신에게 맹세한 조약들을 언제나 완벽하게 지켰다. 그는 분노를 오래 품고 있지 않았다. 그는 전쟁을 싫어하고 평화를 열망했다. 그리고 이런 이유로 '평화를 사랑하시는 아버지'께서는 그가 칼에 찔려 죽지 않고 평화로운 죽음을 맞도록 보상해 주셨다.[8]

두카스는 무라트 2세가 자신의 계승자에게 남긴 충고의 내용을 알았다면 이렇게 너그럽지는 않았을 것이다. 무라트 2세는 1440년대에 비잔티움이 간섭했던 일로 인해, 오스만 제국은 콘스탄티노플이 기독교도들의 섬으로 남아 있는 한 결코 안전할 수 없다는 확신을 가지게 된 듯하다. 오스만의 역사가 호자 사드엣딘 에펜디(1536~1599)는 이렇게 말했다.

그는 이 걸출한 계승자에게, 그 도시 점령을 위한 지하드의 원칙을 수립하도록 유언했다. 이를 병합함으로써 … 이슬람 민중의 번영을 보장하고 형편없는 이교도들의 등뼈를 꺾기 위해서였다.[9]

술탄의 죽음은 언제나 오스만 국가에 위험한 순간이었다. 전통에 따라 그리고 어떤 무장 반란이라도 미연에 방지하기 위해 이 소식은 비밀에 부쳐졌다. 무라트 2세에게는 아들이 하나 더 있었다. '퀴퀵 아흐메트'(작은 아흐메트)라고 부르는 아기였다. 이 아기는 당장은 메흐메트 2세의 승계에 문제가 되지 않았다. 그렇지만 왕권을 주장하는 오르한이 콘스탄티노플에 건재해 있었고, 메흐메트 2세는 별로 인기가 없었다. 아버지가 죽었다는 소식을 담은 편지가 밀봉돼 급사急使 편에 보내졌다. 편지에서 할릴은 메흐메트 2세에게 지체하지 말라고 조언했다. 신속하게 에디르네에 도착하는 것이 긴요했다. 조금이라도 지체하면 반란이 일어날 수도 있었다. 전승에 따르면 메흐메트 2세는 즉각 말을 준비시키고 가신들에게 소리쳤다.

"나를 좋아하는 사람은 나를 따르라!"

그는 친위대를 이끌고 이틀 만에 바다를 건너 겔리볼루 반도에 닿았다. 에디르네를 향해 말을 달려 벌판을 지나는 동안에 그는 관원과 대신, 물라와 지방관 그리고 일반 백성 등 수많은 인파와 마주쳤다. 아시아 초원 지대에서 살았던 자기네 민족의 과거를 상기하는 의식이었다. 그들이 궁전에서 1킬로미터 남짓 떨어진 곳에 다다랐을 무렵에 영접단이 말에서 내려 완전히 숨을 죽인 채 자기네의 새 통치자를 향해 걸어왔다. 그들은 수백 미터 밖에서 멈춰 서더니 갑자기 마구 울부짖기 시작했다. 죽은 술탄을 위해 슬픔을 표시하는 것이었다. 메흐메트 2세와 그 수행원들도 마찬가지로 말에서 내려 무리의 애도에 참여했다. 겨울 들판에는 애절한 울부짖음이 메아리쳤다. 고위 관원들이 새 술탄 앞에서 절을 했고, 그런 다음에 모든 사람은 다시 말을 타고 궁전으로 되돌아갔다.

이튿날 신료들을 공식 접견하는 행사가 있었다. 그것은 신경이 곤두서는 행사였다. 거기서 옛 술탄의 대신들은 자기네의 운명을 알아차렸다. 메흐메트 2세는 왕좌에 앉아 있었고, 그 옆에는 그가 믿는 조언자들이 자리 잡았다. 할릴 파샤는 뒤로 물러나 메흐메트 2세가 어떤 행동을 취하는지 보기 위해 기다렸다. 소년 술탄은 입을 열었다.

"내 아버지의 대신들은 왜 뒤로 물러나 있는가? 그들을 앞으로 불러내고 할릴에게 본래의 자리로 가라고 말하라."[10]

할릴은 수석대신의 역할을 회복했다. 이것은 메흐메트 2세가 으레 취하는 행동이었다. 현상을 유지하면서 자신의 은밀한 계획을 가슴속 깊이 묻어두고 때를 기다리는 것이었다.

새 술탄은 겨우 열일곱(메흐메트 2세는 1432년 3월 30일생으로 1451년 2월 3일에 복위해 만 열아홉을 두 달 앞둔 열여덟 살이었으므로 이는 저자의 착오인 듯하다—옮긴이) 살이었다. 자신감과 망설임, 야망과 자제가 뒤섞인 시기였다. 메흐메트 2세의 어린 시절은 분명히 그에게 깊은 생채기를 남겼다. 그는 아마도 아주 어려서 어머니와 떨어져야 했을 것이며, 오스만 궁정이라는 음험한 세계에서 대체로 운이 좋아 살아남았다. 심지어 어린 시절에도 그는 숨기는 것이 너무 많고 남을 잘 의심한 것으로 나타난다. 독립적이고 오만하며, 인간적인 정과는 거리가 멀고 엄청나게 야망이 컸다. 모순적이고 복잡한 성격이었던 것이다.

나중에 르네상스 시대에 잔인하고 비뚤어진 괴물로 묘사됐던 이 인물은 모순 덩어리였다. 그는 영악하고 용감하고 매우 충동적이었다. 엄청난 속임수를 쓸 수 있었고, 폭군처럼 잔인했으며, 갑작스레 친절한 행동을 보이기도 했다. 그는 변덕스러워 종잡을 수가 없었으며, 가까운 관계를 맺지 않으려고 하는 양성애자였고, 모욕을 결코 용서하지 않았다. 그러나 그는 바탕이 독실해 사랑을 받게 됐다. 그의 어른스러운 성격의 핵심적인 특징들은 이미 마련돼 있었다. 학자이기도 했던 후대의 폭군, 페르시아의 시와 조경을 좋아한 집착 강한 군사 전략가, 너무도 미신을 좋아해 군사적 결정을 확인하기 위해 궁정 점성술사에게 의존했던 병참 업무 및 실무 계획 전문가, 무슬림이 아닌 신민들에게 관대하고 외국인 무리와 이단 종교 사상가들을 반겼던 이슬람 전사.

그의 일생 동안에 그려졌던 몇 점의 초상화는 아마도 오스만 술탄

메흐메트 2세 초상.

의 진짜 초상으로서는 최초의 것일는지도 모른다. 거기에는 꽤 일관
된 얼굴 모습이 나타나고 있다. 갈고리 모양으로 굽은 옆모습, 한 오
스만 시인이 쓴 인상적인 구절에도 있듯이 "체리를 입에 문 앵무새의
부리"[11]와도 같이 관능적인 입술 위로 튀어나온 매부리코를, 역시 튀
어나온 턱의 불그스레한 턱수염이 보완하고 있다. 어느 틀에 박힌 세
밀화에서 그는 보석 반지를 낀 손가락 사이에 생생한 장미를 우아하
게 들고 냄새를 맡고 있다. 이는 술탄을 탐미주의자이자 페르시아 정
원 애호가 그리고 페르시아 사행시 작가로 표현하는 통상적인 방식
이다. 그러나 시선은 고정돼 있다. 마치 세계가 사라지는 어떤 먼 지
점을 바라보고 있는 듯이. 다른 성년 시절 초상화에서 그는 목이 굵고

비대한 모습이며, 젠틸레 벨리니(1429~1507. 이탈리아의 화가)가 그려 지금 런던 국립미술관에 걸려 있는 유명한 만년 초상에서는 아주 무겁고 병이 있는 듯이 보인다. 이 모든 그림은 한결같이 권위적인 분위기를 지니고 있다. '지상에 있는 하느님의 그림자'에 의한 힘을 당연히 상정하게 되는 것이다. 이런 가정에 따라, 오만하다고 하기에는 너무 자연스럽게 세계를 그의 손 위에 올려놓고 있다. 그러나 차가운 애수 또한 담겨 있어서, 차갑고 위험했던 소년 시절을 상기하게 하고 있다.

이 그림들은 복잡했던 메흐메트 2세에 대한 이탈리아인 자코모 데 랑구스키의 생생한 묘사와 부합한다.

군주인 튀르크 황제 메흐메트 베이는 청년이고 … 체격이 건장하며, 중키라기보다는 큰 편이다. 무기를 잘 다루고, 덕망이 있다기보다는 무서운 측면이 있으며, 별로 웃지 않고, 매우 용의주도하고, 천성적으로 매우 관대하다. 자신의 계획을 추구하는 데 집요하고, 모든 일을 함에 있어 대담하며, 마케도니아의 알렉산드로스만큼이나 공명심이 많다. 그는 매일 로마 제국과 그 밖의 역사에 관한 책 읽어주는 것을 듣는다. 그는 세 가지 말을 한다. 튀르크어 · 그리스어 · 슬라브어다. 그는 매우 공을 들여 이탈리아 지리를 배운다. … 교황은 어느 곳을 본거지로 삼고 다스리며 황제는 또 어느 곳을 본거지로 삼고 다스리는지 그리고 유럽에는 왕국이 몇 개나 있는지 등에 관해서다. 그는 나라와 주州들이 표시된 유럽 지도를 가지고 있다. 그는 무엇보다도 세계지리와 군사 문제에 커다란 흥미와 열성을 가지고 배운다. 그는 지배하려는 욕망에 불타고 있다. 그는 상황 파악이 빠르다. 우리 기독교도들이 상대해야 하는 것은 그런 사람이다. … 이제는 시대가 바뀌었다

베네치아의 화가 젠틸레 벨리니가 그린 메흐메트 2세의 마지막 초상화.

고 그는 말한다. 이전 시대에 서양인들이 동양으로 진군했듯이, 자신은 동쪽으로부터 서양으로 진군할 것이라고 그는 말한다. 세계에는 오직 하나의 제국, 하나의 신앙, 한 사람의 통치자만이 있어야 한다고 그는 말하고 있다.[12]

이것은 이슬람의 깃발을 유럽에 꽂음으로써 역사의 물결을 되돌리려는 메흐메트 2세의 야망에 대한 생생한 증언이다. 그러나 그가 즉위할 때, 그가 집착을 갖고 있고 총명하다는 사실은 서방에 거의 알려지지 않았다. 그들은 단지 메흐메트 2세를, 처음 맛본 권력을 굴욕으로 마감한 미숙하고 경험이 부족한 청년으로만 보았을 뿐이다.

메흐메트 2세가 즉위(1451년의 두 번째 즉위를 말한다—옮긴이)하기

로마 황제인 콘스탄티노스 11세의 서명.

2년 전, 콘스탄티노플 역시 새로운 황제를 맞았다. 그러나 아주 다른 환경에서였다. 다가올 싸움에서 메흐메트 2세와 맞서게 될 이 사람은 자기네 도시 건설자와 같은 이름을 갖고 있었다. 미신에 빠진 비잔티움인들은 곧 이 사실은 기억해 내게 된다. 콘스탄티노스 11세는 1261년 이후 통치자인 팔라이올로고스 왕조에서 여덟 번째로 제위에 오른 이였다. 이 가문은 제위를 찬탈했는데, 그들의 통치 시기는 제국이 무질서와 불협화음으로 하염없이 고꾸라져 들어가는 것과 일치했다. 콘스탄티노스 11세의 혈통은 전형적인 다민족이었다. 그는 그리스어를 사용했지만 그리스인일 가능성은 거의 없었다. 콘스탄티노스 11세의 어머니는 세르비아인이었고, 그는 어머니 성 드라가시의 그리스어형인 드라가세스를 성으로 삼았다. 아버지는 부모 중 한쪽이 이탈리아인이었다. 모든 비잔티움인이 그러했듯이 그는 자신을 로마인이라 표현했으며, 선대 황제들의 자랑스러운 옛 칭호로 서명했다.

그리스도를 믿는 진정한 황제이자 로마인들의 전제군주 콘스탄티노스 팔라이올로고스.

이는 공허한 문구였지만 의례의 법식과 절차상 늘 그렇게 해왔기 때문에 비잔티움인들은 자신들이 속절없이 몰락해 가는 동안에도 이에 매달렸다. 제국에는 함대 사령관은 있었지만 함대는 없었고, 총사령관은 있었지만 병사는 몇 명 되지 않았다. 귀족들은 궁정이라는 난쟁이 세계에서 총사령관이니 총리니 근위대장이니 하는 터무니없이 허세 부리는 칭호를 서로 차지하려고 다투면서 옥신각신했다. 콘스탄티노스 11세는 사실상 실권 없는 황제였다. 그의 영토는 콘스탄티노플과 그 근교, 몇 개의 섬들 및 펠로폰네소스 반도의 이어진 영토 정도로 쭈그러들었다. (펠로폰네소스 반도는 그리스인들이 보다 시적으로 '모레아스Moreas'라 부르는데, 이는 '뽕잎'이라는 뜻이다. 이 반도는 생사 산지로 유명했으며, 그 형태가 누에의 먹이인 뽕잎을 연상시킨다.)

콘스탄티노스 11세의 왕관을 부러워할 것이 못 된다. 그가 물려받은 것은 거덜 난 재정과 내전이나 벌이려고 하는 왕가, 종교적 열정으로 분열된 도시 그리고 가난에 찌들어 터질 듯한 하층민들이었다. 제국은 내분이 벌어지고 있는 뱀 구덩이였다. 1442년에 그의 동생 데메트리오스(1407~1470)는 오스만 군대를 이끌고 콘스탄티노플로 진군해 왔다. 비잔티움은 오스만 제국 황제의 속국으로 반쯤 죽은 목숨이었으며, 오스만 제국은 언제든지 이 도시를 포위 공격할 수 있었다. 그렇다고 콘스탄티노스 11세의 개인적인 권위가 특별히 확고하지도 않았다. 1449년에 그가 즉위할 때도 불법의 냄새가 물씬 풍겼다. 그는 펠로폰네소스 반도의 미스트라스에서 황제에 추대됐는데, 이는 황제에게 매우 이례적인 의전이었고 이후에도 하기아소피아 대성당에서 대관식을 갖지 않았다. 비잔티움인들은 자기네의 새 황제에 대한 무라트 2세의 승인을 요청해야 했고, 당시 너무도 가난해 새 황제의 콘스탄티노플행 비용조차 댈 수가 없었다. 치욕스럽게도 그는 카탈루냐 배에 그곳까지 실어다 달라고 사정해야 했다.

1449년 3월에 그는 이 도시로 돌아갔는데, 도시를 그린 당시의 그림은 존재하지 않는다. 약간 이른 시기에 그려진 이탈리아 지도를 보면 콘스탄티노플은 빈 공간이 있는 장소처럼 보이고, 반면에 크리소케라스 만 너머의 갈라타 또는 페라로 알려진 제노바의 무역 식민지는 번창하고 흥청거리는 것으로 기록됐다. 여행가 베르트랑동 드 라 브로키에르는 "그리스인·유대인·제노바인이 거주하는 거대한 마을"[13]이라고 썼다. 그는 이곳이 자신이 본 항구 가운데서 가장 멋진 곳이라고 단언했다. 이 프랑스 기사는 콘스탄티노플 자체도 매력적이지만 초라해졌다고 전했다. 교회들은 인상적이었고, 특히 하기아소피아 대성당이 그랬다. 그가 거기서 "라우렌시오(225~258. 기독교 성인으로 뜨거운 석쇠 위에서 고문을 받고 죽었다는 순교자다—옮긴이) 성인을 고문하던 석쇠와, 소돔·고모라를 파괴할 때 아브라함이 천사들에게 음식 대접을 하면서 사용했다고 그들이 말하는 세면대 모양의 커다란 돌"*을 보았다. 유스티니아누스 대제(그는 콘스탄티누스 대제로 잘못 알았다)의 거대한 기마 조각상은 여전히 그곳에 있었다.

그는 왼손에 홀을 들고 있었고, 오른손은 아시아의 터키와 예루살렘으로 가는 길을 향해 뻗치고 있다. 마치 그 나라 전체가 그의 지배하에 있음을 보여주려는 듯이.*

그러나 진실은 분명했다. 황제는 자기네 왕가조차도 제대로 통제하지 못했다.

이 도시에는 모든 나라에서 온 상인들이 있다. 그러나 베네치아인

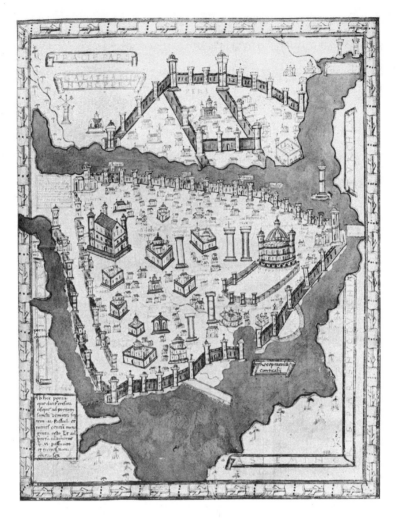

15세기 초의 콘스탄티노플을 그린 이탈리아 지도. 지도는 왼쪽의 육지 쪽 성벽 밖으로 제법 큰 해자를 그리고 있다. 갈라타는 맨 위쪽에 있다.

들만큼 힘을 지닌 사람들은 없다. 그들에게는 바일로bailo(베네치아에서 콘스탄티노플에 파견한 관리로 오늘날의 영사 격이다—옮긴이)가 있어서 황제나 그 신하들의 간섭을 받지 않고 모든 자기네 일을 처리한다. 튀르크족 또한 자기네의 교역을 감독할 담당자를 두고 있는데, 그 역시 베네치아의 집행관과 마찬가지로 황제의 간섭을 받지 않는다. 그들은 심지어 특권도 있다. 그들의 노예가 도망쳐 도시 안에 피신하면 그들의 요구에 따라 황제는 도망친 자를 내어주게 돼 있다. 이 군주는 튀르크족에게 절대 복종하고 있음에 틀림없다. 내가 듣기로 황제는 그들에게 해마다 1만 두카토의 세금을 바치고 있기 때문이다.*

드 라 브로키에르는 여기저기서 사라진 영광에 대한 기록을 남기고 있다. 가장 상징적인 것은 (분명히) 마차 경기장에 있는 세 개의 빈 대리석 대좌臺座일 것이다.

한때 여기에는 세 개의 금박을 한 마상馬像이 있었는데, 지금은 베네치아에 있다.*

오스만인들이 다시 도시를 점령하러 오고 사람들이 그들을 위해 성문을 활짝 열어젖히는 일은 단지 시간 문제인 듯했다. 그들은 1430년에 선택에 대한 무서운 경고를 받았다. 테살로니카인들이 무라트 2세에게 복종하기를 거부했는데, 오스만인들이 성벽을 뚫는 데는 겨우 세 시간이 걸렸다. 하지만 강간과 약탈은 사흘 동안이나 이어졌고, 7천 명의 여자와 아이가 노예로 끌려갔다.

우리는 콘스탄티노스 11세의 모습에 대해 잘 알지 못한다. 그의 얼

콘스탄티노스 11세.

굴은 거의 공백처럼 보인다. 그는 아버지 마누엘 2세의 강하고 균형 잡힌 모습과 태도를 물려받은 듯하다. 그러나 제국은 새 황제의 초상화를 그려달라고 의뢰하기에는 너무 어수선했고, 매를 닮은 홀쭉한 얼굴을 보여주는 황금 국새는 의미를 부여하기에 너무도 도식적이다. 그러나 그의 성품에 대해서는 의견이 모아지고 있다. 마누엘 2세의 여러 아들 가운데 콘스탄티노스 11세가 가장 능력이 있고 믿을 만했다는 것이다. "악의가 없는 박애주의자"[14]였고, 결연함과 용기와 깊은 애국심이 뚝뚝 묻어났다. 다투기 좋아하고 무원칙한 여타 형제들과 달리 콘스탄티노스 11세는 정직했다. 그는 자기 주위 사람들을 보며 느낀 바가 있어 아주 진실해진 듯했다. 그는 종합적으로 생각하면 행동하는 사람이었지, 행정을 잘하거나 생각이 깊은 사람은 아니었다. 말타기와 전쟁 기술에도 능숙했으며, 용감하고 진취적이었다. 무엇보다도 그는 난국에 처해 단호했다. 비잔티움의 유산에 대한 강한 책임감이 그의 성격에 흘러넘쳤다. 그는 나라를 떠받치려 애쓰며 평생을 살았다.

콘스탄티노스 11세는 메흐메트 2세보다 27년 연상이었다. 그는 1405년 콘스탄티노플에서 태어났고, 아주 어린 시절부터 도시의 어려운 처지에 대해 별로 환상을 갖지 않을 수 있었다. 열일곱 살이던 1422년에 그는 무라트 2세의 포위 공격을 체험했다. 이듬해 그는 섭정에 임명됐다. 이때 그의 형 요안네스 8세(재위 1425~1448)는 비잔티움을 지원해 달라고 요청하러 기독교 세계 국가들을 도느라 출국하고 없었다(그는 같은 목적으로 여러 차례 각국을 순방한 바 있는데, 이전과 마찬가지로 이번에도 소득이 없었다). 1449년에 즉위했을 때 그는 마흔네 살이었고, 그때까지 전쟁 경험은 20년이었다. 그는 이 기간의 대부분을 비잔티움이 펠로폰네소스 반도에 대한 통제권을 완전히 회복하기 위해 노력하는 데 보냈고, 여러 가지 성공을 거두었다. 1430년까지 그는 작은 이민족 왕국 대부분을 반도 밖으로 몰아냈고, 모레아스의 데스포테스despótēs(일부 지방의 통치를 맡는 황족을 가리키는 것이어서 동양의 '제후'와 비슷한 개념이다―옮긴이)로 있던 1440년대 동안에는 국경을 북부 그리스 쪽으로 밀어 올렸다. 무라트 2세에게 그는 끊임없이 성가신 존재였다. 다시 선 안으로 밀어 넣어야 할 반항적인 속국의 군주였다. 결정적인 응징은 1446년 십자군이 바르나에서 패배한 뒤에 이루어졌다. 한 오스만 부대가 모레아스로 몰려들어와 농촌을 유린하고 6만 명의 그리스인을 노예로 붙잡아갔다. 콘스탄티노스 11

세는 굴욕적인 휴전협정을 맺도록 강요당했으며, 술탄에게 신하가 되겠다고 맹세하고 엄청난 세금을 바쳤다.

그리스에서 비잔티움의 부를 다시 일구려는 사업들은 거듭 실패했지만, 그의 정신과 군사적인 기술과 정직성은 그의 세 형제인 데메트리오스·토마스·테오도로스(마누엘 2세의 여덟 아들 가운데 테오도로스가 셋째, 황제가 된 콘스탄티노스 11세가 다섯째, 데메트리오스·토마스가 일곱째·여덟째다. 테오도로스는 같은 이름의 삼촌이 죽자 모레아스 데스포테스 자리를 이어받았고, 그가 은퇴하고 수도원으로 들어가자 콘스탄티노스 11세·토마스가 모레아스를 공동 통치하다가 콘스탄티노스 11세가 황제가 되자 데메트리오스가 토마스의 파트너가 됐다—옮긴이)와 대조를 이루었다. 콘스탄티노스 11세는 자기중심적이었고, 데메트리오스는 믿을 수 없었고, 토마스는 싸움닭이었고, 테오도로스는 우유부단했다. 형제들은 제국의 남은 부분을 떠받치려는 콘스탄티노스 11세의 노력을 방해하려고 했다. 그들의 어머니 엘레네(세르비아어로는 옐레나)는 콘스탄티노스 11세를 제위에 올려야 한다고 주장하지 않을 수 없었다. 유산을 맡길 수 있는 것은 콘스탄티노스 11세뿐이었다.

이후의 비잔티움 전승에서는 액운이 콘스탄티노스 11세에게 달라붙었다. 마치 천형天刑과도 같았다. 모레아스에서 그는 제국을 위해 대담한 선의의 도박을 했지만, 그것은 팔자가 사나운 것이었다. 그는 바르나의 비극 이후 혼자서 싸워 나갔다. 베네치아 함대는 고국으로 돌아가 버렸고, 제노바는 약속했던 원조를 보내지 못했다. 그러나 이런 고집은 그리스 사람들에게 상당한 고통을 안겨주었다. 그의 개인 생활 역시 비슷하게 불행했다. 그의 첫 번째 아내는 1429년에 자식 없이 죽었다. 두 번째 아내는 1442년에 죽었다. 1440년대 후반에 그

콘스탄티노스 11세 동전.

는 왕실 간 혼인을 맺으려고 여러 차례 시도했다. 이를 통해 그가 제위에 오르는 행운을 얻을 가능성을 높여 자연스럽게 후계자가 될 수 있으리라고 생각한 것이다. 이런 시도들은 메흐메트 2세가 술탄 자리를 이어받기 직전의 갈수록 불안해지는 정치적 분위기 속에서 모두 실패로 끝나고 말았다.

1451년 2월, 메흐메트 2세는 에디르네에 있는 궁전에 자리 잡았다. 그의 첫 번째 조치는 놀랍고도 단호했다. 무라트 2세가 죽을 때 그의 또 다른 부인을 통해 낳은 아기 왕자 '퀴췩 아흐메트'가 있었다. 메흐메트 2세가 도착하고 며칠 뒤 아흐메트의 어머니가 무라트 2세의 죽음에 공식적인 조의를 표하려고 메흐메트 2세를 찾았을 때, 그는 자신의 측근인 에우레네솔루 알리 베이(?~1451)를 그 처소에 보내 아흐메트를 목욕탕에 빠뜨려 죽였다. 이튿날 그는 아흐메트를 죽인 죄로 알리 베이를 처형하고 정신이 나간 아흐메트의 어머니를 자기 신하인 귀족에게 시집보내 버렸다. 이는 무자비한 지성에 따른 행동이었고, 그것은 오스만 궁정의 권력투쟁을 다음과 같은 논리적 귀결로 이끌었다. 즉 오직 한 사람만이 지배할 수 있고, 내전이라는 분열 가능성을 피하려면 한 사람만이 살아남을 수 있다는 것이다. 오스만인들에게는 이것이, 비잔티움의 활력을 잃게 만들었던 끝없는 투쟁보다 나은 듯했다. 곧바로 메흐메트 2세는 오스만의 승계 방식을 명확히 했고, 그것을 나중에 형제 살해 원칙으로 성문화했다.

> 내 아들들 가운데 술탄 자리를 이어받는 사람은 누구든지 세계 질서에 도움을 주기 위해 자신의 형제들을 죽여야 한다. 법률 전문가 대부분은 이런 조치에 동의했다. 이에 부합하게 행동해야 할 것이다.[15]

이후의 실행은 승계를 빈틈없이 확실하게 만들었다. 이는 1595년 메흐메트 3세(재위 1595~1603)가 술탄 자리에 오르면서 절정에 이르게 된다. 그 형제들의 시신을 담은 관 열아홉 개가 왕궁 밖으로 실려 나갔던 것이다. 그럼에도 불구하고 형제 살해 원칙은 내전을 예방하는 데 실패했다. 이렇게 되자 두려움을 느낀 아들들이 선제 조치로 반란을 일으키게 됐고, 그것이 다시 메흐메트 2세를 괴롭히는 것으로 귀결된다(메흐메트 2세는 쉰 살을 채우지 못하고 원정 도중에 급사하는데, 이것은 아들 바예지드 2세가 후임 술탄 승계 과정의 불확실성을 제거하기 위해 미리 아버지를 독살한 것이라는 시각이 있다—옮긴이). 콘스탄티노플에서는 퀴축 아흐메트의 죽음을 둘러싼 상황을 메흐메트 2세라는 인물을 파악하는 데 가장 중요한 요소로 삼아야 했는데, 그들은 그렇게 하지 못한 듯하다.

목을 따다
1451년 2월~1452년 11월

루멜리히사르.

열쇠 하나를 가진 보스포로스 해협이
두 세계와 두 바다를 여닫는다.[1]

– 피에르 질(1490~1555. 프랑스의 자연과학자)

서방 여러 나라에서는 무라트 2세가 죽었다는 소식이 들리자 안도 속에서 반색했다. 베네치아·로마·제네바·파리에서는 모두, 한 달 뒤 이탈리아인 프란체스코 필렐포(1398~1481)가 프랑스 왕 샤를 7세(재위 1422~1461)에게 보낸 편지에서 내놓은 의견을 선뜻 받아들였다. 젊은 메흐메트 2세는 어리고 경험이 부족하며 생각이 단순하다는 얘기였다. 그들은 아마도 그의 결론에는 관심을 덜 가졌던 듯하다. "부패하고 타락한 노예 무리"[2]인 오스만인을 영원히 유럽 밖으로 몰아내기 위한 결정적 군사작전을 위한 시기가 무르익었다는 게 그의 결론이었다. 피로 물든 1444년 바르나에서의 패배 때문에 당장 십자군을 일으키려는 의욕은 완전히 꺾였고, 유럽의 군주들은 풋내기인 (그리고 어느 정도는 불길한) 메흐메트 2세가 권좌에 오를 것이라는 전망을 반겼다.

튀르크 황제에 대해 보다 깊은 지식을 가지고 있는 사람들은 조금 더 많은 것을 알고 있었다. 콘스탄티노스 11세가 가장 믿는 궁전 비서였던 게오르기오스 스프란체스(1401~1478)는 무라트 2세가 죽을 때 흑해를 건너고 있었다. 조지아 왕을 만난 뒤 트라페주스(트레비존드. 1204년에 흑해 남안에 세워진 비잔티움 제국의 세 후계국 가운데 하나로, 현재의 터키 트라브존인 트라페주스를 수도로 삼았다―옮긴이) 황제에게 가고 있는 중이었다. 그는 홀아비가 된 콘스탄티노스 11세에게 적합한 짝을 찾기 위해 끝없이 이어지는 외교 활동을 벌이고 있었다. 사면초가에 몰린 그의 위치를 떠받치고, 상속 가능성을 제공하며, 지참금으로 그의 금고를 채우려는 목적이었다. 트라페주스에서 황제인 요안네스 4세(재위 1429~1458)는 쾌활하게 그를 맞았다. 메흐메트 2세가 즉위했다는 말과 함께였다.

"어서 오시오, 대사! 내가 그대에게 좋은 소식을 전해 주겠소. 틀림없이 나와 함께 기뻐해 주실 것이오."³

그러나 스프란체스는 놀라운 반응을 보였다.

나는 내게 가장 소중한 사람이 죽었다는 소식을 들은 것처럼 슬픔에 압도당해 말문이 막힌 채 서 있었다. 마침내 상당히 얼이 빠진 나는 이렇게 말했다.

"폐하, 이 소식은 전혀 기뻐할 일이 아닙니다. 반대로 그것은 비탄의 원인입니다."*

스프란체스는 이어서 자신이 메흐메트 2세에 대해 알고 있는 바를 설명해 나갔다. 그가 "어린 시절부터 기독교도들의 적"*이었으며, 콘스탄티노플을 향해 진군하기를 간절히 원하고 있다는 내용이었다. 게다가 콘스탄티노스 11세는 돈이 너무 없어서 그 도시의 재정을 재건하려면 한동안 평화와 안정이 필요했다.

콘스탄티노플에서는 급히 사절단을 에디르네로 파견해, 자기네가 젊은 술탄을 존경하고 있음을 표명하고 평화에 대한 술탄의 재확인을 받고자 했다. 그들은 응접하는 것을 보고 놀라며 기뻐했다. 메흐메트 2세는 상당히 합리적이라는 냄새를 풍겼다. 그는 선지자 무함마드와 『쿠란』, "그리고 천사들과 대천사들"의 이름을 걸고 "자신의 일생 동안 콘스탄티노플 및 그 황제 콘스탄티노스 11세와 평화롭게 지내는 데 매진하겠다"⁴고 맹세했다고 한다. 그는 심지어 비잔티움인들에게 스트루마(스트리모나스) 강 하류 유역의 그리스 마을들에서 내는 조세 수입 연간 총액을 주기도 했다. 그곳은 법적으로, 오스만 제국의 왕권을 주장하는 오르한의 소유였다. 이 돈은 오르한이 그 도시에 머물러 있는 한 그에 대한 부양 비용으로 들어가게 됐다.

그 이후에 계속해서 파견된 사절들도 비슷하게 재확인을 받았다. 에디르네와 무역상 이해관계가 있던 베네치아인들은 9월에 메흐메트 2세와의 평화협정을 갱신했고, 세르비아의 데스포테스인 주라지 브란코비치(재위 1427~1456)는 무라트 2세와 혼인했던 자신의 딸 마라(1401~1487)가 돌아오고 소도시 몇 개를 돌려받자 만족스런 표정을 지었다. 메흐메트 2세 쪽에서는 헝가리인들과의 거래를 모색하는 데 브란코비치가 도와주도록 요청했다. 헝가리인들의 뛰어난 지도자인 섭정 후녀디 야노시(1407~1456)는 유럽 기독교 세계에서 가장 강한 위협이 되고 있었다. 후녀디는 자기 나라 내부의 몇 가지 음모를 분쇄해야 할 필요가 있었기 때문에 3년간의 휴전에 동의할 용의가 있었다. 갈라타의 제노바인들이 보낸 사절과 히오스·레스보스·로도스(모두 아나톨리아 연해인 에게 해 동부에 있는 섬들이다—옮긴이) 영주들이 보낸 사절, 트라페주스·왈라키아(현재의 루마니아 남부 지방이다—옮긴이)·두브로브니크(라구사. 현재의 크로아티아 최남단 지역이다—옮긴이)에서 보낸 사절들이 비슷하게 합리적인 조건으로 평화 보장을 얻어낼 수 있었다.

1451년 가을쯤에는 메흐메트 2세가 평화를 애호하는 대신 할릴 파샤의 손아귀에 들어 있고 아무에게도 위협이 되지 않으리라는 것이 서방의 일반적인 인식이었다. 그리고 스프란체스보다 덜 조심스럽고 경험이 적은 콘스탄티노플의 많은 사람 역시 비슷하게 안심을 했다. 기독교 세계 전체의 왕과 세력가들은 모든 일이 잘 풀려가고 있다고 믿게 됐다. 메흐메트 2세는 자신의 패를 보이지 않도록 조심하고 있었다.

메흐메트 2세의 성격상의 강점을 잘못 파악한 것은 기독교 세계뿐만이 아니었다. 1451년 가을에 카라만의 골칫덩이 이브라힘 베이는 다시 한 번 서부 아나톨리아의 영토를 오스만의 통제로부터 떼어내고자 했다. 그는 여러 요새를 점령하고 이전 족장들을 복귀시킨 뒤 오스만 땅을 침략했다. 메흐메트 2세는 장수들을 보내 반란을 진압하게 하고 에디르네에서 일련의 평화협정을 맺은 뒤 직접 현장으로 달려갔다. 효과는 즉각적이었다. 반란은 곧바로 진압됐고, 메흐메트 2세는 발길을 돌려 궁전을 향했다. 부르사에서 그는 또 한 번의 능력 검증을 받게 됐다. 이번에는 자신이 거느렸던 예니체리 부대였다.

그들은 무장을 한 채 길 양쪽에 두 줄로 늘어서서 메흐메트 2세에게 외쳤다.

"이번 출정은 우리 술탄의 첫 번째 군사작전이었습니다. 술탄께서는 관례에 따라 저희에게 보너스로 보상해 주셔야 합니다."[5]

그는 그 자리에서 받아들이지 않을 수 없었다. 동전 열 부대가 들고일어선 무리들에게 분배됐다. 그러나 메흐메트 2세에게 그것은 양쪽의 의지에 대한 중대한 시험이었기 때문에 그는 승리해야겠다고 결심했다. 며칠 뒤 그는 이들의 지휘 장수를 호출해 질책하고는 직책에서 해임했다. 장교들 가운데 몇 명도 비슷하게 처벌을 받았다. 이 일은 메흐메트 2세가 체험한 두 번째 반란이었고, 그는 콘스탄티노플 점령이 성공하려면 예니체리 부대의 절대적인 충성을 확보하는 일이 긴요함을 깨달았다. 이에 따라 그는 부대를 재편성했다. 그는 자신이 거느렸던 친위대에서 7천 명을 빼내 예니체리 부대를 증원했고, 새로운 장수에게 지휘를 맡겼다.

바로 이 순간에 콘스탄티노스 11세와 그의 고문들은 자신들이 짜낸 새로운 계획을 추진했는데, 그것은 그들이 메흐메트 2세에 대해서 얼마나 무지했는가를 보여주는 것이었다. 하나 남은 오스만 왕권 도전자인 오르한 왕자는 콘스탄티노플에 머무르고 있었고, 그의 부양비는 여름에 술탄과 합의한 대로 세금 수입에서 지불되고 있었다. 비잔티움은 부르사에 있는 할릴에게 사절을 보내 고압적인 요구를 했다.

로마인들의 황제께서는 비용을 연간 30만 아스프론 aspron(비잔티움의 옛 은화─옮긴이) 내겠다는 것을 받아들이지 않으십니다. 오스만의 후예로서 당신네 지도자와 동등한 오르한이 이제 성년이 됐기 때문입니다. 매일 많은 사람이 그에게 몰려듭니다. 그들은 오르한을 주군 또는 지도자라고 부릅니다. 그는 자기를 따르는 사람들에게 후하게 베풀 재력이 자신에게는 없기 때문에 황제께 요청합니다. 그러나 황제께서도 돈이 없어 그 요청을 들어주지 못합니다. 그러므로 우리는 두 가지 중 하나를 선택하도록 요구합니다. 비용을 갑절로 올려주거나, 그러지 않으면 오르한을 내보낼 것입니다.[6]

그 의미는 너무도 분명했다. 젊은 술탄이 돈을 내지 않으면 왕권을 주장하는 경쟁자가 십중팔구 오스만 제국에서 내전을 일으키게 될 것이라는 얘기였다.

그것은 고전적인 술책이었다. 역사적으로 인접 국가의 왕권 경쟁자를 이용하는 것은 비잔티움 외교의 기본이었다. 이런 술책은 종종 군사적으로 약했던 시기에 보완 역할을 했고, 비잔티움은 교활함을 지녔다는 탐나지는 않지만 월등한 명성을 얻었다. 오스만은 이미 콘스탄티노스 11세의 아버지인 마누엘 2세 때 이런 술책을 경험한 바 있었다. 황제가 기민하게 확산시킨 내전으로 왕조가 거의 무너질 뻔했던 것이다. 이는 메흐메트 2세도 잘 알고 있는 이야기였다.

콘스탄티노스 11세는 분명히 오르한을 최고의 카드(아마도 남아 있는 유일한 카드였을 것이다)로 보았고, 그 카드를 내밀기로 했다. 당시의 상황하에서 그것은 치명적인 실책이었다. 그리고 스프란체스 같은 노련한 외교가들이 오스만 궁정의 정책에 대해 잘 알고 있었다는 점을 감안하면 거의 불가사의한 일이었다. 그것은 그저 제국의 재정 상태 때문에 그렇게 한 것이지, 반란을 일으킬 현실적인 가능성이 조금이라도 있어서는 아니었다. 그러나 이는 오스만 궁정의 주전파主戰派들에게 콘스탄티노플을 왜 점령해야 하는지의 이유를 모두 확인시켜 주었다. 이는 거의 할릴의 평화 유지 노력을 깨려고 작정한 제안이었다. 그리고 바로 이 대신의 지위를 위험에 빠뜨리는 일이었다. 늙은 대신은 화가 폭발했다.

이 멍청한 그리스인들아, 나는 너희들의 교활한 수를 잘 보았다. 돌아가신 술탄께서는 너희들에게 관대하고 성실한 친구셨다. 현재의 술탄께서는 같은 생각이 아니시다. 만약 콘스탄티노스 11세가 그분의 과감하고 당당한 손아귀에서 벗어난다면 그것은 오직 하느님께서 계속해서 너희들의 교활하고 사악한 잔꾀를 보지 못하시기 때문일 것이다. 너희들은 바보다. 너희들의 공상으로 우리를 위협할 수 있다고 생각하다니. 그리고 우리가 최근 협정에 서명한 잉크가 채 마르기도 전에 이런 일을 꾸미다니.

우리는 힘도 없고 생각도 없는 어린아이들이 아니다. 너희가 무언가를 시작할 수 있다고 생각한다면 그렇게 해보라. 너희가 오르한을 트라키아의 술탄이라고 주장하고 싶다면 밀고 나가보라. 너희가 헝가리인들을 도나우 강 이쪽으로 데려오고 싶다면 데려와 보라. 너희가 오래전에 잃은 지역들을 회복하고 싶다면 그렇게 해보라. 그러나 이것만은 알아야 한다. 너희는 이들 가운데 어느 것에서도 진전이 없을 것이다. 너희들이 이룰 것이라고는 너희들이 지금 가지고 있는 얼마 되지 않는 것마저 잃는 일뿐이다.[7]

정작 메흐메트 2세는 무표정한 얼굴로 이 소식을 들었다. 그는 '온화한 기색'으로 사절들을 돌려보내면서, 자신이 에디르네로 돌아가면 이 문제를 잘 살펴보겠다고 약속했다. 콘스탄티노스 11세는 그에게, 때가 무르익으면 자신의 말을 깰 수 있는 요긴한 핑곗거리를 넘겨주었다.

메흐메트 2세는 에디르네로 돌아오면서 자신의 생각대로 겔리볼루 반도로 건너갈 수 없음을 알게 됐다. 다르다넬스 해협은 이탈리아 배들에 의해 막혀 있었다. 그래서 그는 보스포로스 해협 쪽으로 방향을 돌려 오스만의 요새 아나돌루히사르('아나톨리아 요새'라는 뜻)로 향했다. 그의 증조부 바예지드 1세(재위 1389~1403)가 1395년의 콘스탄티노플 포위 공격 때 세운 것이다. 이 지점에서는 아시아와 유럽을 갈라놓는 거리가 고작 600여 미터 정도로 줄어들며, 이곳이 유속이 빠르고 위험한 바다를 건널 수 있는 가장 좋은 지점이다. 이 사실은 페르시아의 왕 다리우스 대제도 알고 있었고, 그는 2천 년 전 전쟁에 나서 70만 명의 대군을 배다리를 통해 건너게 했다.

메흐메트 2세의 작은 선단이 분주히 오가며 병사들을 유럽 쪽으로 건너 보내고 있는 동안에 상상력이 풍부한 그는 보스포로스 해협에 대해 곰곰이 생각했다. 그는 여러 가지 결론을 이끌어냈던 듯하다. 이 해협은 오스만에 약점이 되는 지역이었다. 두 대륙 사이에 있는 이 해협을 건너는 일이 보장되지 않으면 두 대륙의 확실한 지배자가 되는 것은 불가능했다. 동시에, 메흐메트 2세가 보스포로스 해협을 지배할 방법을 찾을 수 있다면 흑해 연안 그리스 식민지들로부터 이 도시로 보내지는 곡물과 여러 가지 도움을 차단할 수 있고, 선적 시 부과하는 관세 수입을 없앨 수 있었다. 그는 해협에 대한 통제권을 확보하기 위해 유럽 쪽의 비잔티움에 속하는 땅에 두 번째 요새를 건설한다는 생각을 짜냈다. 그렇게 하면 "이교도들의 배가 다니는 통행로가 막힐 것"[8]이었다. 그가 해상에서 우세를 점하고 있는 기독교도들에 맞서기 위해 함대를 늘리는 일이 절실하게 필요하다고 깨달은 것 역시 아마도 바로 그때였을 것이다.

에디르네에 돌아오자마자 그는 비잔티움의 최후통첩에 대해 즉각적인 조치를 취했다. 오르한의 부양비로 내려던 스트루마 강 유역 소도시들에서 내는 세금을 몰수하고 그곳의 그리스계 주민들을 몰아낸 것이다. 아마도 콘스탄티노스 11세는 이미 도시를 조여오는 압력을 느낄 수 있었을 것이다. 그는 1451년 여름에 이탈리아로 특사를 파견했다. 특사는 먼저 베네치아로 가서 베네치아 식민지인 크레타 섬에서 궁수를 모집하는 일에 대한 허락을 구하고, 그다음 교황에게 보내는 전갈을 가지고 로마로 가도록 했다. 콘스탄티노스 11세는 여전히 새 술탄에 대해 적극적인 공격 행위를 취할 수 있다는 희망을 품었을 가능성이 높다. 이탈리아 여러 나라에 보낸 전갈에는 위급한 상황임을 암시하는 내용이 전혀 없었다.

1451년 겨울이 다가오고 있는 동안 메흐메트 2세는 에디르네에 머물면서 쉬지 않고 계획을 세우고 있었다. 그곳에서 그는 서방 사람들, 특히 이탈리아인 여러 명을 주변에 가까이 두고 있었다. 그는 이들과 더불어 고전기 고대의 위대한 영웅들인 알렉산드로스와 카이사르에 대해 토론했다. 미래에 자신의 본보기로 삼고자 하는 인물들이었다. 그는 가을에 부르사에서 있었던 예니체리 부대의 소동을 기억하면서 군과 행정의 개혁에 박차를 가했다. 일부 지역에 새 총독을 임명했고, 친위대의 봉급을 인상했다. 또 무기와 보급품을 비축하기 시작했다. 그는 또한 선박 건조 사업에도 착수했던 듯하다.

동시에 요새에 대한 생각도 그의 마음속에서 구체화되고 있었다. 그는 이듬해 봄에 수천 명의 석공과 일반 일꾼, 석회가마 일꾼들을 징발하도록 요구하는 포고를 제국의 모든 지방에 내려 보냈다. 허물어진 성 미카엘 성당 유적지 근처에 건축 자재들을 수집하고 수송하기 위한 채비도 이루어졌다. "도시 위쪽 '성스러운 입구'에 요새를 건설하기 위해"[9] "필요한 돌·목재·철과 모든 것"[10]이었다.

이 포고에 대한 소식은 콘스탄티노플과 흑해 연안 및 에게 해 섬들에 있는 그리스 식민지들에 금세 전해졌다. 비관적인 분위기가 사람들 사이에 퍼졌다. 세계의 종말을 예고하는 옛 예언들이 기억 속에서 되살아났다.

너는 이제 임박한 우리 민족 파멸의 전조를 볼 수 있다. 적敵그리스도의 날이 왔다. 우리에게 무슨 일이 일어날까? 우리는 무슨 일을 해야 할까?[11]

도시의 여러 교회에서는 구원해 달라는 긴급 기도가 올려졌다. 1451년 말에 콘스탄티노스 11세는 더욱 긴급한 소식을 들려 베네치아에 또 하나의 특사를 보냈다. 술탄이 콘스탄티노플에 맞서 엄청난 준비를 했기 때문에 도움의 손길이 없으면 함락은 필연이라는 것이었다. 베네치아 원로원은 자기네 일정대로 신중하게 논의한 뒤 1452년 2월 14일에야 회답을 보냈다. 그 내용은 늘 그렇듯이 조심스러웠다. 그들은 오스만 제국 안에서 장사해 벌어들이는 이득을 내놓을 생각이 없었다. 그들은 비잔티움이 베네치아 한 나라에만 의존하지 말고 다른 나라들과도 협력을 모색해야 한다고 제안했다. 다만 콘스탄티노스 11세가 요청한 화약과 가슴 갑옷은 보내주겠다고 약속했다.

그러는 사이에 콘스탄티노스 11세는 메흐메트 2세에게 직접 이야기하는 수밖에 별다른 도리가 없었다. 그의 특사들은 또 다른 사람을 설득하기 위해 터덜거리며 트라키아의 산을 넘어갔다. 그들은 메흐메트 2세가 협의도 없이 이 새 요새를 건설하겠다고 위협해 협정을 깼다고 지적했다. 그의 증조부가 아나돌루히사르 성채를 건설할 때는 "아들이 자기 아버지에게 사정하듯이"[12] 황제에게 그런 요청을 했다는 것이었다. 메흐메트 2세의 대답은 짧고도 간단명료했다.

"콘스탄티노플 안에 있는 것은 그 도시의 것이다. 해자 바깥에는 도시의 영토가 없고, 아무것도 가지고 있지 않다. 내가 '성스러운 입구'에 요새를 건설하고 싶다면 도시가 나를 막을 수는 없다."[13]

그는 그리스인들에게, 오스만인들이 해협을 건너지 못하도록 많은 기독교도가 막으려 했음을 지적하고, 늘 그러듯이 단도직입적인 방식으로 결론지었다.

"돌아가서 너희 황제에게 이렇게 말하라. '지금 통치하고 있는 술탄은 그의 선조들과는 다릅니다. 선조들이 이룰 수 없었던 일을 그는 쉽게 그리고 당장 해낼 수 있습니다. 선조들이 하고자 하지 않았던 일들을 그는 틀림없이 할 것입니다. 다음에 이런 임무를 가지고 그곳에 가는 사람은 산 채로 가죽이 벗겨질 것입니다.'"[14]

이보다 더 명확할 수는 없었다.

3월 중순에 메흐메트 2세는 에디르네를 떠나 건설 공사를 시작했다. 그는 먼저 겔리볼루 반도로 갔다. 거기서 그는 여섯 척의 갤리선과 "필요할 경우 바다에서 싸움을 할 수 있도록 잘 준비된"[15] 좀 작은 전함 몇 척 그리고 장비를 나르기 위한 열여섯 척의 수송용 거룻배를 보냈다. 그런 뒤에 그는 육로를 통해 군사를 이끌고 선택된 지점으로 갔다. 모든 작전은 늘 그가 하던 방식대로였다. 메흐메트 2세는 수송 준비에 천재적인 능력이 있어, 일을 가능한 한 가장 단기간에 마친다는 목표 아래 사람과 물자를 때맞추어 방대한 물량으로 동원했다. 유럽과 아시아의 각 지방 총독들은 징발된 인력을 모아 그곳을 향해 출발했다. 대규모의 일꾼 무리가 일을 시작하기 위해 도착했다.

석공 · 목수 · 대장장이와 석회가마 일꾼 그리고 이를 위해 필요한 다른 여러 일꾼이 아무런 부족한 것 없이 도끼 · 삽 · 괭이 · 곡괭이와 기타 철제 도구들을 손에 들고 왔다.[16]

건설 자재들은 느릿느릿 움직이는 수송용 거룻배에 실려 해협 건너편으로 옮겨졌다. 아나톨리아에서 가져온 석회와 소화消和 가마와 돌, 흑해 연안의 삼림과 이즈미트(아나톨리아 북서부의 마르마라 해에 면한 도시—옮긴이)에서 가져온 목재 등이었다. 그러는 동안에 전투용 갤리선이 바깥쪽 해협을 돌아다니며 순찰했다. 메흐메트 2세는 말을 타고 직접 현장을 조사했으며, 모두 기독교에서 개종한 사람인 설계사들과 함께 세부적인 배치 계획을 세웠다.

> 외곽 망루들 사이의 거리와 주포탑主砲塔과 문 그리고 기타 모든 것을 그는 자신의 머릿속에서 세심하게 구상했다.[17]

아마도 그는 겨울 동안 에디르네에서 요새에 대한 개략적인 계획을 구상했을 것이다. 그는 기본 계획의 수립을 감독하고 초석을 놓았다. 행운을 빌기 위해 양을 잡아 그 피를 석회 및 모르타르와 섞어 첫 층 벽돌을 만들었다. 메흐메트 2세는 미신을 깊이 믿었고, 점성학의 영향을 강하게 받았다. 요새의 기묘한 모습이 신비주의의 영향을 받은 것이라고 주장하는 사람들도 있었다. 선지자 무함마드의(그리고 메흐메트 2세 자신의) 아랍어 머리글자를 집어넣었다는 것이다. 그러나 더욱 가능성이 높은 것은 그 배치가 가파르고 까다로운 보스포로스 해안 지형의 제약 때문이었다는 것이다. "구불구불한 해안선과 숲이 빽빽한 곳, 쑥 들어간 후미와 굽이"[18]로 이루어졌고, 해변에서 요새를 지을 꼭대기까지 60미터 높이로 솟아 있었던 것이다.

공사는 4월 15일 토요일에 시작됐고, 경쟁 도급 방식으로 세심하게 조직됐다. 이는 당근과 채찍이라는 메흐메트 2세 특유의 조합을 반영한 것이며, 가장 높은 대신으로부터 가장 낮은 벽돌 나르는 인부까지 모든 인력에 적용됐다. 이 구조물은 네 면으로 돼 있었다. 기본 방위에 세 개의 높은 망루가 있어 거대한 성벽으로 연결됐고, 조금 작은 망루가 남서쪽 구석에 끼워져 있었다. 외곽 성루의 공사 책임은(그리고 비용 조달 책임도) 그의 대신들 가운데 할릴·자아노스·셰하브엣딘·사루자 등 네 사람에게 주어졌다. 그들에게는 자신이 맡은 부분을 남들보다 더 빨리 완공하도록 경쟁을 시켰다. 궁정 내부의 팽팽한 권력투쟁과 그들의 작업을 감독하기 위해 "휴식을 취한다는 생각은 아예 끊어버린"[19] 당당한 자기네 술탄의 감시의 눈초리를 생각하면, 이는 실적을 내기 위한 강력한 자극제였다. 메흐메트 2세 자신은 연결 성벽과 작은 망루들을 세우는 공사를 맡았다. 2천 명의 석공에 4천 명의 보조 석공으로 이루어진 6천 명의 인력과 다른 보완 인력 전체는 군사 편제 원칙에 따라 세밀하게 하위 단위로 나누어졌다. 석공 한 명에 두 사람의 보조 인력을 배정해 석공의 양쪽 옆에서 일하도록 했으며, 매일 일정한 양의 성벽을 건설하도록 책임을 지웠다. 규율은 제국 전체에서 불러 모은 카디kadi(재판관) 집단이 감독했고, 이들은 사형을 판결할 권한까지 가지고 있었다. 집행과 군사적 보호는 군에서 파견된 대규모 인력이 맡았다. 동시에 메흐메트 2세는 "작업을 빠르고 훌륭하게 마친 사람들에게 공개적으로 가장 좋은 보상을 해주었다."[20] 두카스에 따르면, 이런 경쟁과 공포의 팽팽한 분위기에서 귀족들조차도 때로는 땀을 흘리는 석공들을 위해 직접 돌과 석회를 나름으로써 휘하 인력을 고무하는 것이 유익함을 깨달았다.

이 현장은 일시적으로 만들어진 작은 마을과 커다란 공사장을 섞어놓은 것 같았다. 수천 개의 천막이 폐허가 된 그리스 마을 아소마

톤 인근에 생겨났다. 배들이 거칠게 흐르는 해협의 물결을 건너 자신의 목적지를 향해 오갔다. 타고 있는 석회가마에서 연기가 피어올랐다. 뜨거운 공기 속에서 망치질하는 금속성이 울렸다. 사람들끼리 부르는 소리가 들렸다. 공사는 밤낮없이 계속됐고, 횃불이 밤늦도록 밝혀졌다. 격자의 나무 가설물로 둘러싸인 성벽이 놀라운 속도로 올라갔다. 공사장 주변에는 보스포로스 해협을 따라 봄이 펼쳐졌다. 나무가 빽빽한 산비탈에는 등나무와 소방나무가 꽃을 피웠다. 밤나무 횃불이 하얀 별처럼 꽃을 피웠다. 고요한 어둠 속에서 달빛이 잔물결에 비치고 반짝이는 해협 건너로 달려갈 때 나이팅게일이 소나무 위에서 울었다.

콘스탄티노플 안에서는 사람들이 점점 더 큰 우려 속에 이런 준비 과정을 지켜보고 있었다. 그리스인들은 이제까지 그 존재를 알지 못했던 오스만 함대가 해협에 나타나자 깜짝 놀랐다. 하기아소피아 대성당 지붕과 마차 경기장 남쪽 끝의 올라간 부분에 아직도 남아 있는 관람석 꼭대기에서 그들은 10킬로미터 상류에 있는 북새통을 얼핏 볼 수 있었다.

콘스탄티노스 11세와 그의 대신들은 어떻게 대응해야 할지 갈피를 잡지 못하고 있었지만, 메흐메트 2세는 애써 반응을 재촉했다. 공사 시작 초기에 오스만 일꾼들은 건축 자재를 얻기 위해 요새 인근의 폐허가 된 수도원과 교회 상당수를 약탈하기 시작했다. 인근에 사는 그리스 주민들과 콘스탄티노플 주민들은 여전히 이곳들을 성스러운 장소로 여기고 있었다. 동시에 오스만 병사들과 공사 인력들은 그들의 들판을 습격하기 시작했다. 여름이 지나가고 농작물 수확 철이

다가오자 이 두 가지 도발은 화약고로 변했다. 일꾼들이 대천사 미카엘을 모시는 허물어진 교회에서 기둥들을 빼가려 하자 몇몇 도시 주민들이 이들을 제지하려 했다. 주민들은 붙잡혀 처형됐다. 메흐메트 2세가 콘스탄티노스 11세를 전쟁에 끌어내고자 한 것이라면 그는 실패했다. 황제는 출격하려는 유혹을 느꼈을지도 모르지만, 그를 설득하는 사람들이 있었다. 그 대신 그는 공사장 일꾼들이 그리스인들의 농작물을 약탈하지 않도록 방지하기 위해 그들에게 음식물을 보냄으로써 상황을 완화시키는 해결책을 내놓았다. 메흐메트 2세는 이에 대한 대응으로 부하들을 시켜 들판에 동물들을 풀어놓아 풀을 뜯게 하고 그리스 농민들에게는 이를 방해하지 말라고 명령했다. 마침내 자기네 농작물이 짓밟히는 것을 보고 참을 수 없을 만큼 화가 난 농민들은 동물들을 쫓아냈고, 이어 충돌이 발생해 그 과정에서 양쪽 모두 사망자가 나왔다. 메흐메트 2세는 자신의 사령관 카라 베이에게 명령을 내려 거역한 마을 주민들을 처벌하도록 했다. 이튿날 기병대가 파견돼 들판에서 농작물을 수확하고 있던 농민들을 놀라게 했다. 농민들은 모두 칼에 찔려 죽었다.

콘스탄티노스 11세는 대학살 소식을 듣고는 도시 성문을 닫아걸고 도시 안에 있던 모든 오스만 신민을 구금했다. 이들 가운데는 도시를 방문하고 있던 메흐메트 2세의 젊은 환관 몇 명도 포함돼 있었다. 구금된 지 사흘째 되던 날 그들은 콘스탄티노스 11세에게 석방을 청원했다. 자신들이 돌아가지 않으면 자기네 주인이 화를 낼 것이라는 이유였다. 그들은 당장 풀어주든지 아니면 처형해 달라고 애걸했다. 나중에 풀어준다 해도 자신들은 술탄의 손에 죽을 것이라는 이유였다. 콘스탄티노스 11세는 누그러져서 그들을 보내주었다. 그는 술탄에게 사절 하나를 더 보냈다. 포기하고 맞서 싸우겠다는 전갈을 들려서였다.

　　당신이 평화보다는 전쟁을 좋아했기 때문에 나는 맹세로도 간청으로도 당신에게 평화로 돌아오라고 외칠 수 없습니다. 그러니 당신 뜻대로 하십시오. 나는 하느님을 피난처로 삼습니다. 이 도시를 당신에게 넘겨주도록 그분께서 명하시고 정해 놓으셨다면 누가 그분을 거역하거나 그 일을 막을 수 있겠습니까? 만약 그분께서 평화롭게 지낼 생각을 당신 마음속에 심어주신다면 나는 기꺼이 받아들일 것입니다. 우선은 내가 맹세해서 제약을 받고 있는 맹약을 당신이 깬 만큼, 약속은 무효화된 것으로 합시다. 이제부터 나는 도시 성문을 닫아걸겠습니다. 나는 주민들을 위해 내 온 힘을 다해 싸울 것입니다. 당신은 '올바르신 심판관'께서 우리들 각자에게 선고를 내려주실 때까지 권좌에 있게 될 것입니다.[21]

이는 콘스탄티노스 11세의 결의를 분명하게 선언한 것이었다. 메흐메트 2세는 그저 사절들을 처형하고 퉁명스러운 회답을 보냈다.

　　도시를 넘겨주든지, 아니면 일어나서 싸울 준비를 하시오.

도시 성벽 너머 지역을 약탈하고 가축과 포로를 잡아가기 위해 한 오스만 부대가 파견됐으나, 콘스탄티노스 11세는 인근 마을 주민을 대거 도시로 이주시켰다. 수확한 곡물도 함께 가져왔다. 오스만 역사가들은 이와 함께 그가 계속 평화를 모색하기 위해 할릴에게 뇌물을 보냈다고 적었으나, 이는 할릴의 적들에 의한 선전일 가능성이 더 높

보스포로스 해협에서 바라본 루멜리히사르. © GNU

아 보인다. 한여름부터 콘스탄티노플 성문은 계속 닫혀 있었고, 양쪽
은 사실상 전쟁에 돌입했다.

　1452년 8월 31일 목요일, 메흐메트 2세의 새 요새가 완공됐다. 첫
삽을 뜬 지 겨우 넉 달 반 만이었다. 그것은 거대했고, 미카엘 크리토
불로스(1410?~1470?)의 표현에 따르면 "요새 같지가 않고 작은 마을
에 더 가까웠"²²으며, 바닷가에 우뚝 솟아 있었다. 오스만인들은 이를
'보아즈케센Boğazkesen'이라 불렀다. '해협의 칼날' 또는 '목 따는 칼날'
이라는 의미다(터키어 boğaz가 '목'이라는 의미와 함께 '해협'이라는 의미도
지니고 있기 때문이다—옮긴이). 이는 시간이 지나면서 유럽의 요새 '루
멜리히사르Rumelihisarı'('로마인 땅의 요새'라는 뜻이다—옮긴이)로 알려지
게 된다. 네 개의 큰 망루와 열세 개의 작은 망루가 있는 삼각형 구조
물로, 그 외성은 폭이 6.7미터, 높이가 15미터다. 망루는 납 판자 지
붕을 얹어 당시로서는 건축상 놀라운 기술을 보여주었다. 보통을 뛰
어넘는 사업을 놀랄 만한 속도로 조직하고 완성한 메흐메트 2세의 능

력은 이후 몇 달 동안에도 계속해서 상대방으로 하여금 할 말을 잃게 만들었다.

8월 28일, 메흐메트 2세는 군사를 이끌고 크리소케라스 만의 뿔 끝 부분을 돌아 도시 성벽 바깥에 진을 쳤다. 이제 성벽은 굳게 그를 막아서고 있었다. 사흘 동안 그는 범죄 수사라도 하듯이 자세하게 방어 태세와 지형을 꼼꼼히 살펴 기록하고 그림을 그렸으며, 방어 시설에서 약점이 될 만한 곳을 분석했다.

9월 1일, 가을이 되면서 그는 여름에 자신이 한 일에 대해 크게 만족스러워하며 에디르네로 돌아갔다. 함대 역시 겔리볼루 반도에 있는 기지로 돌아갔다. 보아즈케센에는 사령관 피루즈 베이가 이끄는 400명의 병사가 주둔했다. 사령관에게는 해협을 오가는 모든 배가 통행세를 내지 않으면 억류하라고 명령했다. 이런 위협에 힘을 더하기 위해 대포도 여러 문 만들어 그곳에 끌어다 놓았다. 작은 포는 성벽의 총안銃眼에 올려놓았으나, 다량의 큰 포는 "입에서 불을 뿜는 용들처럼"[23] 성벽 아래 해변에 설치됐다. 넓은 사계射界를 확보하기 위해 서로 다른 방향으로 설치된 대포들은 무게가 300킬로그램 가까이나 나가는 포탄을 발사해 배가 지나가는 해수면을, 굉음을 내며 낮게 날아가도록 할 수 있었다. 연못에서 돌을 던져 물수제비를 뜨듯이 말이다. 이들은 건너편 요새에 설치된 다른 대포들과 짝을 이루어 "새 한 마리도 지중해에서 흑해로 날아갈 수 없도록"[24] 했다. 이후로는 낮이든 밤이든 이들의 검속을 받지 않고는 어떤 배도 흑해로 오고갈 수 없었다. 오스만의 연대기 작가 호자 사드엣딘은 이렇게 적었다.

이런 방식으로 세계의 피난처인 파디샤는 해협을 봉쇄하고 적선의

항로를 막아 안목이 없는 황제의 간을 지져버렸다.[25]

　도시 안에서는 콘스탄티노스 11세가 이제는 피할 수 없어 보이는
전쟁에 대비해 자원을 끌어모으고, 더욱 급박해진 상황을 알리기 위
해 서방에 사절들을 보냈다. 그는 모레아스에 있는 동생들인 토마스
와 데메트리오스에게 전갈을 보내 당장 콘스탄티노플로 오라고 요구
했다. 그는 도와주기만 하면 누구라도 땅을 잔뜩 떼어주겠다는 제안
도 했다. 헝가리의 후녀디에게는 셀림브리아(현재 터키 이스탄불주의 실
리브리 지역으로 마르마라 해에 면해 있다—옮긴이) 또는 흑해 연안에 있
는 메셈브리아(현재 불가리아의 흑해 연안 도시 네세바르다—옮긴이)를
주겠다고 제안했고, 아라곤·나폴리·시칠리아 왕 알폰소 5세(재위
1416, 1442~1458)에게는 림노스 섬(에게 해 북부에 있는 섬—옮긴이)을
주겠다고 했다.

　그는 히오스 섬에 있는 제노바인들에게, 두브로브니크와 베네치아
에 그리고 다시 교황에게 호소했다. 실질적인 도움은 별로 오지 않았
지만, 기독교 세계인 유럽의 세력가들은 어쩔 수 없이 콘스탄티노플
에 불길한 그림자가 드리워지고 있음을 알게 됐다. 외교 문서가 부산
스럽게 교환됐다. 교황 니콜라오 5세(재위 1447~1455)는 신성로마제
국의 프리드리히 3세(재위 1452~1493)를 설득해 3월에 술탄에게 단
호하지만 공허한 최후통첩을 보내도록 했다. 나폴리의 알폰소 5세는
배 열 척으로 이루어진 소함대를 에게 해로 보냈다가 다시 철수시켜
버렸다. 제노바인들은 갈라타와 흑해 연안에 있는 자기네 식민지들
이 위협받아 골치가 아팠지만 실질적인 도움을 줄 수가 없었다. 대신
에 그들은 갈라타의 포데스타(시장)에게, 도시가 함락될 경우 메흐메

트 2세와 가능한 최선의 협상을 하라고 지시했다. 베네치아 원로원도 동부 지중해에 있는 자국 지휘관들에게 비슷하게 모호한 지시를 내렸다. 그들은 튀르크족의 기분을 상하게 하지 않으면서 기독교인들을 보호해야 했다. 그들은 메흐메트 2세가 보아즈케센 완공 이전에도 이미 자기네의 흑해 무역에 위협이 됐음을 알고 있었다. 곧 자기네 염탐꾼들이 위협이 되고 있는 요새와 거기에 설치된 대포들에 대한 자세한 지도를 그려 보내올 터였다. 이 문제는 본국으로 번져오고 있었다. 8월의 원로원 투표에서는 콘스탄티노플을 망하게 내버려 두자는 의안이 큰 표차로 부결됐지만, 더 이상 명확한 대응 조치는 이끌어내지 못했다.

에디르네에서는 메흐메트 2세가, 콘스탄티노스 11세가 모레아스에 있는 동생들에게 한 호소를 예측했는지 풍문으로 들었는지 모르겠지만, 이를 저지하기 위해 재빨리 움직였다. 1452년 10월 1일, 그는 나이 많은 휘하 장수 투라한 베이(?~1456)에게 펠로폰네소스 반도로 진격해 데메트리오스와 토마스를 공격하라고 명령했다. 그는 시골 지역을 유린했고, 남쪽으로 멀리 치고 들어가 콘스탄티노플로 병력을 보내지 못하도록 만들었다.

그러는 사이에 흑해로부터의 곡물 공급이 고갈되기 시작했다. 가을에 새로운 사절이 베네치아로 파견됐다. 원로원의 11월 16일자 답신은 이전과 마찬가지로 모호했다. 그러나 베네치아인들은 곧 더 동쪽에서 일어나는 일들로 말미암아 관심을 온전히 집중하지 않을 수 없게 됐다.

11월 무렵, 흑해와 지중해 사이의 항로를 왕복하는 이탈리아 배의 선장들은 자기네가 진퇴양난에 빠져 있음을 알게 됐다. 메흐메트 2세에게 복종해 보아즈케센에서 통행세를 낼 것인지, 아니면 이를 무시하고 그 결과를 감수할 것인지 하는 문제였다. 조류의 힘을 감안하면 흑해에서 지중해 쪽으로 내려가는 배들은 바다에서 포탄을 맞기 전에 검문소를 지나갈 수 있는 가능성이 상당히 있었다. 11월 26일에 한 베네치아 배의 선장 안토니오 리초는 이 도시에 공급할 식료품을 싣고 흑해에서 보스포로스 해협 쪽으로 내려왔다. 요새에 접근하면서 그는 위험을 감수하기로 결심했다. 리초는 기슭에서 돛을 낮추라고 소리치며 경고하는 것을 무시하고 계속해서 전진했다. 낮게 깔린 일제 사격이 빠르게 바다를 건너 커다란 포탄 하나가 가벼운 그의 갤리선 선체에 명중했고, 배는 산산조각이 났다.

선장과 30명의 생존자는 작은 거룻배를 타고 상륙할 수 있었지만, 그들은 거기서 곧바로 체포됐다. 그러고는 사슬에 묶여 에디르네 부근의 소도시 디디모트콘으로 압송돼 술탄의 분노에 맞닥뜨려야 했다. 이들이 감옥에서 고생을 하고 있는 동안에 콘스탄티노플 주재 베네치아 대사가 부리나케 오스만 제국 궁정으로 달려가 선원들의 목숨을 구걸했다. 그러나 그는 너무 늦게 도착했다. 메흐메트 2세는 베네치아인들을 시범 케이스로 삼기로 결정했다. 대부분의 사람들은 참수형에 처해졌다. 다만 리초는 "항문에 말뚝을 박아"[26] 죽였다. 그리고 시체는 모두 도시 성벽 밖에서 썩어가도록 방치됐다. 불복종에 대한 경고였다. "나는 며칠 뒤 내가 그곳에 갔을 때 그들을 보았다"*고 그리스 역사가 두카스는 회상했다. 선원들 가운데 극히 일부는 콘스탄티노플로 돌아갈 수 있었다. 이 소식을 도시 안에서 확실하게 알도록 하기 위해서였다. 다른 생존자도 하나 있었다. 리초가 데리고 있던 사무원의 아들이 메흐메트 2세의 눈에 들었고, 이 소년은 궁궐에 머물게 됐다.

이 야만스런 시범은 원하던 효과를 거두었다. 이는 콘스탄티노플 대중들을 곧바로 공포에 떨게 만들었다. 한편으로, 콘스탄티노스 11세가 특사를 보냈음에도 불구하고 서방에서는 아직 힘을 합쳐 도와줄 기미가 보이지 않았다. 오직 교황만이, 패를 지어 상업적 이익을 추구하며 왕실 내부에서 반목하고 싸움을 하는 유럽의 세력가들 위에 서서 기독교 세계의 이름으로 도움을 호소했다. 그러나 교황 자신은 해결이 쉽지 않은 정교회와의 오랜 분쟁에 연루돼 있어, 그것이 이 모든 관계에 그림자를 던지고 있었다. 콘스탄티노스 11세가 효과적인 저항 태세를 갖출 수 있는 기회가 아주 망가지려 하고 있었다.

컴컴한 교회

1452년 11월~1453년 2월

하기아소피아 대성당.

어떤 나라라도, 가톨릭교회의 권리를 인정하려 하지 않는 기독교도들이
통치하는 것보다 이슬람의 지배하에 그대로 있는 것이 훨씬 낫다.[1]

— 교황 그레고리오 7세(재위 1073~1085), 1073년

뱀을 보고 달아나고 불길을 보고 달아나듯이, 교황 맹신도에게서 달아나라.[2]

— 마누엘 에우게니코스(1393~1445, 그리스정교회 신학자, 에페소스의 성 마르코스)

콘스탄티노스 11세가 서방에서 도움을 끌어모으고 자기 도시를 효과적으로 방어할 수 있도록 조직하는 과정에서 어려움을 겪은 주요 원인은 그보다 거의 400년 전의 어느 여름날 일어났던 극적인 사건으로 콕 집어 이야기할 수 있을 것이다. 물론 그 원인은 또 그보다도 훨씬 더 오래된 것이기는 했지만.

1054년 7월 16일 오후 3시 무렵, 하기아소피아 대성당에서 사제들이 오후 예배를 준비하고 있을 때 완전한 예복을 차려입은 세 명의 고위 성직자가 거대한 서쪽 문들 가운데 하나를 통해 성당 안으로 들어와 결연히 제단 쪽으로 걸어갔다. 모여 있던 신도들이 모두 보고 있었다. 이들은 로마에서 교황이 동방의 형제들과 벌이고 있던 신학 논쟁을 해결하라고 보낸 가톨릭교회 추기경들이었다. 일행은 윙베르 드 뫄엔무티에(?~1061)라는 사람이 이끌고 있었다. 이들은 얼마 전부터 도시에 머물고 있었다. 그러나 이날 오후, 그들은 길고도 성가신 협의 끝에 인내심이 바닥나 단호한 조치를 취하기 위해 온 것이었다. 윙베르는 손에 문서 하나를 들고 있었는데, 그 내용은 기독교의 통합에 폭발적인 악영향을 미치는 것으로 드러나게 될 터였다. 그는 지성소至聖所로 들어가 대제단 위에 파문 교서를 올려놓고는 곧바로 휙 돌아서서 걸어 나왔다. 뻣뻣한 추기경은 또각거리며 다시 밝은 여름 햇빛 속으로 돌아가서는 구둣발의 먼지를 털고 이렇게 선언했다.

"하느님께서 보시고 심판하실 것입니다."[3]

교회의 보제補祭 하나가 거리로 윙베르를 뒤쫓아 나가 교서를 흔들며 그것을 다시 가져가라고 애원했다. 윙베르는 이를 거부한 채 떠나버렸고, 문서는 먼지투성이인 길바닥에 버려졌다. 이틀 뒤 추기경들은 로마로 가는 배를 탔다. 격렬한 종교 폭동이 거리를 뒤덮었고, 이는 교황이 보낸 사람들을 파문한다는 발표가 있고 나서야 진정됐다. 문제의 문서는 사람들이 보는 가운데서 불태워졌다. 이 사건이 역사에서 '대분열 Great Schism'로 알려지게 되는 과정의 출발점이었고, 이 분열은 기독교 세계에 깊은 상처를 입혔다. 파문은 1965년에 이르러서야 철회됐지만, 그 상처는 아직도 남아 있다. 그리고 1452년 겨울의 콘스탄티노스 11세에게는 이것이 처치 곤란한 문제를 일으키게 된다.

사실 그날의 사건은 수백 년 동안 힘을 모아온 두 가지 예배 형태 사이의 오랜 분리 과정에서 정점일 뿐이었다. 이는 다른 어떤 것 못지않게 문화적 · 정치적 · 경제적 차이에 기반을 둔 것이었다. 동방에서는 그리스어로 예배를 드렸고, 서방에서는 라틴어로 예배를 드렸다. 예배 형태에도 차이가 있었고, 교회 조직에 대한 접근법도 달랐으며, 교황의 역할에 대한 관점도 달랐다. 보다 일반적으로 말해서 비잔티움인들은 자기네 서방 이웃들을 상스러운 미개인으로 생각했다. 그들은 아마도 바다 건너 프랑크인(본래는 라인 강 하류 부근에 살던 게르만계 종족을 가리키지만, 문맥에 따라서는 서유럽인들에 대한 범칭으로 쓰인다—옮긴이)들보다는 국경을 맞대고 있는 무슬림들과 공통점이 많았을 것이다.

그러나 이들 사이에 존재하는 견해 차이의 핵심에는 두 가지 중요한 문제가 있었다. 정교회는 교황이 주교主教들 사이에서 특별한 지위에 있다는 점을 인정할 용의가 있지만, 865년 교황 니콜라오 1세(재위

858~867)가 천명한 생각에 대해서는 수긍하지 못했다. 교황의 직위는 "지구 전체, 즉 모든 교회에 대한"[4] 지휘권이 있다는 생각 말이다. 그들은 이를 횡포스런 오만이라고 생각했다.

두 번째 문제는 교리에 관한 것이다. 파문 교서는 동방 교회가 「사도신경」에서 단어 하나를 빠뜨렸다고 지적하고 있다. 이는 신학에 열중하고 있는 비잔티움 주민들에게는 가장 중요한 문제였다. 분명히 아무런 문제도 없는 라틴어 단어 '필리오퀘('성자로부터'라는 뜻)가 엄청난 중요성을 지녔다. 본래의 「니카이아 신경」은 이렇다.

나는…
주님이시며 생명을 주시는 성령을 믿습니다.
성령은 성부로부터 나오시며,
성부 · 성자와 더불어 예배와 찬양을 받으시며….

서방 교회에서는 여기에 '필리오퀘'라는 말을 추가해 문장이 "성부와 성자로부터 나오시며"가 됐다. 이윽고 어깨에 힘이 들어간 가톨릭 교회는 정교회가 이 구절을 빠뜨리는 잘못을 저질렀다고 비난하는 지경에까지 이르렀다. 이에 대해 정교회는 단어를 추가한 것이 신학적으로 옳지 않다고 주장했다. 성령은 오직 성부로부터 나오며, 성자의 이름을 추가하는 것은 이단적이라는 것이다. 콘스탄티노플에서는 이 문제로 폭동이 일어나기도 했다.

시간이 흐르면서 틈새는 더 벌어졌다. 봉합하려는 노력도 있었지만 소용없었다. 1204년 '기독교' 십자군이 콘스탄티노플을 약탈한 일도 서방과 관련된 모든 것에 대한 문화적 혐오감을 확산시키는 데 일조했다. 교황 인노첸시오 3세(재위 1198~1216) 스스로가 "지옥 벌을 받을 사례이며 사악한 짓"[5]이라고 선언할 정도였다. 약탈의 직접적인 결과로서 비잔티움을 희생물로 삼아 성장한 이탈리아 도시국가들의 상인 세력도 마찬가지였다. 바를라암 디 세미나라(1290~1348. 이탈리아의 학자·성직자—옮긴이)는 교황 베네딕토 12세(재위 1334~1342)에게 이렇게 제안했다.

그리스인들의 마음을 당신으로부터 돌리도록 한 것은 교리의 문제라기보다는 그들의 마음속에 자리 잡은 라틴 사람들에 대한 증오입니다. 그것은 그리스인들이 여러 시대에 걸쳐 라틴 사람들로부터 당해 왔고 아직도 날마다 당하고 있는 수많은 악행으로 말미암은 것입니다.[6]

이는 어느 정도 사실이었다. 그러나 교리는 그 도시의 보통 사람들이 신앙생활을 하는 데 있어 항상 핵심적인 문제였다. 그리고 그들의 교리에 대한 집착은 비잔티움의 역사라는 모자이크에서 사라지지 않고 계속 등장하는 무늬였다. 자기네 황제들이 수백 년 동안 그들의 생각과 반대되는 무언가를 강요하려 했음에도 말이다.

15세기가 되면 오스만 제국의 끊임없는 압력 때문에 역대 황제들이 녹초가 되도록 서방 국가들을 향해 계속 도움을 청하지 않을 수 없었다. 1420년대에 황제 요안네스 8세가 이탈리아와 헝가리에 도움을 청하러 갔었는데, 가톨릭교도인 헝가리 왕은 정교회가 가톨릭교회와 손을 잡고 교황 및 그 교리에 충성하겠다고 맹세하면 지원이 좀 더 쉽게 이루어질 수 있을 것임을 넌지시 밝혔다. 가톨릭교회와 손을 잡는 것은 비잔티움 황실에게는 신앙의 문제 못지않게 잠재적인 정책 도구가 됐다. 기독교 연합 십자군이 올 것이라는 위협은 이 도시에 대한 오스만의 침략을 저지하는 데 반복적으로 사용됐다. 요안네스 8세의 아버지 마누엘 2세는 죽을 때 아들들에게 전형적인 비잔티움식 충고를 했다.

"튀르크족이 말썽을 부리기 시작하면 곧바로 서방에 특사를 보내 통합을 받아들이겠다고 제안하고는 협상을 최대한 질질 끌어라. 튀르크족은 그러한 통합을 아주 두려워하기 때문에 곧 정신을 차리게 될 것이다. 그리고 통합은 여전히 이루어지지 않을 것이다. 라틴 국가들이 적대감을 갖고 있기 때문이다."[7]

이런 충고는 과거에는 유용함이 입증됐었다. 그러나 오스만이 더 강해지면서 그들은 정반대의 행동 과정을 밟기 시작했다. 통합을 향한 움직임은 점차 무력간섭을 자극하는 요인이 됐다. 그러나 요안네스 8세에게는 오스만의 불만에 대한 두려움과 백성의 불신보다 적이 도시 성문을 그렇게 자주 두드리는 것이 더 큰 문제였다. 그래서 교황 에우제니오 4세(재위 1431~1447)가 이탈리아에서 두 교회의 통합을 이루기 위한 회담을 열자고 제안하자, 1437년 11월에 다시 배에 올랐다. 동생 콘스탄티노스 11세를 섭정으로 임명해 도시를 지키도록 하고서였다.

그렇게 이루어진 피렌체 공의회는 지루하고 쓰디쓴 만남이었다. 그것은 1439년 6월이 돼서야 결론이 났다. 마침내 두 교회의 통합이 이루어졌다는 선포가 나오자 멀리 잉글랜드까지 유럽 전역에서 교회의 종소리가 울려 퍼졌다. 정교회 대표단 가운데 한 사람만이 문서에 서명하기를 거부했다. 이 문서는 핵심적인 문제 일부를 얼버무리기 위해 선택된 자구들로 표현된 것이었다. 교황이 대권을 지닌다는 주장에는 '필리오퀘' 개념도 부수되는 것으로 받아들여졌다. 다만 정교회에서 사용하는 「사도신경」에 이 부분을 집어넣도록 실제로 요구하지는 않았다.

그러나 그리스인들이 이를 받아들인 것은 잉크도 채 마르기 전에 허물어지기 시작했다. 콘스탄티노플에서는 독실한 정교회 신자들이 돌아오는 대표단을 험악한 눈빛으로 맞았다. 서명했던 사람들 가운데 상당수는 즉시 서명을 철회했다. 동방의 주교들은 자기네 대표단의 결정을 받아들이기를 거부했다. 통합을 지지했던 차기 콘스탄티노플 총대주교 그레고리오스 맘미스는 전반적으로 평판이 나빴고, 하기아 소피아 대성당에서 통합 축하 예배를 가질 수도 없게 됐다.

이 문제는 도시를 둘로 쪼개놓았다. 콘스탄티노스 11세와 그의 측근 귀족 그룹, 관료와 공무원들은 통합을 지지했다. 그러나 성직자들과 백성들 가운데 지지자는 극소수였다. 반대자들은 통합이 믿을 수 없는 프랑크인들에 의해 자신들에게 강요된 것이며, 자기네들의 불멸의 영혼은 천박하고 물질적인 동기에 의해 위험에 빠졌다고 생각했다. 사람들은 뼛속까지 반교황反敎皇주의자였다. 그들은 곧잘 교황을 "늑대이자 파괴자"[8]인 적그리스도와 동일시했다. '로마의 교황'이라는 뜻의 '룸파파Rum Papa'는 이 도시의 개들에게 가장 흔하게 붙여지는 이름이었다. 주민들은 불안정한 프롤레타리아 계층이 됐다. 가난에 찌들고 미신을 좋아하며 쉽게 흔들려 폭동과 소란을 일으켰다.

콘스탄티노스 11세가 황제 칭호와 함께 물려받은 종교적 분쟁의 바다는 비잔티움의 긴 역사 전체로 보면 드문 일이 아니었다. 콘스탄티누스 대제는 1,100년 전에 교리 분쟁으로 비슷하게 골치를 썩었다.

콘스탄티노스 11세는 신학자라기보다는 군인이었고, 통합에 대한 그의 관점은 아주 실용적인 것이었다. 그는 오직 한 가지 일만 생각했다. 도시를 구하는 것. 그 오래된 과거가 자신의 보호하에 맡겨져 있었다. 만약 통합이 이 일을 이루는 유일한 방법이라면 그렇게 할 것이다. 그러나 그렇게 하면 주민들이 자신을 좋아하지 않았다.

그의 헌정 상의 위치 역시 불안정했다. 그는 미스트라스에서 공식적인 대관식을 가진 적이 없었다. 의식은 하기아소피아 대성당에서 치러져야 했다. 그러나 통합주의자인 황제의 대관식을 통합주의자인 주교가 집전하면 엄청난 대중 소요가 일어날 위험성이 있다는 인식이 팽배했다. 대관식은 슬그머니 보류됐다. 도시의 많은 사람이 예배를 드릴 때 새 황제를 기억하기를 거부했고, 회의에서 가장 의문을 표시한 사람들 가운데 하나였던 게오르기오스 스콜라리오스(1400~1473)는 겐나디오스라는 수도자명으로 수도원으로 들어가 반통합 성직자 회의라는 형태의 저항 운동을 조직하기 시작했다. 1451년 총대주교 그레고리오스는 이 끝없는 대립에 지쳐 로마로 떠났고, 거기서 그는 니콜라오 5세 교황에게 반통합파의 행동을 낱낱이 일러바쳤다. 그를 대체할 적합한 후보자는 찾을 수 없었다. 이후 콘스탄티노플에는 완전히 적법한 황제도, 적법한 총대주교도 없었다.

메흐메트 2세와의 전쟁 가능성이 높아지면서 콘스탄티노스 11세는 교황에게 더욱 필사적으로 간청을 계속했다. 아마도 어리석은 짓이었겠지만, 그는 반통합파가 새로운 회담을 제안하는 성명도 끼워넣었다. 그레고리오스가 통합 문제를 둘러싼 콘스탄티노플의 상황에 대해 보고한 뒤에 니콜라오 5세 교황의 마음은 더욱 싸늘해졌고, 그는 구태로 돌아가고 있는 그리스인들로부터 더 이상 변명을 듣고 싶지 않았다. 회답은 얼음장 같았다.

당신이 휘하 귀족들 및 콘스탄티노플 백성들과 함께 통합의 교령을 받아들인다면 우리와 우리의 존귀한 형제들, 신성한 가톨릭교회의 추기경들이 당신의 명예와 당신의 제국을 더욱 열심히 도울 것입니다. 그러나 당신과 당신 백성들이 교령을 받아들이기를 거부한다면 우리는 당신들의 구원과 우리의 명예를 위해 필요한 조치들을 취하지 않을 수 없을 것입니다.[9]

이 위협은 도시에서 콘스탄티노스 11세의 입지를 해치는 행동을 계속해 왔던 반통합파들의 결심을 더욱 굳게 만들었을 뿐이었다. 1452년 9월, 그들 가운데 한 사람은 이렇게 썼다.

콘스탄티노스 팔라이올로고스는 … 여전히 대관식을 거행하지 못했다. 교회에 지도자가 없고, 잘못 명명된 통합이라는 것 때문에 초래된 소동과 혼란의 결과로서 참으로 무질서한 상태에 있기 때문이다. … 이 통합은 하느님에게 사악하고 불쾌한 것이었다. 교회를 찢어놓고 그 신자들을 흩어놓았으며 우리를 완전히 파괴했다. 사실대로 말하자면, 이것은 우리의 다른 모든 불운의 근원이다.[10]

로마에서는 니콜라오 5세 교황이 피렌체에서 이루어진 결정을 강행하기 위한 조치들을 강구했다. 그는 콘스탄티노플에 교황 특사를 보내기로 결정했다. 하기아소피아 대성당에서 반드시 통합 축하 예배를 올리도록 하기 위해서였다. 그가 선택한 사람은 전에 키예프의 주교로 있었던 이시도로스(1385~1463) 추기경이었다. 이시도로스는 문제의 미묘함을 몸으로 느껴 알고 있는 비잔티움인이었다. 그는 피렌체에서 통합을 수용한 바 있었다. 그가 키예프로 돌아가자 정교회 신도들은 그를 받아들이지 않고 감금했었다. 그는 1452년 5월, 200명이나 되는 궁수를 데리고 콘스탄티노플을 향해 출발했다. 자금을 댄 것은 교황이었는데, 그의 임무는 주로 신학적인 문제였지만 군사적인 지원을 한다는 의사 표시를 한 것이었다. 도중에 레스보스의 제노바 대주교인 히오스의 레오나르도스(1395~1459)가 합류했다. 그는 이후에 벌어지는 모든 일에 대해 계속해서 열성적으로 논평을 하게 되는 인물이다.

그들이 오고 있다는 사전 경고가 반통합파들에게 전달돼 도시를 더 깊은 혼란 속으로 몰아넣었다. 겐나디오스는 통합에 반대하는 신랄한 대중 연설을 했다. 한낮부터 저녁까지 이어지는 긴 연설이었다. 그는 물리적인 지원을 바라기보다는 믿음을 굳게 가지라고 사람들에게 호소했다. 지원은 별 가치가 없다는 것이었다. 그러나 1452년 10월 26일 이시도로스 추기경이 콘스탄티노플에 상륙하자 그가 데리고 온 작은 궁수 부대는 대중들에게 좋은 인상을 주었다. 이 작은 부대는 상당한 병력에 앞서 온 선발대일 뿐이리라. 통합을 지지하는, 눈에 띄는 변화가 일어났다. 이 불안정한 도시에서 한동안 여론이 이리저리 왔다 갔다 했다. 반통합파는 애국적이지 않은 것으로 생각됐다. 그러나 더 들어오는 배가 없자 사람들은 다시 겐나디오스에게 돌아갔고, 반통합 폭동이 일어났다. 레오나르도스는 날카로운 목소리로 콘스탄티노스 11세가 주모자들을 잡아 가두어야 한다고 요구했다. 그는 격렬하게 항의했다.

"극소수의 … 수도사들과 평신도들을 제외하고는, 자존심이 거의 모든 그리스인을 휘감고 있습니다. 그래서 참된 '신앙'이나 자기자신의 구원을 위한 열성에 감동돼 가장 먼저 자신의 완고한 견해를 버릴 것으로 보이는 사람은 아무도 없습니다."[11]

콘스탄티노스 11세는 이 충고에 따라 행동하기를 거부했다. 그는 도시가 혼란에 빠져들지 않을까 우려했다. 대신에 그는 궁정에서 반통합파의 회의를 소집해 그들의 반대 이유를 설명하도록 했다.

열흘 뒤, 보아즈케센에서 대포를 쏘는 소리가 도시에 들렸다. 리초와 그 부하 선원들의 운명이 알려지게 되면서 새로운 발작적 공포감이 대중을 움켜쥐었다. 지지세가 다시 한 번 통합파 쪽으로 돌아섰다. 겐나디오스는 흔들리는 사람들을 향해 다시 한 번 강펀치를 날렸다. 서방에서 도움을 받으면 자기네 신앙을 잃게 될 것이며, 그것이 무슨 가치가 있는지 의문스럽고, 적어도 자신만은 그것과 아무런 관련이 없다는 것이었다. 겐나디오스는 도시를 잃는 것 자체보다 더 깊은 우려를 갖고 있었다. 그는 세상의 종말이 가까이 다가왔음을 진심으로 믿었다. 그는 정교도들이 세상의 종말을 티 하나 없는 영혼으로 맞아야 한다는 사실을 중시하고 있었다. 거리는 더욱더 무질서해졌다. 수도사와 수녀 그리고 평신도들이 이렇게 외치며 돌아다녔다.

"우리는 라틴 사람들의 도움이나 그들과의 통합을 원치 않습니다. 누룩 넣지 않은 빵으로 드리는 예배에서 벗어납시다."[12]

겐나디오스의 활약에도 불구하고 겁먹은 대중은 피렌체 공의회의 결과를 받아들이기로 내키지 않는 결정을 내릴 듯했다. 적어도 당분간만이라도 말이다. (정말로 궤변이지만, 비잔티움인들에게는 그런 행동에 대한 유서 깊은 변명거리가 있다. 바로 '경제의 원칙'이다. 그것은 생존을 보장하기 위해 비정통적인 신학적 입장을 일시적으로 받아들이는 것을 허용한다. 그것은 계속해서 가톨릭교회를 화나게 만들었던 영적인 문제로의 접근이었다.) 이시도로스 추기경 쪽에서는 통합에 관한 법을 강제할 시기가 무르익었다고 판단했다. 그리고 그것은 위험에 빠진 그리스인들의 영혼을 구하는 것이기도 했다.

이렇게 공포와 종교적 히스테리가 과열된 분위기에서 통합을 축하하기 위한 예배가 올려졌다. 1452년 12월 12일, 조용한 겨울날이었다. 행사는 하기아소피아 대성당에서 열렸다.

성직자들 쪽에서는 최대한 근엄하게 임했고, 교황이 보내서 온 거룩한 러시아의 추기경도 참석했다. 그리고 가장 고귀한 황제도 모든 귀족과 함께 나왔고, 콘스탄티노플의 전 주민이 참석했다.[13]

통합 교령이 낭독됐고, 기도문에서는 교황을 찬양했다. 자리에 없는 그레고리오스 총대주교도 찬양 대상이었다. 그러나 예배의 세부적인 부분은 그것을 보고 있던 그리스인 대부분에게는 생소한 것이었다. 예배에 사용된 언어와 의식은 정교회의 것이 아니라 가톨릭의 것이었고, 성별聖別에 쓰인 빵은 누룩을 넣지 않은 것이어서 정교회에서는 이단이었으며, 냉수는 잔에 따라 포도주와 섞었다. 이시도로스는 교황에게 편지를 써서 자신이 임무를 완수했음을 알렸다.

콘스탄티노플 온 도시는 가톨릭교회와 통합됐습니다. 성하聖下를 위한 기도가 올려졌고, 콘스탄티노플에 계시는 동안에는 어떤 교회에서도, 심지어 자신의 수도원에서조차 기도의 대상이 되지 못했던 가장 거룩하신 고레고리오스 총대주교도 통합 후에는 온 도시에서 기도의 대상이 되셨습니다. 가장 낮은 자로부터 가장 높은 자에 이르기까지 그들은 모두 황제와 함께, 고마우시게도 통합됐고 가톨릭교도가 됐습니다.[14]

다만 겐나디오스와 다른 여덟 명의 수도사는 참여를 거부했다고 이시도로스는 전했다. 그러나 이는 아마도 희망 사항이었을 것이다. 한 이탈리아인 목격자는 이날이 도시가 완전히 비탄에 잠긴 날이었다고 적었다. 예배 도중에 폭동이 일어난 것은 분명 아니었다. 독실한 정교회 신자들은 이를 악물고 예배에 참석한 뒤 판토크라토로스 수도원으로 가서 겐나디오스와 상담했을 가능성이 더 높다. 그는 정교회에서 사실상 영적인 아버지가 됐으며, 차기 총대주교 영순위였다. 하지만 그는 조용히 자기 방으로 물러나 밖으로 나오려 하지 않았다.

이후 정교회 신자들은 하기아소피아 대성당을 "시너고그(유대교 회당)나 이교도 사원보다 나을 것 없는"[15] 곳으로 생각해서 멀리했다. 그들은 오직 시내의 확실히 정교회적인 교회에서만 예배를 드렸다. 이 거대한 교회는 총대주교도 없고 신자도 없어 컴컴하고 조용한 곳으로 전락했다. 계속해서 이어지던 기도회는 사라져갔고, "마치 드넓은 하늘에 별이 흩뿌려져 있는 것처럼"[16] 그 반구형 지붕을 밝혔던 수천 개의 석유램프는 지글거리다가 꺼져버렸다. 사람들이 드문드문 참석했던 통합주의자들의 예배는 지성소 앞에만 옹기종기 모일 정도로 쭈그러들었다. 새들이 신도석 둘레에서 애절하게 날개를 파닥였다.

정교회 신도들은 겐나디오스의 부르짖음이 옳았다고 입증된 것으로 느꼈다. 기독교 세계를 지키기 위해 마르마라 해로 들어오는 강한 함대는 없었다. 이때부터 통합파와 정교회 신자들 사이 그리고 그리스인과 라틴 사람들 사이의 골은 그 어느 때보다도 더 깊어졌고, 이는 포위 공격에 대한 이후의 모든 기독교도의 기록에 그대로 드러나 있다. 종파 분열은 도시를 지키려는 콘스탄티노스 11세의 여러 가지 노력에 긴 그림자를 드리우게 된다.

겐나디오스가 스스로 택한 칩거 상태로 물러나기 조금 전인 1452년 11월 1일, 그는 판토크라토로스 수도원 문에 성명서를 내걸었다. 그것은 마치 예언의 폭풍과도 같아서, 세상 마지막 날의 심판에 대한 이야기와 자기합리화로 가득 찼다.

가증스런 로마인들(비잔티움인들은 자기 나라를 '로마'라고 불렀기 때문에 여기서는 비잔티움인들을 가리킨다—옮긴이)이여, 당신들은 얼마나 타락했는가! 당신들은 하느님을 믿는 희망을 저버렸소. 프랑크인들의 힘을 믿은 때문이오. 당신들은 곧 파괴될 이 도시와 함께 진실한 신앙을 잃어버렸소. 오, 주여, 저에게 자비를 베푸소서. 저는 당신의 임재臨在를 보았고, 저는 순수하며 이 일에 대한 잘못이 없이 깨끗합니다. 불쌍한 주민들이여, 그대들이 오늘 하고 있는 일을 똑똑히 인식하시오. 그대들 목에 걸려 있는 예속의 밧줄로 그대들은 조상들께서 그대들에게 물려주신 진정한 믿음을 부정했소. 그대들은 스스로 불경함을 고백했소. 그대들이 심판을 받는 날, 화가 미치리라![17]

230킬로미터 밖의 에디르네에서 메흐메트 2세는 이 사태의 전개 상황을 주시하고 있었다. 그저 일시적인 흥미 이상이었다. 기독교 세계의 통합에 대한 공포는 언제나 오스만 외교 정책의 지도 원칙 가운데 하나였다. 할릴 파샤에게 그것은 평화 노선을 지속하는 일을 정당화시켜 주었다. 콘스탄티노플을 상대로 한 어떤 시도도 결국 기독교 세계를 합치게 하고 이 도시가 새로운 십자군의 원인으로 변하게 될 터였다. 그러나 메흐메트 2세에게 그 도시에서 오는 정보들은 희망적인 것으로 보였다. 그는 그 정보들을 접하고 좀 더 대담해져야겠다고 생각했다.

술탄은 짧은 겨울 낮과 긴 밤들을, 자신의 정복 야망을 곰곰이 되씹으며 보냈다. 그는 이 문제에 집착했지만 그것은 불확실했다. 그는 에디르네에 있는 새 궁전에서 제국의 힘을 강화하는 데 힘을 기울였다. 친위대에 대한 개혁을 계속하고, 그들 모두에게 지급할 통화의 은 함량에도 손을 댔다. 메흐메트 2세는 이탈리아인 조언자들을 주변에 끌어모으고 그들로부터 서방의 동향과 군사기술에 관한 정보를 수집했다. 그는 방어 시설과 포위 공격전에 관해 그림을 곁들여 쓴 글들을 연구하며 나날을 보냈다. 그는 쉬지 않고 열심히 연구했으나, 결단을 내리지는 못했다. 그는 점성술사들에게 자문하고, 도시의 방어벽을 뚫는 방법에 대해 마음속으로 곰곰이 생각했다. 또한 그것이 불가능하다고 주장하는 늙은 대신들의 보수적인 생각과도 싸웠다. 동시에 그는 오스만의 역사와 그 도시를 포위 공격했던 이전 사례들을 연구했으며, 그들의 실패 원인을 정밀하게 검토했다. 밤에 잠이 오지 않으면 그는 여름에 연구했던 방어 시설을 그림으로 그려보고 그것을 공격하는 전략을 짜면서 보냈다.

역사가 두카스는 집착에 빠진 이 어두운 나날에 대한 생생한 기록을 남겼다. 야망에 사로잡힌 이 비밀 많고 의심 많은 술탄을 그린 두카스의 그림에는 그에 관한 진실이 담겨 있다. 아마도 기독교도인 자신의 독자들을 의식해 과장했을 테지만 말이다. 두카스에 따르면 메흐메토 2세는 땅거미가 질 무렵에 일반 병사로 변장하고 거리를 돌아다니며 시장과 여관에서 자신에 대한 소문을 듣곤 했다. 만약 누군가가 똑똑치 못하게 그를 알아보고 술탄에게 하는 관례적인 인사를 하면 메흐메트 2세는 그를 찔러 죽였다. 피에 굶주린 폭군이라는 서방의 이미지를 충족시키는 것은 끝없는 변종으로 반복되는 이런 식의 이야기들이다.

어느 날 밤 자정이 가까워질 무렵에 그는 근위병을 보내 할릴을 데려오도록 했다. 그는 아마도 메흐메트 2세가 보기에 자신의 계획을 실현하는 데 가장 큰 장애물이었을 것이다. 늙은 대신은 호출을 당하자 가슴이 떨렸다. 그런 시각에 호출돼 '지상에서의 하느님의 그림자' 앞에 서게 되는 것은 좋은 징조가 아니었다. 그는 마치 마지막이라도 되는 듯이 아내와 아이들을 껴안아준 뒤 병사들을 따라갔다. 동전이 담긴 금 쟁반 하나를 들고서였다. 두카스는 그의 두려움에 이유가 있었음을 은근히 내비친다. 그가 그리스인들로부터 많은 뇌물을 받고 메흐메트 2세가 전쟁을 벌이지 않도록 설득했다는 것이다. 다만 이 문제에 대한 진실을 찾는 일은 영구 미제로 남아 있다. 할릴은 자신의 권력으로 이미 충분한 부를 일구어 이전 술탄인 메흐메트 2세의 아버지에게 돈을 빌려주기까지 했었다. 할릴이 술탄의 침실에 도착해 보니 술탄은 이미 일어나 옷을 입고 있었다. 노인은 바닥에 엎드려 쟁반을 내밀었다.

"이게 무엇이오?"

술탄이 묻자 할릴은 이렇게 대답했다.

"폐하, 귀족이 통상적이지 않은 시각에 주군에게 불려가면 빈손으로 나타나지 않는 게 관례입니다."

메흐메트 2세는 말했다.

"나는 선물이 필요 없소. 저 도시만 갖다 주시오."

그가 의도했던 대로 할릴은 이례적인 호출과 술탄의 흥분된 모습에 완전히 겁을 집어먹고 그 계획에 전폭적인 지원을 아끼지 않았다. 메흐메트 2세는 이렇게 결론지었다.

"하느님의 승낙과 선지자 무함마드의 기도를 믿고 우리는 그 도시를 취할 것이다."

그러고는 온순해진 대신을 밤의 어둠 속으로 다시 돌려보냈다.

이 이야기의 정확한 진실이야 어떻든, 1453년 1월 무렵의 어느 시기에 메흐메트 2세는 대신들을 한자리에 불러 모으고 전쟁을 하자는 주장을 했다. 그 연설은 그리스의 역사가 크리토불로스가 기록해 놓은 바 있다. 거기에는 콘스탄티노플 문제가 오스만이 부상하는 과정을 그린 전체 이야기 속에 들어 있다. 메흐메트 2세는 50년 전의 파멸적인 내전 과정에서 이 도시가 갓 태어난 자기 나라에 가한 타격에 대해 잘 알고 있었다.

"(이 도시는) 우리를 향한 진군을 멈추지 않았고, 우리 백성들로 하여금 서로서로 적대하도록 끊임없이 공작을 했으며, 무질서와 내전을 조장하고 우리 영토를 파괴했소."[18]

그는 이 도시가 장래에 기독교 세계 강대국들과 끝도 없이 전쟁을 하게 되는 원인을 제공할 가능성이 있다고 우려했다. 이를 점령하면 제국의 심장부를 얻게 된다.

"그것을 얻지 못하면, 다시 말해서 현재의 상태가 유지된다면 우리가 가진 것은 아무것도 안전할 수 없고, 아무것도 더 얻을 희망이 없소."[19]

그의 말을 듣고 있던 대신들은 틀림없이 마음속으로 콘스탄티노스 11세가 최근에 오르한을 이용하려 했던 일을 생각했을 것이다. 그는 또한 무슬림들의 사고방식 속에 깊이 자리 잡고 있는, 이 도시는 도무지 정복할 수 없다는 믿음도 뒤집어엎으려 했다. 멀리 아랍인들의 포위 공격 때로까지 거슬러 올라가는 믿음이었다. 그는 이 도시의 최근 정세를 잘 알고 있었다. 그는 이렇게 말했다.

"(주민들은) 종교적인 믿음이 서로 달라 마치 적과 싸우듯이 서로 싸우고 있고, 바로 이 때문에 그들의 내부 조직은 선동과 소요로 가득 차 있소."*

또한 과거와는 달리 기독교도들은 더 이상 바닷길을 통제하고 있지 않다고도 했다. 그리고 '가지' 전통에 대한 호소도 있었다. 자기네 조상들이 그랬듯이, 성전을 수행하는 것은 무슬림의 의무였다. 메흐메트 2세는 특히 빠른 시간 안에 해내야 함을 매우 강조했다. 동원할 수 있는 모든 자원이 집중돼 결정적인 타격을 가해야 한다는 것이었다.

"우리는 이 전쟁을 위해 아무것도 아끼지 말아야 하오. 인적자원도, 돈도, 무기도 그리고 다른 어떤 것이라도. 그리고 우리가 그 도시를 점령하거나 파괴하기 전에는 그 밖의 어떤 것이라도 중요하게 생각지 말아야 하오."[20]

그것은 대규모 공격을 위한 결속 호소였고, 이는 성공적이었던 듯하다. 전쟁 준비가 시작되고, 곧 가속도가 붙었다.

보스포로스 해협의 겨울은 엄청나게 혹독할 때도 있다. 이는 아랍인들이 717년의 포위 공격 때 경험한 일이기도 하다. 도시의 위치는

해협 쪽으로 툭 튀어나와 흑해에
서 북풍을 타고 돌진해 내려오는
매서운 돌풍에 무방비로 노출돼
있다. 대단히 눅눅한 영하의 추위
가 뼛속까지 파고든다. 몇 주일씩
내리는 음산한 비가 거리를 진흙
탕으로 만들고, 빠른 분류奔流가 비
탈진 길을 흘러내린다. 갑작스런

콘스탄티노플의 수호자인 동정녀를 그린 도장.

눈보라가 불쑥 일어나 수백 미터 떨어진 아시아 쪽 해안을 지워버리
더니, 나타날 때만큼이나 빠른 속도로 사라져버린다. 으스스한 침묵
이 도시를 꽉 움켜쥐고 있는 듯이 흐릿한 안개에 싸인 나날이 또한 더
길게 이어진다. 교회 종소리도 들리지 않고, 사람들이 모이는 광장에
서는 말들이 펠트 장화라도 신은 듯이 말발굽 소리를 죽인다.

　1452년에서 1453년으로 이어지는 겨울은 날씨가 특히 음울하고
불안정해 주민들을 고통스럽게 했던 듯하다. 사람들은 "이례적이고
이상한 지진과 땅의 흔들림"을 보았고, "하늘에서는 천둥·번개와 무
시무시한 벼락과 하늘의 섬광, 거센 바람, 홍수, 세찬 비와 들이붓는
폭우"[21]를 보았다. 이에 따라 전반적인 기분이 좋을 수 없었다. 통합
때 약속했던 바를 충족시키기 위한 기독교 세계의 배는 소함대조차도
온 것이 없었다. 도시의 성문은 굳게 닫힌 채였고, 흑해 지방에서 오
던 식량 공급은 술탄이 목을 조르고 있는 가운데 고갈돼 갔다. 일반인
들은 정교회 사제들이 하는 이야기를 듣고 선술집에서 물 타지 않은
포도주를 마시며 동정녀 마리아 이콘을 향해 도시를 지켜달라고 기도
하며 나날을 보냈다. 아랍인들에게 포위됐을 때도 그랬었다. 자기네

영혼의 순결성에 대한 병적인 우려가 사람들을 사로잡았다. 틀림없이 젠나디오스의 사자후에 영향을 받은 것이었다. 통합파가 주관하는 성찬식에 참석하거나, 통합파 예배에 참석한 사제로부터 성찬을 받거나 하면 죄가 되는 것으로 인식했다. 설사 의식을 그저 구경만 한다 해도 마찬가지였다. 콘스탄티노스 11세는 마차를 타고 거리를 지나가면서 야유를 받았다.

이런 가망 없는 분위기에서도 황제는 도시 방어를 위해 자신이 할 수 있는 계획을 세웠다. 그는 에게 해의 섬들과 그 너머에까지 사람들을 보내 식료품을 사오도록 했다. "밀, 포도주, 올리브유, 말린 무화과, 병아리콩, 보리와 다른 콩 종류"[22] 등이었다. 방어 시설 가운데 방치된 부분을 수리하는 일에도 착수했다. 육지 쪽 성벽과 해안 성벽 모두 수리했다. 좋은 석재는 부족했고, 도시 바깥 채석장에서 더 얻어 올 수 있는 가능성은 전무했다. 자재들은 허물어진 건물이나 버려진 교회에서 집어왔다. 심지어 오래된 묘비까지도 가져다 써야 했다. 육지 쪽 성벽 앞의 해자도 정비됐다. 대중들이 여전히 의구심을 떨치지 못했음에도 불구하고 콘스탄티노스 11세는 그들을 이런 작업에 참여하도록 설득해 내는 데 성공했던 듯하다. 공개 모금을 통해 음식과 무기를 살 돈도 거둘 수 있었다. 개인들도 참여했고, 교회와 수도원들도 참여했다. 도시 안에서 구할 수 있는 무기는 모두 거두어 다시 분배했다(그러나 그 양은 너무도 적었다).

무장한 수비대가 자체 성벽 너머 비잔티움이 아직 장악하고 있는 몇몇 방어 시설을 갖춘 성채에 파견됐다. 마르마라 해 북안의 셀림브리아와 에피바테스, 보스포로스 해협의 보아즈케센 건너편에 있는 테라피아, 프린케폰 제도(마르마라 해 동쪽의 소아시아에 가까운 섬들로 현

재 터키어로 프렌스 제도로 불리며, 가장 큰 섬은 뷔위카다 섬이다—옮긴이)
의 가장 큰 섬 등이다. 무력한 저항의 마지막 몸짓으로 콘스탄티노스
11세는 갤리선 몇 척을 보내 마르마라 해안의 오스만 마을들을 습격
했다. 포로들이 잡혀와 도시 안에서 노예로 팔렸다.

그리고 이로 말미암아 튀르크족은 그리스인들에 대해 크게 화를 내
면서, 이들 때문에 그리스인들에게 커다란 불행이 닥칠 것이라고 장담
했다.[23]

이 기간 동안에 콘스탄티노스 11세에게 딱 하나 더 있었던 긍정적
인 부분은 낙오한 이탈리아 배 몇 척이 들어온 일이었다. 그는 이들을
설득해(아니면 강제로 억류했는지도 모르겠다) 도시 방어에 참여토록 할
수 있었다. 12월 2일에 흑해의 카파에서 오는 베네치아의 커다란 수
송용 갤리선 하나가 속임수를 써서 보아즈케셴의 대포 앞을 무사 통
과하는 데 성공했다. 자코모 코코라는 사람이 지휘하는 이 배는 더 위
쪽에서 이미 통행세를 낸 것처럼 꾸몄다. 배가 요새에 접근하면서 배
에 탄 사람들은 오스만 포병들에게 경례를 하기 시작했다.

친구처럼 그들에게 인사하며 나팔을 불고 쾌활한 소리를 냈다. 그
리고 이 사람들이 세 번째 경례를 했을 때 그들은 이미 요새를 지나 있
었고, 해류는 그들을 콘스탄티노플로 데려다주었다.[24]

이와 함께 사태의 진상에 대한 소식이 베네치아와 제노바가 이 도
시에 두었던 대표부를 통해 본국에 전해졌고, 두 공화국은 뒤늦은 행

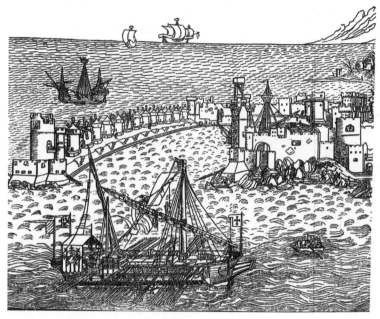

지중해의 대량 수송선이었던 베네치아의 대형 갤리선.

동에 뛰어들었다. 리초의 배가 침몰된 뒤 베네치아 원로원은 만안灣岸
함대(베네치아 식민지였던 그리스 서쪽 케르키라(코르푸) 섬에 주둔해 아드
리아 해를 관할했다—옮긴이) 부사령관 가브리엘레 트레비사노에게 명
령해 콘스탄티노플로 가도록 했다. 흑해에서 오는 상인 호송대에 합
류하도록 하기 위해서였다. 이때 온 베네치아인들 가운데는 선의船醫
였던 니콜로 바르바로라는 사람도 있었는데, 그는 그 뒤 몇 달 동안
벌어지는 일들에 대해 가장 잘 알려주는 일기를 쓰게 된다.

이 도시 안의 베네치아 식민지에서는 우려가 커지고 있었다. 베네
치아 바일로였던 지롤라모 미노토는 단호하고 진취적인 인물이었는
데, 도시의 방어를 위해 세 척의 큰 상업용 갤리선과 트레비사노가 이

끄는 두 척의 가벼운 갤리선을 지키기 위해 필사적으로 노력하고 있었다. 12월 14일에 있었던 황제와 트레비사노 그리고 다른 선장들과의 회담에서 그는 그들에게 "먼저 하느님의 사랑을 위해 그리고 기독교 신앙의 영광과 우리 베네치아 시뇨리아(중세 이탈리아 여러 나라에 나타났던 참주僭主가 지배하는 정치 체제를 가리킨다—옮긴이)의 영광을 위해"[25] 머물러 줄 것을 간청했다.

긴 협상 끝에 배의 선장들은 명예롭게도 남기로 동의했다. 비록 그들이 자기네 화물을 배에 실어놓을지 아니면 선의의 징표로서 도시에서 보관하게 할지를 둘러싸고 상당한 논쟁을 벌이지 않은 것은 아니지만 말이다. 콘스탄티노스 11세는 화물을 일단 배에 실어놓으면 선장들이 떠날 것이라는 의구심을 가졌다. 그들은 황제에게 개인적으로 맹세를 하고 나서야 비단·구리·밀랍과 그 밖의 화물들을 싣도록 허락받았다. 콘스탄티노스 11세의 우려는 근거 없는 것이 아니었다. 2월 26일 밤, 베네치아 배들 가운데 한 척과 크레타 섬의 칸디아(현재의 이라클리오로, 베네치아의 식민지가 있었다—옮긴이)에서 온 배 여섯척이 닻을 풀고 거센 북동풍을 타고 달아났다.

이 배들과 함께 많은 중요 인물이 도망쳤다. 모두 합쳐 700명 정도였다. 이 배들은 튀르크 함대에 붙잡히지 않고 무사히 테네도스(다르다넬스 해협 바로 바깥의 에게 해 북동부에 있는 섬으로, 현재 터키의 보즈자다 섬이다—옮긴이)에 도착했다.[26]

이 실망스런 사건은 다른 긍정적인 기여 하나로 벌충됐다. 갈라타의 제노바인 포데스타(시장)의 호소는 구체적인 원조 제공을 이끌어냈다. 1월 26일 무렵에 두 척의 대형 범선이 도착했다. "전쟁에 쓰이는 여러 가지 훌륭한 장비와 기계들 그리고 용감하고 자신감 있는 뛰어난 병사들을 싣고서"[27]였다. 이 배들이 "중무장한 400명의 병사"[28]를 갑판에 세우고 제국의 항구로 들어오는 광경은 대중과 황제 모두에게 현실감 있는 인상을 주었다. 대장인 조반니 주스티니아니 롱고(1418~1453)는 공화국의 귀족 가문들 중 하나와 연관이 있는 직업 군인이었다. 그는 경험이 풍부한 지휘관이었으며, 자기 스스로 결단하고 비용을 부담해 이 원정을 준비했다. 그는 모두 합쳐 700명의 잘 무장된 용병을 샀다. 400명은 제노바에서 모집했고, 나머지 300명은 로도스 섬과 주스티니아니 일가의 권력 기반이었던 제노바령 히오스 섬에서 모집했다. 콘스탄티노스 11세는 재빨리 이 인물의 가치를 알아차리고, 오스만의 위협이 격퇴되면 림노스 섬을 주겠다고 제안했다. 주스티니아니는 다가올 몇 주일 동안에 도시 방어에서 운명적인 역할을 하게 된다.

다른 병사들도 산발적으로 도착했다. 제노바 보키아르도 가문의 삼형제인 안토니오·파올로·트로일로가 소규모 부대를 데리고 왔다. 카탈루냐인들도 파견대를 보냈고, 카스티야 귀족 프란시스코 데 톨레도가 부름에 응했다. 이들 외에는 기독교 세계에 대한 호소가 불협화음만을 불러왔을 뿐이었다. 배신감이 도시 안에 빠르게 번져갔다. 게오르기오스 스프란체스는 씁쓸하게 회상했다.

> 우리는 로마로부터, 카이로의 맘루크(13세기부터 16세기까지 이집트와 시리아를 지배한 왕조로, 이슬람교와 튀르크계라는 점에서 오스만과 가까울 수밖에 없었다—옮긴이) 술탄이 보낸 것만큼이나 많은 지원을 받았다.[29]

성벽과 대포

1453년 1~2월

어떤 불을 통한 혼합에서 생긴 불꽃과 섬광
그리고 그 소리 때문에 생긴 공포로부터 엄청난 결과가 이어지는데,
이는 아무도 방지하거나 견뎌낼 수 없다. … 사람의 손가락보다도 적은
양의 이 가루가 양피지 한 장에 싸이고 연소하면 그것은 눈을 뜰 수 없을 정도
의 섬광과 엄청난 소리를 내며 폭발한다. 만약 더 많은 양이 사용되거나
용기가 좀 더 굳은 재질로 만들어진 것이라면 폭발은 더욱 강력하고
섬광과 소리는 모두 견딜 수 없을 정도가 된다.[1]

— 로저 베이컨(1214~1292, 잉글랜드의 수도사), 화약의 효과에 대하여

제노바의 파견대가 도착하자 포위전 준비는 더욱 급박하게 추진됐다. "성벽 전투 기술 분야의 전문가"[2]였던 주스티니아니는 도시의 방어 태세를 냉정한 눈으로 평가하고 적절한 조치를 취했다. 그의 지시에 따라 그들은 2월과 3월에 이런 작업을 했다.

해자를 준설하고 성벽을 보수·건설했으며, 흉벽을 복구하고, 내성과 외성의 망루를 재정비하고, 전체 성벽을 강화했다. 육지 쪽과 바다쪽 부분 모두였다.[3]

비록 허물어져가는 상황이었지만 도시는 아직 상당한 방어 시설을 갖추고 있었다. 비잔티움이 오래 지속된 이유에 대한 여러 가지 설명 가운데서도 그 수도의 견고한 방어벽이 가장 중요한 요인이었다. 세계의 어느 도시도 콘스탄티노플만큼 그 입지의 덕을 보고 있는 곳이 없었다. 20킬로미터에 이르는 그 둘레 가운데 3분의 2에 해당하는 길이가 바다로 둘러싸여 있었다.

도시는 남쪽으로 마르마라 해에 면해 있었는데, 그곳은 물살이 빠르고 시도 때도 없이 폭풍우가 쳐서 바다로부터 상륙하는 것은 매우 위험한 일이었다. 천 년 동안 진지하게 이쪽으로 공격을 시도한 침략자는 아무도 없었다. 해안은 해안선에서 적어도 15미터 위에 있는 하나의 죽 이어진 성벽이 보호하고 있었다. 거기에는 188개의 망루가 줄지어 서 있었고, 방어 시설을 갖춘 작은 항구가 여러 개 있었다. 이 성벽에 위협이 되는 것은 배들이 아니라 그 기반을 갉아먹는 파도의 끊임없는 작용이었다. 때로는 자연이 오히려 더 혹독했다. 그 잔인했던 764년 겨울에 벽을 타고 올라오는 유빙流氷에 의해 성벽이 무너졌다. 마르마라 해 쪽 성벽 전체에는 역대 황제들의 보수 작업을 기념하는 새김글 대리석 판이 곳곳에 박혀 있다.

해류는 이 해안선을 따라 끄트머리의 아크로폴리스 곶까지 거세게 흐르고, 거기서 북쪽으로 꺾어져 보다 물이 잔잔한 크리소케라스 만 쪽으로 들어간다. 바로 이 크리소케라스 만은 제국의 함대에게 숨을 수 있는 훌륭한 정박지가 됐다. 110개의 망루가 하나의 성벽과 이를 따라 늘어선 여러 개의 수문 그리고 두 개의 튼튼한 항구를 내려다보고 있었지만, 방어는 언제나 취약한 것으로 생각됐다. 제4차 십자군 때 베네치아인들이 자기네 배들을 갯벌로 끌어올려 방어벽을 넘은 곳이 바로 여기였다. 717년 아랍의 포위 공격 이후 전쟁이 나면 수비군들은 크리소케라스 만 입구를 봉쇄하기 위해 으레 쇠사슬 방책防柵을 치곤 했다. 이는 길이가 각각 50센티미터 되는 커다란 무쇠를 이은 300미터 가까이 되는 사슬 형태인데, 튼튼한 부목浮木이 위에서 이를 붙잡고 있었다. 이 쇠사슬은 당시 제노바인들의 호의로 건너편에 있는 갈라타 해안 성벽의 망루에 고정시킬 수 있었다. 겨울철 동안에 이 쇠사슬과 부목이 준비돼 해상 공격의 가능성에 대비했다.

도시의 부지에서 삼각형의 밑변에 해당하는 서쪽 부분은 6.5킬로미터의 성벽으로 보호되고 있었다. 이른바 테오도시우스 성벽이다. 이는 마르마라 해에서 크리소케라스 만까지 땅 표면을 따라 건설돼 콘스탄티노플을 웬만한 육상 공격으로부터 봉쇄했다. 이 도시에서 과거에 일어난 중요한 사건 대부분은 이 특이한 구조물에서 발생했다.

성벽은 그 수명이 도시 자체와 거의 맞먹을 정도였으며, 지중해 세계 안에서 전설이 될 정도로 오랜 수명을 과시했다.

장사꾼이나 순례자로서, 또는 발칸 반도 각국의 사절이나 정복의 기치를 내건 침략군으로서 많은 사람이 평평한 트라키아 평원을 건너 콘스탄티노플로 들어왔다. 이들에게 가장 먼 곳에서 보는 콘스탄티노플의 첫 모습은 완만한 기복의 풍광을 따라 지평선에서 지평선까지 이어지고 있는 육지 쪽 성벽의 불길한 모습일 것이다. 성벽과 망루가 끊어진 곳 없이 규칙적으로 이어지고 있는 것이다. 햇빛을 받으면 석회석으로 만들어진 성벽은 가로로 이어지는 진홍색의 로마식 벽돌 층들이 띠를 이루고 비슷하게 구부러진 화살 구멍들이 있는 찬란한 흰색의 외관을 연출한다. 사각형·육각형·팔각형에다 때로는 둥그런 망루들은 서로 간의 간격이 너무나도 가까워, 어느 십자군 참가자가 말했듯이 "일곱 살짜리 아이가 한 포탑에서 다음 포탑으로 사과를 던져줄 수 있는"[4] 거리였다. 망루는 내성 꼭대기까지 층층이 죽 이어져 있고, 꼭대기에서는 황제의 독수리 깃발이 바람에 자랑스럽게 펄럭이고 있었다.

그 사이사이에는 엄중하게 경계되고 있는 도시 성문의 검은 모습이 눈에 띈다. 평화 시에는 사람과 동물들이 그곳을 통해 드나든다. 그리고 서쪽 끝의 마르마라 해에 가까운 곳에는 납작한 황금 판자로 덮여 있고 대리석과 청동 조각품이 장식돼 있는 성문이 햇빛을 받아 빛나고 있다. 이것이 크리시아필레('황금 문'이라는 뜻이며 지금은 터키어로 번역돼 '알튼카프'로 불린다—옮긴이)로, 의례용의 거대한 아치형 입구다. 문 양옆에는 번쩍거리는 대리석으로 된 두 개의 거대한 망루가 있다. 비잔티움의 전성기에는 황제들이 스스로 거둔 승리를 보여

테오도시우스 성벽의 단면도가 세 겹의 방어막을 보여준다. 내성과 외성, 그리고 해자다.

줄 수 있는 징표를 가지고 이곳을 통해 개선했다. 사슬에 묶여 걸어 들어오는 피정복국의 왕들, 되찾은 기독교 유물들, 코끼리들, 이상한 옷을 입은 이민족 노예들, 전리품을 높이 쌓은 수레들, 힘에 넘치는 제국 군대 등이 그런 징표들이었다. 1453년 당시에는 이미 금과 여러 가지 장식물이 떨어져 나간 상태였지만, 구조물 자체는 로마의 영광을 나타내 주는 인상적인 기념물로서 여전히 남아 있었다.

도시가 얼마나 발달했는지를 보여주기 위해 건설된 이 지상 성벽의 건설자는 성벽 이름의 기원이 된 소년 황제 테오도시우스 2세(재위 408~450)가 아니라 5세기 초의 고위 정치가 플라비우스 안테미우스였다. 그는 "당대의 다섯 현인 가운데 하나"[5]였는데, 도시는 그의 선견지명에 무한한 은덕을 입었다. 413년에 세워진 성벽의 첫 번째 줄은 "하느님이 내린 재앙"[6]으로 불렸던 훈족의 아틸라(재위 434~453)가 447년 도시를 공격했을 때 이를 막아냈다. 그해 심한 지진으로 성벽이 무너지고 아틸라가 멀지 않은 트라키아 지방을 유린하자 전 주민이 위기에 대응했다. 1만 6천 명의 주민은 두 달이라는 놀라운 기간에 성벽을 완전히 복구했다. 안테미우스가 건설했던 본래의 성벽을 복구한 정도가 아니라, 간간이 망루들이 줄지어 있고 방어용 흉벽과 벽돌로 방벽을 쌓은 해자(수로)까지 갖춘 외성을 추가했다. 매우 복잡하고 엄청난 방어벽을 구축한 것이다. 도시는 이제 이쪽에서는 다섯 개의 별도 구역으로 이루어진 방어 체계에서 192개의 줄지어 선 망루에 의해 보호되고 있었다. 그 폭은 60미터, 해자 바닥으로부터 망루 꼭대기까지의 높이는 30미터였다. 이 성과는 합당한 자랑이 섞인 새 김글에 기록돼 있다.

> 콘스탄티누스(황제 이름이 아니라 공사를 총지휘한 정치가 플라비우스 콘스탄티누스이며, 당시 황제는 여전히 테오도시우스 2세였다―옮긴이)는 두 달도 되지 않아서 성공적으로 이 튼튼한 성벽을 세웠다. 아테나 여신도 성채를 그렇게 빨리, 그렇게 튼튼하게 세울 수는 없을 것이다.[7]

완성 상태의 테오도시우스 성벽은 화약 시대 이전에 도시 방어를 위한 그리스-로마 군사 공학의 축적된 지혜를 모두 집약한 것이었다. 이 방어 체계의 핵심은 여전히 안테미우스가 건설했던 내성이었다. 속은 콘크리트로 채웠고, 그 양옆은 근처에서 채석한 석회암 토막을 쌓았다. 그리고 그 구조물을 더욱 튼튼하게 묶기 위해 벽돌 층을 끼워 넣었다. 전투장이 될 성벽은 흉벽으로 보호되고 있었고, 층계를 통해 올라갈 수 있었다. 로마 시대의 방식에 따라 망루는 성벽과는 별도로 설치돼, 두 구조물이 서로를 방해하지 않고 각기 자신의 기준에 따라 놓일 수 있도록 했다. 망루 자체는 20미터 높이로 솟아 있었고, 방이 두 개 있었으며 평평한 지붕에는 돌과 '그리스의 불'을 쏠 수 있는 장치를 올려놓을 수 있도록 돼 있었다. 망루에서는 감시병이 끊임없이 전방을 감시하고, 밤에는 선을 따라 내려가면서 서로를 불러 깨어 있도록 했다. 내성은 높이가 12미터였고, 외성은 조금 낮아서 약 8미터였으며 이에 맞추어 약간 낮은 망루가 내성 망루 사이사이에 위치했다. 두 성벽 사이의 거리는 20미터 정도인데, 그 공간에는 외성을 지키는 병사들이 모여 있으면서 적과 백병전을 벌일 것에 대비했다. 외성 아래에는 폭 20미터 정도의 또 다른 공간이 있는데, 해자를 건너는 공격자가 있으면 누구라도 죽이는 곳이었다. 벽돌로 선이 그어진 해자 역시 폭이 20미터이고 안쪽은 벽으로 둘러쳐졌으며, 이것이 또 하나의 장애물이었다. 이곳이 1453년 당시에 어느 정도 물이 차 있었는지 그저 마른 도랑이었는지는 분명치 않다. 방어 체계가 깊고 복잡하며 그 성벽이 튼튼한 데다가 높은 위치에서 사계射界를 내려다볼 수 있었기 때문에 중세에 통상적인 포위전 장비를 가지고 덤비는 군대에게 테오도시우스 성벽은 사실상 난공불락이었다.

이 육지 쪽 성벽 전체에는 문들이 죽 나 있었다. 일부는 해자 위에 놓인 다리를 통해 주변의 농촌 지역으로 갈 수 있도록 돼 있었는데, 다리는 포위 공격이 임박하면 부숴버렸다. 다른 문들은 군사용 문들인데, 이를 통해 내성과 외성을 연결하고 방어 체계 내부에서 병사들을 이동시키는 데 쓰였다. 성벽에는 또한 여러 개의 샛문(작은 보조 출입문)이 있었지만, 비잔티움인들은 이 비상문들이 도시의 안전에 위해를 끼칠 가능성에 대해 항상 잘 알고 있었기 때문에 이들을 엄격하게 관리했다. 크게 보아서 두 부류의 문이 성벽 전체에 걸쳐 번갈아 나오는데, 군사용 문들은 숫자로 지칭됐고 대중이 사용하는 문들은 이름이 붙여졌다. 도시 바깥에 성스러운 샘이 있다 해서 붙여진 '페게(샘) 문'과 '크실로케르코스(목조 경기장) 문,' '칼리가리아(군화장이) 문,' '기롤림네(은빛 호수) 문' 등이 있었다. 어떤 문들에는 복수의 이름이 붙었다. 연관성이 잊히고 새로운 이름이 만들어졌기 때문이다. 군용 제3문은 초기 전차 경주 팀의 이름을 따서 '루시오스(적색당) 문'이라는 이름으로도 불렸고, 청색당 영수의 이름을 딴 '카리시오스 문'은 '폴리안드리온(공동묘지) 문'으로도 불렸다.

그리고 구조물 안에는 비잔티움의 모순을 드러내주는 몇몇 놀라운 기념물이 세워졌다. 크리소케라스 만 쪽으로는 성벽 뒤에 블라케르나이 궁전이 들어앉았다. 한때는 너무도 아름다워서 외국인 방문객들이 이를 표현할 말을 찾지 못했다고 할 정도였던 건물이었다. 그 옆으로 칙칙하고 음산한 아네마스 감옥이 있었다. 가장 평판이 나쁜 지하 감옥이자 비잔티움 역사에서 가장 무시무시한 순간이 연출된 현장이었다. 여기에 요안네스 5세(재위 1341~1376, 1379~1390. 4, 1390. 9~1391)가 자기 아들과 세 살배기 손자를 가두었고(아들은 반란을 일으켰다가 실패한 안드로니코스 4세였고 손자는 요안네스 7세였다. 안드로니코스 4세는 탈출해 결국 찬탈에 성공하며 아버지와 동생들을 아네마스 감옥에 가두지만 3년 만에 다시 쫓겨났고, 요안네스 5세 역시 할아버지를 밀어내고 몇 달 동안 제위에 올랐지만 쫓겨났다—옮긴이), 또한 여기서 비잔티움의 가장 악명 높은 황제이자 이미 끔찍하게 팔이 잘린 '폭군' 안드로니코스 1세(재위 1183~1185)가 사람들이 욕설을 퍼붓는 가운데 더러운 낙타에 실려 마차 경기장으로 끌려 나가 두 기둥 사이에 거꾸로 매달려 조롱 속에 살해됐다.

성벽은 매우 오랫동안 유지됐기 때문에 역사의 깊은 흔적과 신화 그리고 반쯤 잊힌 관련 이야기들이 여러 부분에 붙어 있다. 대부분의 장소는 도시의 역사에서 몇 가지씩 극적인 순간을 각기 목격했다. 무서운 배신과 기적적인 구출과 죽음의 현장들이었다. 헤라클레이오스는 628년에 크리시아필레 문을 통해 성십자가를 가지고 들어왔고, 페게 문은 967년 대중의 지지를 잃은 황제 니케포로스 2세(재위 963~969)가 분노한 군중들로부터 돌 세례를 받는 것과 1261년 내부의 동조자들에 의해 문이 열려 라틴 제국의 지배가 끝나고 정교회 황제들이 다시 들어서는 것을 보았다. 450년 성벽 바깥의 한 골짜기에 갔다가 말에서 떨어져 사경을 헤매던 테오도시우스 2세는 군용 제5문을 통해 실려 들어왔고, 크실로케르코스 문은 12세기에 신성로마 제국 황제 프리드리히 1세(재위 1152~1190)가 이 문을 통해 도시를 점령할 것이라는 예언이 나돈 뒤 폐쇄됐다.

하기아소피아 대성당을 제외하면 성벽만큼 강력하게 도시 사람들의 정신생활을 표현한 구조물은 없다고 할 수 있다. 성당이 하늘나라에 대한 그들의 상상이라면, 성벽은 동정녀 마리아가 직접 보호하시는 속에서 적대 세력의 공격에 맞서는 그들의 방패였다. 독실한 신자들은 포위돼 있는 동안에 끊임없이 기도를 하며 마리아의 성스러운 유물을 들고 성벽을 따라 행진하는 것이 그냥 군사적인 준비만 하는 것보다 일반적으로 더욱 중요하다고 생각했다. 강력한 영적 역장力場 (전기장·자기장·중력장 등 힘의 작용이 미치는 범위—옮긴이)이 그러한 행동들을 둘러싸게 되는 것이다. 인근 블라케르나이에 있는 교회에 보관된 마리아의 옷은 626년 아바르인들과 860년 러시아인들을 물리쳤다 해서 군사공학보다 더 믿을 만한 것으로 인식됐다. 사람들은 성벽 위에 있는 수호천사 환상을 보았고, 황제들은 성벽 바깥쪽에 대리석 십자가와 기도문들을 끼워 넣었다. 성벽 중간쯤에는 콘스탄티노플의 가장 깊숙한 공포를 드러내주고 있는 간단한 부적이 있다. 거기에는 이렇게 쓰여 있다.

　오, 구세주 하느님,
　당신의 도시를 남의 손으로부터 지켜주시고,
　전쟁에 휘말리지 않게 하소서.
　광포한 적들을 물리쳐 주소서.

　동시에 성벽을 실제로 유지·보수하는 일은 도시의 유일한 필수 공공사업이었다. 여기에는 주민 누구나가 참여해야 했고, 예외는 없었다. 비잔티움의 경제 상태가 어떠하든 성벽을 보수할 돈은 언제나 마련됐다. 이를 위해 특별 관원을 두는 것은 매우 중요했고, 그들을 총괄 지휘한 것은 '성벽 백작'이라는 인상적인 직함을 가진 사람이었다. 시간이 지나고 지진이 일어나 망루가 부서지고 석축이 무너지게 되면서 계속해서 보수가 이루어졌기 때문에 이를 기념하는 대리석 새김글들이 허다하게 석축에 새겨졌다. 이런 새김글들은 447년의 첫 번째 재건이 있었던 시기부터 1433년의 외성에 대한 전면적인 보수까지 천 년 가까이에 걸치고 있다. 1453년 포위 공격 이전의 가까운 시기에 수리한 기록을 보면 도시의 방어 시설을 보수하는 데 신과 인력이 협조했다는 표현을 쓰고 있다. 그 내용은 이러하다.

하느님이 보호하시는 이 생명을 주는 샘의 문은 마누엘 브리엔니우스 레온타리의 협조와 비용 지원으로 가장 경건하신 통치자 요안네스와 마리아 팔라이올로고스(요안네스는 요안네스 8세를 가리키며, 마리아는 그의 세 번째 황후로 트라페주스 황제 알렉시오스 4세의 딸이다—옮긴이) 치세인 1438년 5월에 재건됐다.[8]

아마도 고대 및 중세 세계에서 콘스탄티노플 성벽만큼 포위전의 진실을 집약하고 있는 방어 구조물은 없을 것이다. 이 도시는 포위되지 않고 지낸 적이 별로 없었다. 그 방어 시설은 이곳의 가장 깊숙한 특성과 역사를 반영하고 있다. 믿음과 운명론, 신의 고무와 실제적인 기술, 내구성과 보수성의 혼합이다. 도시 자체와 마찬가지로 성벽은 언제나 거기에 있었다. 그리고 동부 지중해 지역에 사는 사람이라면 누구나 이 성벽은 언제라도 거기 있을 것이라고 생각했다. 이 방어 구조물은 5세기에 완성된 모습이었고, 그 이후에는 그다지 변하지 않았다. 건축 기술은 보수적이었으며, 그리스-로마 시대의 관행으로 되돌아갔다. 발전해야 할 특별한 이유가 없었다. 포위 공격의 기술이 그대로였기 때문이다. 기본적인 기술과 장비(항구 봉쇄, 굴착과 사다리 공격, 공성 망치의 사용, 투석기, 망루, 굴과 사다리)는 대체로 사람들의 기억 속에 있는 시간보다 더 오랫동안 변하지 않고 있었다.

유리한 것은 언제나 방어하는 쪽이었다. 콘스탄티노플의 경우는 해안의 위치 때문에 추가 더욱 기울었다. 육지 쪽 성벽 앞에 진을 친 부대 가운데 여러 겹의 방어막을 뚫고 들어가는 데 성공한 경우는 없었다. 도시는 항상 국가 정책으로서 저수장에 물을 채우고 곡식 창고를 가득 채우기 위해 세심한 조치들을 취했다. 아바르인들은 인상적인 투석기들을 잔뜩 가지고 왔으나, 곡선을 그리며 날아간 궤적은 성벽을 깨기에는 너무나도 보잘것없었다. 아랍인들은 추위에 떨다 얼어 죽었다. 불가리아의 칸 크룸(재위 803~814)은 마법을 쓰려 했다. 그는 인간을 희생으로 바치고 자기 병사들에게 바닷물을 뿌렸다. 그러나 심지어 적들까지도 콘스탄티노플은 신의 가호를 받고 있다고 믿게 됐다. 오직 비잔티움인들 자신만이 육지 쪽으로부터 자기네 도시를 취하는 데 성공할 수 있었고, 그것도 언제나 배반자들의 도움이 있어야 했다. 내전으로 혼란스러웠던 마지막 수백 년 동안 밤중에 성문들이 활짝 열리는 일이 몇 차례 있었는데, 보통 내부의 도움이 있었던 것이다.

육지 쪽 성벽 가운데 상당한 취약성을 드러낼 가능성이 있다고 생각됐던 부분은 딱 두 군데였다. 중앙 부분에서 땅은 긴 계곡을 경사져 내려가 리코스 강에 이르고 거기서 다시 반대쪽 비탈로 올라간다. 성벽은 내려가는 경사면을 따라가기 때문에 그곳의 망루들은 더 이상 높은 평지를 내려다볼 수 없고, 건너편 산 위에 있는 포위군이 차지하고 있는 높이보다 사실상 아래에 있게 된다. 게다가 도랑을 통해 시내로 물길이 이어지는 이 강 때문에 이 지점에서는 깊은 해자를 팔 수가 없다. 거의 모든 포위군은 이 지역이 취약함을 알아냈다. 비록 아무도 성공하지는 못했지만, 그것이 공격자들에게 실낱 같은 희망을 제공했던 것이다.

방어벽의 두 번째 예외적인 부분은 북쪽 끝에 존재한다. 정상적으로 이어지던 삼중 성벽은 크리소케라스 만에 가까워지면서 갑자기 끊어진다. 선은 가외의 돌출된 땅을 안으로 집어넣기 위해 갑작스레 직각으로 돌아 밖으로 나간다. 바다에 닿기까지 400미터 가까이 되는 길이의 성벽은 서로 다른 모양의 요새와 땅덩어리를 누덕누덕 기운

듯한 모습이 된다. 비록 바위가 드러난 곳에 튼튼하게 지어지기는 했지만, 대체로 한 줄의 깊이일 뿐이며 거의 대부분의 구간에 해자도 없다. 이 부분은 나중에 추가된 것이다. 블라케르나이에 있는 성스러운 마리아 신전을 안쪽으로 집어넣기 위한 작업이었다. 본래 그 교회는 성벽 바깥에 있었다. 전형적인 비잔티움인들의 논리에 따라 그들은 동정녀 마리아의 가호만으로도 교회가 충분히 보호되리라 생각했다. 626년 교회가 아바르인들에 의해 불탈 뻔한 뒤로(신전은 마리아 덕분에 살아남았다) 성벽의 위치는 교회를 안에 넣도록 변경됐고, 이 작은 땅뙈기에 블라케르나이 궁전도 지어졌다.

메흐메트 2세는 1452년 여름에 정찰을 하면서 약한 고리라고 생각되는 이 두 군데를 세심하게 살펴보았다. 두 성벽이 합쳐지는 직각 회전 부분은 특히 관심을 기울여 살폈다.

콘스탄티노플 주민들은 주스티니아니의 지시에 따라 성벽을 보수하고 성벽 위에 이콘들을 늘어놓으면서 자기네의 방어 능력에 신뢰를 드러낼 수 있었다. 변함없고 험준하며 파괴할 수 없는 이 성벽은 적은 병력으로도 대군을 물리칠 수 있음을 여러 차례 입증했다. 시간이 흐르면 포위에 따른 보급 부담이나 질병 또는 병사들의 불만 누적 등으로 의지가 꺾이는 것이다. 성벽 곳곳이 퇴락했다고는 하더라도 기본적으로는 아직 온전했다. 브로키에르는 1430년대에 그가 방문했을 때 취약하다는 직각 부분조차도 "온전하고 높은 성벽"[9]으로 보호되고 있었다고 전했다. 그러나 대결을 준비하던 방어군이 모르고 있는 사실이 있었다. 그들은 포위전의 방식을 근본적으로 변화시킬 과학기술 혁명의 초입에 있었던 것이다.

백년전쟁 중의 하나였던 아쟁쿠르 전투(1415, 위)와 크레시 전투(1346, 아래).

오스만인들이 총포를 입수한 것이 정확히 언제인 지 아는 사람은 아무도 없다. 화약 무기는 아마도 1400년 무렵 어느 시기에 발칸 반도를 통해 오스만 제국에 들어온 듯하다. 중세 기준으로 이것은 전광석화처럼 빠른 속도로 전해진 기술이었다. 총포는 1313년이 돼서야 처음 기록에 언급됐고, 처음 그림으로 그려진 것은 1326년 이후다. 그러나 14세기 말엽이 되면 유럽 전역에서 대포가 널리 제조됐다. 철제 및 청동제 총포를 생산하기 위한 소규모 작업장들이 프랑스·독일·이탈리아에서 우후죽순처럼 생겨났고, 그 주변에서 관련 산업들이 발달했다. 초석硝石 '공장'들이 갑자기 생겨났다. 중간상인들은 구리와 주석을 수입했다. 기술 장사꾼들이 가장 높은 값을 주겠다는 사람들에게 주조鑄造 기술을 팔았다.

실용적인 견지에서 초기 화약 무기의 이점은 미심쩍었다. 긴 활과 함께 아쟁쿠르 전투(1415. 잉글랜드와 프랑스 사이에 벌어졌던 백년전쟁(1337~1453) 중의 한 전투로, 잉글랜드의 헨리 5세가 승리해 프랑스 공주와 결혼하게 된다—옮긴이)에서 선을 보인 야포野砲는 실질적인 차이가 별로 없었다. 이 무기들 자체는 준비 과정이 번거롭고 지루했으며, 정확하게 조준할 방법도 없고 적뿐만 아니라 같은 편 병사들에게도 위험했다. 그러나 대포 발사는 틀림없이 심리적 효과가 있었다. 크레시 전투(1346. 역시 백년전쟁 중의 한 전투로, 잉글랜드가 세 배 병력의 프랑스에 대승을 거두었다—옮긴이) 당시의 에드워드 3세(재위 1327~1377)가 그 체험자다.

(그는) 대포 대여섯 문으로 프랑스군을 공포에 떨게 만들었다. 프랑스인들이 그런 천둥소리를 내는 기계를 본 것은 그때가 처음이었다.[10]

그리고 1382년 필립스 판 아르테벨더(1340~1382. 플랑드르의 애국자로 헨트라는 도시에서 프랑스에 맞서는 주민 봉기를 주도했다가 전사했다―옮긴이)가 동원한 네덜란드의 큰 대포는 "포탄을 발사하자 지옥의 모든 마귀가 뛰쳐나오기라도 한 것처럼 시끄러운 소리를 냈다."[11] 이런 초기 기록들에는 지옥을 가지고 비유한 경우가 많다. "사악한 전쟁 도구"[12]의 천둥 치는 듯한 울부짖음은 지옥 같은 느낌을 주었다. 그것은 만물의 자연스러운 질서를 뒤집어놓았고, 전투에서 기사도정신을 배제해 버렸다. 교회는 1137년에 이미 화포 제품을 군사적 목적으로 쓰지 못하도록 금지했으며, 석궁도 추가로 금지했다. 그러나 그런 조치는 별 효과가 없었다. 병 속의 요정은 밖으로 뛰쳐나왔다.

포위전의 경우는 별문제지만 1420년 무렵까지 전쟁을 치르는 데 대포의 유용성은 여전히 제한적이었는데, 이런 시기에 오스만인들은 거기에 진지한 관심을 보이기 시작했다. 그들은 발칸 반도로 밀고 들어가면서 재료와 기술자들을 확보해 자체적으로 총포를 제조하기 시작했다. 여기에는 주물 공장과 숙련된 주물 기술자, 구리 광산, 포탄 제작자, 초석 제조자, 화약 공장 등이 필요했다. 오스만인들은 재빠르게 배웠다. 그들은 새로운 기술을 매우 잘 받아들였으며, 숙련된 기독교도들을 자기네 군대에 편입시키고 자기네 병사들까지 훈련시키는 데 능숙했다. 메흐메트 2세의 아버지 무라트 2세는 포병 부대를 위한 기반 시설을 만들고, 친위대에 포병대와 포가砲架 수송대를 신설했다. 이와 함께, 이교도들에게 총포·화약 밀매를 금지한 교황의 포고령에도 불구하고 베네치아와 제노바 상인들은 배에 무기를 싣고 동부 지중해를 건너가 팔았고, 자기네 기술을 신흥 술탄국에 팔고 싶어 안달하던 기술 장사꾼들은 오스만 궁정을 드나들었다.

콘스탄티노플은 1422년 여름 무라트 2세가 도시를 포위했을 때 이 새로운 무기를 처음으로 살짝 경험했다. 그리스인들은, 무라트 2세가 독일인들의 지휘를 빌려 성벽에 엄청난 '포격'을 가했지만 그것은 대체로 효과를 거두지 못했다고 적었다. 70개의 포탄을 날렸지만 망루 하나를 맞혔고, 그나마 중대한 손상을 입히지도 못했다.

그러나 24년 뒤 무라트 2세가 대포를 가지고 또 다른 성벽 앞에 섰을 때는 이야기가 완전히 달랐다. 1440년대에 콘스탄티노스 11세는 도시의 얼마 남지 않은 속주屬州 가운데 하나인 펠로폰네소스 반도 지역을 오스만의 침입으로부터 보호하려 하고 있었다(이때는 콘스탄티노스 11세가 황제가 되기 전으로, 펠로폰네소스 반도를 다스리는 모레아스의 데스포테스로 있었다—옮긴이). 그는 오스만을 막기 위해 코린토스 지협을 가로질러 바다에서 바다까지 10킬로미터 길이의 엑사밀리온('엑사밀리온'은 '6마일'이라는 뜻이며 성의 길이가 6마일이어서 이런 이름이 붙었다—옮긴이) 성벽을 재건했다. 이는 장기적인 공격에 견디기 위한 군사공학의 근본적인 부분이었다. 그러나 1446년 12월 초에 무라트 2세는 장거리포로 성벽을 공격해 닷새 만에 이를 깨뜨렸다. 콘스탄티노스 11세는 겨우 목숨을 부지해 도망쳤다.

이 두 사건 사이의 기간에 오스만은 대포에 관한 지식을 심화시켰다. 그들은 대포 제작과 폭약의 진화 과정에서 중요한 순간에 이를 이룬 것이었다. 1420년대 어느 시기에 유럽 전역에서 화약 제조 기술의 발전이 일어나 그 성능과 안정성을 크게 증가시켰다. 그때까지는 구성 요소인 유황·초석·목탄을 다른 통에 담아다가 현장에서 혼합하는 것이 보통이었다. 그렇게 만들어진 화약은 천천히 타고, 습기에 민

화약을 대포에 장전하는 모습.

감했으며, 갈라지는 경향이 있었다. 15세기 초에는 실험을 통해 재료를 섞어 반죽을 만들고 이를 말려 필요에 따라 작은 알갱이로 쪼갤 수 있는 일정한 덩어리로 굳히면 더 나은 결과가 나온다는 것이 드러났다. 이른바 '작은 알갱이'로 만든 화약은 빨리 타고, 30퍼센트 더 강력하며, 대기 중의 습기에 더 잘 견뎠다. 이제 도시 성벽에 엄청난 힘을 실은 강력한 포격을 가할 수 있게 됐다.

이때쯤에는 길이가 최고 5미터에 이르고, 무게 340킬로그램 이상의 포탄을 발사할 수 있는 거대한 공성포攻城砲도 나타나기 시작했다. '악녀惡女 흐리트'(플랑드르 민화에 나오는 인물인 'Dulle Griet'에서 딴 이름으로, 15세기 초 플랑드르 지방의 헨트에서 만들어진 대포다—옮긴이)라는 별칭으로 불린 '헨트의 큰 대포'는 "지옥의 분노에서 만들어진" 울부짖음을 토해 냈으며, 1412년 부르주(프랑스 중부 베리 지방의 중심 도시다—옮긴이)의 성벽을 박살냈다. 동시에 새로운 화약으로 말미암아 포를 쏘는 사람도 더 위험해졌고, 그것은 대포를 주조하는 과정에도 영향을 미쳤다. 포신은 더 강하고 더 길게 만들어졌으며, 대포를 통짜로 만드는 쪽으로 변화가 이루어졌다. 통짜로 만들려면 청동으로 주조해야 했기 때문에 이전보다 가격이 많이 비싸질 수밖에 없었다. 청동 대포는 단조 철로 만든 것에 비해 비용이 세 배나 들었지만, 효용

악녀 흐리트라고 불린 '헨트의 큰 대포'.

이 크게 늘었기 때문에 비용은 분명히 상쇄되고도 남았다. 나팔을 불어 여리고 성의 성벽을 무너뜨린 이래(여호수아가 이끄는 이스라엘인들이 신의 명령에 따라 나팔을 불며 여리고 성을 돌자 성벽이 무너졌다는 기독교 성서 『여호수아』 6장의 이야기를 빗댄 것이다—옮긴이) 처음으로 튼튼한 방어 시설을 갖춘 요새를 포위 공격하는 쪽이 다시 상당히 유리해지게 됐다. 15세기의 유럽에서는 거대한 공성포가 울부짖고 포탄이 돌로 만든 성벽을 향해 발사돼 그때까지 난공불락이었던 요새를 갑작스럽게 뒤엎게 됐다.

오스만인들은 이런 발전의 이점을 살릴 수 있는 독특한 위치에 있었다. 팽창하고 있던 이 제국은 구리와 쉽게 발견되는 초석을 국내에서 충분히 산출할 수 있었다. 제국은 정복을 하거나 돈을 주고 사는 방법으로 전문 지식을 얻은 뒤 이를 자기네 군부대에 확산시키는 체제를 구축했다. 그러고는 대포를 제조하고 수송하고 발사하는 일에 재빨리 능숙해졌다. 그리고 화포전의 까다로운 병참 수요에 관해 최고가 됐다. 야전에서 주어진 시간에 효과적으로 포대를 투입하려면 중세의 보급 사슬에서 예외적인 조치가 필요해진다. 포신의 구경에 맞는 충분한 양의 포탄과 쓸 수 있는 화약이 천천히 이동하는 대포와 동시에 도착해야 하는 것이다.

오스만은 인력과 물자를 제국 전역에서 공급받았다. 포탄은 흑해 연안에서, 초석은 베오그라드에서, 유황은 반(현재의 터키 동부 이란과의 접경에 있는 지방이다—옮긴이)에서, 구리는 카스타모누(현재의 터키 중북부 흑해 연안 지방이다—옮긴이)에서, 주석은 해외 무역을 통해서 그리고 폐廢청동은 발칸 반도의 교회 종들에서 공급받았다. 그리고 이들은 육상 운송망을 통해 유통됐는데, 수레와 낙타를 이용해 비길 데 없이 효율적이었다. 철저한 계획은 오스만 군사 조직의 특징이었고, 그들은 이런 재능을 당연하게도 화약 시대의 특수한 요구에 맞추어 사용했다.

오스만은 대포에 관한 기술 소화 속도가 매우 빨랐다. 그래서 1440년대에는 분명히 전쟁터의 임시 주물 공장에서 중형 대포를 주조하는 독특한 능력을 습득했다. 이는 여러 목격자가 언급한 사실이다. 무라트 2세는 엑사밀리온에 청동을 실어다 놓고 현장에서 장거리포를 여럿 주조했다. 이러한 방식은 공성전을 하는 동안에 엄청난 유연성을 발휘할 수 있도록 해주었다. 완성된 무기를 포위 현장으로 끌고 오는 대신에 작은 덩어리로 좀 더 빨리 운송할 수 있고, 필요하다면 나중에 다시 작은 덩어리로 만들 수도 있었다. 사용 중에 파열된(그런 일은 자주 생긴다) 대포는 수리해 다시 사용하도록 할 수 있었으며, 대포의 구경과 투입할 수 있는 포탄의 크기를 서로 맞추기가 쉽지 않았던 시대에 투입할 수 있는 포탄에 맞추어 대포를 만들 수 있었다. (이런 방식은

17세기에 크레타 섬의 베네치아인 도시 칸디아를 장기간 포위 공격했던 때에 당연한 결과를 얻었다. 오스만은 21년 동안에 걸친 전쟁 끝에 베네치아인들이 쏜 포탄 3만 개를 얻었지만 자기네 대포에는 사용할 수 없었다. 그들은 적의 포 구경과 같은 새로운 대포 3문을 주조해 그 포탄을 다시 쏘아 보냈다.)

오스만인들에게 공성포는 특히 부족의 영혼 깊숙한 곳에 있는 어떤 것에 대한 응답인 듯했다. 그것은 방어벽을 친 정착지에 대한 그들의 뿌리 깊은 반감을 자극했다. 초원 지대 유목민의 후손들은 탁 트인 곳에서 벌어지는 전투에서는 줄곧 우위를 차지해 왔음을 입증했다. 그러나 정착민들의 도시 성벽을 만나면 군사 운용을 하기가 어려워진다. 대포는 질질 끄는 포위전의 위험성을 빠른 시일 내에 해결할 수 있는 가능성을 제시했다. 그것은 메흐메트 2세가 난공불락인 이 도시 성벽에 대해 곰곰이 생각하게 되면서 곧바로 그의 과학적인 흥미를 자극했다. 그는 즉위 초부터 대형 총포를 주조하는 실험을 시작했다.

비잔티움인들 또한 화약 무기의 잠재력에 대해 인식하고 있었다. 도시 안에는 약간의 중형 대포와 권총이 있었고, 콘스탄티노스 11세는 이를 위해 자재를 비축하려고 백방으로 노력했다. 그는 베네치아인들로부터 화약을 공급받는 데 성공했지만, 제국은 너무 가난해서 비싼 새 무기에 많은 돈을 투자할 수는 없었다.

아마도 1452년 이전이었던 듯한 어느 시기에 대포를 주조하는 오르반(?~1453)이라는 헝가리 사람이 이 도시에 도착했다. 제국 궁정에서 사업 기회를 찾기 위해서 온 것이었다. 그는 발칸 반도 각처를 돌아다니며 장사를 하던 신흥 기술 장사꾼 무리들 가운데 한 사람이었다. 그는 비잔티움에게 통짜 대형 청동 대포를 주조할 수 있는 자신의 기술을 팔겠다고 제안했다. 돈에 쪼들리던 황제는 그 사람에게 관심은 있었지만 그의 기술을 살 재원이 없었다. 그는 오르반을 도시에 붙들어두기 위해 약간의 봉급을 주겠다고 약속했지만, 그것마저 꼬박꼬박 지급되지 못했다. 박복한 이 숙련 기술자는 갈수록 궁핍해졌다.

1452년의 어느 시기에 그는 도시를 떠나 에디르네로 향했다. 메흐메트 2세를 만나기 위해서였다. 술탄은 이 헝가리인을 반갑게 맞아들이고 그에게 먹을 것과 입을 것을 제공하며 자세히 물어보았다. 그 이후의 면담 내용은 그리스 역사가 두카스가 생생하게 적어놓았다. 메흐메트 2세는 그가 도시 성벽을 깰 수 있을 만큼 커다란 돌을 발사하기에 적합한 대포를 주조할 수 있는지 물었다. 그러면서 자신이 생각하고 있는 돌의 크기를 몸짓으로 나타내 보였다. 오르반은 단호하게 대답했다.

"폐하께서 원하신다면 저는 폐하께서 원하시는 크기의 돌을 발사할 수 있는 청동 대포를 주조할 수 있습니다. 저는 저 도시의 성벽을 아주 꼼꼼하게 조사했습니다. 저는 제가 만드는 대포에서 발사되는 돌로 이 성벽들을 가루로 만들 수 있을 뿐만 아니라, 바빌론 성벽까지도 부술 수 있습니다. 대포를 만드는 데 필요한 작업은 제가 충분히 할 수 있습니다. 그러나 …"

그는 자신의 장담에 예민하게 단서를 붙이면서 덧붙였다.

"저는 그것을 발사하는 방법을 알지 못하고, 그렇게 할 수 있다고 보장할 수 없습니다."[13]

메흐메트 2세는 그에게 대포를 주조하도록 명령하고, 나중에 그것이 발사되는 장면을 보게 될 것이라고 그에게 말했다.

상세한 실제 대화 내용이야 어떻든, 오르반은 보아즈케센이 건설되고 있던 1452년 여름의 어느 시기에 자신의 첫 번째 대형 포를 만

오르반이 제조한 대포.

들기 시작했던 듯하다. 이 무렵에 메흐메트 2세는 구리·주석·초석·유황·목탄 등 대포와 화약을 만들기 위한 상당량의 자재를 쌓아놓기 시작했음에 틀림없다. 그는 또한 석공들에게 흑해 연안에 있는 채석장에서 화강암 포탄을 만들도록 지시를 내려 보냈던 듯하다. 석 달도 되지 않아서 오르반은 자신의 첫 번째 대형 포를 주조했고, 이를 보아즈케센으로 끌어다놓고 보스포로스 해협을 지키도록 했다. 1452년 11월에 리초의 갤리선을 박살내고 오스만 대포의 위력에 관한 소식을 처음 전해 도시를 술렁이게 한 것은 바로 이 무기였다. 결과에 만족한 메흐메트 2세는 이제 오르반에게 정말로 괴물 같은 대포를 만들라고 명령했다. 크기가 두 배인, 초장거리포의 원형이었다.

이 무렵에는 아마도 오스만이 이미 에디르네에서 총포를 만들고 있었을 것이다. 오르반이 도입한 것은 거푸집을 만들고 훨씬 더 큰 규모로 핵심적인 변수들을 통제하는 기술이었다. 1452년 겨울 동안에 그는 아마도 그때까지 만들어졌던 대포 가운데 가장 큰 것이었을 대포를 주조하는 일에 착수했다. 이 고통스럽고 이례적인 과정은 그리스 역사가 크리토불로스가 상세하게 묘사했다.

우선 8미터가 넘는 통 모양의 거푸집이 만들어졌다. 재료는 점토에 아마와 삼을 잘게 썰어 섞은 것이었다. 거푸집은 폭이 두 가지였다. 포탄이 들어갈 앞 칸은 지름이 75센티미터였고, 화약을 넣을 뒤쪽 칸은 조금 작았다. 커다란 주물 구덩이를 파고 구운 점토 심형心型을 그 안에 넣었는데, 입구를 아래로 향하게 했다. "마치 칼집 같은"[14] 바깥의 원통형 점토 덮개는 그것에 꼭 맞게 만들어 제자리에 넣었고, 두 점토 거푸집 사이는 녹인 금속이 들어가도록 공간을 떼어놓았다. 이 모든 것은 "바깥에 쌓아올린 철과 목재, 흙과 돌"[15]로 이리저리 단단히 고정시켰다. 청동의 엄청난 무게를 떠받치기 위해서였다. 마지막 순간에 젖은 모래를 거푸집 주변에 뿌려주고 전체를 다시 덮어, 녹인 금속을 부어넣을 구멍 하나만 남게 했다. 그사이에 오르반은 벽돌로 테를 두른 두 개의 용광로를 만들었다. 안팎 표면은 구운 점토로 돼 있고, 커다란 돌들로 보강했다. 섭씨 1000도의 열에 충분히 견딜 만했다. 그리고 바깥에는 산더미처럼 많은 목탄을 주위에 쌓아놓았다. "너무 많아서 그것이 입구를 빼고는 용광로들을 다 가릴 정도였다."[16]

중세에 주물 공장을 가동하자면 곳곳에 위험이 도사리고 있었다. 후대의 오스만 여행가 메흐메트 질리(1611~1682. 에블리야 첼레비로도 알려져 있다—옮긴이)는 총포 공장을 방문했을 때 이 과정을 둘러싼 위험과 공포의 기미를 파악해 냈다.

대포가 주조되는 날, 기술자 · 십장 · 주물공들이 대포 명인과 공장장, 이맘(성직자)과 무앗진(기도 시각 알리는 사람), 작업 시간 기록자와 함께 모두 모여 "알라! 알라!"를 외치고는 용광로에 나무를 던져 넣는다. 용광로가 만 하루 동안 가열된 뒤에 주물공들과 화부火夫들이 옷을 홀딱 벗는다. 걸친 것이라고는 신발과 눈만 보이게 남겨놓은 이상하게 생긴 머리 덮개, 팔을 보호하기 위한 두꺼운 토시뿐이다. 용광로에 불이 붙여지고 만 하루가 지난 뒤에는 위에 적은 방식대로 옷차림을 하지 않은 사람은 열 때문에 접근할 수가 없는 것이다. 지옥의 불을 제대로 보고 싶다는 사람이라면 이런 장면을 보게 될 것이다.[17]

용광로가 적정한 온도에 도달했다고 판단되면 주물 공장 노동자들은 도가니에 구리를 던져 넣기 시작한다. 기독교도들에게는 씁쓸한 이야기겠지만, 아마도 교회 종들을 뜯어낸 것이었을 폐청동도 함께 던져 넣는다. 작업은 믿기 어려울 만큼 위험하다. 금속을 끓는 가마솥에 조금씩 던져 넣고 금속제 쇳물 바가지로 표면에서 찌꺼기를 떠내는 것은 어려운 일이며, 주석 합금에서 유독 가스가 발산되고, 폐금속이 젖었을 경우 물이 증발해 용광로가 파열되고 부근에 있는 모든 것을 쓸어버릴 위험성이 있다. 이런 위험 요소들은 미신적인 두려움과 함께 작업에 제약을 가한다. 주석을 던져 넣을 때의 이야기도 질리는 들려준다.

대신·율법가·셰흐(부족의 원로나 이슬람 지식인을 가리키는 말―옮긴이)가 소집된다. 주물 공장 직원 외에 모두 해서 40명만이 들어갈 수 있다. 나머지 수행원들은 들어갈 수가 없다. 금속은 녹아 있을 때 악한 자가 보아서는 안 되기 때문이다. 그리고 나서 기술자들은 상당히 멀리 떨어져 소파에 앉아 있는 대신과 셰흐들에게 이런 말을 계속 반복

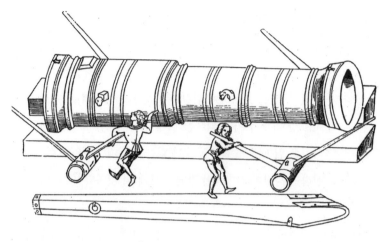

15세기의 대포 주조.

하도록 청한다.

"알라 이외에는 힘 있는 자도, 능력 있는 자도 없다!"

그러고는 십장들이 나무 삽으로 청동 용융물의 바닷속에 50킬로그램의 주석을 퍼 넣는다. 그리고 우두머리 주물공이 수석대신·대신·셰흐들에게 이렇게 말한다.

"적선으로 금화와 은화를 녹쇠 바다에 던지세요. '참된 신앙'의 이름으로!"

배의 돛 가름대만큼 긴 막대기로 금과 은을 금속에 섞으며, 섞이면 곧바로 막대기를 치운다.[18]

불붙은 목탄은 주물 공장 일꾼들이 윙윙 소리가 나도록 바람을 일으켜 만 사흘 동안 열기를 뿜었다. 작업은 우두머리 주물공의 날카로운 눈으로 녹은 금속이 적정한 붉은 기를 띤다고 판단할 때까지 이어졌다. 그것은 또 하나의 중요한 순간이었다. 몇 주일 계속되는 작업의 정점으로, 미세한 판단이 요구되는 때였다.

정해진 시간이 다 지났다. … 펠트 천으로 만든 어설픈 옷을 걸친 우두머리 주물공과 일꾼 십장이 쇠갈고리로 용광로 입구를 열며 "알라! 알라!"를 외친다. 금속이 흐르기 시작하면서 백 걸음 밖의 사람 얼굴에 환한 빛을 발산한다.[19]

녹은 금속은 시뻘건 용암의 강이 천천히 흐르듯이 점토로 만든 도랑을 흘러내려가 대포 거푸집의 입구로 들어간다. 땀에 젖은 일꾼들은 찐득찐득한 덩어리를 아주 긴 나무 막대기로 찔러 기포를 빼낸다. 그러지 않으면 포신용 청동이 발사할 때 파열된다.

청동은 거푸집이 완전히 차서 거푸집 자체가 덮이고 위로 팔뚝 길이만큼 넘칠 때까지 도랑을 흘러 거푸집으로 들어간다. 그리고 이런 식으로 해서 대포는 마무리된다.[20]

거푸집 주위를 감싸고 있는 젖은 모래는 냉각 속도를 늦추고 그 과정에서 청동에 금이 가는 것을 방지해 줄 것으로 기대되는 장치다. 금속이 냉각되면 포신은 점토로 만든 고치 속에 있는 커다란 애벌레처럼 조심스럽게 땅에서 파내고, 황소 여러 마리를 동원해 끌고 간다. 그것은 엄청난 연금술이었다.

거푸집이 해체되고 금속을 파내 광을 낸 뒤에 오르반의 주물 공장에서 결국 모습을 드러낸 것은 "무시무시하고 놀라운 괴물"²¹이었다. 처음 만들어진 포신은 겨울 햇빛을 받아 흐릿하게 빛났다. 그 길이는 8미터가 넘었다. 두께 20센티미터의 단단한 청동으로 만들어져 폭발 때 생기는 힘을 견디도록 한 포신은 지름이 75센티미터나 돼서 사람이 손과 발로 기어서 들어갈 수 있을 만큼 컸으며, 둘레가 2.5미터에 이르고 무게가 500킬로그램을 넘는 엄청난 포탄이 들어갈 수 있도록 설계됐다.

1453년 1월에 메흐메트 2세는 에디르네에 있는 새 황궁 밖에서 대형 포를 시험 발사하도록 명령했다. 거대한 돌 대포가 성문 근처의 발사 위치로 옮겨졌고, 도시에는 이튿날 있을 일에 대한 경고가 내려졌다.

> 폭발과 굉음이 천둥 같을 것이니, 예상치 못한 충격으로 놀라지 말 것이며 임신부가 유산하는 일이 없도록 하라.²²

아침이 되자 대포에는 화약이 재어졌다. 일꾼 여러 명이 커다란 돌 탄환을 포신 입구에 집어넣고 굴려 약실 앞까지 쑥 내려가도록 했다. 불을 붙인 심지가 점화구에 넣어졌다. 고막을 찢는 듯한 굉음과 하늘을 뒤덮은 연기구름을 뿜으며 강력한 탄환은 툭 트인 들판을 2킬로미터 가까이 날아가 부드러운 흙 속을 2미터나 파고들어가 박혔다. 폭발음은 십수 킬로미터 밖에서도 들렸다. 아마도 이 시험 발사를 직접 보았을 것으로 보이는 두카스는 "이 화약은 그만큼 강력했다"²³고 썼다.

메흐메트 2세는 불길한 이 대포 소식이 콘스탄티노플로 흘러들어가도록 직접 조치를 강구했다. 그것은 실제로 써먹을 것이기도 하지만, 심리적인 무기가 되기도 한 것이다. 다시 에디르네에서는 오르반의 주물 공장이 계속해서 크기가 다른 새 대포들을 만들어냈다. 첫 번째로 만들었던 초장거리포만큼 큰 것은 없었지만, 몇몇은 4미터가 넘는 것들이었다.

2월 초에 오르반이 만든 대포를 에디르네에서 230킬로미터나 떨어진 콘스탄티노플로 운반하는 커다란 실무적 난점에 생각이 미쳤다. 대규모의 인력과 동물이 동원돼 이 일을 나누어 맡았다. 이 거대한 포신은 어렵사리 사슬로 한데 묶은 여러 대의 수레 위에 실렸고, 이를 소 60마리가 함께 끌었다. 일꾼 200명이 배치돼 포신이 오르락내리락하는 트라키아 벌판에서 덜컹거리고 휘청휘청할 때 이를 떠받쳤으며, 또 다른 목수와 일꾼들이 동원돼 대포가 지나갈 길을 평평하게 다듬고 강과 도랑에는 나무다리를 놓았다. 이 거대한 포는 하루 4킬로미터의 속도로 콘스탄티노플 성벽을 향해 덜컹거리며 나아갔다.

별처럼 수많은

1453년 3~4월

오스만의 천막과 대포들.

부대가 행군할 때에 하늘은 수많은 창 때문에 마치 숲처럼 보였고,
야영할 때는 천막 때문에 땅을 볼 수가 없었다.[1]

— 투르순 베이(메흐메트 2세의 사관), 오스만 군대에 대하여

메흐메트 2세는 자신의 계획을 실현하기 위해 대포와 수적인 우위가 모두 필요했다. 그는 콘스탄티노플에 갑작스럽고 압도적인 힘을 가함으로써 기독교 세계가 반응할 시간을 갖기 전에 결정적인 한 방을 날리겠다는 심산이었다. 오스만인들은 요새를 공격하는 데 속도가 가장 중요하다는 것을 언제나 알고 있었다. 이는 '예니체리' 미하일로 비치(그는 전쟁 포로로, 이때 오스만 편에서 싸우게 됐다) 같은 이민족 관찰자도 잘 알고 있는 원칙이었다.

튀르크의 황제는 도시와 함께 요새까지도 큰 희생을 각오하고 공격해 점령한다. 그곳에 군대와 함께 오래 주둔하지 않기 위해서다.[2]

성공 여부는 병사와 장비를 재빨리 그리고 엄청난 규모로 동원하는 능력에 달려 있었다.

이에 따라 메흐메트 2세는 이해 초에 전통 방식의 군 소집령을 내렸다. 고대의 종족 의례에 따라 술탄은 궁전 뜰에 말꼬리 깃발을 세워 출정을 알렸다. 이를 신호로 해서 "전령이 모든 지방으로" 파견돼 "모든 사람이 콘스탄티노플 원정에 나서도록 명령했다."[3]

유럽과 아나톨리아 양쪽 오스만 부대의 지휘 체계는 빠른 대응을 가능케 했다. 복잡한 여러 가지 계약상 의무와 징집으로 제국 전역에서 온 병사들을 편제했다. 부대의 주력인 지방 기병대 시파히 Sipahi는 술탄으로부터 땅을 받았기 때문에 소집에 응할 의무가 있었으며, 각자 자신의 투구·사슬 갑옷·마갑馬甲을 갖추
고 받은 땅의 규모에 맞는 수의 하인들도 데리
고 와야 했다. 이와 함께 단기 무슬림 보병 부
대인 아잡Azap도 "기술자와 농민 중에서"⁴ 징
집돼 복무한 기간만큼 주민들로부터 보수를 지
급받았다. 이들 부대는 전쟁의 총알받이였다.
한 냉소적인 이탈리아인은 이렇게 평했다.

> 교전이 시작되면 그들은 돼지 몰리듯이 인
> 정사정없이 앞으로 내몰리고, 죽는 수도 매우
> 많다.⁵

메흐메트 2세는 또한 발칸 반도에서 기독교

오스만 권위의 상징인
말꼬리 깃발.

도들인 외인부대도 징발했다. 주로 슬라브인과
블라크인(동유럽에 살던 라틴계 사람들을 다른 민족들이 부르던 명칭이며 오
늘날의 루마니아인 등의 뿌리다—옮긴이)들이었는데, 속국으로서 이에
응할 의무가 있었다.

그리고 그는 직업군인인 자신의 정예 근위 부대를 준비시켰다. '예
니체리'라는 유명한 보병 부대와 기병 부대 그리고 포병대·기술병
대·경호대·헌병대 등 기타 모든 부속 부대였다. 이들 정예부대는
석 달에 한 번씩 정기 급여를 받았고 술탄의 비용 부담으로 무장했으
며, 모두가 기독교도로서 대체로 발칸 반도에서 어렸을 때 붙잡혀 이
슬람교로 개종한 사람들이었다. 그들은 전적으로 술탄에게만 충성을
바치도록 돼 있었다. 비록 숫자는 얼마 되지 않았지만(아마도 5천 명이

채 되지 않는 보병이었을 것이다), 이들은 오스만 군대에서 가장 견고한 핵심 전력이었다.

단기 출병을 위한 동원은 매우 효율적이었다. 무슬림의 심장부 안에서 그것은 강제 징집이 아니었다. 사람들은 자발적으로 군 소집령에 따랐기 때문에 유럽인 목격자들을 놀라게 했다. 당시 제국에 포로로 잡혀 있던 헝가리인 죄르지는 이렇게 말했다.

병사 모집이 시작되자 그들은 기다렸다는 듯이 빠른 속도로 모여들었다. 전쟁이 아니라 결혼식에 초대됐다고 착각하게 할 정도였다. 그들은 한 달 안에, 소집된 순서대로 모인다. 보병은 기병과 따로 모이고, 그들에게는 모두 상관이 지정돼 있다. 그 순서대로 그들은 부대에 들어가고, 전투 준비를 한다. …그렇게 열성적이기 때문에 사람들은 자기네 이웃을 대신해 앞에 나서고, 집에 남아 있는 사람들은 자기네가 그들에게 무슨 못 할 짓을 한 것처럼 느낀다. 그들은 자기네가 집에 있느니보다 싸움터에서 적의 창과 화살을 맞고 죽으면 더 행복할 것이라고 역설한다. … 전쟁에서 이렇게 죽는 사람에게는 애도가 아니라 환호를 한다. 마치 성인이나 승리자라도 되는 듯이. 모범으로 떠받들어지고 큰 존경을 받는다.[6]

두카스는 이렇게 덧붙인다.

콘스탄티노플에 대한 공격이 있을 것이라는 말을 들은 모든 사람이 달려나왔다. 너무 어려서 행군도 못 할 아이들부터 나이가 들어 허리가 굽은 노인들까지.[7]

그들은 전리품을 얻고 개인적인 출세를 이룰 가능성과 성전이라는 명분에 의해 촉발된 것이다. 이것은 모두 『쿠란』에 있는 내용들이다. 이슬람의 성스러운 법에 따르면, 무력으로 점령한 도시에서는 합법적으로 사흘 동안 약탈을 할 수 있다. 열의는 목표물이 무엇인지 알게 되자 더욱 치열해졌다. 콘스탄티노플이라는 '빨간 사과'는 사람들이 보통 알기에(그러나 아마도 잘못 알려졌을 것이다) 금과 보석을 엄청나게 많이 보유하고 있는 것으로 생각됐다. 소집되지 않은 사람들도 잔뜩 몰려왔다. 지원병과 프리랜서 특공대, 식객과 데르비시(수도자)들, 옛날 예언들에 이끌려 선지자 무함마드의 말과 순교의 영광을 들먹여 대중을 자극한 성자들. 아나톨리아는 흥분으로 불타는 듯했고, 이런 말을 되새겼다.

선지자 무함마드의 약속은 저 거대한 도시가 … '신앙'을 가진 사람들의 집이 될 것임을 예고했다.[8]

아나톨리아 전역, "토카트 · 시바스 · 케마치 · 에르주룸 · 강가 · 바이부르트 · 트라페주스에서"[9] 사람들이 집결지 부르사로 모여들었다. 유럽에서는 에디르네로 모였다. "기병과 보병, 중무장 보병과 궁수, 투석병과 창기병"[10] 등 엄청난 병력이 모였다. 동시에 오스만의 수송 도구들도 움직이기 시작했다. 갑옷과 공성 도구 그리고 대포 · 천막 · 배 · 연장 · 무기 · 식량을 수집하고 수리하고 제작했다. 낙타의 행렬이 넓은 평원을 왕래했다. 배들은 겔리볼루에서 수리했다. 병력은 보아즈케센에서 보스포로스 해협을 건넜다. 정보는 베네치아인 첩자들로부터 수집했다. 군사 원정을 조직하는 데서 오스만에 필적할 만한 군대는 이 세상에 없었다.

2월이 되자 카라자 파샤가 이끄는 유럽 부대 병사들이 콘스탄티노플 배후 지역을 휩쓸기 시작했다. 이 도시는 그때까지도 흑해 연안과 마르마라 해 북안 그리고 보스포로스 해협에 방어 시설을 갖춘 몇 개의 전초기지를 가지고 있었다. 주변 농촌 지역에 있던 그리스인들은 요새들로 철수했다. 각 요새는 조직적으로 포위됐다. 항복한 요새는 해치지 않고 넘어갔다. 나머지, 마르마라 해안의 에피바토스 인근에 있는 한 망루에 있던 사람들 같은 경우는 저항했다. 그곳은 공격을 받아 수비대가 살육당했다. 일부는 쉽게 점령할 수 없었다. 그런 곳은 그냥 넘어가면서 감시를 붙였다. 이런 일들에 대한 소식은 콘스탄티노플로 흘러들어가, 이제는 종교적인 반목으로 쪼개진 대중들의 근심에 부채질을 했다. 이 도시는 이미 아나톨리아에서 온 세 개 부대가 주의 깊게 관찰하고 있었다. 콘스탄티노스 11세가 뛰쳐나와 공격하지 못하도록 하고, 방어 준비도 방해하려는 것이었다.

그러는 사이에 공병 부대는 2월에 트라키아 들판을 가로질러 움직이기 시작한 대포와 중장비 수송대를 위해 다리를 보강하고 길을 평탄하게 하는 작업을 하고 있었다. 3월에는 겔리볼루에서 보낸 배들이 도시를 지나 항해해서 아나톨리아 주력부대를 유럽으로 실어 날랐다. 대부대가 모여들기 시작한 것이다.

마침내 3월 23일, 메흐메트 2세는 매우 성대한 행렬을 이끌고 길을 나섰다.

자기 휘하의 기병과 보병 등 전군을 이끌고 들판을 가로질러 진군하며 모든 것을 유린하고 무너뜨렸으며, 가는 곳마다 두려움과 고통과

극도의 공포를 불러일으켰다.[11]

그날은 금요일이었다. 무슬림에게 한 주일 가운데서 가장 성스러운 날이었다. 출정의 종교적인 측면을 강조하기 위해 세심하게 선택한 것이다. 그는 종교적으로 중요한 인물들을 함께 데리고 갔다.

> 울라마ulamā(율법학자)와 셰흐들 그리고 선지자 무함마드의 자손들이 … 기도문을 반복해서 외우며 … 군대와 함께 전진했다. 그들은 술탄의 옆에서 말을 달렸다.[12]

이 대열에는 아마도 투르순 베이라는 국가 공무원도 포함돼 있었을 것이다. 그는 이 포위전에 대한 희귀한 오스만 측의 1차 기록을 작성하게 된다. 4월 초에 이 어마어마한 병력은 콘스탄티노플로 모여들었다.

4월 1일은 부활절이었다. 정교회에서 연중 가장 성스럽게 여기는 날이었으며, 콘스탄티노플 온 시내에서는 경건함과 불안감이 뒤섞인 가운데 예배를 올렸다. 한밤중에 도시 성당들에서는 촛불과 향香으로 부활한 그리스도의 신비를 찬양했다. 늘 마음속을 맴도는 단순한 부활절 탄원기도(사제와 성가대가 주고받는 형식의 기도로 정교회에서는 'Ektenia,' 가톨릭에서는 'Litany'라고 하며, '연도聯禱'로 옮기기도 한다―옮긴이) 구절이 신비로운 사분음으로 어두운 도시 위에 오르내렸다. 종들이 울렸다. 오직 하기아소피아 대성당 하나만은 조용한 채였고, 정교회 신도들이 찾지 않았다. 이전 몇 주일 동안에 사람들은 "수난주간(부활절 전의 한 주일―옮긴이) 동안에는 도시가 공격을 받지 않도록 해달라고 하느님에게 빌었"¹³고, 자기네 이콘들로부터 영적인 힘을 얻으려 했다. 이콘들 가운데 가장 널리 숭배되는 것이 기적을 일으킨다는 성모상 오디기트리아였는데, 관습과 전통에 따라 부활주간(부활절 후의 한 주일—옮긴이)에는 블라케르나이 궁전으로 옮겨졌다.

이튿날 오스만 선발대가 성벽 너머에 모습을 드러냈다. 콘스탄티노스 11세는 돌격대를 보내 그들에 맞서도록 했고, 이어 벌어진 소규모 접전에서 침입자 몇 명이 살해됐다. 그러나 시간이 지나면서 더욱 수가 불어난 오스만 부대가 지평선 위에 나타났고, 콘스탄티노스 11세는 결단을 내려 자신의 병사들을 도시로 철수하도록 했다. 해자 위의 다리는 계획대로 모두 파괴됐고, 성문은 닫혔다. 도시는 들어오는 모든 사람의 길을 봉쇄했다.

술탄의 군대는 충분히 훈련된 전술의 수순에 따라 대열을 정돈하기 시작했다. 조심스럽고도 세심하게 계획한 전술이었다. 4월 2일에 주력부대가 8킬로미터 밖에서 멈춰 섰다. 부대는 구성 단위별로 조직됐고, 각 부대는 위치를 배정받았다. 그 뒤 며칠 동안 부대는 단계적인 진군을 거듭해 앞으로 나아갔다. 보는 사람으로 하여금 "강물이 바뀌어 커다란 바다가 되는 것"¹⁴(이 군대의 믿을 수 없는 힘과 끊임없는 움직임에 대한 역사가들의 서술에 반복해서 나오는 이미지다)을 연상케 하는 가차 없는 전진이었다.

준비 작업은 엄청난 속도로 진행됐다. 공병들은 성벽 밖에 있는 과수원과 포도밭들을 베어내기 시작했다. 대포의 사계 안에 거치적거리는 것이 없도록 하기 위해서였다. 육지 쪽 성벽에서 200여 미터 떨어진 곳에 성벽 길이만큼 도랑을 팠다. 대포를 보호하기 위해 앞에는

흙담을 쌓았다. 보호를 강화하기 위해
그 꼭대기에는 격자로 된 나무 차폐물
을 설치했다. 메흐메트 2세는 주력부
대를 이 보호선 뒤의 최종 위치로 이
동시켰다. 성벽에서 400미터 정도 떨
어진 곳이었다.

예니체리 병사.

　이스탄불 근처에 진을 치는 날, 군
은 관례에 따라 부대별로 정렬을 하
라는 명령을 받았다. 그는 자기 주위
의 군 중앙부에 흰 모자를 쓴 예니체
리 궁수와 튀르크족 · 유럽인으로 구
성된 석궁 사수 그리고 소총수 · 포병
을 배치했다. 붉은 모자를 쓴 아잡들
은 그의 왼쪽과 오른쪽에 자리 잡았
고, 뒤쪽에는 기병대가 있었다. 군은 이렇게 조직돼 대형을 갖춘 채 이
스탄불로 진군했다.[15]

　각 부대는 배정된 자신의 위치가 있었다. 아나톨리아 부대는 영예로
운 위치인 오른쪽이었다. 튀르크족 사령관 이스하크 파샤(?~1497)가
지휘했고, 또 한 사람의 기독교 배교자인 마흐무트 파샤(1420~1474)
가 뒤를 받쳤다. 기독교도인 발칸 부대는 왼쪽이었고, 카라자 파샤가
지휘했다. 그리스인 개종자 자아노스 파샤가 지휘하는 더욱 큰 규모의
파견대는 크리소케라스 만 꼭대기에 있는 늪지대에 도로를 개설하고

보스포로스 해협을 내려다보는 산들을 장악해, 도시를 공격하는 동안에 갈라타에 있는 제노바인 정착지의 움직임을 감시하는 임무를 맡아 떠났다.

금요일이었던 4월 6일 저녁에 메흐메트 2세는 자신이 세심하게 고른 위치에 도착해 자리를 잡았다. 말테페라는 툭 튀어나온 작은 언덕이었는데, 자기 군의 중앙에 위치해 있고 스스로 공격에 가장 취약할 것이라고 생각한 성벽 부분과 마주보고 있는 곳이었다. 1422년 자신의 아버지 무라트 2세가 포위 공격을 했던 것도 바로 그곳에서였다.

성벽 위 수비병들의 겁에 질린 눈길 앞에, 평원에서 천막의 도시가 툭 튀어나왔다. 한 작가는 이렇게 썼다.

> 그의 군대는 모래알만큼이나 많은 듯이 보였고, … 바닷가에서부터 바닷가까지(마르마라 해에서 크리소케라스 만까지 육지 쪽 성벽의 전 구간을 가리킨다—옮긴이) 온 땅에 펼쳐져 있었다.[16]

오스만의 원정은 모든 것이 질서의식과 비밀스런 목적 아래 진행됐다. 그래서 그 조용함 때문에 더욱 위협적이었다. 비잔티움의 역사가 라오니코스 칼코콘딜레스(1423~1490)는 이렇게 수긍했다.

> 자신의 군대와 진영을 (이보다) 더 질서 있게 만든 군주는 없다. 식량도 풍족했으며, 아무런 혼란이나 낭패도 겪지 않고 매우 질서정연하게 진을 쳤다.[17]

원뿔 모양의 천막이 질서정연한 무리를 이루어 배치됐다. 각 단위

부대는 지휘관의 천막이 그 중앙에 있었으며, 저마다 다른 깃발들이 지휘소 깃대에서 펄럭이고 있었다. 숙영지 한가운데에는 화려하게 꾸며진 붉은색과 금색의 메흐메트 2세의 가건물이 의전에 맞게 세워졌다. 술탄의 천막은 그의 존엄이 가시적으로 나타난 상징물이었다. 그것은 그의 권력이 형상화된 것이었으며, 술탄이 유목민의 지도자인 칸에서 기원했음을 반영한 것이었다. 술탄들은 각기 즉위 때 의례용 천막을 만들었다. 그것으로 자신의 특별한 왕권을 표현했다. 메흐메트 2세는 석궁의 최장 사거리 밖에 자리를 잡았다. 그리고 관습에 따라 목책·해자·방패로 보호되고, 자신에게 가장 충성스러운 부대인 경호대가, "무리가 달을 둘러싸듯이"[18] 빈틈없이 그를 둘러싸 동심원 모양을 만들었다.

(경호대는) 보병과 궁수, 지원 부대에서 가장 뛰어난 자들과 그의 친위대의 잔여 인원이었으며, 이들이 전군에서 최정예였다.[19]

그들이 받은 명령은 술탄을 자기 눈알처럼 보호하라는 것이었고, 거기에 제국의 안위가 달려 있었다.

진영은 세심하게 조직됐다. 깃발과 휘장이 천막의 바다에서 펄럭였다. 최고의 권위를 지닌 술탄의 악산작ak sancak(白旗)은 흰색에 금색이 섞인 것이었고, 친위 기병대의 기는 붉은색이었으며, 예니체리 보병은 녹색과 붉은색 또는 붉은색과 금색이 섞인 것이었다. 이것이 중세 군대에서 힘과 질서를 상징하는 구조였다. 또한 성벽에서 바라보면 선명한 색깔의 대신과 주요 지휘관들의 천막을 볼 수 있고, 서로 다른 부대를 구별해 주는 식별용 모자와 옷도 볼 수 있었다. 벡타시

교단(시아파 계통인 12이맘파의 분파라고 하는 수피즘 교단—옮긴이)의 분명한 흰색 터번을 한 예니체리들, 붉은 터번의 아잡들, 뾰족한 투구와 사슬 갑옷을 입은 기병들, 발칸풍의 복장을 한 슬라브인들. 이를 본 유럽인들은 여러 모습의 사람과 장비들에 대해 언급했다. 피렌체의 상인 자코모 테탈디는 이렇게 말했다.

그들 가운데 4분의 1은 사슬 갑옷이나 가죽으로 만든 웃옷을 입었다. 나머지 가운데 상당수는 프랑스풍으로 무장했으며, 헝가리풍도 있었고, 여전히 쇠 투구와 튀르크 활 및 석궁을 지닌 자도 있었다. 나머지 병사들은 별다른 장비도 없었다. 다만 방패와 튀르크 칼의 일종인 언월도偃月刀만 지녔을 뿐이었다.[20]

성벽 위에서 바라보던 사람들을 더욱 놀라게 한 것은 수많은 동물이었다. 칼코콘딜레스는 이렇게 적었다.

군 숙영지에 사람보다 더 많은 수의 동물이 있는 것은 보급품과 식량을 나르기 위한 것이라고 할 수 있다. 하지만 이 사람들은 … 자기네가 필요한 일에 쓰기 위해서 낙타와 노새를 잔뜩 데려갔을 뿐만 아니라, 이들을 오락의 대상으로 삼기도 한다. 각자는 자기가 부리는 노새·말·낙타가 더 잘나 보이도록 열심이었다.

방어군들은 이 결의에 찬 수많은 움직임을 오직 두려운 마음으로 살펴볼 뿐이었다. 일몰이 가까워지면 무앗진이 사람들에게 기도 시간을 알리는 아잔Adhan이 천막 위로 울려 퍼진다. 물결치는 목소리의 실타래가 수십 군데에서 이어지는 것이다. 숙영지에서는 그날의 유일한 한 끼 식사(오스만군은 검소하게 출정하기 때문이다)를 위해 불이 지펴지고, 연기가 바람에 흩날린다. 그들은 자기네 요새에서 겨우 200여 미터 떨어진 숙영지의 병사들이 움직이면서 내는 결의에 찬 소리들을 들을 수 있었다. 낮게 웅얼거리는 목소리, 나무망치로 두드리는 소리, 칼을 가는 소리, 말과 노새와 낙타가 힝힝거리고 시끄럽게 우는 소리. 그리고 더욱 기분 나쁜 것은 적군의 유럽인 부대 쪽에서 기독교도들이 예배를 드리는 희미한 소리를 들을 수 있다는 것이었다. 오스만 제국은 성전을 계획하고 있었기 때문에 자기네 속국을 놀라울 정도로 관대하게 통치했다. 테탈디는 이렇게 적었다.

그들은 비록 술탄의 신민들이었지만, 술탄은 그들에게 기독교 신앙을 버리도록 강요하지 않았다. 그들은 자기네가 원하는 대로 예배하고 기도를 드릴 수 있었다.[21]

오스만이 기독교도인 신민과 용병, 개종자, 기술 전문가들로부터 받은 도움은 유럽의 역사가들이 거듭 통탄해 마지않는 주제였다. 레오나르도스 대주교는 이렇게 울부짖었다.

나는 그리스인 · 라틴인 · 독일인 · 헝가리인 · 보헤미아인과 모든 기독교 국가 출신의 사람들이 튀르크족의 편에 섰음을 증언할 수 있다. ⋯ 아, 이렇게 그리스도를 부인하는 사악함이여![22]

이런 질책이 전적으로 옳은 것은 아니었다. 많은 기독교도 병사는 술탄의 속국 출신으로 강요에 의해 나온 것이다. '예니체리' 미하일로 비치는 이렇게 상기했다.

우리는 스탐볼(이스탄불)로 가서 튀르크족을 도와야 했다.[23]

또 다른 선택지는 죽음이었다는 것이다. 러시아의 젊은 정교회 신도 네스토르 이스칸데르도 억지로 포위전에 참여한 사람들 가운데 하나였다. 그는 남부 러시아 변경의 몰다비아 인근에서 오스만 파견대에 붙잡혀 이슬람교로 개종한다는 표시로 할례를 당했다. 그의 부대가 포위 현장에 도착했을 때 그는 아마도 콘스탄티노플로 도망쳤던 듯하며, 이후에 벌어지는 사건들에 대한 생생한 기록을 남겼다.

메흐메트 2세가 포위전에 얼마나 많은 사람을 동원했는지 정확히 아는 사람은 아무도 없다. 정규군과 지원병을 합쳐 엄청난 규모로 동원한 오스만의 대단한 능력은 거듭 상대방을 망연자실케 해서 추정치가 제멋대로다. 칭찬 일색인 오스만의 역사가들에게는 그들이 그저 "철의 강"[24]이었고 "별처럼 많았"[25]다. 유럽인 목격자들은 좀 더 수치에 신경을 썼지만 아주 크게 어림잡은 숫자를 제시했을 뿐이다. 그들의 추산은 16만 명에서부터 최대 40만 명까지에 걸쳐 있다. 오스만 군대를 아주 가까이서 보았던 '예니체리' 미하일로비치에게서는 그러한 '사실들'에 대해 어느 정도 현실감을 기대할 수 있다.

그러므로 사람들이 그의 엄청난 힘에 대해 말하고 있지만, 튀르크 황제는 그렇게 많은 군사를 전면전에 동원할 수 없음을 알 수 있다. 왜냐하면 어떤 사람들은 그 숫자가 셀 수 없을 만큼 많다고 하지만 그것은 불가능한 일이며, 군사가 무수하게 많을 수 있다고 하지만 모든 지배자는 자기 군사의 수를 알아서 그들을 조직화하고 싶어 하기 때문이다.[26]

가장 현실적으로 숫자를 추정한 것은 테탈디였던 듯하다. 그는 진지하게 이런 추정을 했다.

포위 공격의 현장에는 모두 해서 20만 명의 사람이 있었다. 그 가운데 아마도 6만 명은 일반 병사였고, 3만 명에서 4만 명은 기병대였을 것이다.[27]

15세기에 있었던 아쟁쿠르 전투에서는 프랑스와 잉글랜드 양쪽을 합쳐 모두 3만 5천 명이 전투에 참여했는데, 이는 매우 큰 병력이었다. 만약 테탈디의 추산이 어쨌든 비슷하다면 포위전에 동원됐을 말들의 수만도 엄청났을 것이다. 오스만 병력 가운데 나머지는 외인부대와 식객이었다. 보급 부대와 목수·총포공·대장장이와 병기 부대 그리고 "재단사·요리사·기능공·영세상인과 이득을 챙기거나 약탈을 할 수 있다는 희망을 품고 군대를 따라나선 기타 여러 사람"[28]이었다.

콘스탄티노스 11세는 자신의 군대를 평가하는 데서 그런 어려움이 전혀 없었다. 그는 그저 하나하나 세었다. 3월 말에 그는 지역별로 인구 조사를 해서 "수도사를 포함해 신체에 이상이 없는 사람이 얼마나 있는지 그리고 각자가 방어용으로 어떤 무기를 가지고 있는지"[29]를 기록하도록 했다. 회답이 다 들어오자 그는 자신의 충직한 측근이자 평생 친구인 게오르기오스 스프란체스에게 합산을 맡겼다. 스프란체스는 이렇게 회상했다.

황제는 나를 불러서 이렇게 말했다.

"이 업무는 그대의 직무 영역에 속하는 것이지 다른 누구의 업무도 아니오. 그대가 필요한 계산을 하는 데 능숙하기 때문이며, 또한 방어를 위해 적절한 조치가 취해져야 하고 비밀이 굳게 지켜져야 함을 잘 알기 때문이오. 이 목록을 가지고 집에 가서 연구를 하시오. 우리가 가지고 있는 개인 무기와 방패 · 활 · 대포가 얼마나 되는지 정확한 진단을 내리시오."[30]

스프란체스는 제시간에 합산을 해냈다.

나는 황제의 명령을 이행하고, 우리가 가진 자원에 대한 상세한 평가를 그에게 올렸다. 상당히 우울한 기분이었다.*

그의 기분이 우울했던 이유는 분명했다.

우리 도시가 매우 컸음에도 불구하고 우리의 수비 병력은 그리스인이 모두 합쳐 4,773명이었고, 여기에 외국인은 200명에 불과했다.[31]

거기에 순수한 외부인들도 있었다. "제노바인 · 베네치아인들과 방어를 돕기 위해 갈라타에서 몰래 온 사람들"이었는데, 그들의 숫자는 "채 3천 명도 되지 않았"[32]다. 모두 합쳐 8천 명도 되지 않는 사람들이 둘레가 20킬로미터나 되는 성벽을 방어해야 한다는 계산이었다. 그런 숫자조차도 문제가 있었다.

그리스인 대부분은 전투에 익숙지 않았다. 그래서 방패·칼·창·활을 들고, 어떤 기술을 가지고서가 아니라 타고난 본능에 맡겨 싸울 뿐이었다.[33]

"활과 석궁 사용에 능숙한"[34] 사람들은 절대적으로 부족했다. 또한 불만을 가진 정교회 신도들이 대의를 위해 어떤 도움을 줄 수 있을지도 불확실했다. 콘스탄티노스 11세는 이 정보가 사기에 미칠 수 있는 영향을 생각하고는 간담이 서늘해져서 이를 숨겨야겠다고 결심했다. 스프란체스는 이렇게 회상했다.

진짜 숫자는 황제와 나만이 아는 비밀로 남았다.[35]

포위전이 소수와 다수의 싸움이 되리라는 것은 명백했다.

콘스탄티노스 11세는 이런 내용을 마음속에 새기고 마지막 준비를 시작했다. 성문이 마지막으로 닫히던 4월 2일에 그는 배로 크리소케라스 만 너머까지 쇠사슬 방책을 끌어가도록 지시했다. 도시의 아크로폴리스 곶 부근에 있는 에우게니오스 문에서 갈라타 해안 성벽의 망루까지였다. 이 작업은 제노바인 기술자 바르톨라미오 솔리고가 맡았다. 아마도 그가 갈라타에 있는 동포 제노바인들을 설득해 쇠사슬을 그쪽 성벽에 고정시키도록 할 능력이 있었기 때문에 선택된 듯하다. 이것은 논란의 소지가 있는 일이었다. 그것을 허용한다면 주민들은 엄정 중립 공언이 의심스럽다는 소리를 들을 수 있었다. 포위전이 성과를 내지 못한다면 메흐메트 2세의 노여움을 불러일으킬 것이 분명했다. 그러나 그들은 동의했다. 콘스탄티노스 11세의 입장에서 쇠사슬 방책을 방어하기 위해 충분한 해상 자원을 배치하지 않는다면 6킬로미터가 넘는 크리소케라스 만 쪽 해안선 구간이 사실상 무방비 상태가 될 수 있다는 것을 의미했기 때문이다.

메흐메트 2세가 자기 군대를 도시 둘레에 펼쳐놓자, 콘스탄티노스 11세는 주스티니아니 및 그의 다른 지휘관들과 함께 작전 회의를 열었다. 얼마 되지 않는 그의 병력을 20킬로미터나 되는 전선에 배치하기 위한 것이었다. 그는 크리소케라스 만 쪽은 쇠사슬 방책이 쳐져 있는 한 안전하다고 생각했다. 또 다른 해안 성벽 또한 크게 걱정할 문제는 아니었다. 보스포로스 해협은 물살이 너무 거세기 때문에 상륙정이 도시의 목표 지점을 쉽게 공략할 수 없었다. 마르마라 성벽도 비슷하게 총공격이 바람직하지 않은 곳이었다. 해류와 해안 모래톱의 형태 때문이다. 분명히 강력하기는 했지만 가장 세심한 관심이 필요한 곳은 바로 육지 쪽 성벽이었다.

양쪽은 모두 두 곳이 취약 지점임을 잘 알고 있었다. 첫 번째는 그리스인들이 메소티키온('중앙 성벽'이라는 뜻)이라고 부르는 성벽의 중앙 부분이었다. 양쪽 산등성이에 있는 두 전략적인 성문인 성 로마노스 문과 카리시오스 문 사이 부분이다. 두 문 사이에서는 땅이 30미터 정도 경사져 내려가 리코스 계곡에 이르며, 그곳에서는 작은 개울이 성벽 밑으로 흘러 시내로 들어간다. 이 부분은 1422년 오스만이 포위전을 벌일 때 핵심 지역이었으며, 메흐메트 2세는 자신의 의도를 분명하게 보여주기 위해 반대편 말테페 언덕에 지휘소를 차렸다. 두 번째 취약 지역은 크리소케라스 만 부근의 외겹 성벽에 해자도 없는 짧은 구간, 특히 두 성벽이 직각으로 만나는 부분이다. 3월 말에 콘스탄티노스 11세는 베네치아 갤리선 선원들을 설득해 이 구간을 따라 서둘러 해자를 파도록 했지만, 그곳은 여전히 걱정거리였다.

콘스탄티노스 11세는 이에 맞추어 자신의 병력을 조직하기 시작했다. 그는 도시의 14개 구역을 12개 전투 구역으로 나누고 자원을 배분했다. 그는 리코스 계곡에 지휘소를 차리기로 결정했다. 황제와 술탄이 성벽 너머로 거의 서로 마주보게 된 것이다. 그는 여기에 자신의 정예부대 대부분을 배치했다. 다 해서 2천 명 정도였다. 주스티니아니는 본래 위쪽 산등성이에 있는 카리시오스 문에 자리를 잡았었지만, 나중에 자신의 제노바인 병사들을 이동시켜 중앙 부분의 황제 쪽으로 합류하도록 했다. 그러고는 이 중요 부분에 대해 그날그날 효율적인 통제를 했다.

그런 뒤에 육지 쪽 성벽의 각 부분을, "콘스탄티노플의 주요 인사들"[36]이 지휘해 방어를 맡도록 분배했다. 황제의 오른쪽 카리시오스 문은 아마도 카리스테스의 테오도로스가 맡았을 것이다. 그는 "늙었지만 건강한 그리스인이었으며, 활을 매우 잘 다루었다."[37] 그다음 부분인 성벽의 북쪽 직각 회전 부분까지는 제노바인 보키아르도 형제들(안토니오 · 파올로 · 트로일로 삼형제다—옮긴이)에게 맡겨졌다. 이들은 "자신이 비용을 대고 자기 돈으로 장비를 사서"[38] 이곳으로 왔다. 장비는 권총과 틀에 올려놓는 강력한 석궁 같은 것들이었다. 그리고 블라케르나이 궁전을 돌아 나가는 외겹 성벽의 취약 부분 또한 대체로 이탈리아인들에게 맡겨졌다. 베네치아의 바일로 미노토는 아예 궁전에 자리 잡았다. 그 망루에서는 산 마르코 깃발이 황제의 깃발 옆에서 나부꼈다. 성문 가운데 칼리가리아 문은 "독일에서 온 요한네스 그란트"가 통제했다. 직업군인이었던 그는 "능력 있는 군사공학자"[39]였으며, 실제로는 스코틀랜드인이었다. 그에게는 또한 도시에서 '그리스의 불' 공급을 관리하는 임무도 주어졌다.

콘스탄티노스 11세의 병력은 정말로 다국적군이었지만, 동시에 종교·국적과 상업적 경쟁 관계라는 단층선斷層線을 따라 나뉘어 있었다. 제노바인과 베네치아인, 정교도와 가톨릭교도, 그리스인과 이탈리아인 사이에 있을 수 있는 마찰을 최소화하기 위해 그는 의도적으로 병력을 서로 뒤섞는 방침을 택했던 듯하다. 서로에게 더 의존하게 되기를 바란 것이다. 그의 바로 왼쪽 부분 성벽은 그리스인인 테오필로스라는 자신의 친척에게 맡겨 지휘하도록 했다. 그는 "팔라이올로고스 왕가 출신의 귀족으로 그리스 문학에 매우 해박하며 전문적인 기하학자"[40]였다. 그는 실제로 트로이 성벽을 방어하는 것보다 『일리아스』에 대해 더 많이 알았을 인물이다. 크리시아필레 문 쪽으로 이어지는 성벽은 그리스·제노바·베네치아 병사들이 이어가며 감시했고, 비잔티움 명가인 칸타쿠제노스 가문 출신의 귀족 데메트리오스는 육지 쪽 성벽이 마르마라 해변의 해안 성벽과 만나는 모퉁이 지점을 맡았다.

마르마라 해안 쪽의 방어는 더욱 병력을 뒤섞었다. 또 한 명의 베네치아인인 자코포 콘타리니는 스투디온 마을에 주둔했고, 정교회 수도사들은 공격이 별로 없을 것으로 보이는 그 옆 지역을 감시했다. 그리고 콘스탄티노스 11세는 오스만 제국의 제위가 자기 것이라고 주장하는 오르한 왕자 지휘하의 튀르크족 탈주자 부대를 엘레우테리오스 항구에 배치했다. 도시가 함락되면 그들의 운명이 어떻게 될지는 명확하기 때문에 그들의 충성심에는 거의 의문의 여지가 없었지만, 육지 쪽 성벽과는 아주 멀리 떼어놓았다. 도시의 끄트머리 쪽 해안에는 카탈루냐인 부대를 배치했고, 아크로폴리스 곶은 이시도로스 추기경과 200명의 병력이 맡았다. 이것은 이 부분을 방어하는 사람들의 전투 기술에 관해 많은 것을 말해 준다. 바다에 의해 저절로 방어되고 있음에도 불구하고 콘스탄티노스 11세는 각 망루마다 두 명씩의 노련한 저격수를 두기로 결정했다. 한 명은 궁수, 또 한 명은 석궁이나 권총잡이다. 크리소케라스 만은 베네치아인 선장 트레비사노의 지휘 아래 제노바인 및 베네치아인 선원들이 지켰고, 항구에 있던 크레타인의 배 두 척의 선원들은 쇠사슬 방책 근처의 오라이아 문에 배치됐다. 쇠사슬 방책과 항구에 있는 배들에 대한 보호는 알루비세 디에도가 책임졌다.

콘스탄티노스 11세는 너무 벌려놓은 자기네 '군대'에 대한 지원을 강화하기 위해 예비로 기동부대를 두기로 결정했다. 두 개의 부대가 성벽에서 물러나 준비 상태로 있었다. 노련한 군인이자 "콘스탄티노플에서 황제 다음으로 중요한 인물"[41]인 루카스 노타라스(?~1453) 대공이 지휘하는 한 부대는 페트라 지구에 주둔했다. 여기에는 말 100필과 가지고 다닐 수 있는 총포 약간이 있었다. 니케포로스 팔라이올로고스가 지휘하는 또 한 부대는 허물어진 아기오이아포스톨로이 성당 부근의 중앙 산등성이에 위치했다. 이 두 개의 예비대는 병력이 약 1천 명 정도였다.

콘스탄티노스 11세는 이 준비를 하는 데 평생 전쟁을 하고 부대를 운용했던 경험을 모두 동원했다. 그러나 그는 아마도 이렇게 대등한 부대들을 자율적으로 움직이도록 하는 것이 앞으로 얼마나 잘 돌아갈

지에 대해 잘 알 수 없었을 것이다. 그는 여러 중요한 위치를 외국인들에게 맡겼다. 교회 통합에 대한 자신의 입장 때문에 독실한 정교회 신자들이 자신을 어떻게 생각하고 있는지 불확실했기 때문이다. 그는 도시의 네 개 주요 성문의 열쇠를 베네치아인 지도자들에게 맡겼고, 성벽을 맡은 그리스인 지휘관들이 종교적 성향 면에서 통합주의자들임을 확신했다. 아마도 통합에 반대하는 인물이었을 루카스 노타라스는 성벽 방어에서 가톨릭교도들과 협력하는 일을 노골적으로 회피했다.

콘스탄티노스 11세가 자신의 부족한 자원으로 6킬로미터가 넘는 길이의 육지 쪽 성벽을 감당하기 위해서는 또 하나의 중요한 결정을 내려야 했다. 삼중 성벽은 훨씬 더 규모가 큰 부대가 투입돼 방어하도록 설계된 것이었다. 높은 내성과 낮은 외성에 모두 병력을 배치해 두텁게 방어를 하는 것이었다. 그는 두 겹을 모두 방어할 만큼 충분한 병력이 없었다. 그래서 그는 어느 곳을 방어선으로 삼아야 할지 결단하지 않을 수 없었다. 성벽은 1422년 포위전 때 포격을 당했다. 그런데 외성은 상당히 복구된 데 반해 내성은 그렇지 않았다. 이전 포위전 때의 방어군도 마찬가지의 선택을 해야 했었고, 그들은 외성 방어를 택해 성공을 거두었다. 콘스탄티노스 11세와 그를 돕는 포위전 전문가 주스티니아니는 같은 전략을 채택했다. 어떤 측면에서는 그것은 논란의 여지가 있는 결정이었다. 언제나 비판적인 레오나르도스 대주교는 이렇게 썼다.

이는 나의 조언과는 완전히 상반되는 것이었다. 나는 우리가 높은 곳에 있는 내성 방어를 포기해서는 안 된다고 역설했다.[42]

그러나 이것은 아마도 이룰 수 없는 완벽을 요구하는 식의 충고였을 것이다.

황제는 자기네 부대의 사기를 위해서라면 자신이 할 수 있는 일은 다 할 작정이었다. 그는 가톨릭 지원군이 이 정교회의 도시에 올 가능성에 대해 메흐메트 2세가 두려워한다는 것을 알고 자신만의 작은 무력시위를 하기로 결심했다. 그의 요청에 따라 4월 6일에 베네치아 갤리선의 선원들은 배에서 내려 독특한 유럽풍의 갑옷을 입고 육지 쪽 성벽의 전 구간을 행진했다.

자기네 깃발을 앞세우고 … 도시의 주민들에게 커다란 위안을 주었다.[43]

이는 프랑크인들이 포위전 현장에 왔음을 매우 분명하게 표현한 것이었다. 바로 그날 문제의 갤리선들은 전쟁 상황에 돌입하고 있었다.

메흐메트 2세 쪽에서는 소규모의 기병대를 도시 성문으로 올려 보냈다. 삼각기가 바람에 휘날려 협상을 하러 왔음을 알리고 있었다. 그들은 늘 하던 대로 항복을 요구해 왔다. 『쿠란』의 법에 의해 요구되는 것이었다. 『쿠란』은 이렇게 말하고 있다.

우리는 전령을 보내기 전에는 징벌을 가하지 않는다. 우리가 한 도시를 취하려 하면 먼저 안락하게 살고 있는 그 백성들에게 경고를 내린다. 만약 그들이 여전히 죄악을 버리지 않는다면 심판은 돌이킬 수 없이 내려지고, 우리는 도시를 완전히 파괴한다.[44]

이런 원칙에 따라 기독교도인 방어군은 이슬람교로 개종하고 항복해 인두세를 내면 된다. 만약 버틴다면 도시가 공격당했을 때 사흘 동안의 약탈을 각오해야 한다. 비잔티움인들은 오래전인 674년에 이 원칙에 대해 처음 들었고, 그 이후 몇 차례 더 들었다. 답변은 언제나 똑같았다.

"우리는 세금도 이슬람교도 받아들이지 않을 것이며, 요새를 들어 항복하는 일도 없을 것이다."[45]

이런 거부가 있으면 오스만인들은 포위전이 '성스러운 법'에 의해 승인됐음을 깨닫고, 전령들이 숙영지를 돌아다니며 포위전이 시작됐음을 공식적으로 선포한다. 메흐메트 2세는 대포를 가져오게 했다.

콘스탄티노스 11세는 시야를 최대한 확보한다는 방침을 정했다. 그의 지휘소는 성 로마노스 문 뒤에 있는 대형 천막이었다. 그는 매일 게오르기오스 스프란체스 및 에스파냐인 프란시스코 데 톨레도와 함께 작은 아랍 암말을 타고 그곳을 나와 "병사들을 격려하고, 경비대를 순시하며, 정위치를 벗어난 부대를 찾아냈다."[46] 그는 이때 가까운 어느 교회에서든지 미사에 참석했으며, 반드시 수도사와 사제들을 한 사람 한 사람에게 붙여 고백을 듣고 전장에서 마지막 의식을 치러주도록 했다. 또한 도시의 구원을 위해 밤낮으로 기도를 하도록 명령을 내렸으며, 아침 예배는 군대를 즐겁게 하기 위해 이콘을 들고 거리에서 그리고 성벽을 따라 행진하는 것으로 마무리했다. 이를 지켜보는 무슬림들은 기독교도들의 긴 수염을 알아볼 수 있었으며, 봄날 하늘에 퍼져 나가는 찬송가 소리를 들을 수 있었다.

날씨는 좋아졌지만 방어군의 사기는 올라가지 않았다. 작은 지진과 폭우가 잇달았다. 고조된 분위기 속에서 홍조가 보이고 옛날 예언들이 되새겨졌다. 역사가 크리토불로스는 이렇게 회상했다.

교회에서 이콘들이 땀을 흘렸고, 기념비와 성인의 조각상들도 마찬가지였다. 남자와 여자들은 징조가 좋지 않은 환상에 사로잡히고 영향을 받았으며, 점쟁이들은 여러 가지 불행을 예언했다.[47]

누구보다도 콘스탄티노스 11세는 대포가 도착하자 아마도 더욱 불안했을 것이다. 그는 1446년 엑사밀리온에서 오스만의 대포 발사를 이미 경험했기 때문에 무슨 일이 일어날지 알고 있었을 것이다. 당시 그가 세심하게 건설한 성벽이 닷새 만에 무너지고 대학살이 이어졌던 것이다.

장비와 물자 그리고 많은 수의 인력을 조직화하는 병참 업무의 기술을 지닌 메흐메트 2세는 이제 움직일 준비가 돼 있었다. 포탄과 초석, 굴착 장비와 포위전 장비 그리고 식량 등의 보급품은 수집되고 헤아려지고 정리됐다. 무기는 잘 손질되고, 대포는 제자리로 옮겨졌다. 그리고 기병과 보병, 궁수와 창기병, 병기공과 포병, 돌격대원과 굴착병 등 모든 병사가 모여 기대감이 최고조에 이르렀다.

오스만 제국 술탄들은 자기네가 공유하고 있는 부족의 과거에 너무도 가까이 있었기 때문에 사람들에게 동기부여를 하고 그들의 열의를 공통의 목표 달성을 위해 운용하는 방법을 알고 있었다. 메흐메트 2세는 성전에 대한 열정을 자극하는 방법을 잘 알고 있었다. 울라마(율법학자)들이 부대로 가서 『하디스』에 나오는 옛날 예언들을 암송했다. 이 도시의 함락과 그것이 이슬람 세계에 미치는 영향에 관한 것이었다. 메흐메트 2세는 매일 붉은색과 금색의 천막 앞 양탄자 위에서 공개적으로 기도를 했다. 동쪽의 메카를 향해서 그리고 하기아소피아 대성당을 향해서였다. 이것은 도시가 무력으로 점령됐을 때 무제한의 전리품을 약속한 일과 연관된 것이었다. '빨간 사과'의 유혹은 독실한 신도들의 기대에 찬 눈길 앞에서 달랑거리고 있었다. 메흐메트 2세가 공격을 준비한 것은 부족 시대의 침략자들에게는 너무도 매력적인 두 가지 약속 위에서였다. 바로 약탈을 하면서 하느님의 뜻을 실현하는 것이었다.

그는 알고 있었고, 그의 늙은 대신 할릴 파샤는 더 잘 알고 있었다. 이제 빨리 해치우는 것이 가장 중요하다는 것을. 도시를 점령하려면 사람이 희생돼야 했다. 공격을 위해 자극된 열의와 기대는(그리고 기꺼이 짓밟힌 시체들로 도랑을 채우겠다는 마음은) 시간이 제한돼 있었다. 생각지도 않았던 문제가 생기면 사기는 곧바로 떨어질 수 있었다. 그렇게 많은 사람이 복닥거리는 속에서는 소문과 반발과 불평이 천막들 사이에서 물결치듯 번질 수 있다. 마치 풀밭 위를 지나가는 바람처럼. 그리고 오스만의 부대가 잘 조직됐다고 하더라도 여름에 너무 지체하면 전염병의 먹이가 될 수 있다. 이 일에는 분명히 메흐메트 2세에게 위험한 구석이 있었다. 그는 베네치아인 첩자망을 통해서, 육군이든 해군이든 서방의 도움이 결국은 오리라는 것을 알고 있었다. 기독교 세계 유력자들이 아무리 걸핏하면 다투고 쪼개져 있다고 하더라도 말이다.

그는 말테페의 언덕에서 육지 쪽 성벽이 오르락내리락하는 모습과 빽빽하게 들어선 망루들, 그들의 삼중 방어 체계와 그 속에 숨은 그들의 완강한 저항의 역사를 바라보았다. 그러면서 그는 자기네 병사들의 용맹함에 대해 공개적으로 신뢰를 표했을지도 모른다. 그러나 그가 결국 믿은 것은 아마도 대포가 지닌 잠재력이었을 것이다.

시간은 콘스탄티노스 11세에게도 가장 중요한 요소였다. 방어자들에게 계산은 맥이 탁 풀릴 만큼 간단했다. 반격을 해서 포위를 풀 수 있는 가능성은 전혀 없었다. 유일한 희망은 오래 버티는 것이었다. 어느 정도의 서방 구원군이 와서 봉쇄를 힘으로 헤쳐 풀어줄 때까지. 그들은 678년에 아랍인들을 상대로 버텨냈었다. 이번에도 버텨내야 한다.

만약 콘스탄티노스 11세가 트럼프 카드 한 장을 가지고 있다면 그것은 조반니 주스티니아니라는 사람을 얻기 위해 썼어야 했을 것이다. 이 제노바인은 이 도시에 올 때부터 "전쟁을 경험한 사람"[48]으로서 자신을 능가하는 명성을 가지고 있었다. 그는 방어 시설의 명백한 약점을 진단하고 바로잡는 방법과 투석기나 권총 같은 방어용 무기를 가장 잘 이용하는 방법 그리고 제한된 수의 병력을 최대한의 효과를 거두도록 배치하는 방법을 알고 있었다. 그는 포위전에 효과적인 기술들을 방어군들에게 훈련시켰고, 도시의 비상문을 나가 반격할 수 있는 기회를 엿보았다. 이탈리아 도시국가들 사이의 더러운 전쟁은 그런 재능 있는 전문가와 기술 장사꾼들을 만들어냈다. 그들은 도시 방어를 과학이자 한편으로는 예술로서 연구했다. 그러나 주스티니아니는 이전에 엄청난 대포 사격을 만난 적이 없었다. 이제 펼쳐지려는 사건들은 그의 기술을 극한까지 검증하게 될 것이다.

무시무시한 종말의 광풍

1453년 4월 6~19일

대포 발사 장면.

어느 누가 이 불행과 공포를 고백하거나 말할 수 있겠는가?[1]

— 네스토르 이스칸데르

대형 포는 도착하는 데 오랜 시간이 걸렸다. 에디르네에서 통째 바퀴를 단 수레에 실려 봄비를 헤치고 비틀거리며 진창길을 달려온 것이다. 그 소리는 멀리서도 들을 수 있었다. 황소 떼가 버둥거리며 울부짖었다. 사람들은 고함을 질러댔다. 삐걱거리는 차축이 끊임없이 단조로운 소리를 냈다. 마치 별에서 으스스한 빛이 뿜어져 나오는 것 같은.

대포들이 최전선에 도착한 뒤 이들을 승강기에 올리고 자리를 잡아 조준하기까지는 시간이 걸렸다. 4월 6일까지는 아마도 몇몇 소형 대포들만이 준비를 마쳤던 듯하다. 이들이 성벽을 향해 첫 포격을 했지만 분명히 효과는 별로 없었다. 포위전이 시작된 직후에 비정규군이 리코스 계곡의 약한 부분을 공격했다. 열의는 있지만 치밀하지는 못했다. 주스티니아니의 부하들이 성벽에서 튀어나와 침입자들을 쫓아내고 "몇 명을 죽이고 또 몇 명에게는 부상을 입혔다."[2] 오스만 진영의 규율은 상당한 정도의 반격이 있은 뒤에야 회복됐고, 이에 따라 방어군은 성벽 뒤로 돌아가야 했다. 첫 교전이 실패하자 술탄은 사기를 더 떨어뜨릴 위험을 감수하기보다는 대포가 완전히 배치되기를 기다리는 쪽으로 마음을 굳혔던 듯하다.

그러는 사이에 그는 오스만 포위전의 다른 예정된 수순을 밟아 나갔다. 공병들은 토성 뒤의 엄폐호에 숨어서 조심스럽게 굴착 작업을 시작했다. 중앙 부분이었다. 이들의 목표는 성벽까지 200여 미터의 땅굴을 파는 것이었다. 그러면 성벽은 땅속으로 폭삭 무너질 터였다.

또한 "돌과 나무와 흙더미를 가져오고 기타 모든 자재를 모아서"[3] 넓은 해자를 적당한 지점에서 메우는 작업을 시작하라는 명령도 떨어졌다. 성벽에 대한 총공격이 이루어지는 날을 대비한 것이었다. 이는 병사들에게 위험할뿐더러 심지어 목숨을 건 작업이었다. 해자는 방어군의 성벽으로부터 40미터도 떨어져 있지 않았고 일일이 보호막을 칠 수가 없기 때문에 성벽으로부터 공격을 당할 수가 있어서 집중적인 대응 사격으로 공격을 단념시켜야 했다. 발판이 만들어질 수 있거나 선이 앞으로 나아가는 작업의 각 단계에서는 치열한 싸움이 벌어질 터였다.

주스티니아니는 지형을 연구하고 그들의 노력을 저지하기 시작했다. 돌격대를 내보내고 밤중에 매복도 묻었다.

(방어군은) 도시 성문에서 튀어나와 성벽 바깥에 있는 적군을 공격하곤 했다. 해자 밖으로 나와서는 때로 격퇴당하기도 했으며, 어떤 때는 튀르크 병사를 생포하기도 했다.[4]

잡힌 포로에 대해서는 고문을 하기도 했다. 정보를 캐내기 위해서였다. 해자를 둘러싼 격렬한 충돌은 효율적이었다. 그러나 방어군 쪽으로서는 이런 손실률을 받아들이기 어렵다는 사실이 금세 분명해졌다. 능숙한 전사 하나하나의 죽음은 중요한 일이었다. 그 과정에서 튀르크 병사가 얼마나 많이 죽든 마찬가지였다. 그래서 주로 성벽에서 싸워야 한다는 결정이 일찌감치 내려졌다. "일부는 석궁 화살을 쏘고, 나머지는 보통의 화살을 쏘았다."[5] 해자를 둘러싼 전쟁은 포위전 과정에서의 쓰라린 내부 투쟁 가운데 하나였다.

4월 7일 이후의 며칠 동안 대형 포가 도착하기를 기다리다 조급증이 난 술탄은 다른 일로 관심을 돌렸다. 오스만 군대는 트라키아 지역을 휩쓸고 지나가면서 도중에 있는 그리스인 마을들을 점령했다. 그러나 소수의 고립된 성채들은 아직 버티고 있었다. 메흐메트 2세는 이들을 지나치면서 분견대를 남겨놓아 그들을 감시하도록 했었다. 아마도 4월 8일에 그는 상당한 병력과 몇 문의 대포를 이끌고 테라피아(타라비야) 요새를 점령하기 위해 출발했다. 보아즈케센 너머로 보스포로스 해협을 내려다보고 있는 산꼭대기에 있는 곳이었다. 요새는 이틀 동안 저항했지만 결국 대포가 방어 시설을 파괴하고 방어군 대부분은 살해당했다.

(나머지 사람들은) 더 이상 버틸 수 없자 항복했고, 술탄은 그들을 자신이 원하는 대로 처분할 수 있다고 말했다. 술탄은 결국 이 40명의 사람에게 말뚝을 꽂아 죽였다.[6]

마르마라 해변 스투디오스에 있는 비슷한 성채는 포격을 받고 금세 무너졌다. 이번에는 운 나쁜 생존자 36명이 성벽 밖에서 말뚝이 박혀 죽었다.

며칠 뒤, 메흐메트 2세의 제독인 발타올루 쉴레이만이 함대 일부를 이끌고 마르마라 해에 있는 프린케폰 제도를 점령하러 갔다. 이곳은 비상사태가 발생하면 으레 황실 사람들을 피난시키던 곳이었다. 가장 큰 섬인 프린키포스 섬(뷔위카다 섬)에는 견고한 요새가 있고 "30명의 중무장한 사람과 약간 명의 현지 주민"[7]이 배치돼 있어서 항복을 거부했다. 포격을 가해도 그들이 항복하지 않자, 발타올루의 부하들이 성벽 앞에 덤불을 산더미처럼 쌓아놓고 거기에 불을 질렀다. 역청과 유황 그리고 거센 바람의 도움을 받아 불길이 포탑을 집어삼켰고, 성채 자체에 곧 불이 붙었다. 불에 타죽지 않고 살아남은 사람들은 아무 조건 없이 항복했다. 병사들은 현장에서 살해됐고, 마을 주민들은 노예로 팔려갔다.

4월 11일에는 메흐메트 2세가 붉은색과 금색으로 된 자신의 천막에 돌아와 있었고, 대포들도 조립이 모두 완료돼 있었다. 메흐메트 2세는 이들을 14개(또는 15개) 포대로 묶어 취약하다고 생각되는 성벽의 중요 지점을 따라 배치했다. "무시무시한 대포"[8]인 오르반의 대형 포 가운데 하나가 크리소케라스 만에 가까운 블라케르나이의 외겹 성벽 쪽에 배치됐다. 그곳은 "해자의 보호도, 외성의 보호도 없는"[9] 곳이었다. 또 하나는 두 성벽이 직각으로 만나는 부분에 위치했고, 세 번째 것은 더 남쪽 페게 문에 배치됐다. 나머지 대포들은 취약한 리코스 계곡 부근의 중요 지점을 조준했다. 그리스인들이 '바실리카' 즉 '왕포王砲'라고 부른 오르반의 초장거리포는 술탄의 천막 앞에 위치해 "도시의 모든 성문 가운데 가장 약한"[10] 성 로마노스 문을 위협했다. 술탄은 자기 천막에서 대포의 성과를 꼼꼼하게 살펴볼 수 있었다.

각각의 대형 포는 같은 포대로 묶인 작은 포들의 지원을 받았다. 그래서 오스만 포병들은 친근하게 '곰과 그 새끼들'이라는 이름으로 불렸다. 이들은 90킬로그램에서 오르반의 괴물 대포의 경우 700킬로그램 가까이나 나가는 거대한 돌 포탄을 발사했다. 한 목격자의 이야기에 따르면 가장 큰 두 대포는 각기 "무릎에까지 닿는 포탄과 허리까지 닿는 포탄"[11]을 발사했다. 또 다른 사람은 가장 큰 포탄이 "둘레가 내 손으로 열한 뼘"[12]이나 됐다고 단언했다. 목격자들이 "무수한 전쟁 도구"라고 말하고 있지만, 메흐메트 2세는 아마도 모두 합쳐 69문의 대포를 가지고 있었던 듯하다. 당시 기준으로는 대단한 포병 전력이었다. 이들이 여러 지점에서 다른, 좀 구식인 기술의 지원을 받아 돌을 쏘았다. 구식 기술이란 평형추를 단 견인 발사기인 투석기 같은 것들이다. 투석기는 300년 전 무슬림들이 십자군의 성채를 함락시키는 데 매우 중요한 역할을 했다. 이제 그것은 한낱 다른 시대에서 온 기계처럼 보였다.

대포를 설치하고 발사 준비를 하는 과정은 품이 많이 드는 일이었다. 포신은 포가砲架가 붙어 있지 않고 별도로 돼 있는 것이었다. 그것을 수송하기 위해서는 그저 튼튼한 우마차에 묶어 매야 했다. 대포가 도착하면 포신을 비스듬한 나무 포좌砲座 위의 제 위치로 내리기 위해 받침판과 도르래로 이루어지는 거대한 장치를 만들어야 했다. 포좌는 오스만 최전선의 보호막이 쳐진 지역에 마련돼 있었다. 돌쩌귀가 달린 문이 있는 목책으로 적의 사격을 막았는데, 이쪽에서 대포를 발사할 때가 되면 그 문을 활짝 열어젖히게 된다.

이 작업 뒤의 병참 지원도 엄청났다. 많은 양의 검은 돌 포탄이 흑해 북쪽 연안 지역에서 채석되고 다듬어진 뒤 상선에 실려 수송됐다. 4월 12일에 그렇게 부친 화물이 디플로키온(치프테쉬툰)에 도착했다. "대포를 위한 돌 포탄과 울바자 및 목재 그리고 군부대를 위한 기타 군수품들"[13]이 들어 있었다. 대포를 무한정 발사하려면 초석도 상당한 양을 주문해야 했다. 메흐메트 2세가 휘하 장수 자아노스 파샤를 시켜 건설하도록 한, 크리소케라스 만의 끝을 돌아 항구에까지 이르는 길은 아마도 그러한 보급품의 이동을 더욱 쉽게 할 터였다.

대포 자체를 수송하는 데는 커다란 나무 수레들과 상당한 규모의 인력 및 황소가 필요했다. 에디르네에서 오르반과 함께 일한 주물공들 또한 그들의 포병 요원이었다. 그들은 자기네가 손으로 만든 무기를 나르고 제 위치에 놓고 장전하고 발사했으며, 현장에서 수리했다. 오르반의 초장거리포는 230킬로미터 밖에서 만들어졌지만, 오스만은 숙영지 안에서 기존 대포들을 다시 만들기에 충분한 자재들을 포위전 현장에 가져왔고, 심지어 새로운 대포들도 벼리고 주조했다. 2차 작업 공간 전체를 새로 만들어낸 것이다. 상당량의 철·구리·주석을 포위전 현장에 가져와야 했으며, 둥근 지붕이 있는 숯가마를 만들고 벽돌을 쌓아 주물 공장을 건설했다. 군부대 숙영지의 외딴 지역이 임시 작업장으로 변모한 것이다. 그곳에서 연기가 피어오르고, 대장장이의 망치 소리가 봄날 하늘에 울려 퍼졌다.

커다란 대포 발사 준비를 하는 데는 시간과 세심한 주의가 필요했다. 화약을 대포의 포신에 재어 넣고 그 뒤에 나무 충전물을 넣은 뒤 쇠로 된 봉이나 양가죽을 씌운 봉으로 두드려 밀착시킨다. "무슨 일이 일어나더라도, 화약 폭발 이외의 어떤 수단에 의해서도 밀려 나가지 않도록"[14] 확실히 하기 위해서다. 그러고는 돌 포탄을 힘겹게 대포 아가리에 넣고 천천히 포신 아래쪽으로 내려 보낸다. 포탄은 약실에 잘 맞게 만들어졌지만, 포탄이 구경에 정확하게 맞지 않는 경우가 많다. 조준은 "어느 정도의 기술과 목표물에 대한 계산"[15]에 의해 판단하며(사실 이것은 시행착오가 있다는 의미다), 이에 따라 나무 쐐기를 포좌에 괴어 대포의 각도를 조정한다. 대포는 돌로 무게를 더한 커다란 나무 들보(그것이 완충 장치 역할을 한다)로 그 자리에 더욱 고정시킨다. "발사에 의해서, 또는 그 위치에서의 격렬한 반동에 의해서 움직이고 사격이 목표물에서 멀리 벗어나는 일을 막기 위해서"*다. 점화할 화약을 점화구에 부어 넣으면 모든 준비는 끝난다. 4월 12일, 불붙인 심지가 6킬로미터 길이의 성벽을 따라 늘어선 술탄의 대포들의 점화구에 넣어졌고, 세계 최초로 대포들의 일제 포격이 활발하게 터지기 시작했다.

역사에서 화약의 폭발적인 힘에 대한 진정한 경외감을 명확하게 감지할 수 있는 어떤 한 순간이 있다면, 그것은 바로 1453년 봄에 이루어진 큰 대포들의 발사에 관한 이 기록에서일 것이다. 심지가 화약에 불을 붙인 뒤의 모습은 이러했다.

그곳에 불이 붙자 말할 사이도 없이 먼저 무시무시한 굉음이 울리고 발밑과 그 둘레 상당히 넓은 지역에서 땅이 심하게 흔들렸다. 그렇게 시끄러운 소리는 들어본 적이 없었다. 그러자 엄청난 천둥소리가 나고 무시무시한 폭발이 일어나며 그 주변에 있는 모든 것을 비추고 불태우는 불꽃이 피어났다. 이와 함께, 메마른 공기의 뜨거운 폭발에 의해 나무 충전물이 튀어나가고 돌 포탄을 거세게 밀어냈다. 믿을 수 없는 힘과 에너지로 튀어나간 돌은 성벽 위에 떨어졌고, 성벽은 곧바로 흔들려 무너졌다. 돌 포탄 역시 여러 조각으로 부서지고 그 파편이 사방으로 튀어 근처에 있던 사람들을 죽였다.[16]

거대한 돌 포탄이 한 유리한 지점의 성벽을 때리자 그 효과는 엄청났다.

때로 그것은 성벽을 완전히 부수기도 하고, 때로는 절반 정도를 부수기도 했으며, 때로는 망루나 포탑이나 흉벽을 대부분 또는 일부 부수기도 했다. 성벽이 그것을 이겨낼 만큼 충분히 강하고 충분히 튼튼하고 충분히 두꺼운 곳은 아무 데도 없었다. 또한 그 돌 포탄의 힘이나 속도에 완전하게 버텨낼 만한 곳은 없었다.[17]

처음에 그것은 방어군에게 포위전의 전체 역사를 자신들의 눈앞에서 풀어내고 있는 것으로 보였다. 테오도시우스의 육지 쪽 성벽은 2천 년에 걸친 방어전의 진화의 산물이자, 인간의 천재적 능력으로 고안되고 신의 축복으로 보호받은 공학상의 기적이었다. 그런 성벽이 이제 잘 조준된 포탄의 포격을 맞은 곳은 어디나 무너지기 시작한 것이다. 레오나르도스 대주교는 궁전 부근의 외겹 성벽에 떨어진 포탄의 효과를 목격했다.

> 그들은 포탄으로 성벽을 박살냈다. 그 성벽은 매우 두텁고 튼튼했지만, 이 끔찍한 도구의 폭격으로 무너지고 말았다.[18]

성벽을 쓸어버린 초대형 포에서 나온 포탄은 1.5킬로미터를 날아가 콘스탄티노플의 심장부까지 갈 수 있었다. 그 엄청난 힘으로 집과 교회들을 부숴버리고, 민간인들을 살육하거나, 좀 더 가능성이 높은 것은 쪼그라든 도시의 과수원과 들판에서 그들을 생매장하는 것이다. 한 목격자는 포탄 하나가 교회 벽에 떨어져 교회가 먼지처럼 폭삭 내려앉는 것을 보고 깜짝 놀랐다. 다른 사람들에 따르면 주변 3킬로미터 지역에서 땅이 흔들렸으며, 크리소케라스 만의 항구에 안전하게 매어 놓은 갤리선에서조차도 자기네의 통통한 나무 선체에 폭발의 충격이 전달되는 것을 느꼈다. 발포 소리는 8킬로미터 떨어진 보스포로스 해협 건너 아시아에서도 들을 수 있었다. 이와 함께 좀 더 발사 각도가 높은 투석기는 성벽 뒤 집들의 지붕과 궁전 일부에도 돌을 날렸다.

포 사격이 방어군에게 미친 심리적인 영향은 처음에는 그 물리적인 결과보다도 더욱 심각했다. 한꺼번에 발사되는 대포에서 나오는 소음과 진동, 자욱한 연기, 계속해서 날아오는 돌들이 준 엄청난 충격은 경험 많은 방어군을 경악케 했다. 민간인들에게 그것은 다가올 세상의 종말과 죄악으로 인한 징벌을 얼핏 보여준 것이었다. 한 오스만의 역사가에 따르면 그것은 "무시무시한 종말의 광풍"[19]이었다. 사람들은 집에서 뛰쳐나와 가슴을 치며 통곡하고 가슴에 십자가를 그으며 외쳤다.

"키리에 엘레이손(정교회와 가톨릭의 미사 때 쓰이는 문구로, '주여, 우리를 불쌍히 여기소서'라는 뜻이다—옮긴이)! 지금 무슨 일이 일어나려는 거야?"

여자들이 길거리에서 졸도했다. 교회에는 사람들이 모여들었다.

(사람들은) 탄원을 하고 기도를 했으며, 통곡하고 소리쳤다.

"주여! 주여! 우리는 당신으로부터 너무 멀리 벗어났습니다. 우리와 당신의 거룩한 도시에 떨어진 모든 것은 우리의 죄에 대한 올바르고 진실한 심판에 따라 이루어진 것입니다."

가장 성스러운 이콘들의 깜박거리는 불빛을 보면서 그들의 입술은 똑같이 끝없는 기도문을 암송했다.

"우리를 결국 당신의 적에게 넘기지 마소서. 당신의 소중한 백성을 파멸시키지 마소서. 그리고 당신의 자애로움을 우리에게서 거두어가지 마시고, 이번에는 우리가 약해지지 않게 하소서."[20]

콘스탄티노스 11세는 현세적 차원과 종교적 차원 모두에서 도시의 사기를 떨어뜨리지 않기 위해 온갖 노력을 다했다. 그는 수시로 성벽을 돌며 지휘관들과 휘하 병사들의 사기를 진작시켰다. 교회 종이 끊임없이 울렸고, 그는 "모든 백성이 희망을 버리고 적에 대한 저항을 멈추지 않도록 그리고 전지전능한 주님에 대한 믿음을 가지도록"[21] 촉구했다.

방어군은 돌 포탄으로 인한 충격을 완화시키기 위해 다른 전략을 시도했다. 회반죽과 벽돌 가루를 성 바깥쪽 벽에 부었다. 강도를 높이기 위해 칠을 한 것이다. 다른 곳에서는 나무 들보에 붙인 털실 뭉치, 가죽 시트 그리고 귀중한 태피스트리 등을 걸어놓았다. 포탄의 속도를 죽이기 위해서였다. 그러나 이런 방법들은 화약을 터뜨려 얻은 추진력의 엄청난 힘을 떨어뜨리는 데 그다지 효과가 없었다.

방어군은 자기네가 가진 얼마 되지 않는 대포로 적의 대형 포를 파괴해 보려고 최선을 다했다. 그러나 그들에게는 초석이 떨어졌고, 오스만의 대포들은 목책으로 가려져 있었다. 그뿐만이 아니었다. 성벽과 망루는 태생적으로 대포의 포좌로서는 적합지 않은 것임이 드러났다. 이들은 큰 폭발로 인해 생기는 반동을 수용할 수 있을 만큼 넓지도 않았고, 진동을 견딜 만큼 튼튼하지도 않았다.

(진동은) 성벽을 흔들었고, 적에게보다 자기자신들에게 더 큰 타격을 주었다.[22]

그들이 가진 가장 큰 대포는 곧 폭발해 버렸고, 짜증이 난 방어군들을 격노케 했다. 그래서 그들은 대포 제작자가 술탄에게 고용된 사람이라며 그의 처형을 요구했다.

그러나 제작자가 그런 일을 당해야 마땅하다는 분명한 증거는 없었고, 그들은 이 사람을 풀어주었다.[23]

어쨌든 전쟁의 방식이 달라진 새로운 시대에 테오도시우스 성벽은 구조적으로 적합지 않다는 사실이 금세 분명해졌다.

그리스 역사가들은 자기네가 본 것을 전달하기 위해 고심을 해야 했고, 심지어는 대포들을 묘사하는 어휘를 찾는 데도 골머리를 앓았다. 고전기에 관심이 많았던 크리토불로스는 이렇게 단언했다.

이 장치를 표현할 수 있는 고대의 명칭은 존재하지 않는다. 그저 공성 망치나 추진기라고 부를 수 있을 뿐이다. 그러나 통상의 대화에서는 모든 사람이 이제 이것을 '장치'라고 부른다.[24]

다른 명칭들도 쏟아져 나왔다. 폭격자, 섬뜩한 것, 헬레폴리스('도시 점령자'), 골칫덩이, 텔레볼레. 그 순간의 압박감 속에서 언어는 끔찍한 새 현실, 즉 지긋지긋한 대포 공격의 경험에 의해 만들어지고 있었다.

메흐메트 2세의 전략은 물량공세였다. 그리고 조급했다. 그는 밤낮없이 대포를 발사해 성벽을 때리고 불시에 작은 충돌을 일으켜 방어군의 힘을 빼서 최종적인 공격을 위한 중요한 돌파구를 열고자 했다. 마카리오스 멜리세노스는 이렇게 썼다.

공격은 밤낮없이 계속돼 숨 돌릴 틈도 없이 충돌과 폭발이 일어나 돌덩이와 대포알이 성벽 위에 떨어졌다. 술탄은 이런 방법으로 도시를 쉽게 점령하려 했기 때문이다. 우리는 적은 수로 많은 적을 상대해야 했기 때문에, 우리를 마구 두드려 죽고 기진맥진하게 만들려는 것이었다. 그래서 그는 우리에게 쉴 틈도 주지 않고 공격을 해댔다.[25]

포격과 해자 쟁탈전은 4월 12일부터 18일까지 조금도 수그러들지 않고 계속 이어졌다.

우선은 그들에게 심리적 충격을 주기는 했지만, 대형 포를 관리하는 것은 어려운 일이었다. 장전하고 조준하는 작업은 매우 품이 많이 드는 일이었기 때문에 '바실리카'는 하루에 일곱 번만 발사할 수 있었다. 여기에 동트기 전 그날의 포격을 경고하는 예비 발사를 했다. 대포들은 자기네 부대에 치명적인 존재가 될 수 있었다. 종잡을 수 없고, 성질도 더러웠다. 봄비 속에서 대포들은 제자리를 지키기가 어렵다는 사실이 드러났다. 장전된 포의 발사로 반동이 생겨 포가에서 미끄러져 진흙 속으로 처박히는 경우가 많았던 것이다. 거기에 깔려 죽을 가능성도 높았고, 파열되는 포신 파편에 산산조각이 날 위험성은 더욱 컸다.

바실리카는 곧바로 오르반에게 걱정거리가 됐다. 폭발 때 생기는 높은 열은 불순물 섞인 금속의 가느다란 균열을 벌리기 시작했다. 확실히 이런 정도의 크기로 주조하는 것은 간단한 일이 아니었다. 이 문제에 기술적으로 깊은 관심을 가졌던 그리스 역사가 두카스는 이 문제를 억제하기 위해 어떻게 했었는지를 기억했다. 포탄을 쏘면 곧바로 포신을 따뜻한 기름에 담가 차가운 공기가 갈라진 틈으로 들어가

틈새를 벌리는 일을 막으려 했다고 한다.

그러나 포신이 유리처럼 산산조각이 날 가능성은 계속해서 오르반을 골치 아프게 만들었고, 전승에 따르면 기독교도 용병들에게 곧 천벌이 덮쳤다. 자세히 들여다보니 균열은 참으로 심각했다. 오르반은 대포를 철수시켜 다시 주조하고자 했다. 항상 현장에서 대형 포의 발사를 지켜보고 성공에 안달하던 메흐메트 2세는 발사를 계속하라고 명령했다. 술탄이 불만을 가지고 있는 가운데 문제가 있는 대포의 위험성을 짐작한 오르반은 다시 장전을 하고 메흐메트 2세에게 물러서도록 요청했다. 화약에 불을 붙이자 바실리카는 "포탄을 맞은 것처럼 부서졌고, 여러 조각으로 갈라져 많은 사람을 죽이고 다치게 했다."[26] 오르반도 그 희생자 가운데 하나였다고 한다. 그러나 그가 이런 식으로 죽지는 않았음을(기독교도 역사가들은 간절히 원했을 테지만) 시사하는 강력한 증거가 있다. 다만 대형 포가 포위전 초기에 파열된 것만은 분명해 보인다. 대포에는 재빨리 쇠테를 둘러 보강하고 다시 가동토록 했으나, 곧 다시 파열됐다. 메흐메트 2세는 불같이 화를 냈다. 이 초대형 포는 분명히 당대 야금술의 허용치를 넘어서 작동됐다. 그것이 보여준 가장 큰 효과는 심리적인 것이었다. 실질적인 타격을 주는 것은 약간 작기는 하지만 그래도 무시무시한 다른 포들의 몫으로 남겨졌다.

메흐메트 2세가 이 도시를 빨리 점령해야 할 필요성은 곧 분명해졌다. 헝가리의 후녀디 야노시가 보낸 사절이 도착한 것이다. 메흐메트 2세의 정책은 그의 적들이 확실하게 분열되도록 하는 것이었다. 이런 목표를 위해 그는 당시 헝가리 섭정이던 후녀디와 3년간의 평화협정에 조인했었다. 그가 콘스탄티노플을 공략하는 동안 서방으로부터의 지상 공격은 전혀 일어나지 않도록 확실히 한 것이다. 후녀디의 사절이 이번에 오스만 궁정에 와서 밝힌 내용은 이런 것이었다. 자기네 주군은 섭정에서 물러나고 후견을 받던 라슬로 왕에게 대권을 다시 넘겼으므로 조약은 더 이상 구속력이 없다는 것이었다. 따라서 그는 협정 문서를 돌려주고 이런 사정을 이해해 달라고 했다. 약삭빠른 헝가리인들이 오스만의 움직임을 압박하려는 위협 카드로 이를 생각해낸 것이었다. 그리고 아마도 바티칸 쪽에서 보낸 사람이 부추긴 일이었을 것이다. 이로 말미암아 헝가리군이 도나우 강을 건너와 포위를 풀려고 하지 않을까 하는 우려가 일었고, 불확실성에 대한 수군거림이 숙영지 전체에 퍼져 나갔다. 이에 상응해서 이 소식은 방어군들에게 의지를 불태우는 작용을 했을 것이다.

불행하게도 이 방문은 찾아온 헝가리인들이 오스만의 원정에 중요한 도움을 제공했다는 근거 없는 소문으로도 이어졌다. 주둔지에 온 사절 가운데 한 사람이 대형 포의 발사를 흥미롭게 지켜보았다. 그는 한 발이 성벽의 어떤 부분을 맞히고 포수가 같은 지점을 향해 두 번째 발사를 준비하자, 직업적인 흥미를 이기지 못하고 그들이 단순하다며 드러내놓고 웃음을 터뜨렸다. 그는 두 번째 포격은 "첫 번째 포격으로부터 10미터 내외 떨어진 곳을, 같은 각도로" 조준하라고 조언했다. 그리고 세 번째 포격은 두 포격 사이를 조준해 "세 포격이 삼각형을 이루도록" 하라고 했다. "그러면 그 부분의 성벽이 무너진다"[27]는 것이었다. 이 발사 전략은 즉각적인 효과를 거두어 성벽의 부분 부분들이 붕괴되는 속도를 더욱 빠르게 했다. 곧바로 '곰과 그 새끼들'은 함께 움직이는 팀처럼 작업을 했다. 작은 대포들은 바깥쪽의 두 타격을 맡았고, 그러면 오르반의 대형 포 하나가 이제는 약화된 중앙 부분에서 삼각형을 완성했다.

포탄은 그렇게 사악한 힘과 막을 수 없는 추진력으로 발사돼 회복
할 수 없는 손상을 입혔다.[28]

역사가들은 이 유익한 조언에 대해 섬뜩한 설명을 붙였다. 기독교
세계의 불행은 콘스탄티노플이 튀르크족의 손에 들어가야 끝날 것이
라고 한 세르비아의 예언자가 선언했다는 것이다. 이 헝가리인들의
방문 이야기는 기독교도들이 줄곧 집착하고 있는 일을 한마디로 산뜻
하게 요약할 수 있도록 했다. 오스만인들은 유럽인들의 우월한 과학
기술 지식이 있어야만 번영할 수 있고 기독교 세계가 쇠퇴하면 그 나
라가 멸망하리라는 믿음 그리고 종교적 예언의 역할이다.

조준이 어렵고 발사 속도도 느렸지만 포격은 4월 12일부터 엿새 동
안 수그러들지 않고 계속됐다. 이제 가장 강력한 포격은 리코스 계곡
과 성 로마누스 문에 집중됐다. 도시를 향해 하루에 120발 정도의 포
격이 가해질 수 있었다. 당연히 성벽은 무너지기 시작했다. 1주일이
되기 전에 외성의 한 부분이 무너졌고, 그 뒤쪽 내성에 있는 망루 두
개와 포탑 하나도 무너졌다. 그러나 처음 포격을 당하고 공포를 느꼈
던 방어군은 포격 속에서 평정심을 되찾았다.

술탄이 가진 대포의 위력을 매일 경험하면서 우리 병사들은 거기에
익숙해지고, 공포감이나 비겁함을 드러내지 않았다.[29]

주스티니아니는 손상을 복구하기 위해 끊임없이 움직였고, 재빨리

붕괴된 외성에 대한 효과적인 응급 처방을 내놓았다. 말뚝을 박아 임시로 성벽을 대신하고, 이를 뼈대로 해서 방어군은 손에 잡히는 것은 무엇이든지 채워 넣었다. 돌·목재·나뭇가지·덤불과 많은 양의 흙을 무너진 틈새로 날라다 넣었다. 불화살을 막기 위해 짐승 가죽을 휘장처럼 바깥 목책 위에 펼쳐놓았다. 그리고 새로운 방어용 언덕이 충분한 높이가 되자 흙을 가득 채운 통을 일정한 간격으로 그 위에 올려놓고 그 뒤에 숨어 전투를 할 수 있도록 했다. 오스만인들이 성벽을 깨끗이 쓸어내기 위해 쏘는 화살과 포탄으로부터 방어군을 보호하기 위한 것이었다. 이 일을 위해 상당한 인력이 투입됐다. 해가 지면 도시에서 남자와 여자들이 와서 밤새 일을 했다. 목재·돌·흙을 날라다가 낮 동안에 부서진 곳은 어디든지 방어 시설을 복구했다. 이렇게 계속되는 야간작업은 점점 지쳐가는 주민들을 힘에 부치게 만들었다. 그러나 그렇게 해서 만들어놓은 흙담들은 돌 포탄에 맞아 허물어진 성벽들을 놀라우리만큼 효과적으로 대체했다. 마치 진흙 속에 돌을 던지는 것처럼, 포탄의 효과는 파묻혀 사라졌다.

(포탄들은) 부드럽고 유연한 흙 속에 묻혔으며, 딱딱하고 탄력이 없는 물건을 때렸을 때처럼 구멍을 만들어내지 못했다.[30]

이와 동시에 해자의 통제권을 둘러싼 치열한 공방전도 계속됐다. 낮에는 오스만 부대가 손에 잡히는 것은 무엇이든지 가져다 이를 채우려 애썼다. 흙·나무·돌멩이는 물론이고 어떤 기록에 따르면 자기네 천막까지도 중간 지역으로 끌어와 해자에 집어넣었다. 보호를 위한 지원 사격 속에서다. 밤이 되면 방어군이 비상구를 나와 반격에 나섰다. 해자를 다시 치워 본래의 깊이를 회복하게 하는 것이다. 성벽 앞에서의 충돌은 격렬했고, 근거리에서 이루어졌다. 때로 공격군은 그물을 사용해 해자로 굴러 들어간 값비싼 포탄을 회수해 가기도 했다. 다른 곳에서는 성벽의 약화된 부분을 시험하고 너무 넓게 배치된 방어군들이 쉴 틈을 주지 않도록 하기 위해 병사들이 진격하기도 했다. 그들은 갈고리가 달린 막대기로 흙을 채운 통들을 꼭대기에서 끌어내리려 하기도 했다.

근거리에서 이루어지는 이런 교전에서는 갑옷 같은 보호 장비가 잘 갖추어진 방어군 쪽이 유리했다. 그러나 그리스인과 이탈리아인 목격자들조차도 포격 속에서 보이는 적군의 용맹성에는 감명을 받았다. 레오나르도스는 이렇게 회고했다.

튀르크족은 가까운 거리에서 용감하게 싸웠다. 그래서 그들은 모두 죽었다.[31]

성벽에서 큰 활과 석궁과 화승총을 쏘아대 매우 끔찍한 학살이 벌어졌다. 방어군은 자기네 대포가 무거운 탄환을 쏠 수가 없음을 알고는 대포를 커다란 엽총으로 다시 만들었다. 총포와 함께 호두 크기의 납 탄환 다섯 개에서 열 개 정도를 가지고 다녔다. 가까운 거리에서 쏘면 이 탄환의 효과는 엄청났다.

(탄환은) 침투하고 관통하는 힘이 매우 컸다. 그래서 갑옷 입은 병사 하나를 맞히면 탄환은 똑바로 방패와 그 몸을 지난 뒤, 그 사선射線상에 있는 그 뒤의 또 한 사람을 지나고, 다시 또 한 사람을 지나, 폭발로

얻은 힘이 소멸될 때까지 나아간다. 한 방을 쏘아 동시에 두 명이나 세 명까지 죽일 수 있는 것이다.[32]

이 간담을 서늘케 하는 총포에 맞은 오스만 쪽 사상자들의 모습은 끔찍했고, 시신을 찾아가려는 욕구는 방어군들에게 또 한 번의 사격 연습장을 제공했다. 베네치아인 외과 의사 니콜로 바르바로는 이런 장면들을 보고 깜짝 놀랐다.

그리고 그들 가운데 한두 사람이 사살되자 곧바로 다른 튀르크족이 와서 죽은 자들을 데려가려고 했다. 죽은 자를 돼지 메듯이 어깨에 걸쳐 메고, 자신들이 도시 성벽에 얼마나 가까이 왔는지 의식하지도 않았다. 그러나 성벽에 있는 우리 병사들이 대포와 석궁으로 그들을 쏘았다. 죽은 동료를 메고 가던 튀르크족을 조준했고, 그들은 모두 땅에 쓰러져 죽었다. 그러자 다른 튀르크족이 와서 그들을 데려가려 했다. 조금도 죽음을 두려워하지 않았고, 그들 열 명이 사살을 당할지라도 한 명의 튀르크족 시체를 도시 성벽 앞에 버려두고 왔다는 치욕을 당하는 것보다는 낫다는 태도였다.[33]

방어군은 최선을 다했지만, 망설임 없는 포격이 충분히 우산 노릇을 해서 리코스 계곡의 해자 한 부분이 메워졌다. 4월 18일, 메흐메트 2세는 성벽이 웬만큼 손상되고 작은 충돌들로 적의 힘도 충분히 소모돼 총공격을 시작해도 되겠다는 판단을 내렸다. 그날은 화창한 봄날이었다. 날이 저물자 오스만 주둔지에서는 평온의 확신 속에서 기도 시각을 알리는 소리가 들렸고, 성벽 안에서는 정교회 신도들이 교회 안으로 물러가 철야 기도를 하고 촛불을 밝히며 성모 마리아에게 기도를 했다. 해가 지고 두 시간 뒤, 부드러운 봄의 달빛 아래서 메흐메트 2세는 자신의 정예부대 상당수를 진군시키도록 명령했다. 낙타 가죽으로 만든 북의 리드미컬한 소리, 시끄러운 나팔 소리, 징을 치는 소리. 모두가 오스만 군악대의 심리전이었다. 이런 소리들이 불꽃과 갈채와 함성에 의해 커져가고 있는 가운데 메흐메트 2세는 "중무장 보병과 궁수와 창기병과 모든 제국 근위 보병"[34]을 전진시키기 시작했다. 그는 이들을 리코스 계곡의 취약 지점으로 보냈다. 성벽의 한 부분이 무너진 곳이다. 도시 주민들은 공포에 휩싸였다. 머리칼이 쭈뼛 서는 오스만의 총력을 다한 공격의 함성을 처음 경험하는 것이다. 바르바로는 나중에 몸서리를 치며 회상했다.

나는 그들이 성벽으로 달려오며 지르던 그 함성을 어떻게 표현할 수가 없다.[35]

콘스탄티노스 11세는 깜짝 놀랐다. 그는 전 전선에 걸친 총공격을 두려워했고, 자신의 병사들이 준비가 되지 않았음을 깨달았다. 그는 교회 종을 울리도록 지시했다. 공포에 질린 사람들이 거리로 뛰쳐나가고, 병사들은 허겁지겁 주둔지로 뛰어갔다. 대포와 총과 활을 무수히 발사해 엄호하는 가운데 오스만인들은 해자를 건넜다. 간담을 서늘케 하는 사격으로 방어군이 임시로 만든 토성 위를 지킬 수 없게 되자, 예니체리 부대는 사다리와 공성 망치를 들고 성벽으로 접근할 수 있었다. 그들은 성벽에서 보호막이 됐던 흙 담은 통들을 치워 방어군들이 더욱 쉽게 포격에 노출되도록 했다. 이와 동시에 그들은 목책을 불태우려고 했지만 이는 실패했으며, 성벽에 난 틈이 좁고 지형이 경사져 있어 공격군이 돌격에 지장을 받았다. 어둠 속에서 대혼란이 일어났고, 당황한 사람들의 소란스러운 소리들이 들렸다. 네스토르 이스칸데르는 이렇게 썼다.

대포와 화승총의 요란한 소리, 울부짖는 종소리, 무기들에서 나오는 찢어지는 소리. 여러 무기에서 나오는 번쩍이는 섬광 같은 것들. 사람들(도시의 여자들과 아이들)의 울부짖음과 흐느낌 때문에 하늘과 땅이 붙었다고 생각하게 만들 때, 땅과 그들은 모두 떨었다. 다른 사람의 말은 들을 수가 없었다. 울음소리와 비명 소리, 사람들의 외침과 흐느낌, 대포의 굉음 그리고 종이 울리는 소리가 합쳐져 엄청난 천둥을 닮은 하나의 소음을 이루었다. 그리고 대포와 화승총이 수없이 발사되고 폭발해 생긴 연기가 성벽 양쪽에 두텁게 끼었고 도시를 덮었다. 병사들은 서로를 알아볼 수 없었고, 자신들이 누구와 싸우는지도 알 수 없었다.[36]

밝은 달빛 아래 좁은 공간에서 서로를 베고 찌르는 상황은 방어군에게 유리했다. 그들은 갑옷을 잘 갖추어 입고 주스티니아니 휘하에 용감하게 모여든 사람들이기 때문이다. 천천히 공격군의 기세가 꺾였다.

그들은 칼에 베여 토막이 나고, 기진맥진해 성벽 위에 쓰러졌다.[37]

네 시간 뒤, 갑작스런 침묵이 성벽 위에 깔렸다. 해자에서 죽어가는 병사들의 신음 소리가 간혹 적막을 깰 뿐이었다. 오스만인들은 숙영지로 되돌아갔다. "죽은 자기네 병사들을 데려갈 생각조차 하지 못한"* 채. 그리고 방어군은 엿새 동안 이어진 방어 끝에 "전투에 지쳐 죽은 듯이 쓰러졌다."*

서늘한 아침 햇살을 받으며 콘스탄티노스 11세와 그 수행원들이 상황을 파악하러 왔다. 해자와 둑에는 "처참하게 망가진 시체들"*이 죽 널려 있었다. 공성 망치들이 성벽 앞에 버려져 있고, 타고 남은 불이 아침 하늘에 연기를 피워 올리고 있었다. 콘스탄티노스 11세는 기독교도들의 시신을 묻어주기 위해 병사들도, 지친 주민들도 동원할 수가 없었다. 이 일은 수도사들에게 맡겨질 수밖에 없었다. 항상 그렇지만 사상자 숫자는 차이가 많이 났다. 네스토르 이스칸데르는 오스만의 사망자 수가 1만 8천 명이라고 했다. 바르바로는 좀 더 현실적으로 200명을 이야기했다. 콘스탄티노스 11세는 적들이 자기네 병사의 시체를 거두는 일을 일절 방해하지 말라고 명령했다. 그러나 공성 망치들은 불태워졌다. 그리고 나서 그는 성직자 및 귀족들과 함께 하기아소피아 대성당으로 갔다. "전능하신 하느님과 가장 정결하신 성모 마리아께" 감사를 드리기 위해서였다.

하느님을 믿지 않는 자들이, 자기네 병사들이 너무 많이 죽은 것을 보고 이제 퇴각하기를 바라면서.[38]

이 도시에게 그 순간은 잠깐의 휴식일 뿐이었다. 메흐메트 2세의 대응은 포격을 강화하는 것이었다.

하느님이 주신 바람

1453년 4월 1~20일

해안 성벽 너머로 배가 가는 모습.

해상에서 벌어지는 전투는 육지에서 싸우는 전투보다 더 위험하고 격렬하다.
해상에서는 물러서거나 도망칠 수 없기 때문이다.
그저 싸우고 운이 좋기를 바라는 수밖에 다른 방도가 없다.
그리고 모든 사람은 자신의 용맹함을 드러낸다.[1]

─장 프루아사르(1337~1405. 프랑스의 연대기 작가)

4월 초, 대형 포가 육지 쪽 성벽을 두드리느라 여념이 없는 사이에 메흐메트 2세는 그의 또 다른 신무기인 함대를 처음으로 동원하기 시작했다. 그는 아랍인들이 이 도시를 포위 공격했던 이래로 이곳을 포위하고자 했던 모든 사람에게 분명했던 한 가지 사실을 곧바로 알아차렸다. 바다를 완전하게 장악하지 않는다면 이 도시를 도모하는 일은 실패로 끝나리라는 것이다. 그의 아버지 무라트 2세는 1422년에 비잔티움의 해상 교통로를 옭죌 수 있는 능력을 갖추지 못한 채 포위 공격에 나섰다. 오스만 함대는 출전하기 6년 전에 겔리볼루에서 베네치아인들에게 걸려 파괴된 바 있었다. 보스포로스 해협과 다르다넬스 해협을 봉쇄하지 않으면 도시는 흑해 연안의 그리스계 도시들과 지중해 연안의 기독교를 믿는 동조자들로부터 쉽게 추가 보급을 받을 수 있었다. 1452년 여름에 보아즈케센을 건설하고 대형 포를 설치한 것은 이런 생각을 했기 때문이었다. 그 이후로는 어떤 배도 허락 없이는 보스포로스 해협을 지나 흑해를 드나들 수 없었다.

이와 동시에 그는 해군을 개혁하고 강화하는 일에 착수했다. 1452년 겨울 동안에 야심찬 선박 건조 작업이 겔리볼루의 오스만 해군기지와 아마도 흑해 연안의 시노프(현재 터키 중북부 흑해 연안에 있는 도시—옮긴이) 및 에게 해 연안에 있는 다른 조선소들에서 진행됐다. 크리토불로스에 따르면 메흐메트 2세는 이 작업에 몸소 지대한 관심을 가졌다.

(그는) 함대가 포위전과 앞으로 있을 전투에 육군보다 더 큰 역할을 할 것이라고 생각했다.[2]

제국은 그리스와 이탈리아 출신의 경험 많은 조선공·선원·키잡이 자원이 흑해와 지중해 연안에 왔을 때 그들을 확보해, 이 숙달된 인력을 해군 재건에 활용할 수 있었다. 메흐메트 2세는 또한 해군의 개선을 위해 필요한 자연자원을 충분히 동원할 수 있었다. 목재와 삼, 돛을 만드는 천, 닻과 못의 재료인 무쇠, 선체의 틈새를 메우고 윤활유로 쓸 역청과 수지獸脂 등이다. 이런 원료들은 제국 안팎의 여러 지역에서 공급됐다. 메흐메트 2세의 병참 기술로 이 모든 원료를 다 전쟁을 위해 동원한 것이다.

대포의 경우도 그랬지만, 오스만인들은 적인 기독교 세계의 배를 재빨리 도입했다. 중세 지중해 세계의 주된 전함은 노를 이용한 갤리선이었다. 고전기 고대 로마와 그리스 갤리선을 그대로 이어받은 것으로, 청동기시대가 시작할 때부터 17세기까지 진화한 형태로 지중해 세계를 지배해 온 배였다. 그리고 그 기본적인 모습은 미노스(크레타) 문명의 인장과 이집트 파피루스 그리고 고전기 그리스의 도자기 등에 그대로 나와 있는데, 포도나무와 올리브나무만큼이나 지중해 역사의 중심 자리를 차지하게 된다. 중세 말기에 전형적인 전투용 갤리선은 길고 빠르며 매우 날씬했다. 보통 길이가 30미터에 폭이 4미터 이하이고, 뱃머리가 높게 돼 있어서 그곳을 발판 삼아 싸우거나 적선에 올라타는 다리 역할을 했다. 해상 전투의 전술은 육상 전투의 경우와 거의 차이가 없었다. 갤리선은 전사들을 가득 실었는데, 이들은 우선 활이나 총포를 쏜 뒤에 적선에 뛰어들어 치열한 백병전을 벌였다.

갤리선은 바다에서 놀랄 만큼 자세가 낮았다. 노를 저을 때의 기계적인 힘을 극대화하려면 사람이 탄 전투용 갤리선에서 물 위에 떠 있는 부분이 60센티미터 정도여야 한다. 갤리선은 돛의 힘을 빌릴 수도 있지만, 전투에서 치고 빠지기를 할 수 있도록 하는 것은 노였다. 노잡이는 갑판 위에 한 단으로 배치됐고(따라서 그들은 전투에 무방비로 노출됐다), 한쪽의 좌판 하나에 보통 두세 명이 앉았다. 각자는 자기에게만 맡겨진 노를 저었는데, 그 길이는 좌판에서의 위치에 따라 결정됐다. 환경은 매우 비좁았다. 갤리선에서 노를 젓는 것은 현대 여객기의 좌석 공간에서 노를 젓는 셈이었기 때문에, 기본적인 노 젓기 동작은 옆쪽 공간이 중요했다. 노잡이는 팔꿈치를 안쪽으로 한 채 노를 똑바로 앞으로 밀고 그 과정에서 자리에서 일어나며, 그런 다음 다시 자리에 앉게 된다. 당연하게도 갤리선의 노 젓기는 정확한 시간에 노를 저을 수 있는 숙련된 선원이 필요하다. 또한 최대 길이 9미터에 무게가 50킬로그램 가까이 나가는 노를 저으려면 상당한 근력이 필요하다. 전투용 갤리선은 전투에서 속도를 낼 수 있고 조종이 쉽기 때문에 많이 쓰였다. 용골에 윤활유를 잘 먹인 갤리선은 사람의 힘으로 7.5노트의 속도를 유지하며 20분 동안 달릴 수 있었다. 한 시간 이상씩 노를 젓게 하면 선원들은 금세 지쳤다.

갤리선은 고요한 바다에서는 충분한 속도를 낼 수 있었지만, 특별한 문제점도 안고 있었다. 갤리선은 물 위에 나와 있는 부분이 낮기 때문에 놀랄 만큼 항해에 부적합했다. 심지어 지중해의 거친 바다를 짧게 운항하는 경우에도 마찬가지였다. 따라서 갤리선 운항은 여름철로 국한되는 경향이 있었고, 난바다로 나가기보다는 해안선을 끼고 돌면서 긴 항해를 하는 쪽을 선호했다. 갤리선 함대는 때아닌 폭풍우에 좌

초되는 경우도 적지 않았다. 돛은 바람을 이용해 전속력으로 후진하는 데나 유용했고, 노는 강한 맞바람에는 무용지물이었다. 게다가 속도가 필요했기 때문에 선체는 바다에서 허술하고 매우 낮은 모습이 돼서 상업용 범선이나 좀 더 키가 큰 베네치아의 대형 갤리선 같은 선체가 높은 배를 공격할 때는 상당히 불리했다. 갤리선의 강점과 약점은 콘스탄티노플 점령을 위한 싸움에서 혹독한 검증을 받게 된다.

메흐메트 2세는 상당한 규모의 함대를 편성했다. 그는 가지고 있던 배들을 수리하고 나사를 죄었으며, 새로이 트리에레스선(3단의 노를 갖춘 갤리선) 여러 척을 건조했다. 이와 함께 크기를 줄인 작은 공격용 갤리선도 건조했다. "선체가 길고 빠르며 완전히 갑판을 깔아 30명에서 50명의 노잡이를 태우는"[3] 배로, 유럽인들이 '푸스타 fusta'라고 부르는 것이었다. 그는 이 작업의 상당 부분을 직접 감독했던 듯하다.

> 아시아와 유럽의 해안 곳곳에서 노련한 선원들을 (선발했다.) 특수한 기술을 가진 노잡이들과 갑판원, 키잡이, 트리에레스선 지휘관, 선장과 제독 그리고 기타 배의 승무원들이었다.[4]

이 함대 가운데 일부는 이미 3월에 보스포로스 해협으로 가서 출정군이 해협을 건너는 일을 맡았지만, 주력부대는 4월 초가 돼서야 그가 임명한 제독 발타올루의 지휘하에 겔리볼루에서 편성을 마칠 수 있었다. 발타올루는 "대단한 인물이며, 해전에 경험이 많은 능숙한 제독"[5]이었다. 오스만이 이 도시의 포위전에 함대를 데려온 것은 일곱 번 만에 처음이었다. 그것은 결정적인 진전이었다.

"믿음의 수호자들의 본거지"[6]인 겔리볼루는 오스만인들에게 신비한 힘을 지닌 도시였고, 행운이 깃든 출발 지점이었다. 그들이 1354년 우연한 지진 이후 유럽 땅에서 첫 발판을 마련한 곳이 바로 이곳이었다. 성전과 정복 사업에 대한 열의에 자극을 받은 함대는 다르다넬스 해협을 출발해 마르마라 해로 항해해 올라가기 시작했다. 선원들은 분명히 "함성과 환호 그리고 노 젓는 노래 속에" 출발해 "고함을 치며 서로를 격려"[7]했다. 그러나 실제로는 이 열의가 조금은 조용했을 듯하다. 노 젓는 인력의 상당 부분은 아무래도 강요에 따라 일하고 있던 기독교도였을 것이기 때문이다. 후대의 한 역사가에 따르면 "신께서 도와주시는 바람이 뒤에서 그들을 밀어 앞으로 나아가게 했다"[8]고 했으나, 사실은 그렇지 않았을 것이다. 당시에는 주된 바람의 방향이 북풍이어서 마르마라 해로 올라가려면 바람과 조류를 거슬러 가야 했다. 콘스탄티노플까지 걸리는 200킬로미터는 갤리선에 고난의 여정이었다.

그들이 전진하고 있다는 소식은 경악과 공포를 싣고 그들을 앞질러 해로를 달려갔다. 육군의 경우도 마찬가지였지만, 메흐메트 2세는 수적 우세가 가져다주는 심리적인 가치를 알고 있었다. 노와 돛으로 뒤덮인 바다의 모습은 해안을 따라 펼쳐져 있는 그리스 마을들에서 이를 보는 사람들의 간담을 서늘케 했다. 오스만 해군의 규모에 대한 가장 믿을 만한 추산은 좀 더 현혹되기 쉬운 뭍사람들보다는 자코모 테탈디와 니콜로 바르바로 같은 경험 많은 기독교도 선원들이 내놓은 것들이다. 이런 사람들의 추산에 따르면 함대는 트리에레스와 디에레스dières(2단 노를 갖춘 갤리선—옮긴이)가 섞인 완전한 전투용 갤리선이 12척에서 18척, 좀 작은 푸스타선이 70척에서 80척, 무거운 수송용 거룻배 파란다리아parandaria선이 약 20척 그리고 여러 척의 가벼운 쌍돛대 범선과 다른 작은 연락선 등으로 구성된 것으로 추정됐다. 모두 합쳐 140척 규모의 함대였다. 서쪽 수평선의 만곡부를 쳐다보면 놀라지 않을 수 없었을 것이다.

메흐메트 2세가 해군을 엄청나게 증강하고 있다는 소문은 그의 배들이 실제로 나타나기 훨씬 전에 도시에 들어왔기 때문에, 방어군은 신중하게 자기네 해군 운용 계획을 수립할 시간이 있었다. 4월 2일에 그들은 커다란 쇠사슬로 크리소케라스 만에 빗장을 질렀다. 자기네 배들이 안전하게 정박할 수 있도록 하고, 보잘것없는 해안 성벽을 공격으로부터 봉쇄하기 위한 것이었다. 그것은 도시의 역사에 깊이 새겨져 있는 관행이었다. 일찍이 717년에도 포위전에 나선 무슬림 해군을 방해하기 위해 쇠사슬을 걸어놓았었다. 바르바로가 전하는 4월 6일 상황은 이러했다.

우리는 타나이스(러시아 돈 강 하구에 있던 고대 그리스계의 도시―옮긴이)에서 온 세 척의 갤리선과 두 척의 폭이 좁은 갤리선이 전투에 대비하도록 준비시켰다.[9]

그러고 나서 그 선원들은 무력시위의 일환으로 육지 쪽 성벽의 전 구간을 행진했다. 9일에는 방어군이 동원할 수 있는 항구 안의 모든 해군 자원이 편성되고 준비를 마쳤다. 그것은 여러 가지 다양한 동기를 가진 배들을 끌어모아 뒤섞은 집합체였다. 베네치아 · 제노바 · 안코나(이탈리아 중부의 아드리아 해 연안에 있는 도시―옮긴이) · 크레타 등 이탈리아 도시국가들과 그 식민지들에서 온 배들도 있었고, 카탈루냐 배 한 척, 프로방스에서 온 배 한 척 그리고 비잔티움 배 열 척이 있었

카라카선.

다. 갤리선의 크기도 여러 가지였다. 그 가운데는 이탈리아 연해무역에 사용되는 대량 운반선으로 통상적인 전투용 갤리선보다 속도가 느리지만 키가 크고 튼튼하게 지어진 '대형 갤리선' 세 척과, 선체가 날씬하고 물에 떠 있을 때 높이가 낮은 '폭 좁은 갤리선' 두 척도 있었다.

1453년 4월 초에 크리소케라스 만에 정박하고 있던 배들은 대부분 상업용 범선이었다. 키가 크고 돛으로 움직이는 '둥그런 배'와, 선루와 배꼬리가 높고 목조로 튼튼하게 건조했으며 돛이 있는 카라카carraca선 등이었다. 이론상으로 이들 가운데 어느 것도 전함은 아니다. 그러나 위험하고 해적이 들끓는 지중해에서 이러한 특징들은 괜찮은 것이었다. 배가 높고 갑판과 돛대 위 망루가 관측에 유리해 무기와 숙달된 병사들만 있다면 자세가 낮은 전투용 갤리선보다 이점이 있었다. 해상 전투사에서 이 짤막한 시기에는 범선이 매우 거센 공격에도 버텨내는 경우가 있었다. 갤리선에 탑재한 총포는 아직 초창기의 것이었다. 이 총포들은 카라카선에 위협이 되기에는 너무 작고 올려놓은 위치가 너무 낮았다. 베네치아인들이 효과적으로 배를 부술 수 있는 총포를 개발해 갤리선에 탑재할 수 있게 되기까지는 그로부터 50년이 더 필요했다. 게다가, 특히 생존과 번영을 위해 전적으로 해상에서 발휘하는 자신들의 능력에 의존했던 베네치아와 제노바 출신 선원들은 해상에서 벌어지는 모든 일에 최고의 자신감을 갖고 접근했다. 그들은 이에 따라 자기네 계획을 세웠다.

이에 따라 그들은 4월 9일 자기네가 가진 가장 큰 상선 열 척을 "가까이 늘어세우고 뱃머리를 앞으로 해서"[10] 쇠사슬 방책 앞으로 끌어냈다. 바르바로는 각 배의 선장 이름과 배의 크기를 꼼꼼하게 기록했다. "2500보테 botte (이탈리아어로 '통'이라는 뜻이며 'barrel'에 해당하는 용적 단위로 보인다—옮긴이)"인 제노바인 조르지 도리아의 배로부터 "600보테"의 배까지. 그는 세 척은 배 이름을 거명했다. 칸디아의 필로마티와 구로, 제노바의 가탈로사다. 이들 옆에는 가장 튼튼한 갤리선들이 배치됐다. 배들은 도시에서 건너편 갈라타까지 쇠사슬 방책 전체에 뻗쳐 늘어섰다.

(배들은) 무장을 잘 갖추고 아주 질서정연하게 늘어서 있었다. 자신들도 전투에 참여하기를 원하는 듯했으며, 모두 한결같이 상태가 좋았다.[11]

안쪽 항구에는 가로돛을 단 또 다른 상선 열일곱 척이 준비 상태로 있었다. 여기에는 갤리선 여러 척도 함께 있었는데, 그 가운데 황제의 배 다섯 척은 아마도 무장을 쇠사슬 방책 앞에 있는 배들로 집중시키기 위해 그쪽으로 넘겨주고 비무장 상태였던 듯하다. 나머지 소수의 배는 바닥 밸브를 열어 일부러 가라앉혔다. 대포에 맞아 불을 확산시키는 것을 막기 위해서였다. 그런 일이 생긴다면 가까이 몰려 있는 함대의 선원들에게는 끔찍한 악몽이 될 터였다. 선장들은 자기네의 방어벽과 뱃사람으로서 스스로의 능력에 확신을 가지고, 대포를 추가 보장책으로 갯벌에 설치해 놓은 채 앉아서 오스만 함대가 도착하기를 기다렸다.

그들은 아마도 모두 합쳐 37척의 배를 가지고 140척의 함대에 맞섰을 것이다. 서류상으로는 커다란 차이였지만, 이탈리아 선원들은 해전에서 결정적인 요소들이 어떤 것인지 알고 있었다. 배를 다루는 것은 잘 훈련된 선원에 의존해야 하는 미세한 기술이어서, 해상에서 일어나는 교전의 결과는 숫자보다는 경험과 결단력 그리고 바람과 조류의 우연한 행운에 더 좌우된다. 바르바로는 우쭐해하며 이렇게 기록했다.

우리가 이렇게 훌륭한 함대를 가졌음을 확인하자 우리는 이교도 튀르크족의 함대를 상대로 해서도 안전하다는 확신을 가지게 됐다.[12]

오스만의 해전 기술을 얕잡아보는 베네치아인들의 일관된 성향을 무심코 드러내고 있었던 것이다.

오스만 함대는 4월 12일 오후 1시 무렵 마침내 모습을 드러냈다. 그들은 북풍을 헤치고 오는 중이었다. 수평선이 천천히 돛대로 채워지면서 해안 성벽은 틀림없이 이를 구경하려는 주민들로 북적였을 것

돌마바흐체 궁전.

이다. 함대는 "단호하게"[13] 노를 저으며 다가왔다. 그러나 함대는 기독교도들의 배들이 전투 대형을 갖추고 쇠사슬 방책에 늘어서 있는 것을 보더니 해협 건너편으로 가서 그쪽 해안을 따라 줄지어 섰다. 그것은 보는 사람들에게 깊은 인상을 심어주었고, 도시의 침울한 분위기는 더욱 깊어졌다.

그들을 힘껏 소리를 지르고 짝짜기와 방울북을 울려 우리 함대와 도시에 있는 사람들에게 공포감을 심어주었다.[14]

몇 시간 뒤 전 함대는 보스포로스 해협을 3킬로미터 남짓 더 올라가 유럽 쪽 해안의 작은 항구로 갔다. 그리스인들이 디플로키온이라 불렀던 곳으로, 지금 돌마바흐체 궁전이 있는 곳이다.

용맹스런 함대의 규모와 위세는 의문의 여지없이 이탈리아인들의 자신감조차도 뭉개버렸다. 쇠사슬 방책 앞에 있던 배들이 그날 낮 내내 그리고 밤이 돼서도 전투 대형을 갖춘 채 "그들이 우리 함대를 공격해 올 것에 대비해 계속해서 기다리고"[15] 있었던 것이다. 그러나 아무 일도 일어나지 않았다. 고양이와 쥐 사이의 소모적인 게임이 시작되려 하고 있었다. 허를 찔릴 위험성을 최소화하기 위해 두 사람을 중립 지역인 갈라타 마을의 성벽 위에 고정 배치했다. 그곳 망루에서는 보스포로스 해협을 더 올라간 디플로키온에 있는 함대를 자세히 관찰할 수 있었다. 해협에서 배 한 척이라도 움직이는 기척이 있으면 한 사람이 서둘러 갈라타 거리로 내려와 크리소케라스 만으로 가서 항구의 지휘를 맡고 있는 알루비세 디에도에게 알리는 것이다. 전투 나팔이 울리고 배에 있는 사람들은 즉각 전투태세에 들어간다. 이렇게 초조하고 불안한 속에서 그들은 밤낮없이 기다리며 크리소케라스 만의 고요한 바다 위에서 천천히 흔들거리며 정박하고 있었다.

메흐메트 2세는 자신의 새 함대에게 세 가지 분명한 목표를 주었다. 첫째, 도시를 봉쇄할 것. 둘째, 크리소케라스 만 안으로 뚫고 들어가는 시도를 할 것. 셋째, 마르마라 해로 올라오는 모든 구원군 함대와 맞서 싸울 것. 발타올루는 처음에는 아무 일도 하지 않고 그저 도시 근해로 순찰을 내보내기만 했다. 이는 특히 도시의 마르마라 해변에 있는 두 작은 항구에 배가 드나드는 것을 막기 위한 것이었다. 대략 이 무렵에 흑해 연안에서 추가로 보낸 배들이 포탄 등 육군에서 쓸 군수품들을 잔뜩 싣고 왔다. 이들 보급품의 도착이 오스만 진영으로 하여금 새로운 활동 주기에 들어서게 했던 듯하다.

도시에 대한 압박을 강화하는 데 안달이 난 메흐메트 2세는 발타올루에게 쇠사슬 방책 탈취를 시도하라고 지시했다. 오스만이 크리소케라스 만 안으로 밀고 들어갈 수 있다면 콘스탄티노스 11세는 해안선을 방어하기 위해 육지 쪽 성벽에도 매우 필요한 방어군을 그쪽으로 빼내지 않을 수 없을 것이다. 양측은 모두 이 순간을 위해 세심한 준비를 해놓았다. 틀림없이 대포 혁신의 욕심에 끝이 없었던 메흐메트 2세의 주도에 따른 것이었겠지만, 오스만인들은 자기네 갤리선에 작은 대포를 탑재했다. 그들은 싸움터인 뱃머리에 중무장 보병들을 태우고 배에 많은 무기를 실었다. 돌 포탄, 활과 창, 가연성可燃性 물질 같은 것들이었다. 갈라타 성벽 위의 망꾼은 이런 준비들을 자세히 관찰했고, 이에 따라 비잔티움 배들을 지휘하던 루카스 노타라스는 대형 상업용 카라카선과 갤리선에서 병력과 무기를 준비할 충분한 시간을 얻었다.

아마도 4월 18일이었을 것이다. 육지 쪽 성벽의 성 로마노스 문에 대한 첫 번째의 대대적인 공격과 동시에 발타올루는 새 해군의 첫 번째 공격을 개시했다. 함대는 디플로키온에서 대거 출항해 곶을 포위한 뒤 속도를 내어 쇠사슬 방책 쪽으로 전진했다. 그들은 쇠사슬 앞에 흔들림 없는 대열을 유지하며 정박하고 있는 키 큰 배들을 향해 힘껏 노를 저었다. 선원들은 소리를 지르고 구호를 외치며 서로를 격려하고 있었다. 그들은 활의 사거리에 도달하자 속도를 늦추고 활과 대포로 일제사격을 퍼부었다. 돌 포탄과 쇠살 그리고 불화살이 쌩쌩 바다를 지나 적선 갑판 위로 휘몰아쳤다.

첫 번째 일제사격 후 그들은 다시 정박해 있는 배들 쪽으로 다가왔다. 양쪽 배들이 부딪치자 오스만인들은 근접전의 표준 수순에 따라 적선에 올라타려고 했다. 그들이 전투용 갈고리와 사다리를 걸치고 키 큰 배들의 측면을 기어오르려 하자 배에서는 이 장비들을 떼어 던졌다. 공격 측은 상선의 닻줄을 끊어버리려고도 했다. 방어군을 향해 각양각색의 창이 우박처럼 쏟아졌다. 공격은 의문의 여지 없이 매서웠지만, 전투는 더 높고 더 튼튼하게 건조된 카라카선 쪽에 유리했다. 오스만 갤리선에 탑재한 대포에서 쏜 돌 포탄은 너무 작아서 나무로 튼튼하게 건조된 선체에 타격을 주지 못했다. 그리고 해군들이 아래에서 공격하는 것은 육군이 해자 바닥에서 육지 쪽 성벽을 공격하려 하는 것이나 마찬가지였다. 기독교 측 배에 탄 선원들과 해군들은 뱃머리 및 배꼬리와 돛대 위 망루에서 활이나 총포를 쏠 수 있었다. 지느러미가 달린 쇠창살처럼 뾰족한 것들과 화살·돌멩이 등이 배의 측면에서 분투하던 공격자들의 무방비 상태인 머리 위로 비오듯이 쏟아져내려 "여러 사람이 다치고 또한 상당한 수의 병사가 죽었다."[16] 이 상선들은 바다에서의 근접전을 위한 장비를 갖추고 그에 맞추어 훈련을 했다. 포탄 등에 의한 불을 끄기 위해 물을 담은 항아리를 가까이에 두었으며 돛대에서 내려뜨린 단순한 밧줄 승강 장치가 배의 옆면에서 무거운 돌들을 날려 보내 모여 있는 긴 배들의 약한 겉면에 떨어뜨렸고, "이런 방식으로 상당한 타격을 가했다."[17]

쇠사슬 방책을 장악하고 지키려는 싸움은 격렬했다. 그러나 마침내 기독교 측이 우세를 점하기 시작했다. 그들은 갤리선 함대를 이기는 데 성공했다. 더 굴욕을 당할 것을 두려워한 발타올루는 배들을 철수시켜 디플로키온으로 돌아갔다.

첫 번째 해전은 방어군의 승리로 끝났다. 그들은 자기네 배와 해전의 기본 사항에 대해 잘 알고 있었다. 잘 준비된 상선은 선원들이 훈련되고 장비가 잘 갖추어지기만 하면 자세가 낮은 갤리선 여러 척을 상대로도 버텨낼 수 있었다. 대포의 위력을 보여주겠다는 메흐메트 2

세의 바람은 바다에서는 이루어지지 않았다. 가볍게 설계된 갤리선에 탑재할 수 있는 대포는 범선의 튼튼한 측면을 상대로 효과를 보기에는 너무 작았다. 또한 작동 조건은 더욱 성공 가능성을 떨어뜨렸다. 화약이 바다에서 공기 중의 습기를 흡수하지 못하도록 막는 일이나, 흔들리는 갑판 위에서 제대로 조준하는 일 모두가 쉽지 않았다.

4월 19일 아침까지 메흐메트 2세의 군대는 육지와 바다 양쪽에서 격퇴당했고, 반면에 방어군의 기백은 여전히 흔들림이 없었다. 포위전의 기간이 길어지자 메흐메트 2세의 조바심은 날이 갈수록 커져갔다. 아울러 서방에서 원군이 올 가능성도 높아졌다.

콘스탄티노스 11세의 입장에서 보면 도시를 성공적으로 방어하는 일은 서방에서 오는 구원군에 달려 있었다. 그가 포위되기 전에 계속해서 보낸 외교사절들은 기독교 세계의 대의를 위해 병력과 자원을 요청하고 빌리려는 것이었다. 주민들은 날마다 해가 지는 쪽을 바라보며 또 다른 함대가 나타나기를 기다렸다. 베네치아나 제노바의 전투용 갤리선 소함대를. 북 치는 소리와 함께 마르마라 해에 그들의 뛰어나온 뱃머리가 솟아오르고, 군용 나팔 소리가 모여들고, 사자가 그려진 산 마르코 깃발이나 제노바의 깃발이 짠 바람을 헤치며 달려오는 모습을. 그러나 속상하게도 바다는 여전히 비어 있었다.

사실 이 도시의 운명은 복잡한 이탈리아 도시국가들 내부의 역학관계에 달려 있었다. 콘스탄티노스 11세는 1451년 말에 이미 베네치아에 사절을 보내 도움이 없으면 자기네 도시는 멸망할 수밖에 없음을 알렸었다. 이 문제는 베네치아 원로원에서 오랫동안 논의됐다. 제노바에서는 이 문제를 어물쩍 넘어갔다. 로마에서는 교황이 관심을 가졌으나, 교회 통합이 완전히 이행됐다는 증거를 요구했다. 어찌 됐든 교황은 베네치아인들이 없으면 끼어들 실제적인 자원이 없었다. 제노바와 베네치아는 차가운 상업적 경쟁의식 속에서 서로를 바라볼 뿐, 아무런 조치도 취하지 않았다.

콘스탄티노스 11세의 서방에 대한 호소는 종교적이고 중세적인 관념에 바탕을 둔 것이었지만, 정작 그 나라들은 경제적 동기로 움직이는 국가를 지향했다. 그리고 놀라우리만큼 근대적이었다. 베네치아인들은 대체로 비잔티움인들이 통합에 찬성하든 반대하든 관심이 없었고, 신앙의 수호자 역할에 대해서도 별 의욕이 없었다. 그들은 콧대 센 장사꾼들이었고, 상업적 계약과 자기네 해로의 안전 그리고 이해타산에만 골몰하고 있었다. 그들은 신학보다는 해적이 더 걱정이었고, 교리보다는 상품을 더 챙겼다. 그 나라 상인들은 밀 · 모피 · 노예 · 포도주 · 금 등 사고팔 수 있는 물건의 가격과 갤리선 선단에 필요한 인력 수급 그리고 지중해에 부는 바람의 형태에 대해 연구했다. 그들은 장사와 바다로 먹고살았고, 선이자와 이문과 현찰로 먹고살았다. 베네치아 도제는 술탄과 사이가 아주 좋았고, 오스만과의 거래는 이문이 많이 남았다. 게다가 콘스탄티노스 11세는 지난 20년 동안 펠로폰네소스 반도에서 베네치아의 이익에 상당히 큰 타격을 주었다.

1452년 8월에 원로원 일부가 콘스탄티노플을 되는 대로 내버려두자는 의견에 동조한 것은 이런 생각에서였다. 이런 관심 부족은 이듬해 봄에 흑해로 가는 무역로가 통제되고 베네치아 배들이 격침됐다는 소식이 조금씩 들어오면서 달라졌다. 2월 19일에 원로원은 두 척의 무장 수송선과 열다섯 척의 갤리선으로 이루어진 선단을 4월 8일 출항시키기로 결정했다. 원정대 구성은 알비소 롱고에게 맡겨졌다. 해협에서 오스만인들과의 교전을 피하라는 편의적인 명령 등이 포함된 신중한 지침이 함께 내려졌다. 그는 마침내 4월 19일에 출발했다. 성벽에 대한 첫 번째 대규모 공격이 있은 지 하루 뒤였다.

다른 나라들도 비슷하게 손발이 맞지 않는 노력을 했다. 4월 13일에 제노바 공화국 정부는 "동방의 흑해 연안과 시리아 등지에 있는"[18] 주민 · 상인 · 관리들에게 모든 수단을 동원해 콘스탄티노플의 황제와 모레아스의 데스포테스인 데메트리오스를 도우라고 촉구했다. 제노바는 닷새 전에 베네치아와는 달리 무장 선박에 대한 융자를 승인했다.

이와 거의 동시에 교황은 베네치아 원로원에 통지문을 보내, 베네치아에서 융자를 해주었으면 한다는 자신의 바람을 전달했다. 그 돈으로 콘스탄티노플 구원을 위해 다섯 척의 갤리선을 동원하겠다는 것이었다. 빚을 놓는 데 늘 까다로운 베네치아인들은 원칙적으로 이를 수용했으나, 실패한 1444년의 바르나 십자군을 위해 동원했던 갤리선 비용이 아직 회수되지 않고 있음을 상기시키는 답장을 교황에게 보냈다.

그러나 니콜라오 5세 교황은 이미 자신의 돈으로 한 가지 신속한 조치를 취했다. 콘스탄티노플의 운명에 두려움을 느낀 그는 3월에 세 척의 제노바 상선을 고용하고 식량과 병사 그리고 무기를 주어 이 도시로 떠나보냈다. 4월 초에 그들은 아나톨리아 해안에 있는 제노바령 히오스 섬에 도착했으나, 더 이상 나아갈 수는 없었다. 오스만 함대를 지연시킨 북풍은 제노바인들을 두 주일 동안 히오스 섬에 묶어 놓았다.

4월 15일에 바람이 남풍으로 바뀌어 배들이 출항했다. 19일에 그들은 다르다넬스 해협에 도달했다. 거기서 그들은 육중한 제국 수송선과 합류했다. 그 배는 황제가 시칠리아에서 구입한 옥수수 화물을 싣고 있었고, 이탈리아인 프란체스코 레카넬라가 선장이었다. 그들은 다르다넬스 해협으로 들어가 겔리볼루에 있는 오스만의 해군기지를 제지받지 않고 지나갔다. 함대는 모두 그곳을 떠나 디플로키온으로 가 있었다. 배들은 아마도 며칠 전 쇠사슬 방책에서 오스만인들을 물리친 배들과 비슷했을 것이다. 키가 크고 돛으로 움직이는 배로, 아마도 오스만의 역사가 투르순 베이가 '외돛배'로 묘사한 카라카선이었을 것이다. 남풍의 파도를 타고 그들은 재빨리 마르마라 해를 올라가 4월 20일 아침에는 승무원들이 하기아소피아 대성당의 거대한 원형 지붕을 동쪽 지평선에서 볼 수 있었다.

구원군 함대를 발견하는 것은 도시에서 오매불망 염원하던 일이었다. 배들은 아침에 열 척가량으로 보였고, 흰 바탕에 붉은 십자가가 그려진 제노바 국기를 알아볼 수 있었다. 이 소식은 곧바로 사람들 사이에서 파문을 일으켰다. 거의 동시에 이 배들은 오스만 해군 순찰대에도 발견돼 말테페의 숙영지에 있던 메흐메트 2세에게 보고가 들어갔다. 그는 급히 디플로키온으로 달려 내려가 발타올루에게 분명하고 단호한 명령을 내렸다. 분명히 쇠사슬 방책에서 함대가 공략에 실패하고 육지 쪽 성벽에서도 좌절을 당해 화가 났을 메흐메트 2세가 함대와 지휘관에게 내린 명령은 명확했다.

그 배들을 붙잡아서 자신에게 데리고 오든지, 아니면 살아서 돌아오지 말라는 것이었다.[19]

갤리선 함대는 서둘러 준비에 나서 노잡이를 정수定數대로 다 채우

고 중무장 보병과 궁수 그리고 경호대에서 뽑은 예니체리 등 정예부
대를 배에 밀어 넣었다. 가벼운 대포를 다시 탑재했고, 가연성 물질과
"다른 많은 무기"도 실었다.

둥글고 네모난 방패와 투구, 가슴 갑옷, 활 · 총포와 길고 짧은 창 그
리고 이런 식의 전투에 유용한 다른 물건들이었다.[20]

함대가 출발해 난입자에 대처하기 위해 보스포로스 해협으로 내려
갔다. 사기를 위해서는 성공이 꼭 필요했다. 그러나 이 두 번째 해상
전투는 더 나아가 해협 안에서 싸워야 했다. 보스포로스 해협의 특이
한 바람과 현지 해류의 변화가 심해 예측하기가 더 어려우며, 배에도
까다로운 일이 많이 생길 수 있었다. 제노바 상선들은 등 뒤에서 바람
을 받으며 해협을 올라오고 있었다. 오스만 함대는 바람에 맞서 돛을
올릴 수 없기 때문에 이를 내린 채 파도치는 바다를 헤치며 노를 저어
내려갔다.

오후로 접어들면서 네 척의 배가 도시의 남동부를 지나갔다. 방향
은 계속 도시의 아크로폴리스 위에 있는 유명한 표지물 유스티니아
누스(원서에는 '데메트리오스'로 돼 있으나 오류로 보인다—옮긴이) 대제의
탑을 향한 채였다. 배들은 해안에서 멀찍이 떨어져 크리소케라스 만
입구로 돌아 들어갈 준비를 했다. 숫자의 격차가 매우 커서 발타올루
의 부하들은 "성공에 대한 갈망과 희망으로"[21] 꽉 차 있었다. 그들은
꾸준하게 다가왔다.

짝짜기와 함성이 네 척의 배를 향해 큰 소리를 내면서 노질이 빨라

졌다. 승리를 원하는 사람들 같았다.[22]

갤리선 함대가 가까이 다가오면서 북을 치고 주르나zurna (서아시아 여러 나라에서 쓰였던 민속 악기로, 목관악기다—옮긴이)를 부는 소리가 바다 위로 퍼져 나갔다. 배 100척의 돛과 노가 네 척의 상선을 향해 모여들고 있었으니, 결과는 뻔해 보였다. 도시 주민들이 성벽으로, 집들의 지붕 위 또는 마차 경기장의 관람석 위로, 마르마라 해와 보스포로스 해협 입구를 환히 볼 수 있는 곳이면 어디든지 모여들었다. 크리소케라스 만 건너편 갈라타의 성벽 너머에서는 메흐메트 2세와 그 수행원들이 반대편 언덕의 잘 보이는 곳에서 바라보고 있었다. 양쪽은 희망과 불안이 교차하는 가운데, 선도하는 배에 발타올루의 트리에레스선이 접근하고 있는 상황을 보고 있었다. 선루에서 발타올루는 배들에게 돛을 내리라고 단호하게 명령했다. 제노바인들은 가던 길을 그대로 갔고, 발타올루는 자신의 함대에게 정지해서 카라카선에 사격을 가하라고 명령했다. 돌 포탄이 허공에 획획 날아다니고 화살과 창과 불화살이 모든 방향에서 배로 쏟아졌다. 그러나 제노바인들은 흔들리지 않았다. 이번에도 유리한 것은 키가 큰 쪽이었다.

그들은 높은 곳에서 싸웠다. 그리고 정말로 돛가름대 끝과 나무 망루 위에서 화살과 창과 돌을 쏘았다.[23]

바다가 주는 부담 때문에 갤리선들은 일정하게 조준하거나, 돛에 남풍을 가득 담고 빠르게 나아가고 있는 카라카선 주위로 정확하게 이동하기가 어려웠다. 전투는 달리면서 하는 싸움으로 변했다. 오스만 군대는 파도치는 바다에서 배에 오르거나 돛에 사격을 하기 위해 될 수 있는 한 가까이 다가가려 애썼고, 제노바인들은 성곽과도 같은 선루에서 빗발치듯 사격을 해댔다.

키 큰 배들로 이루어진 작은 호송선단이 무사히 아크로폴리스 곶에 도달해 안전한 크리소케라스 만 안으로 돌아 들어가려는 찰나였는데, 그때 재앙이 닥쳤다. 바람이 갑자기 멈춰버린 것이다. 돛은 돛대에서 축 늘어졌고, 도시 성벽에 거의 닿을 듯이 가까이 있던 배들은 속도가 완전히 죽어 심술궂은 반류反流 위에서 속수무책으로 표류하기 시작했다. 배들은 열려 있는 크리소케라스 만의 입구를 지나 갈라타 해안에 있는 메흐메트 2세와 그의 감시군 쪽으로 가고 있었다.

곧바로 추는 돛을 단 배에서 노를 젓는 갤리선 쪽으로 기울었다. 발타올루는 자신의 큰 배들을 상선 주위의 가까운 곳으로 모아 사격을 퍼부었으나, 이전보다 더 나은 결과는 거두지 못했다. 대포는 너무 가볍고 물 위에서 너무 낮아 선체를 파괴하거나 돛대를 망가뜨릴 수 없었다. 기독교 측 승무원들은 물통에 담아둔 물로 불이 붙는 족족 다 끌 수 있었다. 사격을 통한 공격이 실패로 돌아간 것을 본 제독은 "위엄 있는 목소리로 고함을 쳐서"[24] 함대에게 배를 붙여 적선에 올라가라고 명령했다.

갤리선과 긴 배들의 무리가 둔중하고 움직이지 못하는 카라카선들 주위로 몰려들었다. 바다는 돛대와 선체들이 포개져 허우적거리는 덩어리로 엉겨 붙어 역사가 두카스의 표현대로 "육지처럼"[25] 보였다. 발타올루는 자신의 트리에레스선 뱃머리로 제국 갤리선의 배꼬리를 들이받았다. 기독교 측 배들 가운데 가장 크지만 가장 무장이 덜 갖추어진 배였다. 오스만 보병들이 배가 닿은 부위로 마구 쏟아져 나와 전투용 갈고리와 사다리를 가지고 적선에 오르려 했다. 도끼로 선체를 찍고, 횃불을 들고 불을 붙이려 했다. 일부는 닻줄과 밧줄을 잡고 올라갔다. 또 다른 일부는 나무로 된 방어벽에 창을 던졌다. 가까운 곳에서는 싸움이 변모해 치열한 백병전이 이어졌다. 좋은 갑옷으로 보호를 받고 있는 방어군들은 공격자들이 배의 측면에서 올라오면 위에서 곤봉으로 그들의 머리를 박살냈고, 단검으로 더듬거리는 손을 베어버렸으며, 아래에 우글우글한 무리를 향해 갖가지 창과 돌을 내려던졌다. 돛 꼭대기 망루와 활대 끝은 더 높은 곳이어서 더 좋았다.

그들은 무시무시한 투석기로 돌 포탄을 쏘았고, 가까이 밀집된 튀르크 함대 위에 비처럼 돌을 쏟아부었다.[26]

석궁 사수는 정확히 조준을 해서 선택된 목표물을 제거했고, 승무원들은 기중기를 작동시켜 무거운 돌과 물이 든 통을 긴 보트의 가벼운 선체에 떨어뜨려 여러 척을 파괴하고 가라앉혔다. 허공에서는 여러 가지 소리가 뒤섞여 울렸다. 고함 소리와 비명 소리, 대포의 굉음, 갑옷 입은 사람이 뒤로 바다에 떨어져 첨벙 하는 소리, 노가 뚝 부러지는 소리, 돌이 나무를 박살내는 소리, 쇠와 쇠가 부딪치는 소리, "노를 채 물속에 밀어 넣지 못할 정도로"[27] 빠르게 화살이 떨어지는 소리, 칼날이 살을 베는 소리, 불이 치직거리고 인간이 고통스러워하는 소리. 크리토불로스는 이렇게 적었다.

사방에서 서로를 격려하면서 커다란 함성과 혼란이 일어났다. 때리고 맞고, 베고 베이고, 밀고 밀리고, 욕하고, 저주하고, 위협하고, 신음

오스만의 갤리선들이 기독교 측 범선을 공격하고 있다.

하고. 정말 무서운 소음이었다.[28]

두 시간 동안 오스만 함대는 전투의 열기 속에서 정말 어려운 적과 드잡이를 했다. 그 병사들과 선원들은 용감하게, 특별한 열정을 가지고 싸웠다. 레오나르도스 대주교는 마지못해 인정하며 "악귀들처럼"[29] 이라는 말을 덧붙였다. 점차로 그리고 많은 손실을 입었음에도 불구하고 숫자의 힘이 나타나기 시작했다. 배 한 척이 트리에레스선 다섯 척에 둘러싸였고, 다른 배는 긴 보트 30척에, 또 다른 배는 병사들을 가득 실은 거룻배 40척에 둘러싸였다. 마치 커다란 딱정벌레를 쓰러뜨리려는 개미 떼 같았다. 긴 보트 하나가 지쳐 물러나거나 가라앉아 갑옷 입은 병사들이 해류 속으로 털려나오거나 잔해에 매달리면 새로운 배가 먹이를 물어뜯기 위해 노를 저어 다가왔다. 발타올루의 트리에레스선은 무겁고 무장이 덜 된 제국 수송선에 집요하게 매달렸다.

(배는) 선장 프란체스코 레카넬라가 이리저리 뛰어다니며 도운 끝에 훌륭하게 막아내고 있었다.[30]

그러나 결국 제노바 배의 선장들이 보기에 빨리 끼어들지 않으면 수송선이 잡힐 것이 분명해졌다. 어떻든 그들은 훈련받은 방식대로 자기네 배들을 나란히 해서 네 배를 묶는 데 성공했다. 한 목격자에 따르면, 그렇게 함으로써 그들은 무리들 가운데 우뚝 솟은 네 개의 탑처럼 움직였으며, 너무도 빽빽해 "물이라고는 볼 수도 없는"[31] 나무 판자들 사이에서 싸우고 있는 오스만 함대가 혼란을 일으키도록 했다.

도시 성벽과 쇠사슬 방책 안의 배들에 모여서 이를 보고 있던 사람들은 돛 단 뗏목이 된 배들이 아크로폴리스 곶 아래에서 갈라타 해안 쪽으로 천천히 표류하는 것을 속수무책으로 바라보고 있었다. 전투가 더욱 접전이 되자 메흐메트 2세는 갯벌로 뛰어내려와 흥분한 목소리로 고함을 쳐서 용감하게 싸우는 자기 부하들에게 지시하고 위협하고 격려했다. 그러고는 교전을 지휘하려는 욕심에서 말을 몰아 얕은 바다로 들어가려 했다. 발타올루는 이제 자기네 술탄이 고함을 질러 지시하는 것을 들을 수 있을 만큼 가까이 있었으나 못 들은 체했다. 해가 지고 있었다. 전투는 세 시간째 치열하게 이어지고 있었다. 오스만이 이길 것은 분명해 보였다.

그들은 번갈아 싸움에 나서 서로 교대했고, 다치거나 죽은 사람 자리에 새로운 사람이 들어섰기 때문이다.[32]

머지않아 기독교 측의 화살과 포탄이 바닥날 것이고, 그들의 기운도 떨어질 터였다. 그리고 그때 너무도 갑작스럽게 우위를 다시 바꾸는 무언가의 일이 벌어졌다. 지켜보던 기독교도들은 거기서 오직 하느님의 손길을 볼 수 있을 뿐이었다. 남풍이 다시 불기 시작한 것이다. 네 척의 우뚝 솟은 카라카선의 가로돛들이 서서히 흔들리며 부풀어 오르기 시작했고, 배들은 막을 수 없는 바람의 힘에 의해 다시 한꺼번에 앞으로 나아갔다. 그들은 점점 속력을 높여 둘러싸고 있던 허약한 갤리선의 벽을 뚫고 나간 뒤 크리소케라스 만 입구를 향해 내달렸다. 메흐메트 2세는 자기네 지휘관과 배들을 향해 소리를 질러 욕을 하고 "분에 못 이겨 자신의 옷을 찢었"[33]으나, 이제 어스름이 깔리고 더 이상 배들을 추격하기에는 너무 늦은 상황이었다. 메흐메트 2

세는 이 굴욕적인 참사에 화가 나 제정신이 아니었지만, 함대에게 디플로키온으로 철수하라고 명령했다.

달빛도 없는 어둠 속에서 베네치아 갤리선 두 척이 쇠사슬 방책 뒤에서 나와 각 배에서 두세 개의 나팔을 불어대고 사람들이 큰 소리로 외쳐댔다. "최소 스무 척의 갤리선"[34] 병력이 출항했다는 것을 적으로 하여금 믿게 해서 더 이상의 추격 의지를 꺾어놓자는 것이었다. 갤리선들이 범선들을 항구로 끌고 가자 교회 종이 울리고 주민들은 환호했다.

(메흐메트 2세는) 망연자실했다. 그는 아무 말 없이 말에 채찍질을 해서 그곳을 떠나버렸다.[35]

유혈의 소용돌이

1453년 4월 20~28일

중세의 투석기.

전쟁은 속이는 것이다.[1]

— 선지자 무함마드가 말했다는 격언

보스포로스 해협에서 있었던 해상 교전의 직접적인 결과는 매우 심각했다. 불과 몇 시간이 포위전의 심리적 우위를 급격하게 그리고 예상치 못한 상태에서 방어군 쪽으로 기울게 했다. 그 봄날의 바다는 오스만 함대가 공개적으로 굴욕을 당하는 커다란 공연장이었다. 이 장면을 성벽 위에 모인 그리스 주민들과 맞은편 해안에 있던 메흐메트 2세 및 그의 군부 보수파들이 함께 보았다.

처음 해협에 나타났을 때 기독교도들을 꽁꽁 얼어붙게 했던 대규모 새 함대가 경험에서 우러나온 서방의 항해술을 당해낼 수 없다는 사실은 양쪽 모두에게 분명해졌다. 오스만이 실패한 원인은 상대방의 우월한 기술과 장비 그리고 전투용 갤리선 자체의 한계 때문이었지, 단순한 행운 때문은 아니었다. 해상 통제권을 확보할 수 없다면 도시를 정복하기 위한 싸움은 어려운 일이 될 수밖에 없다. 술탄의 대포가 육지 쪽 성벽에서 무슨 일을 해내더라도 말이다.

도시 안에서는 투지가 갑자기 되살아났다.

술탄의 야망이 혼란 상태에 빠졌고, 떠들썩하던 그의 권세도 손상을 입었다. 그 많은 그의 트리에레스선이 어쨌든 배 한 척을 잡지 못했기 때문이다.[2]

도착한 배들은 절실하게 필요했던 곡물과 무기와 병력을 가져왔을 뿐만 아니라, 방어군에게 소중한 희망을 안겨주었다. 이 작은 함대는 그저 커다란 구조 함대의 예고편일 뿐이었다. 그리고 배 네 척만으로도 오스만 해군에 맞설 수 있다면, 이탈리아 공화국들에서 보낼 열두 척의 잘 무장된 갤리선이 최종적인 승패를 결정짓지 말라는 법이 있을까.

이 뜻밖의 결과는 그들의 희망을 되살리고 그들을 고무했으며, 그들을 매우 희망에 들뜨게 했다. 이미 일어난 일에 대해서만이 아니라 미래에 대한 기대도 갖게 만든 것이다.[3]

종교적인 분위기가 팽배한 싸움에서 그런 일들은 그저 병사와 자원이 만들어내는 현실적인 경쟁이거나 바람의 작용이 아니라 하느님의 손길이 미치고 있다는 분명한 증거였다. 외과 의사 니콜로 바르바로는 이렇게 썼다.

그들은 자기네 선지자 무함마드에게 기도했지만 헛일이었다. 그러나 우리의 영원하신 하느님께서는 우리 기독교인들의 기도를 들으셨고, 그래서 우리는 이 싸움에서 승리를 거두었다.[4]

이 무렵, 이 승리와 얼마 전에 있었던 오스만의 지상 공격 실패에 고무된 콘스탄티노스 11세는 평화 제안을 할 적절한 시점이 됐다고 생각한 듯하다. 그는 아마도 메흐메트 2세가 명예롭게 철군할 수 있도록 체면을 세워주는 배상금을 제시했던 듯하며, 이를 할릴 파샤를 통해 전했을 것이다.

포위전에는 포위한 자와 포위된 자 사이의 복잡한 공생 관계가 존재하며, 그는 자기네가 좋은 분위기에 있는 만큼, 성벽 밖의 무슬림 진영이 위험하다는 분위기에 빠져들고 있음을 잘 알고 있었다. 포위 전이 시작된 이래 처음으로 심각한 회의론이 터져나왔다. 콘스탄티노플은 십자군 성채처럼 끈질기게 남아 있었다. 바로 '알라의 목에 걸린 가시'였다. 도시는 '신앙'의 전사들에게 군사적인 문제이기도 했지만 심리적인 문제이기도 했다. 이교도들을 무찌르고 오랫동안 반복된 역사를 뒤엎기 위해 필요한 과학기술과 문화에서의 자신감은 갑자기 다시 흔들렸고, 800년 전 선지자 무함마드의 대리인 아부 아이유브가 성벽 앞에서 죽었던 일이 생생하게 떠올랐을 것이다. 오스만의 역사가 투르순 베이는 이렇게 썼다.

이 사건은 무슬림 병사들 사이에서 절망과 혼란을 불러일으켰다. … 군대는 여러 패로 쪼개졌다.[5]

이때가 대의에 대한 자신감을 갖는 데 결정적인 순간이었다. 현실적으로 말해서 포위전이 장기화될 가능성이 4월 20일 저녁에 더욱 크게 눈앞에 어른거렸던 것이다. 장기전이 되면 보급과 사기에도 문제가 생기고, 중세에 포위 공격전을 벌이던 군대에게 골칫거리였던 전염병도 발생해 병사들이 죽어나갈 수 있다. 그것은 분명히 메흐메트 2세 개인의 권위에 위험이 닥친다는 의미였다. 예니체리들이 대놓고 반란을 일으킬 가능성도 떠오르고 있었다. 메흐메트 2세는 결코 자신의 아버지 무라트 2세가 그랬던 것처럼 상비군에 호의를 갖고 있지 않았다. 상비군은 전에 두 번이나 까다로운 젊은 술탄에게 반기를 들었으며, 사람들 특히 수석대신 할릴 파샤는 이를 기억하고 있었다.

이런 분위기는 그날 저녁에 셰흐 악솀스엣딘(1389~1459)이 메흐메트 2세에게 편지 한 통을 보냄으로써 더욱 분명해졌다. 그는 메흐메트 2세의 영적 조언자이자 오스만 진영의 종교 지도자였다. 편지는 군대의 분위기를 전하고 이렇게 경고했다.

이 사건은 … 우리에게 커다란 고통을 주고 사기를 떨어뜨렸습니다. 이 기회를 잡지 못한다는 것은 어떤 반대의 일이 전개된다는 의미입니다. 하나는 … 이교도들이 기뻐 날뛰며 떠들썩한 시위를 벌였다는 것입니다. 두 번째는 존귀하신 폐하께서 폐하의 명령을 수행토록 하는 과정에서 좋은 판단과 능력을 그다지 보여주시지 못했다는 주장입니다. … 엄한 처벌이 필요합니다. … 이 처벌이 지금 시행되지 않으면 … 해자가 메워지고 마지막 공격 명령이 내려졌을 때 부대가 충분한 지원을 하지 않을 것입니다.[6]

그는 또한 이 패배로 병사들의 신앙심이 저해될 우려가 있다고 지적했다. 그는 이렇게 이어갔다.

저는 기도를 잘못 했으며 제 예언이 맞지 않는 것으로 드러났다고 비난을 받았습니다. … 폐하께서는 이 점을 명심하셔서, 결국 우리가 부끄러움과 실망을 안고 철군하지 않을 수 없게 되는 상황을 맞지 말아야 할 것입니다.[7]

여기에 자극받은 메흐메트 2세는 이튿날인 4월 21일 아침 일찍 "기병 1만여 기"[8]를 거느리고 말테페의 숙영지를 떠나 함대가 정박하고 있는 디플로키온 항으로 달려갔다. 발타올루가 해안으로 불려와 해군의 대패에 대한 심문을 받았다. 불운한 이 제독은 열띤 전투 과정에서 자기 부하가 발사한 돌에 맞아 한쪽 눈을 심하게 다친 상태였다. 그는 술탄 앞에 엎드려 그 처절했던 상황을 설명했을 것이다. 한 기독교도 역사가의 화려한 말을 들어보자.

(메흐메트 2세는) 가슴속 깊은 곳에서 나오는 신음소리를 내뱉었고, 분노에 가득 차 입에서는 입김을 내뿜었다.[9]

화가 치민 메흐메트 2세는 바다가 죽은 듯이 고요한 때도 배들을 잡지 못한 까닭이 무엇인지 말하라고 다그쳤다.
"그 배들을 잡지 못한다면 어떻게 콘스탄티노플 항구에 있는 함대를 잡겠다는 생각을 할 수 있겠느냐?"[10]
제독은 기독교도들의 배를 잡기 위해 자신의 권한으로 할 수 있는 일은 모두 했다고 대답했다. 그는 이렇게 변명했다.
"폐하, 모두가 본 일이지만, 저는 제 갤리선 뱃머리로 황제의 배 선미루船尾樓(배의 고물에 만들어 놓은 선루)를 놓아주지 않았습니다. 저는 내내 열심히 싸웠습니다. 분명하게 볼 수 있었습니다만, 제 부하들이 죽었다면 적선에서도 많은 사람이 죽었습니다."[11]
메흐메트 2세는 너무도 속이 뒤집히고 화가 나서 제독을 말뚝에 박아 죽이라고 명령했다. 기겁을 한 보좌진과 신하들은 메흐메트 2세 앞에 엎드려 그를 살려달라고 빌었다. 그는 끝까지 용감하게 싸웠으며, 그가 한쪽 눈을 잃은 것이 그가 분투했던 명확한 증거라는 것이었다. 메흐메트 2세는 누그러졌다. 사형 명령은 감형됐다. 발타올루는 자신의 함대와 지켜보는 기병대 무리 앞에서 매 100대를 맞았다. 그는 지위가 박탈되고 재산을 몰수당했으며, 몰수된 재산은 예니체리들에게 분배됐다. 메흐메트 2세는 그러한 조치들이 지니는 부정적이거나 긍정적인 선전 가치를 잘 알고 있었다. 발타올루는 그렇게 역사의 기억에서 사라졌고, 해군의 지휘권이라는 독이 든 성배는 메흐메트 2세의 아버지 시절 제독이었던 말코촐루 함자 베이(?~1460)에게로 다시 넘겨졌다. 이 사건이 준 교훈은 이를 본 병사 및 선원들이나 대신과 조언자 그룹 등 권력 핵심층들도 놓치지 않을 터였다. 그것은 술탄의 노여움을 사면 얼마나 위험한지를 직접 볼 수 있는 기회였다.

이 이야기에는 그리스 역사가 두카스가 전하는 또 하나의 형태가 있는데, 포위전에 대한 그의 이야기는 생생하기는 하지만 종종 믿기 어려울 때가 있다. 그의 말에 따르면 메흐메트 2세는 발타올루를 땅바닥에 엎어놓고 "이 폭군이 사람들을 때리기 위해 만들라고 명령했던 무게가 2킬로그램 이상 나가는 황금 막대기로"[12] 직접 100대를 쳤다고 한다. 그러자 술탄에게 더 신임을 얻고 싶어 안달하던 예니체리 하나가 그의 머리를 돌로 쳐서 눈알이 튀어나오게 했다. 이 이야기는 흥미진진하기는 하지만 거의 확실하게 사실이 아닐 것이다. 그러나 이는 동방의 폭군 메흐메트 2세에 대한 서방의 일반적인 인식을 반영하고 있다. 화려하면서도 야만적이고, 가학적인 쾌락을 즐기며, 노예 군대의 절대적인 섬김을 받는다는 인식이다.

제독을 통해 시범을 보인 메흐메트 2세는 곧바로 전날 전달된 콘스탄티노스 11세의 평화 제안을 논의하기 위해 측근 회의를 소집했다. 일이 너무 빠르게 전개돼 조치들이 아무런 순서도 없이 서로 겹치기 시작했다. 중대한 차질이 빚어지고 처음으로 반대 의견도 분출된 상황에서 문제는 그저 포위전을 계속하느냐 아니면 좋은 조건을 추구하느냐였다.

오스만 수뇌부에는 두 개의 파벌이 있어 술탄의 변덕스러운 통치 아래서 생존과 권력을 위해 오랫동안 다툼을 벌이고 있었다.

한편에는 수석대신 할릴 파샤가 있었다. 그는 옛 오스만 지배층인 튀르크족 출신으로, 메흐메트 2세의 아버지 무라트 2세 시절에 대신이었고 요동치던 이 젊은 술탄의 즉위 초에 술탄을 인도한 인물이었다. 그는 1440년대의 위험했던 시절과 에디르네에서 메흐메트 2세에 대항해 일어난 예니체리의 반란을 목격했으며, 그리스 성벽에서 굴욕을 당할 경우 메흐메트 2세가 살아남을 가능성이 얼마나 있는지 예의 주시하고 있었다. 포위전 기간 내내 할릴의 전략은 반대파들의 조롱 속에 힘을 잃었다. 반대파들은 그를 '이교도들의 친구'라고 부르고, 그리스인들이 주는 금을 사랑하는 자로 여겼다.

반대쪽에는 오스만 권력층의 신진들이 있었다. 이들은 야망 있는 군사 지도자 집단이었으며, 대체로 이방인이었다. 끝없이 확장되는 술탄의 제국에 새로 편입된 지역 출신의 개종한 배교자들이었다. 그들은 항상 어떤 평화 정책에도 반대하고 메흐메트 2세의 세계 정복 야망을 부추겼다. 그들은 자기네의 운명을 이 도시 점령에 걸었다. 그들 가운데 선두 주자는 그리스인 개종자인 차석대신 자아노스 파샤였다. 그는 "사람들이 가장 두려워하고 가장 큰 발언권과 권위가 있는"[13] 사람이었으며, 주요 군 지휘관이었다. 이 파벌은 종교 지도자들과 성전 옹호자들로부터 강력한 지원을 받고 있었다. 박식한 이슬람 학자이자 메흐메트 2세의 무서운 스승인 귀라니 아흐메트라는 울라마와 이슬람의 숙원인 콘스탄티노플 점령을 향한 열정을 대표하는 셰흐 악솀스엣딘 등이 그런 후원자였다.

할릴은 좋은 조건에 포위를 풀고 명예롭게 철군할 수 있는 기회를 잡아야 한다고 주장했다. 해상 교전에서의 패배는 이 도시 점령이 어렵다는 사실을 드러낸 것이며, 전쟁이 장기화됨에 따라 헝가리 육군이나 이탈리아 함대가 구원군으로 올 가능성이 높아졌다는 것이다. 그는 "익은 과일이 나무에서 떨어지듯이"[14] 사과가 언젠가는 술탄의 무릎으로 떨어질 것이지만, 이 맛있는 과일은 아직 익지 않았다는 자신의 확신을 표명했다. 가혹한 평화협정을 강요함으로써 그날은 앞당겨질 수 있다고 했다. 그는 포위를 푸는 조건으로 황제에게 연간 무려 7만 두카토의 세금을 요구하자고 제안했다.

주전파는 이런 노선에 격렬하게 반대했다. 자아노스는 전쟁은 더욱 강력하게 밀고 나가야 하며, 제노바 배들이 도착한 것은 결정적인 한 방이 필요함을 보여주었을 뿐이라고 대답했다.

정말로 중요한 순간이었다. 오스만 지휘부는 자기네의 운명이 중요한 순간에 도달했음을 알고 있었다. 그러나 토론이 치열했던 것은 또한 주요 대신들이 스스로 술탄에 대한 영향력을 확보하기 위해 그리고 궁극적으로는 자기네 스스로의 생존을 위해 싸우고 있다는 사실을 인식하고 있었다는 얘기다. 메흐메트 2세는 양쪽이 입장을 놓고 다투는 동안에 논의를 무시하며 조금 높게 마련된 자신의 자리에 앉아 있었다. 그러나 기질이나 성향상으로 그는 언제나 주전파 쪽이었다.

회의는 절대다수의 지지로 전쟁을 계속하기로 결정했다. 콘스탄티노스 11세에게는, 평화는 도시의 즉각적인 항복에 의해서만 이룰 수 있다는 답장을 보냈다. 술탄은 콘스탄티노스 11세에게 펠로폰네소스 반도를 떼어주고, 지금 그곳을 지배하고 있는 그 동생들에게도 보상을 해주겠다고 밝혔다. 그것은 거부를 이끌어내기 위해 한 제안이었고, 당연히 거부당했다. 콘스탄티노스 11세는 자신의 역사적 책무를 자각하고 있었고, 자기 아버지와 같은 관점을 지니고 있었다. 1397년 오스만인들이 성문 밖에 왔을 때 마누엘 2세는 이렇게 중얼거렸다.

"주 예수 그리스도시여, 도시가 그곳에 있던 성스럽고 유서 깊은 모든 '신앙'의 기념물들과 함께 이교도들의 손에 넘어간 것은 마누엘 2세 황제 때의 일이었다는 말을 많은 기독교인이 하는 일이 생기지 않도록 해주소서."[15]

황제는 이러한 정신으로 끝까지 싸울 터였다. 포위전은 계속됐고, 사태가 더욱 심각하게 돌아가는 것을 감지한 주전파는 더욱 거세게 부딪쳐야겠다고 결의를 다졌다.

5킬로미터 밖에서는 이와 관계없이 도시에 대한 공격이 계속됐다. 메흐메트 2세와 그의 장군들 외에는 비밀로 돼 있는 종합 공격 계획에 의해 추진된 것이었다. 전날 시작된 육지 쪽 성벽에 대한 대규모 포격은 쉬지 않고 계속돼, 밤을 지나고 작전 회의가 열리는 낮에까지 이어졌다. 오스만의 포격은 리코스 계곡의 성 로마노스 문 근처에 집중됐다. 양쪽이 모두 가장 취약한 곳임을 알고 있는 방어 구역이었다.

쉴 새 없는 포격으로 주요 망루 가운데 하나인 박타티니아 망루가 붕괴되고 외성 몇 미터가 그와 함께 무너졌다. 이에 따라 상당한 틈새가 생겼고, 방어군은 갑자기 노출됐다. 니콜로 바르바로는 이렇게 적었다.

그것은 도시에 있던 사람들과 함대에 있던 사람들에게 공포의 시작이었다. 우리는 그들이 곧바로 전면 공격을 하려 한다는 사실을 의심치 않았다. 사람들은 모두 이제 곧 도시 안에서 튀르크족들의 터번을 보게 될 것이라고 생각했다.[16]

방어군을 주눅 들게 한 것은 역시 충분한 화력이 어느 한 곳에 집중됐을 때 오스만의 대포들이 방어벽을 무너뜨리는 속도였다. 방어벽은 분명히 만만치 않은데도 말이다.

포격으로 그렇게 긴 구간의 성벽이 무너지자 사람들은 모두 망연자실했다. 저들이 어떻게 며칠 만에 성벽을 그렇게 많이 무너뜨릴 수 있었을까 하는 생각들이었다.[17]

뻥 뚫린 구멍으로 밖을 내다보던 방어군들에게는 "1만 명의 병사만 가지고"[18] 이 지점에서 총공격을 한다면 도시가 함락되리라는 것이 분명해 보였다. 그들은 필연적인 것으로 보이는 공격을 기다렸지만, 메흐메트 2세와 군 지휘부 전원은 디플로키온에서 앞으로 전쟁을 어떻게 할 것인지를 논의했고, 아무런 명령도 내리지 않았다. 개인의 결단에 크게 의존했던 기독교 방어군의 파편화된 의용병적 본질과는 대조적으로, 오스만 군대는 오직 중앙의 지시에만 반응하는 듯했다. 대포로 거둔 성과를 최대한 이용하기 위한 조치는 아무것도 없었고, 방어군은 재정비할 수 있는 시간을 벌었다.

어둠이 깔린 속에서 주스티니아니와 그의 부하들은 파괴된 성벽의 응급 보수를 시작했다.

이 보수는 돌과 흙을 가득 채운 통을 가지고 했으며, 그 뒤에는 매우 넓은 해자를 만들고 그 끝에 둑을 쌓았다. 그 위에는 단단하게 하기 위해 물을 흠뻑 적신 덩굴식물들과 다른 나뭇가지들을 덮었다. 그렇게 해서 성벽만큼이나 튼튼하게 만들었다.[19]

이 나무 · 흙 · 돌로 만든 방책은 줄곧 효과적이어서, 거대한 돌 포탄의 위력을 묻어버렸다. 어떻든 이 임시 보수는 "그들의 거대한 대포와 다른 작은 포 그리고 아주 많은 총포과 무수한 활과 수많은 권총"[20]의 계속되는 포격 속에서 이루어졌다. 바르바로의 이날 기록은 뇌리에서 떠나지 않는 결정적인 적의 이미지로 끝난다. 낯선 자들이 바글바글한 모습. 이 선의船醫가 얼핏 본 공포스런 모습이었다. 성벽 앞의 땅은 "보이지 않았다."

땅은 튀르크족으로 뒤덮여 있었기 때문이다. 특히 오스만 황제 휘하의 가장 용감한 병사들인 예니체리들과 흰 터번으로 알아볼 수 있는 많은 술탄의 노예들이었다(보통의 튀르크족은 붉은 터번을 한다).[21]

여전히 아무런 공격도 해오지 않았다. 행운이(그리고 "연민이 가득한 우리의 자비로우신 주 예수 그리스도께서")[22] 그날 도시를 살려준 것만은 분명했다.

4월 21일에 일어난 사건들은 갑자기 속도가 빨라지고 서로 중첩돼 있는 듯하다. 마치 양쪽이 모두 상당히 격렬한 순간임을 인식한 것처럼 말이다. 방어군에게 이날은 끊임없이 대응하는 과정이었다. 그들은 출격에 나설 자원이 없기 때문에 삼각형을 이루는 옛 성벽 안에서 바라보고 있는 수밖에 다른 도리가 없었다. 자기네 방어 시설의 견고함을 믿고 기다리다가 특별한 위기가 닥칠 때마다 달려 나가고, 무너진 틈을 메우고 그리고 싸우는 것이었다. 그들은 희망과 절망으로, 적의 공격과 구원군에 대한 소문으로 왔다 갔다 휩쓸리며 현상을 유지하기 위해 쉬지 않고 몸을 놀렸다. 그리고 그들은 다가오는 돛의 희미한 윤곽을 찾아 서쪽을 바라보았다.

메흐메트 2세는 그즈음 일어나고 있던 일들로 인해 광적인 움직임을 보이게 됐던 듯하다. 해군의 패배, 구원군에 대한 공포, 자기 부대의 비관적인 분위기. 이런 것들이 21일에 그를 사로잡고 있던 문제들이었다. 그는 쉬지 않고 도시 주변을 돌아다녔다. 붉은색과 금색의 천막에서 디플로키온으로, 갈라타 위쪽에 있는 자신의 부대로. 삼차원에서 문제를 분석하고, '맛있는 과일'을 다른 각도에서 살펴보고, 그것을 마음속에서 곰곰 생각했다.

그가 콘스탄티노플을 원한 것은 어린 시절로 거슬러 올라간다. 그가 소년 시절 이 도시를 멀리서 처음 보았을 때부터 1452년 겨울에 아드리아노플(에디르네)의 밤거리를 산책하기까지, 그 도시는 하나의 집착 대상이었다. 그로 말미암아 포위전에 관한 서방의 글들을 읽고, 그 지형에 대해 미리 연구하며, 성벽에 대해 상세한 스케치를 하는 데 미친 듯이 몰두한 것이다. 메흐메트 2세는 쉬지 않고 이 일을 추진했다. 의문을 품고, 자원과 과학기술을 획득하고, 첩자를 보내고, 정보를 축적했다. 집착은 비밀주의로 이어졌다. 박식한 젊은이는 오스만 궁정이라는 위험한 세계에 있었기 때문에 계획을 여기저기 떠벌이지 않은 채 때가 되기를 기다렸다. 메흐메트 2세는 미래의 출정 계획에 대해 물으면 직접적인 답변을 거부하고 이렇게 대답하는 것으로 유명했다.

"내 수염 한 가닥이 내 비밀을 알고 있음을 내가 안다면 나는 그 터럭을 뽑아내 불 속에 넣는다는 것을 명심하라."[23]

그의 다음 움직임은 비슷하게 신중할 터였다.

그는 문제가 무엇인지 생각해 보았다. 답은 크리소케라스 만 입구를 지키고 있는 쇠사슬 방책이었다. 그것 때문에 그의 해군이 도시를 압박하는 것은 한 방향으로 제한되고 있었고, 방어군은 빈약한 군사력을 육지 쪽 성벽을 방어하는 데 집중할 수 있게 해서 그의 엄청난 수적 우위를 갉아먹고 있었다.

오스만의 대포는 코린토스 지협에 건설된 콘스탄티노스 11세의 방어 성벽을 한 주일 만에 부숴버렸다. 그러나 여기서는 큰 대포가 테오도시우스의 옛 성벽을 확실하게 폭파해 구멍을 냈음에도 불구하고 진행 속도는 자신이 기대했던 것보다 느렸다. 바깥에서 보기에 방어 시스템은 매우 복잡하고 여러 겹으로 돼 있었으며, 해자 역시 빠른 결과를 내기에는 너무 깊었다. 게다가 주스티니아니는 천재적인 전략가임이 드러났다. 그가 제한된 인력과 자원을 배치한 것은 매우 효과적이었다. 돌이 부서지면 흙으로 대신했고, 현상 유지를 해냈다. 가까스로.

크리소케라스 만은 닫아만 놓으면 어떤 구원군 함대라도 안전하게 정박할 수 있는 곳이었고, 해군의 반격을 위한 기지가 될 수 있었다. 그것은 또한 메흐메트 2세의 육군과 해군의 여러 부문 사이의 통신 라인을 길어지게 만들었다. 육지 쪽 성벽에서 디플로키온으로 가려면 크리소케라스 만 위쪽으로 돌아 멀리 우회로를 가야 했기 때문이다. 쇠사슬 방책 문제는 해결돼야 했다.

메흐메트 2세가 그런 생각을 어디서 얻었는지 그리고 얼마나 오래 고심을 했는지는 아무도 확실하게 알지 못한다. 그러나 4월 21일에 그는 쇠사슬 방책에 대한 놀라운 해법을 다그쳤다. 그는 이렇게 생각했다. 억지로 열 수 없다면 우회해야 한다. 그리고 그것은 자신의 함대를 육지를 통해 몸으로 날라다가 방어벽 너머의 크리소케라스 만 안에 진수시키는 방법밖에 없다. 당대의 기독교도 역사가들은 이 전략이 어디서 나왔는지에 대해 자기자신만의 견해들을 밝혔다. 레오나르도스 대주교는 명쾌하게 말했다. 이번에도 그것은 유럽인 출신 배반자의 요령과 조언이었다고. 메흐메트 2세는 "신앙심 없는 기독교도의 기억을" 가져다 쓴 것이었다.

나는 이 방법을 튀르크족에게 가르쳐준 사람이 그것을 가르다 호수(이탈리아의 밀라노와 베네치아 사이에 있는 이탈리아 최대의 호수—옮긴이)에서 베네치아인들이 썼던 전략에서 배웠을 것이라고 생각한다.[24]

분명히 베네치아인들은 가깝게는 1439년에도 아디제 강(알프스 산지에서 나와 아드리아 해로 흘러들어가는 이탈리아 북부의 강—옮긴이)에서 가르다 호수로 갤리선을 실어간 적이 있었다. 그러나 중세의 전쟁에는 다른 선례들도 널려 있고, 메흐메트 2세는 군사軍史에 관심이 많은 연구자였다. 살라딘은 12세기에 나일 강에서 홍해로 갤리선을 실어갔고, 1424년에는 맘루크 왕조에서 갤리선을 카이로에서 수에즈로 실어 날랐다.

그 기원이야 어디에 있든, 그 계획이 21일 이전에 이미 잘 진행되고 있었던 것만은 분명하다. 다만 벌어지는 사건들 때문에 그 긴급성이 두드러졌을 뿐이다.

메흐메트 2세에게는 이러한 책략을 시도해야 하는 이유가 하나 더 있었다. 그는 크리소케라스 만 건너 갈라타에 있는 제노바 식민지에 압박을 가하는 것이 중요하다고 생각했다. 그들은 이 싸움에서 애매한 중립을 표방해 양쪽 모두로부터 불만을 사고 있었다. 갈라타는 도시와 포위자 양쪽 모두와 거래해서 이득을 남기고 있었다. 그 과정에서 물자와 정보가 이리저리 왔다 갔다 하는 일종의 막 역할을 하고 있었다. 이런 소문이 있었다. 갈라타 주민들은 낮에는 드러내 놓고 오스만 진영을 돌아다니며 큰 대포를 식히는 기름이나 기타 팔릴 만한 것들을 공급하고, 밤이 되면 크리소케라스 만을 몰래 넘어와 성벽 안의 자기네 자리로 돌아간다는 것이다. 쇠사슬 방책은 갈라타 성벽 안에서 보호하고 있었지만 드러내 놓고 문제 삼을 수는 없었다. 메흐메트 2세는 제노바인들과 대놓고 전쟁을 하지 않으려 애쓰고 있었기 때문이다. 정면으로 부딪친다면 그 모국에서 강력한 함대를 파견할 위험성이 있음을 그는 알고 있었다. 동시에 그는 갈라타 주민들이 자연스럽게 공감하는 대상도 같은 기독교도들임을 인식하고 있었다. 주스티니 아니도 제노바인이었다. 제노바의 구원 함대가 도착한 것 역시 공감의 균형을 무너뜨렸을 것이다. 히오스의 레오나르도스는 이렇게 썼다.

갈라타 사람들은 매우 조심스럽게 행동해 왔다. … 그러나 이제 그들은 무기와 병력을 제공하고 싶어 안달이었다. 다만 비밀리에. 그저 겉으로만 자기네와 친선을 유지하고 있는 적이 간파하지 못하도록.[25]

그러나 제노바인 공동체의 이중생활은 양쪽 모두에 정보가 들어갈 수 있다는 의미였고, 이는 곧 비극적인 결말을 맞게 된다.

본래 포도밭과 무성한 덤불로 뒤덮였던 갈라타 뒤쪽의 땅은 모두 자아노스 파샤가 지휘하는 오스만군의 수중에 있었다. 포위전 초기에 이런 결정이 내려졌었던 듯하다. 디플로키온에서 가까운 보스포로스 해협의 한 지점에서 비탈진 골짜기를 올라 갈라타 배후의 산등성이로 그리고 다른 골짜기를 내려가 크리소케라스 만까지 길을 낸다는 것이다. 종점은 제노바인 정착지 너머의 페가이 계곡(지금의 카슴파샤다—옮긴이)이라 불리는 곳이었는데, 성벽 밖 제노바인들의 묘지가 있는 곳이었다. 메흐메트 2세는 이 길을 모험을 위한 길로 삼기로 결정했다.

이 길은 가장 높은 곳이 해발 60미터 정도로 솟아 있었고, 이곳을 통해 육로로 배를 이동시키는 일은 어려운 도전이 될 수밖에 없었다. 그러나 메흐메트 2세에게 항상 부족하지 않았던 것 한 가지가 인간의 노동력이었다. 그는 늘 하던 대로 비밀리에 사전 계획을 세워 이 시도를 위한 물자들을 모았다. 바탕이 되는 선로를 만들기 위한 목재, 배를 실어 나르기 위한 롤러와 받침대, 돼지기름 통, 사람과 황소 부대 등이었다. 땅에서 덤불이 치워졌고, 가능한 범위 내에서 최대한 땅을 평평하게 했다. 4월 21일에 이 계획을 위한 작업이 속도를 높였다. 일꾼들이 보스포로스 해협에서 올라가는 골짜기에 나무 선로를 깔았고, 롤러가 준비돼 동물 기름을 윤활제로 발랐으며, 바다에서 올라올 배들을 올려놓을 받침대가 만들어졌다. 이 준비 작업으로부터 관심을 돌리기 위해 메흐메트 2세는 여러 문의 대포를 갈라타 정착지 바로 북쪽의 한 언덕에 올려다 놓고는 자아노스 파샤에게 크리소케라스 만을 방어하고 있는 배들을 포격하라고 명령했다.

그런데 기독교도들이 왜 갈라타의 정보 채널이나 오스만 진영의 기독교도 병사들을 통해 그런 중대한 토목 공사에 대한 정보를 얻지 못했는지는 아직도 이해하기가 어렵다. 초기에 제노바인들은 아마도 그 예비 정지 작업을 말 그대로 도로 공사 사업으로 생각했던 듯하다. 나중에는 그들 등 뒤에서 벌어진 대포 사격 때문에 자세히 살펴보지 못했고, 또한 베네치아인들이 생각했듯이 그 계획을 공모한 책임도 있을 것이다. 그리고 메흐메트 2세는 이 일에 기독교도 부대는 전혀 쓰지 않도록 확실히 했을 듯도 하다. 진실이야 어떻든, 도시에서는 뒤이어 무슨 일이 일어날지에 대해 아무런 낌새도 채지 못하고 있었다.

4월 22일 일요일 이른 아침, 포격은 계속되고 몸이 성한 기독교도들은 교회로 발걸음을 옮기고 있을 때 첫 번째 받침대가 보스포로스 바다로 내려졌다. 작은 푸스타선 한 척이 그 위에 올려지고, 다시 도르래로 선로 위의 윤활제를 바른 롤러 위로 옮겨졌다. 언제나 현장에 나타나는 술탄도 그곳에 나와 작업을 지켜보며 격려했다.

그리고 그것들을 밧줄로 잘 묶고 그는 긴 동아줄을 구석구석에 매단 뒤 병사들에게 배당해 끌도록 했다. 손으로 끌기도 하고, 기계를 이용해 끌기도 했다.[26]

배는 황소와 사람이 여럿 동원돼 비탈을 끌고 올라갔고, 양쪽에 일꾼과 병사 무리가 더 달라붙어서 이를 도왔다. 선로를 따라 올라가니 더 많은 롤러가 길에 놓여 있었다. 배는 이 작업을 위해 동원된 수많은 동물과 인력으로 가파른 산비탈을 천천히 움직여 60미터 위의 산등성이로 향했다.

싱그러운 아침 바람이 바다에서 불어왔고, 메흐메트 2세는 어느 순간에 퍼뜩 기간基幹 승무원들에게 노 젓는 위치로 가라고 명령했다.

몇몇 사람이 우렁찬 함성과 함께 돛을 올렸다. 마치 출항이라도 하는 듯했다. 돛은 바람을 받아 부풀었다. 다른 사람들은 노 젓는 자리에 앉아 손에 노를 잡고 실제로 노를 젓는 것처럼 앞뒤로 움직였다. 그리고 지휘관들은 돛대꽂이 주위를 뛰어다니며 호루라기를 불고 고함을 치고 노잡이들에게 채찍을 휘두르며 노를 저으라고 명령했다.[27]

배들은 색색의 삼각기로 치장을 했으며, 북이 울리고 뱃머리에서는 작은 악대가 피리를 불었다. 그것은 꿈속 같은 즉흥 축제였다. 깃발이 나부끼고 악대가 연주를 하는 가운데, 노가 움직이고 돛은 이른 아침의 산들바람으로 부풀어 올랐으며, 황소는 용을 쓰며 울부짖었다. 이는 전쟁 와중에 표현된 멋진 심리적 제스처였으며, 튀르크 사람들에게 '정복자'(콘스탄티노플 점령 등 활발한 정복 사업을 벌였던 메흐메트 2세의 별칭이다—옮긴이) 신화의 강력한 구성 요소로 각인된다. 크리토불로스는 이렇게 적었다.

보기에도 참으로 놀라운 광경이었다. 그리고 그것을 제 눈으로 직접 본 사람 이외에는 말해도 믿기 어려운 장면이었다. 배들은 마치 바다에서 항해하는 것처럼 육지에서 옮겨지고 있었다. 승무원과 돛과 모든 설비를 그대로 갖춘 채.[28]

인근 고원에서는 자아노스 파샤가 아래쪽 항구에 포격을 계속하고 있었고, 거기서 3킬로미터 떨어진 곳에서는 큰 대포가 성 로마노스 문의 육지 쪽 성벽을 계속 때리고 있었다.

산등성이에서는 배 한 척을 시험 삼아 아래쪽 페가이 계곡으로 천천히 내려보냈다. 메흐메트 2세는 세밀한 데까지 꼼꼼한 관심을 기울였다. 그는 또 한 무리의 대포를 물가로 내려 보내 배들이 진수될 때 어떤 공격이 있더라도 막아내도록 했다. 이 첫 번째 배는 정오 훨씬 이전에 크리소케라스 만의 고요한 바다로 첨벙 들어갔다. 승무원들은 어떤 기습이 있더라도 물리칠 태세를 갖추고 있었다. 그리고 다른 배들이 빠른 속도로 뒤따라 바다로 들어갔다. 그날 하루 동안 70척가량의 배들이 하나씩 하나씩 페가이 계곡 쪽의 바다로 내려졌다. 이 배들은 푸스타선이었다. 더 작고 빠른 2단 또는 3단 노 갤리선으로, "노가 열다섯에서 스무 줄, 심지어 스물두 줄"[29]이었으며 길이는 아마도 최대 20미터에 이르렀을 것이다. 오스만의 더 큰 갤리선들은 여전히 디플로키온의 외항에 머물러 있었다.

이 작전의 미세한 부분들, 즉 시점과 경로와 이용된 기술 등은 모두 깊은 수수께끼로 남아 있다. 사실 작전이 24시간 내에 완료됐을 가능성은 매우 낮다. 여기에 쓰인 인체공학은 훨씬 긴 시간이 걸렸을 가능성을 시사한다. 70척의 배를 8도 기울기의 비탈로 최소 2.5킬로미터 이상 끌고 올라가고 다시 잘 통제된 상태로 내려왔다. 수많은 사람과 동물이 돕고 기계를 사용했을지라도 말이다. 큰 배들은 분해됐다가 4월 22일 훨씬 이전에 크리소케라스 해안 가까운 곳에서 다시 조립됐을 가능성이 높다. 그리고 다른 배들의 수송 역시 한동안 계속됐을 것이다.

늘 그렇듯이 메흐메트 2세는 비밀주의와 심사숙고를 택했기 때문에

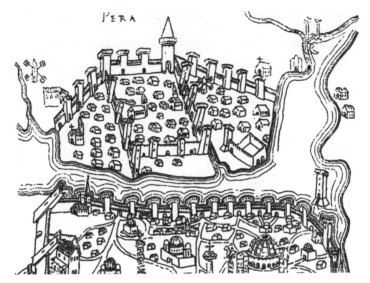

갈라타(페라)와 크리소케라스 만. 디플로키온은 오른쪽 위, 페가이 계곡은 왼쪽 풍차 아래에 있다.

비밀은 결코 밝혀지지 않겠지만, 모든 역사가가 동의하고 있는 사실이 있다. 4월 22일 아침에 갑자기 배들이 하나씩 하나씩 갈라타 항구로 몰려들어 왔다는 것이다. 전체 작전은 전략상으로나 심리적인 측면에서나 쾌거였고, 훌륭하게 구상되고 실행됐다. 심지어 후대의 그리스 역사가도 떨떠름한 칭찬을 남겼다. 멜리세노스는 이렇게 썼다.

그것은 해군 전술상 놀라운 성과이고, 최고의 전략이었다.[30]

그것은 방어군에게 끔찍한 결과를 가져다주게 된다.

크리소케라스 만을 따라 건설된 해안 성벽은 거의 방어되지 않고 있었다. 쇠사슬 방책 안의 안전한 위치에 있는 데다, 육지 쪽 성벽에 전념해야 한다는 압박이 컸기 때문이다. 첫 번째 배가 건너편 산꼭대기에 올라 물 쪽으로 내려오기 시작할 때에 이를 보게 된 병사들은 얼마 되지 않았을 것이다. 그들이 이를 보게 되자 공포감이 급속하게 확산됐다. 사람들은 가파른 거리를 달려 내려가 성벽에서 오스만 함대가 하나씩 하나씩 크리소케라스 만으로 미끄러져 들어가는 것을 공포에 떨며 지켜보았다. 그것은 보스포로스 해협 전투의 승리에 대한 특이하면서도 전략적이고 심리적인 반격이었다.

콘스탄티노스 11세는 곧바로 궁지에 몰린 자기네 군대에 미칠 영향을 알아차렸다.

크리소케라스 만을 따라 세운 성벽이 전투에 노출됐기 때문에 그들은 이를 방어하지 않을 수 없었고, 다른 방어 구역에서 자원을 빼내 그곳으로 보내지 않을 수 없게 됐다. 다른 성벽들에서 최고의 병사들을 빼낸다는 것은 분명히 위험한 일이었고, 남아 있는 사람들만으로는 제대로 방어하기에 너무 적은 수였다.[31]

베네치아인들과 해군 작전 지휘관들은 모두 적잖이 당황했다. 오스만 함대는 겨우 수백 미터 폭의 닫힌 해협 안에서 1.5킬로미터도 되지 않는 거리에 있었다. 공격으로부터 안전한 곳이었던 크리소케라스 만은 이제 숨 쉴 여지조차 없는 닫힌 싸움터로 변했다.

우리 함대 사람들이 푸스타선들을 보았을 때 그들은 분명 매우 두려워했다. 그들이 어느 날 밤이든 디플로키온에 있는 자기네 함대와 함께 우리 함대를 공격할 것이 분명했기 때문이다. 우리 함대는 쇠사슬 방책 안쪽에 있었고, 튀르크의 함대는 쇠사슬 안쪽과 바깥쪽 모두에 있었다. 이렇게 말하면 그 위험이 얼마나 컸는지 알 수 있을 것이다. 그리고 우리는 또한 불에 대해서도 매우 우려했다. 그들이 쇠사슬 앞에 늘어서 있는 배들로 다가와 불을 지를지도 모르는 상황이었기 때문이다. 그리고 우리는 튀르크족에 대한 엄청난 공포감을 지닌 채 밤이나 낮이나 바다에서 전투 대기 상태로 있지 않을 수 없었다.[32]

방어군에게는 크리소케라스 만 안으로 들어온 함대를 파괴하는 것이 꼭 필요하고 긴급한 일임이 분명했다. 이튿날 베네치아인들의 성모 마리아 성당에서 작전 회의가 열렸다. 베네치아 바일로인 미노토와 황제가 "적의 함대를 불태운다"[33]는 긴급 목표를 내걸고 소집한 것이었다. 오직 열두 명만이 참석했고, 그들은 비밀리에 만났다. 콘스탄티노스 11세를 제외하고는 대부분이 베네치아 지휘관들과 선장들이었다. 베네치아인들이 자기네 일이라고 여겼던 이 문제에 유일한 이방인이 끼였다. 바로 제노바인인 조반니 주스티니아니였다. 그는 "모든 문제에서 의지할 만한 사람"[34]이었고, 그의 의견은 모든 사람이 존중했다.

길고 열띤 토론이 이어졌고, 그 과정에서 대립되는 의견이 열렬하게 주장됐다. 일부는 대낮에 전 함대를 동원하고 제노바의 배들과 보조를 맞추어 전면 공격을 하자고 주장했다. 이 방안은 갈라타와의 협상이 복잡하고 또한 빠른 조치가 가장 중요하다는 관점에서 거부됐다. 다른 사람들은 육상 병력을 배치해 적의 함대를 보호하고 있는 대포들을 파괴하고 나서 배를 불태우자고 주장했다. 이는 동원할 수 있는 병사가 적기 때문에 너무 위험하다고 생각됐다. 마지막으로 트라페주스에서 온 갤리선 선장으로 "말보다 행동을 앞세우는 사람"이었던 자코모 코코가 세 번째 방안을 제시하며 강력하게 주장했다. 밤중에 작은 파견대를 보내 불시에 튀르크 함대를 붙잡아 불태우자는 것인데, 제노바인들과도 상의하지 말고 극비리에 준비해 지체 없이 실행하자고 했다. 시간이 가장 중요하다는 것이었다. 그는 이 계획을 자신이 지휘하겠다고 제안했다. 이 전략은 투표에 부쳐져 가결됐다.

4월 24일, 코코는 이 계획을 실행하는 일에 착수했다. 그는 튼튼하고 키가 큰 상선 두 척을 골라 양털과 솜을 채워 넣은 포대를 만들어 배의 측면에 늘어뜨렸다. 오스만의 대포가 쏘는 돌 포탄으로부터 보호하기 위한 것이었다. 두 척의 대형 갤리선이 상선과 동행해 반격이 있으면 격퇴하도록 했고, 실질적인 타격을 가하는 것은 각기 72명의 노잡이가 배치된 가볍고 빠른 두 척의 푸스타선이었다. 이들 배에는 '그리스의 불'과 다른 가연성 물질을 가득 실어 적의 함대를 불태우도록 했다. 각 배들은 추가 자재를 실은 작은 보트를 딸려 보내도록 했다. 계획은 단순했다. '갑옷을 입은' 범선은 적선에 가까이 다가갈 때까지 빠른 배들을 포격으로부터 보호하고, 그런 다음에 이 빠른 배들이 방어벽에서 달려 나와 밀집된 오스만 배들에 불을 지른다는 것이었다. 배들은 해가 지고 한 시간 뒤에 모이고, 공격은 자정에 시작하기로 했다.

모든 준비가 끝났다. 지휘관들은 마지막 브리핑을 위해 항구의 책임을 맡고 있는 알루비세 디에도의 갤리선에 모였다. 그런데 이때 계획이 예기치 않게 중지됐다. 도시의 제노바인들이 어떻게 그 소문을 듣고 공격에 한몫 끼이겠다고 청했다. 그들은 자기네 배를 준비하기 위해 작전을 연기해야 한다고 강력하게 주장했다. 내키지 않았지만 베네치아인들은 승낙했다. 공격은 연기됐다.

　제노바인들이 자기네 배를 준비하는 동안에 나흘이 지나갔다. 육지 쪽 성벽에 대한 포격은 조금도 수그러들지 않고 계속됐다. 베네치아인들은 기다리다 지쳤다. 바르바로는 이렇게 썼다.

　　우리는 이달 24일부터 28일까지 기다렸다. 4월 28일에 우리 주 예수 그리스도의 이름으로 이교도인 튀르크족의 함대를 불태우는 작전에 들어가기로 결정했다.[35]

　공격 함대는 제노바인들의 민감한 성격을 반영하기 위해 약간 변경됐다. 베네치아인들과 제노바인들에게는 각기 포대를 두른 상선 한 척씩이 배정됐다. 베네치아의 갤리선은 두 척으로 가브리엘레 트레비사노와 자카리아 그리오니가 지휘하고 있었고, 가연성 물질을 실은 보다 빠른 푸스타선 세 척은 코코가 지휘하고 있었으며, 여분의 역청·덤불·화약 보급품을 실은 작은 보트가 여러 척 있었다.

　4월 28일 동이 트기 두 시간 전에 공격 부대는 크리소케라스 만 북동쪽의 갈라타 해안 성벽 아래에서 조용히 빠져나와 어둠에 싸인 해안 만곡부를 돌아 페가이 계곡으로 향했다. 1.5킬로미터가 될까 말까 한 거리였다. 주스티니아니가 탄 제노바의 상선이 앞장섰다. 공격선들은 그 뒤에 숨어서 따라갔다. 조용한 물 위에서 아무것도 움직이지 않았다. 유일한 생명의 자취는 제노바인들의 갈라타 망루에서 잠시 반짝인 불빛뿐이었다. 그들이 오스만 함대 쪽을 향해 노를 저어 다가갈 때 아무런 소리도 들리지 않았다.

　덩치가 더 큰 범선들은 자기네가 보호하도록 돼 있는 빠르고 노가 많은 푸스타선에 비해 천천히 노를 저어 움직일 수밖에 없었다. 천천히 접근하는 데서 생긴 침묵과 긴장감 그리고 공격 연기에 대한 억눌린 불만 때문이었는지 아니면 "세상에서 명예를 얻고자 하는"[36] 욕망 때문이었는지는 분명치 않지만, 자코모 코코는 갑자기 세심하게 만들었던 계획을 내던졌다. 그는 독단적인 결정으로 자신의 배를 호송선 앞으로 끌고 나간 뒤 정박한 함대를 향해 전속력으로 노를 저어 공격을 시작했다. 한순간 침묵이 흘렀다. 그런 뒤에 어둠 속에서 보호막 없는 배를 향해 대포의 사격이 시작됐다. 첫 번째 사격 가운데 한 발이 근처에 떨어졌으나 빗나갔다. 두 번째 가운데 한 발이 푸스타선 선체 중앙부에 맞아 이를 관통했다. 바르바로는 이렇게 적었다.

그리고 이 푸스타선은 「주기도문」을 열 번 욀 시간만큼도 떠 있지 못했다.[37]

순식간에 갑옷 입은 병사들과 노잡이들이 밤 바다에 던져져 사라졌다.

뒤따르던 배들은 어둠 속에서 무슨 일이 일어났는지 보지 못한 채 앞으로 나아갔다. 더 많은 대포가 가까운 거리에서 발포를 했다.

대포에서 그리고 권총에서 연기가 하도 많이 나서 아무것도 볼 수 없었으며, 이쪽과 저쪽에서 시끄러운 고함 소리가 들렸다.[38]

배들이 움직이면서 트레비사노의 보다 큰 갤리선이 사정권 안에 들어왔고, 곧바로 두 발의 대포 탄환이 이 배를 맞혀 선체를 그대로 관통했다. 물이 배로 쏟아져 들어오기 시작했지만, 갑판 밑에 누워 있던 부상자 두 사람이 대단한 침착성을 발휘해 배가 가라앉는 것을 막았다. 그들은 여러 벌의 외투로 구멍을 틀어막고 물이 더 이상 밀려들어 오지 않도록 했다. 불구가 된 갤리선은 비록 반쯤 물에 잠겼지만 어떻게든 물 위에 떠서 노를 저어 천신만고 끝에 안전한 곳으로 돌아왔다. 다른 배들은 공격을 밀어붙이려 했으나, 돌과 포탄과 기타 발사체들이 빗발처럼 쏟아지고 파손된 갤리선이 보이자 철수하지 않을 수 없었다.

동이 트기 시작했다. 그러나 혼란 속에서 두 척의 커다란 상선은 계획상의 방어 위치에 그대로 정박하고 있었다. 나머지 병력이 철수한 사실을 모른 것이었다. 오스만 함대는 이 배들이 뜻밖에도 고립돼 있음을 보고는 정박지에서 나와 이들을 포위해 묶어놓았다.

> 무시무시하고도 격렬한 전투가 벌어졌다. … 정말로 지옥 그 자체처럼 여겨졌다. 탄환과 화살이 수도 없이 날아다녔고, 대포와 총이 계속해서 발사됐다.[39]

무슬림 병사들은 자기네들의 작은 배 70척이 앞으로 몰려나가 적과 싸울 때 알라의 이름을 크게 외쳤으나, 포대를 두른 수송선 두 척은 옆면이 높고 노련한 승무원들이 있어 그들의 접근을 막고 있었다. 근접전은 한 시간 반 동안 치열하게 계속됐지만 어느 쪽도 우세를 차지하지 못했고, 결국 교전을 중지하고 각자의 정박지로 돌아갔다. 오스만은 푸스타선 한 척을 잃었지만, 어느 쪽이 이겼는지는 분명했다. 바르바로는 이렇게 회상했다.

튀르크 진영은 완전히 축제 분위기였다. 자기네가 자코모 코코 선장의 푸스타선을 격침시켰기 때문이었다. 그리고 우리는 튀르크족이 자기네 함대로 우리에게서 승리를 빼앗아가지나 않을까 해서 공포 속에서 눈물을 흘렸다.[40]

이탈리아인들은 자기네가 입은 손실을 계산해 봤다. 푸스타선 한 척이 선원 및 기타 여러 사람과 함께 격침됐고(모두 합쳐 90명가량의 숙련된 선원과 병사들이다), 또 한 척의 갤리선은 심하게 파손됐다. 이탈리아가 바다를 제패하고 있다는 생각이 손상을 입은 것이다. 개별 사망자의 숫자는 많았고, 그들은 동료들 사이에서 이름이 알려진 사람들이었다.

자코모 코코(선장)
안토니오 데 코르푸(동업자)
안드레아 스테코(항해사)
주안 마랑곤(석궁 사수)
트로일로 데 그레지(석궁 사수)… [41]

그 뒤에도 명단은 계속 이어진다.

이들은 모두 푸스타선과 함께 가라앉았고, 모두 익사했다. 하느님, 이들을 불쌍히 여기소서.

그러나 4월 29일 아침이 지나가면서 손실의 본질은 좀 더 끔찍한 모습을 띠게 된다. 알고 보니 실종된 사람이 모두 익사한 것은 아니었다. 40명 정도의 사람들이 가라앉는 배에서 헤엄쳐 빠져나왔는데, 그들은 어둠과 전쟁터의 혼란 속에서 적군이 있는 해안으로 헤엄쳐 가서 생포됐다. 메흐메트 2세는 도시 사람들에게 잘 보이는 곳에서 그들을 말뚝에 박아 죽이라고 명령했다. 형벌이자 경고였다. 생존자들은 성벽에서 공포에 떨며 그 준비 과정을 지켜보았다. 그들이 보게 된 내용은 제노바의 상인으로 이 시기에 오스만 제국에서 장사를 하며 25년을 보낸 자코포 데 캄피가 생생하게 기록하고 있다.

튀르크 황제는 자신이 형벌을 가하고 싶은 사람을 땅바닥에 엎어놓는다. 날카롭고 긴 막대기가 항문에 놓여지고, 집행자는 커다란 망치를 양손에 잡고 온 힘을 다해 그것을 친다. 그러면 '팔로palo'로 알려진 이 막대기는 사람의 몸속으로 들어가고, 그것이 어떤 경로로 들어갔느냐에 따라 불행하게 오래가기도 하고 즉사하기도 한다. 그러면 그는 막대기를 들어 땅바닥에 박는다. 이렇게 불행한 경우에는 죽음 직전의 상태로 방치되지만 그는 오래 살지는 못한다.[42]

그렇게 "말뚝이 박히면 그들은 성벽 위의 방어군 모두가 보는 가운데 죽어가도록 방치된다."[43]

당시의 유럽 작가들은 이런 처형 방법의 야만성을 맹비난하고, 이것이 특히 튀르크의 방식이라고 간주했다. 말뚝 처형은 특히 포위된 도시를 위축시키는 수단으로 널리 이용된 충격 전술이었는데, 이는 오스만이 발칸 반도의 기독교 세계에서 배워온 것이었다. 그들은 나중에 이런 방법으로 역사상 가장 악명 높은 축에 속하는 잔혹 행위를 당하게 된다. 알려진 바에 따르면 2만 5천 명의 튀르크족이 1461년 도나우 평원에서 블라드 3세(재위 1448, 1456~1462, 1476. 현재 루마니아 남부에 해당하는 왈라키아 공작이었는데 말뚝 형벌로 유명해 '블라드 체페쉬'('체페쉬'는 '말뚝을 꽂는 자'라는 뜻)라는 별칭으로 불렸으며 '드라큘라'의 모델이기도 하다—옮긴이)로부터 말뚝 형벌을 받아 죽었다. 심지어 메흐메트 2세조차 목격자들이 전해 주는 이야기를 듣고는 질겁을 해서 망상에 시달리곤 했다. "땅바닥에 말뚝이 수도 없이 꽂혀 있는데 과일이 아니라 시체가 달려 있"[44]으며, 그 한가운데에 있는 그의 지위를 표시하기 위한 말뚝에는 한때 그의 제독이었던 함자 베이가 여전히 붉은색과 자주색이 섞인 관복을 입은 채 시체로 걸려 있다는 식의 상상을 하는 것이다.

4월 28일 오후, 모든 사람이 성벽에서 지켜보는 가운데 말뚝이 꽂혀 죽은 이탈리아인 선원들의 시신은 그들이 바랐던 효과를 냈다. 멜리세노스는 "도시에서 이 젊은 사람들에 대한 애도는 끝이 없었다"[45]고 썼지만, 슬픔은 재빨리 분노로 변했다. 그리고 공격 실패에 따른 그들의 상실감과 좌절감을 달래기 위해 그들은 자신들 스스로가 잔혹 행위를 하는 것으로 대응했다. 포위전이 시작된 이후 도시는 약 260명의 오스만 포로를 잡고 있었다. 이튿날 방어군은 같은 방식으로 보복을 했다. 아마도 콘스탄티노스 11세의 명령이었을 것이다.

> 우리 병사들은 분노했고, 그들이 성벽에서 포로로 잡았던 튀르크족을, 그 동료들이 환히 보는 앞에서 잔인하게 학살했다.[46]

그들은 한 사람 한 사람씩 성벽 위에 올려져 오스만 군대가 보는 앞에서 "교수형에" 처해졌다. 레오나르도스 대주교는 이렇게 한탄했다.

　　이런 식으로, 불경과 잔혹 행위가 겹침으로써 전쟁은 더욱 야비해
　　졌다.[47]

　포로를 교수형에 처하고 선원들을 말뚝으로 처형함으로써 최전선의 양측은 서로에게 한 방씩 먹였지만, 이렇게 폭력을 주고받은 뒤 주도권은 다시 포위군 쪽으로 돌아갔음이 분명해졌다. 안쪽의 오스만 함대는 여전히 배를 띄우고 있었고, 방어군으로서는 절실한 크리소케라스 만의 통제권을 상실했음이 분명했다. 실패한 야간 공격은 균형추를 도시에 불리한 쪽으로 확 기울게 했다. 그들은 이 점을 반성하면서 실패의 원인을 찾고 책임 소재도 가렸다. 특히 이탈리아인들 자체 내에서 그러했다. 코코의 공격을 연기한 것이 치명적이었음은 분명했다. 어떤 식으로든 적이 그들의 계획을 탐지하고 숨어서 기다렸다. 메흐메트 2세는 더 많은 대포를 안쪽 항구에 옮겨 놓고 공격 부대를 기다렸다. 갈라타 망루에서 나왔던 불빛은 이 제노바 식민지 안의 누군가가 보낸 신호였다. 이탈리아 파당들 사이의 비난전은 그 자체의 논리를 만들어내려 하고 있었다.

무시무시한 무기들
1453년 4월 28일~5월 25일

공성탑(攻城塔)으로 성채를 공격하는 모습.

포위전을 하는 데는 기계들이 필요하다. 서로 다른 유형과 모양의 방패,
… 운반할 수 있는 나무 탑, … 서로 다른 모양의 사다리, …
서로 다른 유형의 성벽을 굴착하는 데 필요한 서로 다른 연장들, …
사다리 없이 성벽을 올라갈 수 있는 기계들 같은 것들이다.[1]

― 10세기의 포위전 전술 교범

아아, 가장 거룩하신 아버지시여! 무서운 재앙입니다. 넵투누스(로마 신화에 나오는 바다의 신—옮긴이)의 분노가 한 방에 저들을 익사시켰어야 하는데![2]

야간 공격 실패에 대한 상호 비난은 혹독하고 즉각적이었다. 베네치아인들은 그 재앙으로 팔구십 명의 가까운 동료를 잃었고, 누구에게 책임이 있는지 알고 있었다. 니콜로 바르바로는 이렇게 말했다.

이 배신을 저지른 것은 기독교 신앙을 배반한 빌어먹을 페라(갈라타)의 제노바인들이었다. 튀르크 술탄에게 잘 보이려고 한 짓이었다.[3]

베네치아인들은 갈라타의 어떤 자가 그 계획에 관한 소식을 가지고 술탄의 진영으로 갔다고 주장했다. 그들은 이름까지 들먹였다. 술탄에게 사람을 보낸 것은 포데스타 자신이었다고도 하고, 일각에서는 파이우조라는 사람이라고도 했다. 제노바인들은 이 참패의 책임이 전적으로 베네치아인들에게 있다고 응수했다. 코코가 "명예와 영광을 너무 욕심내"[4] 지시를 무시하고 전체 작전에 재앙을 초래했다는 것이다. 더 나아가 그들은 베네치아 선원들이 몰래 배에 짐을 실어놓고 도시에서 빠져나갈 준비를 하고 있다고 비난했다.

분노에 찬 언쟁에 불이 붙어 "양쪽은 서로 상대방이 도망치려 하고 있다고 비난했다."[5] 깊숙한 곳에 있던 이탈리아인들 사이의 적대감이 모두 표면으로 터져 나왔다. 베네치아인들은 자기네가 황제의 명령에 따라 배에서 다시 짐을 내렸다고 주장하고, 제노바인들도 마찬가지로 "키와 돛을 배에서 떼어내 콘스탄티노플의 안전한 곳에 두라"[6]고 요구했다. 제노바인들은 도시를 버릴 생각이 전혀 없다고 쏘아붙였다. 자기네는 베네치아인들과는 달리 갈라타에 아내와 가족과 재산이 있으며, "우리는 목숨이 붙어 있는 한 갈라타를 지킬 준비를 하고 있다"*고 했다. 그러고는 "제노바의 영광인 우리의 고귀한 도시를 당신들의 권한하에"* 맡기지 않겠다고 말했다. 갈라타에 있는 제노바인들은 입장이 매우 모호해서, 사방에서 속임수를 쓰고 배신했다고 비난을 받는 상황을 자초했다. 그들은 양쪽 모두와 거래를 했지만, 그들이 자연스럽게 동조하는 것은 같은 기독교도들이었다. 그래서 그들은 공개적으로 중립을 선언했으면서도 쇠사슬 방책을 자기네 성벽에 고정시키도록 허용함으로써 절충을 한 것이었다.

콘스탄티노스 11세는 서로 못 미더워하는 이탈리아인들 사이의 분쟁에 직접 개입하지 않을 수 없었던 듯하다. 그러나 크리소케라스라는 곳은 여전히 긴장이 풀리지 않은 지역이었다. 야간 공격이나 오스만 함대의 양팔(하나는 크리소케라스 만 안 페가이 계곡에 있는 함대였고, 다른 하나는 바깥의 디플로키온에 있는 함대였다) 사이의 협공 작전이 있지 않을까 하는 공포에 시달려 기독교 측 함대는 긴장을 늦출 수가 없었다. 그들은 밤낮을 불문하고 전투 대기 상태로 화공선이 다가오는 소리가 들리는지 신경을 곤두세워야 했다. 페가이 계곡에서는 오스만의 대포들이 두 번째 공격에 대비해 여전히 발사 준비 상태로 있었으나, 배들은 움직이지 않았다.

베네치아인들은 코코를 잃은 뒤 자기네 부대를 재편성했다. 새 지휘관 돌핀 돌핀에게 갤리선이 배정됐고, 크리소케라스 만 안에 있는 오스만 배들을 격파하기 위한 다른 전략들을 숙고했다. 4월 28일의 실패 이후 다시금 배로 공격하는 것은 분명히 너무 위험하다고 생각됐다. 그래서 적을 성가시게 하는 장기적인 수단을 사용하자는 결정이 내려졌다.

5월 3일, 꽤 큰 대포 두 문이 오스만 함대 바로 맞은편에 있는 크리소케라스 만의 한 수문 옆에 설치됐다. 바다 건너 600여 미터 거리가 되는 곳이었다. 대포는 곧 배들에 포격을 가하기 시작했다. 첫 포격의 결과는 희망적이었다. 푸스타선 몇 척이 격침됐고, 바르바로에 따르면 "저들의 병사 여럿이 우리 포격을 맞고 죽었다."[7] 그러나 오스만인들은 이 위협을 받아치기 위해 신속한 조치를 취했다. 그들은 자기네 배를 사정거리 밖으로 이동시키고 세 문의 큰 대포로 응사해 "상당한 타격을 입혔다."* 양쪽의 대포들은 열흘 동안 해협 건너 상대방을 향해 밤낮없이 불을 뿜었으나, 어느 쪽도 상대방을 완파하지 못했다.

> 우리 대포는 성벽 뒤에 있었고 저들의 대포는 양호한 제방의 보호를 받고 있었기 때문이다. 또한 포격이 수백 미터 거리를 두고 이루어진 때문이기도 했다.*

이런 식으로 경쟁적인 포격은 점차 약해져 교착 상태에 빠졌다. 그러나 크리소케라스 만 안에서의 압박은 여전했고, 메흐메트 2세는 자신들이 5월 5일 대포 공격을 함으로써 대응했다.

그는 분명히 얼마 전부터 쇠사슬 방책에 있는 배들에 포격을 가하는 방법에 대해 끊임없이 생각하고 있었던 것으로 보인다. 갈라타의 성벽이 사선 안에 놓여 있었기 때문이다. 해법은 탄도가 좀 더 높은 대포를 만들어 제노바인들의 마을 뒤쪽에서 쏠 수 있도록 하는 것이었다. 이에 따라 그는 자신의 대포 주물공들에게 초보적인 박격포를 고안하는 작업을 하도록 명령했다.

돌 포탄을 매우 높게 발사해서, 떨어지면 바로 중간에 있는 배들을 때려 격침시킬 수 있도록 한 것이었다.[8]

새 대포가 곧 만들어져 이제 준비가 됐다. 갈라타 뒤에 있는 한 언덕에서 대포는 쇠사슬 방책에 있는 배들을 향해 포격을 시작했다. 탄도 선택은 마을 성벽이 사선 안에 있기 때문에 골치가 아팠다. 그러나 아마도 메흐메트 2세는 이것 역시 긍정적인 요소라고 생각했을 듯하다. 이를 통해 미심쩍은 제노바인들에게 심리적인 압박감도 줄 수 있었기 때문이다. 마을 사람들은 박격포의 첫 발이 자기네 머리 위로 날아가는 것을 보고 오스만의 올가미가 자기네 주거지로 조여오고 있음을 느꼈을 것이다. 그날 쏜 세 번째 발은 "산꼭대기에서 굉음을 내며 날아와"[9] 적선이 아니라 중립인 제노바의 상선 갑판에 떨어졌다.

300보테짜리의 이 배에는 비단과 밀랍을 비롯해서 1만 2천 두카토 상당의 상품이 실려 있었다. 배는 그대로 바닥으로 가라앉아 돛대 꼭대기도 선체도 보이지 않았으며, 배에 타고 있던 사람 여럿이 익사했다.[10]

그러자 쇠사슬 방책을 지키고 있던 모든 배가 곧바로 갈라타 도시 성벽 아래로 이동했다. 포격은 계속됐고, 사정거리가 조금 짧아져 포탄이 성벽과 마을의 집들에까지 떨어지기 시작했다. 갤리선과 다른 배들에 타고 있던 사람들이 잇달아 돌 포탄에 맞아 죽었고, "포탄 몇 발로 네 사람이 죽었다."[11] 그러나 성벽이 충분한 방어막 구실을 해서 더 이상 배가 침몰하지는 않았다. 제노바인들은 처음으로 자기네가 직접 포격을 받고 있음을 깨달았다. 죽은 사람은 딱 한 명뿐이었지만 드러난 의도는 명확했다.

> (죽은 사람은) 매우 유명한 여성이었고, 서른 명의 무리 가운데 서 있다가 변을 당했다.[12]

도시의 대표 한 사람이 이 공격에 대해 항의하기 위해 술탄의 막사를 찾아갔다. 오스만의 대신은 정색을 한 채 자기네는 그 배가 적의 배인 줄 알았다고 반박하고, 결국 도시가 함락된 뒤에 "잘못한 것이 있는 사람은 모두 응분의 대가를 치르게 될 것"[13]임을 무표정하게 확언했다. 두카스는 빈정대는 투로 이렇게 말했다.

> 튀르크족은 갈라타 사람들이 자기네에게 보여준 우정에 이런 공격 행위로 보답했다.[14]

이 말은 코코의 공격을 완전한 실패로 끝나게 한 정보를 갈라타 사람들이 제공했다는 얘기다.

그러는 사이에 돌 포탄은 계속해서 둥그런 궤적을 그리며 갈라타

상공을 날아 크리소케라스에 떨어졌다. 바르바로에 따르면 오스만인들은 5월 14일까지 "돌 포탄 212발"을 발사했고, "이들은 모두 각기 100킬로그램 이상의 무게가 나가는 것들이었다."[15] 기독교 측 함대는 꼼짝 못하고 붙잡혀 있어서 무용지물이나 마찬가지였다. 그날보다 훨씬 이전부터 기독교 측은 분명히 크리소케라스 만의 실질적인 통제권을 내준 셈이었고, 육지 쪽 성벽에 더 많은 인력과 물자를 제공해야 할 절박한 필요성 때문에 선원들 사이의 분열은 더욱 심화됐다. 압박이 완화되자 메흐메트 2세는 도시 성벽 바로 위쪽에 크리소케라스 만을 건너는 부교를 건설하라고 명령했다. 연락을 위한 동선을 줄이고 사람과 대포가 마음대로 그 위로 이동할 수 있도록 하기 위해서였다.

메흐메트 2세는 육지 쪽 성벽에서도 나사를 조이기 시작했다. 그의 전략은 소모전 쪽으로 기울었고, 갈수록 심리전적인 요소가 많아졌다. 이제 방어군은 더욱 얇게 벌려 서야 했기 때문에 그는 끊임없는 포격으로 그들을 약화시키자고 작정했다. 4월 말에 그는 큰 대포 일부를 성벽 중앙 부분의 성 로마노스 문 근처로 옮겼다. "그 부분의 성벽이 낮고 약했기 때문"[16]이다. 여전히 궁전 지역의 외겹 성벽 쪽에도 관심은 있었지만 말이다. 대포는 밤낮없이 발사됐다. 방어군의 의지를 시험하기 위해 가끔 불시에 충돌을 일으키기도 했다. 그러다가는 어느 시기에 며칠씩 포격을 중단해 방어군들이 안전하다는 착각을 갖도록 유도하기도 했다.

4월 말 무렵에 집중적인 포격으로 성벽 꼭대기로부터 10미터 가까이가 무너졌다. 해가 진 뒤 주스티니아니의 부하들이 다시 흙으로 둑을 쌓아 틈을 메우는 작업에 나섰으나, 이튿날 아침에 대포가 공격을 재개했다. 그런데 한낮이 되자 큰 대포 가운데 하나의 약실이 갈라졌다. 러시아인 네스토르 이스칸데르는 방어군의 포격에 맞은 것이라고 주장했지만, 아마도 포신의 결함 때문이었을 것이다. 이런 차질이 빚어지자 격노한 메흐메트 2세는 즉흥적으로 돌격을 지시했다. 적군이 성벽을 공격해 오자 방어군은 깜짝 놀랐다. 대대적인 총격전이 이어졌다. 도시에서는 종이 울리고, 사람들이 성벽으로 달려갔다.

무기가 철커덕거리고 불을 뿜자 사람들은 모두 도시가 토대부터 뿌리째 뽑히는 것으로 생각했다.[17]

공격해 온 오스만 부대는, 격분해 뒤미처 성벽에 올라온 사람들에 의해 살육당하고 짓밟혔다. 러시아인 네스토르 이스칸데르에게 그것은 잔혹한 광경이었다.

튀르크족은 초원 지대에서처럼 죽은 인간의 시체 위를 걸어가 꼭대기로 밀고 올라가서는 싸움을 계속했다. 죽은 자기네 동료들이 도시로 가는 다리나 계단처럼 보인 것이었다.[18]

천신만고 끝에 방어군은 결국 공격자들을 격퇴했다. 그러나 해질녘이 돼서야 쫓아 보낼 수 있었다. 해자에는 시체들이 쌓여 있었다.

구멍 난 성벽 근처에서부터 계곡까지 피로 가득 차 있었다.*

병사들과 마을 사람들은 적을 막아내느라 진이 빠져 성벽 밖에서 신음하고 있는 적의 부상자들을 버려둔 채 돌아가 잠을 잤다. 이튿날 수도사들은 다시 죽은 기독교도들을 묻고 나자빠진 적들의 시체 수를 세는 서글픈 일을 시작했다. 콘스탄티노스 11세는 이제 소모적인 싸움에 신경이 곤두서 사상자 문제로 눈에 띄게 속상해했다.

사실 탈진과 배고픔과 절망은 방어군에게 타격을 가하기 시작하고 있었다. 5월 초에는 식량 공급이 끊어져가고 있었다. 이제는 갈라타에 있는 제노바인들과 거래하는 일이 더 어려워졌고, 크리소케라스만으로 배를 타고 나가 물고기를 잡는 일은 더 위험해졌다. 조용한 때에는 성벽에 있는 병사들이 자기네 가족을 먹일 음식을 찾아다니느라 자리를 비우는 일이 많았다. 오스만인들이 이를 알게 되자 그들은 기습을 감행해 갈고리 달린 막대기로 성벽 위에 있는 흙 담은 통을 끌어내렸다. 그들은 거리낌 없이 성벽에 접근해 그물로 포탄을 가져가기까지 했다. 비난이 일기 시작했다. 제노바의 대주교 레오나르도스는 자리를 떠난 그리스인들을 겁쟁이라고 비난했다. 그러나 그들은 이렇게 대답했다.

"내 가족이 어려움에 처해 있는데, 내게 방어가 무슨 소용이오?"[19]

다른 사람들은 "라틴 사람들에 대한 증오가 가득했다"[20]고 그는 보았다. 물건을 숨겨놓고, 몸을 사리고, 부당이득을 취하고, 일을 방해하는 등의 행위에 대한 불만이 쏟아졌다. 국적과 언어와 신앙의 단층선을 따라 균열이 생기기 시작했다. 주스티니아니와 노타라스는 전투 자원을 놓고 다투었다. 레오나르도스는 "일부 사람들이 한 일"에 대해 욕설을 퍼부었다.

그들은 인간의 피를 빨아먹는 자들로, 식료품을 숨겨놓고 그 값을

올렸다.[21]

포위의 압박감 때문에 허약한 기독교 연합은 허물어져 가고 있었다. 레오나르도스는 콘스탄티노스 11세가 상황을 통제하는 데 실패했다고 비난했다.

황제는 엄격하지 못했고, 복종하지 않는 자들도 말로든 칼로든 처벌을 받지 않았다.[22]

이러한 균열은 아마도 성벽 밖에 있는 메흐메트 2세에게도 전해졌을 것이다. 당시의 오스만 역사가였던 투르순 베이는 이렇게 썼다.

도시를 방어하고 있는 세력들은 분열에 빠졌다.[23]

먹을거리를 찾느라 성벽을 소홀히 하는 일이 없도록 하기 위해 콘스탄티노스 11세는 병사들의 부양가족에게 보급품을 공평하게 나누어주라고 지시했다. 상황이 매우 심각해서 그는 대신들의 조언에 따라 교회의 접시를 징발해 녹인 다음 동전으로 만들어 병사들에게 주고 어떤 식료품이든지 구할 수 있으면 사도록 했다. 그것은 아마도 논란의 여지가 있는 조치여서, 도시가 겪고 있는 수난을 죄악과 잘못의 결과라고 보는 독실한 정교회 신도들의 지지를 얻지는 못했던 듯하다.

지휘관들 사이의 논의는 더욱 심화됐다. 적선이 크리소케라스 만에 나타남으로써 방어에 큰 혼선이 빚어졌고, 그들은 이에 따라 부대와 지휘관을 재편하지 않을 수 없었다. 바다는 성벽 위에서 하루 24시간 감시하고 있으나 서쪽 수평선에는 아무것도 나타나지 않았다. 아마도 5월 3일에 지휘관들과 민간 유력자들, 성직자들이 참여한 대규모 회의가 열려 상황을 논의했던 듯하다. 대포는 여전히 성벽을 두드리고 있었고, 사기는 떨어지고 있었다. 그리고 총공격이 임박했다는 기분이 들었다. 불길한 예감에 휩싸인 분위기에서 콘스탄티노스 11세에게 도시를 떠나 펠로폰네소스 반도로 가서 부대를 재편성하고 신병을 모집해 다시 공격에 나서도록 설득하려는 움직임이 일어났다. 주스티니아니는 황제의 탈출을 위해 자신의 갤리선을 내놓았다. 역사가들은 콘스탄티노스 11세의 반응을 감성적으로 기록하고 있다.

(그는) 한참 동안 침묵을 지키다가 눈물을 떨구었다. 그는 사람들에게 이렇게 말했다.

"나는 여러분의 조언에 그리고 여러분 모두에게 치하와 감사를 드리오. 이 모든 것이 나에게 이롭기 때문이오. 그리고 그런 방법밖에는 없소. 하지만 내가 어떻게 그 말에 따라서 성직자들을 두고 떠나고, 하느님의 교회를 떠나고, 제국과 모든 사람을 두고 떠날 수 있겠소? 세상 사람들이 나를 어떻게 생각하고, 도대체 나에게 뭐라 하겠소? 안 되오. 정말로 안 되오. 나는 여기서 여러분과 함께 죽겠소."

그는 털썩 무릎을 꿇으며 그들에게 머리를 숙이고는 슬픔에 겨워 울부짖었다. 총대주교와 그 자리에 있던 모든 사람이 소리 없이 흐느껴 울기 시작했다.[24]

상황이 정리되자 콘스탄티노스 11세는 실질적인 제안을 했다. 베네치아인들은 즉시 배 한 척을 동부 에게 해로 보내 구조 함대가 올 기미가 있는지 살펴보라는 것이었다. 열두 사람이 오스만의 봉쇄를 뚫는 위험한 임무에 자원해 나섰고, 이에 따라 쌍돛대 범선 한 척이 작업을 위해 준비됐다. 5월 3일 자정 직전에 튀르크족 복장을 한 승무원들이 작은 보트에 올라탔고, 배는 쇠사슬 방책 쪽으로 예인됐다. 보란 듯이 오스만의 기를 단 배는 돛을 편 뒤 적선의 순찰에 걸리지 않고 미끄러져 나갔다. 배는 어둠이 깔린 마르마라 해를 내려가 서쪽으로 향했다.

메흐메트 2세는 대형 포에 기술적인 문제가 있었지만 성벽에 대한 포격을 계속했다. 5월 6일에 그는 결정타를 날릴 때가 바로 지금이라고 판단했다.

그는 전군에 다시 한 번 도시를 향해 진격해 온종일 전투를 하라고 명령했다.[25]

도시 안에서 나온 소식들이 아마도 그로 하여금 사기가 무너지고 있다고 확신케 했을 것이다. 다른 보고들은 그에게 이탈리아의 구원군 파견 문제가 서서히 동력을 얻어가고 있다는 경고를 전했을 것이다. 그는 성벽 중앙 부분의 취약성이 이제 결정적인 순간에 다다랐음을 알아차렸다. 그는 또 한 번의 대규모 공격을 감행하기로 결정했다.

대형 포는 5월 6일에 포격을 가했다. 이제는 익숙해진 포격 방식에 따라 작은 대포들이 지원에 나섰다. 여기에 "함성과 짝짜기를 치는 소리"가 더해져 "도시 사람들을 두려움에 떨게 만들었다."[26] 곧 성벽의 또 다른 부분이 무너졌다. 방어군은 밤이 되기를 기다려 보수를 하려 했지만, 이번에는 대포들이 어둠 속에서도 계속 포격을 했다. 구멍을 메우는 일은 불가능해졌다. 이튿날 아침에 대포는 다시 성벽의 토대에 대한 포격을 계속해 더욱 중요한 부분 한 곳이 무너졌다. 오스만은 하루 종일 포격을 계속했다.

저녁 일곱 시 무렵, 으레 동반되는 시끄러운 소리들과 함께 무너진 부분에서 대규모 공격이 시작됐다. 멀리 항구에서는 기독교 측 선원들이 마구 내지르는 고함 소리를 듣고 오스만 함대의 연계 공격이 있을까 봐 전투 대기 상태에 돌입했다. 수천 명의 병사가 해자를 건너 무너진 부분으로 달려갔다. 그러나 좁은 공간에서 숫자는 이점으로 작용하지 않았고, 그들은 억지로 들어가려 하면서 서로를 밟아 뭉갰다. 주스티니아니는 침입자들에 맞서기 위해 달려갔고, 무너진 부분에서 필사적인 백병전이 벌어졌다.

첫 번째 진격에서는 무라트라는 예니체리가 공격을 이끌었는데, 그는 주스티니아니에게 거세게 돌진했다. 주스티니아니는 한 그리스인이 성벽에서 뛰어내려 도끼로 무라트의 다리를 찍어낸 덕분에 죽음을 모면했다. 두 번째 진격은 유럽인 부대의 기수인 오마르 베이라는 사람이 이끌었는데, 랑가베스라는 장교가 지휘하는 상당한 규모의 그리스인 부대와 마주쳤다. 베고 내리찍는 아수라장에서 두 지휘관은 부하들 앞에서 어깨를 꼿꼿이 세우고 상대방을 노려보며 일대일 결투를 벌였다.

오마르는 칼을 빼들고 랑가베스를 공격했고, 그들은 분노에 떨며 서로에게 칼을 휘둘렀다. 랑가베스는 바위 위로 뛰어올라가 양손에 칼

을 잡고 오마르의 어깨를 내리쳐 그를 두 동강 냈다. 랑가베스는 팔 힘이 무척 셌던 것이다.[27]

자기네 지휘관이 죽자 격분한 오스만 병사들은 랑가베스를 에워싸고 그를 죽였다. 마치 『일리아스』의 한 장면처럼, 양쪽은 시체를 차지하기 위해 몰려들었다. 그리스인들은 시체를 확보하기 위해 필사적이었다. 그들은 우르르 문을 나갔으나, "시체는 확보하지 못하고 많은 손실만 입었다."[28] 오스만인들은 이미 베인 시체를 다시 토막 내고 그리스 병사들을 다시 도시 안으로 쫓아냈다.

싸움은 세 시간 동안 격렬하게 벌어졌으나, 방어군은 현상을 유지하는 데 성공했다. 전투가 잦아들자 무너진 곳을 메우지 못하게 하기 위해 대포가 다시 불을 뿜기 시작했다. 그리고 오스만인들은 관심을 다른 곳으로 돌리기 위한 두 번째 공격을 감행해 궁전 부근에 있는 문에 불을 지르려 했다. 이 공격 역시 다시 격퇴됐다. 어둠 속에서 녹초가 된 주스티니아니와 방어군은 임시로 방어 시설을 복구하는 작업을 했다. 성벽에 대한 포격이 이루어지고 있었기 때문에 그들은 흙과 나무로 만드는 방어벽을 본래 위치보다 조금 안쪽으로 만들지 않을 수 없었다. 성벽은 유지됐다. 그러나 간신히 유지한 것이었다. 그리고 도시 안에서는 이런 광경이 펼쳐지고 있었다.

그리스인들 사이에서는 랑가베스에 대한 애도와 두려움이 넘치고 있었다. 그는 위대한 전사였고, 용맹했으며, 황제의 사랑을 받고 있었기 때문이다.[29]

방어군에게는 계속되는 포격과 공격과 수리의 순환이 흐릿해지기 시작했다. 마치 해자 전투 일기라도 되는 것처럼, 역사가들의 기록은 반복적이고 단조로워져 갔다. 바르바로는 이렇게 적었다.

5월 11일, 이날은 육지에서든 바다에서든 아무런 일도 일어나지 않았다. 육지 쪽에서 성벽에 상당한 포격이 가해졌을 뿐이다. 그리고 언급할 가치가 있는 일은 전혀 일어나지 않았다. …
5월 13일에는 약간의 튀르크족이 성벽으로 와서 작은 충돌이 있었지만, 낮과 밤 내내 중요한 일은 아무것도 일어나지 않았다. 불운한 성벽에 계속 포격이 가해졌을 뿐이다.[30]

네스토르 이스칸데르는 시간 감각을 잃어버리기 시작한다. 사건들은 순서가 뒤죽박죽이 돼서 튀어나오고, 한 군데로 몰리거나 반복되기도 한다. 병사들이나 민간인들이나 모두 싸우고 수리하고 시체를 묻고 죽은 적군의 숫자를 세는 데 갈수록 더 지쳐갔다. 오스만인들은 자기네 숙영지의 위생에 꼼꼼한 관심을 기울이느라 매일 자기 편 사망자들을 옮겨다가 불에 태웠지만, 해자는 여전히 썩어가는 시체들로 인해 숨이 막혔다. 살육으로 인해 상수원이 오염될 우려가 있었다.

피가 강에 고이고 개울에서 썩어 악취가 진동했다.[31]

도시 안에서는 사람들이 점점 더 교회와 이콘들의 기적을 일으키는 능력에 기대게 됐고, 죄악과 일어나는 사건들에 대한 신학적 설명들에 몰두했다.

이렇게 도시 전체에서 모든 사람과 특히 눈물을 흘리며 기적을 바라는 행렬 기도에 참여하기 위해 하느님의 교회에 찾아온 여자들이 하느님과 가장 정결하신 성모 마리아께 찬양과 감사를 드리는 모습을 볼 수 있었다.[32]

오스만 진영에서는 하루의 시간이 기도 시간 알림으로 구분됐다. 데르비시들이 부대를 돌아다니며 신도들에게 신앙을 굳게 지키고 『하디스』의 예언들을 기억하라고 주문했다.

콘스탄티노플과 맞서 싸우는 지하드에서 무슬림의 3분의 1은 그들에게 패배를 당할 것이며, 알라는 이를 용서할 수가 없다. 또 3분의 1은 싸움에서 죽어 대단한 순교자가 될 것이다. 그리고 3분의 1은 승리를 거둘 것이다.[33]

손실이 계속 늘어나자 콘스탄티노스 11세와 휘하 지휘관들은 초조하게 빈틈을 메울 자원들을 물색했지만, 모든 방어군의 협력을 이끌어내는 데 어려움이 있어 그들이 벌인 최선의 노력이 물거품이 되곤 했다. 루카스 노타라스 대공은 주스티니아니에 대해 불평을 했고, 반면에 베네치아인들은 대체로 독립 부대로서 작전에 나섰다. 유일하게 아직 투입되지 않은 인력과 무기가 갤리선에 남아 있었는데, 이에 따라 베네치아 공동체에 대한 항의가 터져 나왔다. 5월 8일에 베네치아 12인위원회는 회합을 갖고 투표를 거쳐 세 척의 베네치아 대형 갤리선에 저장된 무기를 내리고 인력을 성벽으로 보내며, 그런 뒤에 갤리선들은 병기창에 집어넣기로 결정했다. 그것은 선원들이 전심전력을 다해 이 도시의 운명에 몸을 던질 수 있도록 확실히 하기 위해 취해진 필사적인 조치였지만, 이것이 또 하나의 거센 반발을 불러일으켰다. 하역이 시작되려 하자 승무원들은 칼을 빼들고 뛰어올라 통로를 막아서며 이렇게 외쳤다.

"누가 이 갤리선에서 화물을 가져가려 하는가! … 이 갤리선에서 화물을 내리고 배를 병기창에 집어넣는 날이면 그리스인들이 당장 우리를 손쉽게 도시로 데려가 자기네 노예로 부려먹을 거다. 지금은 우리가 가든 여기 머물든 우리 마음이다."[34]

선장과 승무원들은 안전을 위한 자기네의 유일한 수단이 없어지는 것이 두려워 배를 봉쇄하고 자리를 지켰다. 육지 쪽 성벽에 대한 포격은 흉포함을 유감없이 드러내며 하루 종일 계속됐다. 상황이 급박하게 돌아가자 12인위원회는 이튿날 다시 만나 계획을 수정하지 않을 수 없었다. 이번에는 두 긴 갤리선의 선장 가브리엘레 트레비사노가 배의 무기를 내리고 부하 400명을 성 로마노스 문 방어에 합류시키는 데 동의했다. 사람들이 방어에 협력하고 장비를 옮기도록 설득하는 데 나흘이라는 시간이 걸렸다. 6월 13일 그들이 도착했을 때에는 이미 너무 늦은 상태였다.

메흐메트 2세가 화력을 성 로마노스 문 지역으로 집중하기는 했지만, 일부 대포는 궁전 근처의 테오도시우스 성벽이 외겹 성벽과 어색하게 연결되는 지점에 대한 포격을 계속했다. 5월 12일까지 대포들은 외성의 한 부분을 무너뜨리는 데 성공했고, 메흐메트 2세는 이 지점에서 야간 총공격을 감행하기로 결정했다. 자정 직전에 대부대가 무너진 틈으로 진격했다. 방어군은 불의의 습격을 받고 성벽에서 뒤로 물러나지 않을 수 없었다. 공격군은 무스타파가 지휘했는데, 그는 아나톨리아 부대의 기수였다. 성벽의 다른 부분에서 증원군이 몰려왔지만, 오스만군은 계속 그들을 밀어붙이고 공성攻城 사다리로 성벽을 오르기 시작했다. 궁전 주변의 좁은 거리에 공포감이 휩쓸었다. 마을 사람들이 성벽에서 달아났고, 많은 사람은 "그날 밤 도시가 함락된 것으로 생각했다."[35]

네스토르 이스칸데르에 따르면, 이 순간에 5킬로미터 떨어진 하기아소피아 대성당 현관에서는 침울한 전략회의가 열리고 있었다. 이제 심각한 국면에 맞닥뜨리는 일은 피할 수 없었다. 방어군은 날마다 끊임없이 숫자가 줄고 있었다.

이렇게 계속된다면 우리 모두는 죽어 없어지고, 저들이 도시를 점령하게 될 터였다.[36]

이런 현실에 직면해서 콘스탄티노스 11세는 휘하 지휘관들 앞에 몇 가지 투박한 선택지를 내놓았다. 밤중에 도시에서 출격해 기습 공격으로 오스만인들을 무찌를 것이냐, 아니면 굳게 자리를 지키고 어쩔 수 없는 운명을 기다리면서 헝가리인들이나 이탈리아인들의 구원병을 기대할 것이냐였다. 루카스 노타라스는 계속 자리를 지켜야 한다고 주장했고, 다른 사람들은 다시 한 번 콘스탄티노스 11세에게 도시를 떠나도록 간청했다. 바로 그때 "튀르크족이 이미 성벽을 올라와 마을 사람들을 제압하고 있다"[37]는 전언이 들어왔다.

콘스탄티노스 11세는 궁전을 향해 달려갔다. 어둠 속에서 그는 무너진 성벽으로부터 도망쳐 나오는 주민들과 병사들을 만났다. 그는 이들을 돌려세우려 했지만 허사였고, 상황은 시시각각으로 악화되고 있었다. 오스만 기병대가 도시로 뚫고 들어가기 시작했고, 전투는 이제 성벽 안에서 벌어졌다. 콘스탄티노스 11세와 그의 경호원들이 도착하면서 그리스 병사들을 다시 집결시킬 수 있었다.

황제가 도착해 자기 백성들에게 외쳤고, 그들을 더욱 강하게 만들었다.[38]

주스티니아니의 도움으로 그는 침입자들을 다시 물러서게 했고, 미로 같은 좁은 거리에 그들을 가두어 병력을 둘로 쪼개놓았다. 궁지에 몰린 오스만인들은 거세게 반격에 나서 황제를 잡으려 했다. 이를 무사히 피하고 추격하면서 흥분한 콘스탄티노스 11세는 그들 가운데 일부를 구멍 난 성벽까지 되쫓았다. 그러고는 그들을 더 추격하려 했다.

그러나 수행하던 제국의 귀족들과 독일인 경호원들이 그를 제지하고 설득해 되돌아가도록 했다.[39]

도망치지 못한 오스만 병사들은 어두운 길거리에서 학살됐다. 이튿날 아침에 마을 사람들은 시체를 끌고 성벽으로 올라가 그들을 해자로 던졌다. 동료들더러 찾아가라는 것이었다. 도시는 살아남았고, 매번 공격이 있을 때마다 생존 가능성은 조금씩 높아졌다.

이것은 성벽의 궁전 부분에 대한 메흐메트 2세의 마지막 대규모 공격이 된다. 비록 실패는 했지만 그는 성공이 눈앞에 있다고 느꼈을 것이다. 그는 이제 자신의 모든 화력을 전체 성벽 가운데서 가장 약한 부분에 집중시키기로 결정했던 듯하다. 바로 성 로마노스 문이다. 5월 14일에 그는 기독교 측이 일부 갤리선의 무기를 내리고 함대 대부분을 쇠사슬 방책 뒤쪽의 한 작은 항구로 철수시켰다는 소식을 듣고, 크리소케라스 만의 자기네 배들이 공격으로부터 비교적 안전하다는 결론을 내렸다. 이에 따라 그는 자기네 대포들을 갈라타 언덕에서 육지 쪽 성벽으로 이동시켰다. 처음에 그는 이들을 궁전 근처 성벽을 포격하도록 배치했다. 그러나 그것이 비효율적임이 판명되자 그는 이들을 다시 성 로마노스 문으로 이동시켰다. 갈수록 대포들은 넓은 전선을 따라 펼쳐져 있기보다는 한 지점으로 집중됐다. 포격은 더욱 맹렬해졌다.

대포는 밤이나 낮이나 멈추지 않고 가련한 우리 성벽에 포격을 가해 성벽의 상당 부분을 무너져 내리게 만들었다. 그리고 도시 안의 우리들은 밤낮없이 일하며 성벽이 박살난 곳을 잘 보수했다. 이 작업에는 통과 덤불과 흙과 그 밖의 여러 가지 필요한 자재들이 동원됐다.[40]

트레비사노가 지휘하는 긴 갤리선에서 온 새로운 사람들이 배치된 곳은 바로 이곳이었다.

(그들은) 좋은 대포와 좋은 총 그리고 많은 석궁과 기타 장비들을 갖고 있었다.[41]

대포를 집중 배치함과 동시에 메흐메트 2세는 쇠사슬 방책을 지키는 배들이 끊임없이 압박감을 느끼도록 했다. 5월 16일 22시, 쌍돛대 범선 몇 척이 오스만 함대 본진에서 이탈해 해협으로 나와서는 쇠사슬 방책을 향해 전속력으로 나아갔다. 보고 있던 선원들은 그들이 함대에서 탈출하는 기독교도 징집병이라고 생각했다.

그리고 쇠사슬 방책에 있던 우리 기독교도들은 매우 기쁜 마음으로 그들을 기다렸다.[42]

그러나 그들은 가까이 다가오자 방어군을 향해 사격을 가했다. 곧바로 이탈리아인들이 이들을 쫓아내기 위해 자기네 쌍돛대 범선을 내보냈고, 침입자들은 배를 돌려 달아났다. 기독교 측 배들은 거의 그들을 잡을 뻔했다.

그들은 서둘러 노를 젓기 시작했고, 도망쳐 자기네 함대로 돌아갔다.[43]

이튿날 오스만인들은 다섯 척의 빠른 푸스타선을 끌고 와서 다시 한 번 쇠사슬 방책을 시험했다. 그들은 "70발 이상의 사격"[44]을 받고 쫓겨갔다.

쇠사슬 방책에 대한 세 번째이자 마지막 공격은 5월 21일 동트기 직전에 시작됐다. 이번에는 전 함대가 동원됐다. 그들은 부지런히 노를 저으며 쇠사슬 방책을 향해 다가왔다.

그들은 방울북과 짝짜기 소리를 아주 크게 냈다. 우리를 두려움에

떨게 하려는 것이었다.[45]

그러더니 자기네 적의 힘을 보고는 멈춰 섰다. 쇠사슬 방책에 있는 배들은 무장을 한 채 준비하고 있었으며, 바야흐로 대규모 해전이 벌어질 찰나인 듯했다. 그런데 그때 갑자기 도시 안으로부터 경보음이 울렸다. 총공격을 알리는 것이었다. 경보음이 울리자 크리소케라스 만 안의 배들은 서둘러 전투 배치에 돌입했고, 오스만 함대는 다시 생각하는 듯했다. 함대는 돌아서서 디플로키온으로 되돌아갔다.

해가 뜬 지 두 시간 뒤에 양편은 완전한 고요 속에 빠졌다. 마치 바다에서 아무런 공격도 없었던 듯했다.[46]

이것이 쇠사슬 방책에서의 마지막 공격 시도였다. 대체로 기독교도들을 노잡이로 배치한 오스만 함대의 사기는 아마도 그때 너무 낮아서, 기독교 측 배들에 대해 정면 도전하기는 어려웠을 것이다. 그러나 이런 움직임은 확실히 방어군이 절대로 긴장을 풀 수 없도록 만들었을 것이다.

불길하게도 무슬림들은 다른 곳에서 바쁘게 움직였다. 5월 19일, 오스만 공병들은 성벽 바로 너머에서 크리소케라스 만을 왔다 갔다 할 수 있는 부교 건설을 끝냈다. 이것은 즉흥적으로 이루어진 또 하나의 놀라운 위업이었다. 부교는 1천 개의 커다란 술통으로 만들어졌다. 의문의 여지없이 포도주를 마시는 갈라타의 기독교도들로부터 얻은 것이었다. 술통을 길게 두 개씩 붙이고 그 위에 판자를 깔아 다섯 명의 병사가 나란히 걸어가기에 충분한 폭의 길을 만들었다. 이는 또

한 수레도 충분히 떠받칠 수 있을 정도로 튼튼했다. 그 목표는 크리소케라스 만의 끄트머리를 돌아가던 군대의 두 날개 사이의 연락 동선을 짧게 하는 것이었다. 바르바로는 메흐메트 2세가 총공격에 대비해 부교를 준비했을 것이라고 추측했다. 부교를 통해 병사들을 빠른 시간에 이동시키려 했다는 것이다. 그러나 부교는 포위전의 마지막에 가서야 크리소케라스 만을 가로질러 최종 위치에 놓이게 된 것이라고도 했다.

다리가 총공격 이전에 크리소케라스 만을 가로질러 놓이게 되면 대포 한 방만으로도 그것을 부숴버릴 수 있기 때문이다.[47]

이 모든 준비 과정은 도시 성벽에서 볼 수 있었다. 이런 과정들은 방어군에게 메흐메트 2세가 포위전에 동원할 수 있었던 막대한 인적 및 물적 자원에 대한 불길한 느낌을 갖게 해주었다. 그러나 기독교도들을 곧 더욱 깊은 공포 속으로 던져 넣게 되는 것은 이제까지 볼 수 없었던 토목공사였다.

5월 중순까지 메흐메트 2세는 도시의 방어를 최대한 벌려놓았지만 아직 그것을 무너뜨리지는 못했다. 그는 육군과 해군 자원을 최대한 이용해 공격과 포격과 봉쇄를 했다. 이 세 가지는 중세의 포위 공격전에서 핵심적인 기법들이었다. 아직 거의 시도되지는 않았지만 또 하나의 고전적인 전술이 남아 있었다. 굴착이었다.

오스만의 속국 세르비아에 노보브르도라는 곳이 있었다. 발칸 반도 내륙에서 가장 중요한 도시로, 은광의 부로 유럽 전체에 이름이 났었다. 이번 원정에 징집된 슬라브인 부대에는 이 도시 출신의 숙련된 갱부들이 있었다. 아마도 작센 출신 이민자들이었을 것이다.

（이들은) 산을 파내고 잘라내는 기술의 명인들이었다. 이들의 연장 앞에서는 대리석도 밀랍이나 마찬가지였고, 험악한 산도 먼지 더미나 마찬가지였다.[48]

이들은 앞서 중앙 부분의 성벽 밑을 굴착하려는 시도를 한 바 있었다. 그러나 이는 땅이 적합지 않아서 포기했다. 5월 중순, 다른 방법들이 실패로 돌아가고 포위전이 늘어지면서 두 달째로 접어들기 시작하자 새로운 계획이 추진됐다. 이번에는 궁전이 있는 외겹 성벽 쪽이었다. 굴착은 힘들기는 하지만 성벽을 허무는 데 가장 성공적인 기술들 가운데 하나였다. 그리고 무슬림 군대는 수백 년 동안 이를 이용해 재미를 봤다. 12세기 말에 살라딘의 후예들은 포격과 굴착을 함께 써서 거대한 십자군 성채를 6주 이내에 함락시킬 수 있음을 배웠다.

5월 중순의 어느 시기에 이 작센계 은광 갱부들은 목책과 엄폐호 뒤에 숨어서 오스만의 해자 뒤에서부터 성벽까지 200여 미터를 파 들어가기 시작했다. 그것은 전문적이고 힘이 많이 드는 작업이었으며, 악몽과도 같은 어려운 일이었다. 갱부들은 연기 나는 횃불을 밝히고 좁은 땅굴을 팠다. 그러고는 앞으로 나아가면서 나무 버팀대로 떠받쳤다. 오스만의 이전 포위전들에서는 성벽 밑에 땅굴을 파려는 시도가 실패로 돌아간 바 있었다. 그리고 도시 노인들의 통념으로는 굴착이 결국은 실패한다고 했다. 성벽 밑의 땅이 거의 단단한 바위이기 때문이라는 것이었다.

5월 16일 한밤중에 방어군은 이런 생각이 틀린 것이었음을 발견하고 경악했다. 성벽 위의 병사들은 우연히 곡괭이의 땡그랑거리는 소리와 억제된 목소리들이 성벽 안의 땅속에서 나는 것을 들었다. 갱도가 분명히 성벽 밑을 지나갔고, 비밀리에 도시로 진입하는 통로로 만들 요량이었던 것이다. 이 소식은 재빨리 노타라스와 콘스탄티노스 11세에게 전해졌다. 당황한 가운데 회의가 소집되고, 이 새로운 위협에 대처하기 위해 도시 전역에서 채굴 경험이 있는 사람을 수배했다. 지하 공격에 대한 방어 태세를 구축하기 위해 선택된 사람은 조금 별난 사람이었다.

그는 요한네스 그란트라는 독일인으로, 노련한 군인이었고 군사 문제에 관해 많은 훈련을 받은 인물이었다.[49]

그는 주스티니아니와 함께 포위전 현장에 왔다. 그는 사실 스코틀랜드인이었지만 분명히 독일에서 일했다. 그가 콘스탄티노플로 오게 된 사정에 관해서는 추측이 불가능하다. 그는 분명히 매우 능숙한 직업군인이고 포위전 전문가이고 기술자였으며, 잠깐 동안 이 전쟁 중의 가장 이상한 곁가지 이야기 하나에서 중심적인 역할을 맡게 된다.

그란트는 자기 일에 대해서 확실히 알고 있었다. 적의 갱도의 위치는 작업 소음에 의해 찾아냈다. 신속히 그리고 비밀리에 대응 갱도를 팠다. 방어군은 기습이라는 이점을 갖고 있었다. 그들은 어둠 속에서 적의 땅굴에 뛰어들어가 버팀대에 불을 지르고 땅굴을 갱부들 쪽으로 무너뜨려 저들이 어둠 속에서 질식사하게 만들었다.

굴착으로 인해 이런 위험이 야기되자 도시에서는 이제 어떤 상황에서도 마음을 놓을 수 없게 됐다. 이후로 굴착 작업을 감시하기 위해 모든 예방 조치가 취해졌다. 그란트는 당시에 일반적으로 쓰이던 방법을 썼을 것이다. 성벽 옆 땅 위에 일정한 간격으로 물을 담은 통과 양동이를 놓아두고 표면에 물결이 이는지 살피는 것이다. 물결은 지하에서 진동이 있음을 알려준다. 더 큰 기술은 갱도의 방향을 찾아내고 이를 신속하게 그리고 몰래 차단하는 것이었다.

이후 며칠 동안에 걸쳐 음산한 땅속의 투쟁이 그 자체의 기술과 방법을 통해 펼쳐졌다. 이는 낮의 세계에서 성벽과 쇠사슬 방책을 둘러싸고 다툰 것의 판박이였다. 5월 16일 이후 며칠 동안 기독교 측 공병들은 아무런 움직임의 징후를 발견하지 못했다. 21일에 또 다른 갱도가 탐지됐다. 이 역시 토대 밑을 지나갔고, 부대를 도시 안으로 들여보내려는 의도였다. 그란트의 부하들은 땅굴을 차단했지만 오스만인들을 기습하는 데는 실패했다. 그들은 철수하면서 자기네 뒤의 버팀목에 불을 질러 땅굴이 무너졌다.

이후로 그것은 어둠 속 무시무시한 상황에서 싸우는 고양이와 쥐의 게임으로 변모했다. 이튿날 "저녁기도 시간에"[50] 방어군은 칼리가리아 문 부근에서 도시로 들어오는 땅굴을 발견하고 이를 차단했다. 그들은 '그리스의 불'로 갱부들을 산 채로 태워 죽였다. 몇 시간 뒤 그 부근에 또 다른 갱도가 있음을 알려주는 진동이 발견됐지만, 이것은 차단하기가 더 어려웠다. 그러나 버팀목이 저절로 무너져 그 안에 있던 갱부들이 모두 죽었다.

작센 갱부들은 지칠 줄을 몰랐다. 하루도 땅속 전투 없이 지나가는 날이 없었다. 자코모 테탈디는 이렇게 회상했다.

(매번) 기독교도들은 대응 갱도를 파고, 귀를 기울여 듣고, 그것들을 찾아냈다. … 그들은 튀르크족을 자기네가 판 땅굴 속에서 연기를 마시고 질식사하게 만들었고, 때로는 더럽고 불쾌한 악취 속에서 죽게 했다. 어떤 곳에서는 물을 흘려보내 익사하게 만들었고, 경우에 따라서는 백병전을 벌이기도 했다.[51]

땅굴 파기가 계속되는 동안에 메흐메트 2세의 기술자들은 땅 위 세계에서는 전혀 예상할 수도 없는 또 하나의 놀라운 작업을 획책했다. 5월 19일 아침 동틀 무렵에 카리시오스 문 부근 성벽 위에 있던 파수꾼들은 새로운 하루에 대한 결의를 다지면서 멀리 적들의 천막이 바다를 이루고 있는 모습을 바라보았다. 그러다가 무언가를 발견하고는 깜짝 놀랐다. 그들의 열 걸음 앞 해자 가장자리에 거대한 탑이 "망루가 있는 성벽보다 더 높게"[52] 서 있었다. 어떻게 된 일인지 모르지만 밤사이에 갑자기 나타난 것이었다. 방어군은 오스만인들이 어떻게 이런 구조물을 그렇게 빨리 만들 수 있었는지, 놀랍고도 당혹스러웠다. 거기에는 바퀴가 달려, 어둠 속에서 적의 전선으로부터 여기까지 끌고 와서 이제 성벽을 내려다보고 있는 것이다. 그것은 낙타 가죽을 씌운 튼튼한 칸살과 안에 있는 사람을 보호하기 위한 두 겹의 울바자가 있는 뼈대 위에 세워졌다. 아래쪽 절반은 흙으로 채워졌고, 바깥쪽은 흙으로 담을 만들어 "대포나 권총을 발사해도 해를 입지 않도록"[53] 했다. 내부의 각 층은 사다리로 연결됐고, 사다리들은 탑과 성벽 사이에 걸치는 용도로도 쓰일 수 있었다. 밤사이에 수많은 사람이 동원돼 탑이 있는 곳에서 오스만의 전선까지 보호막이 쳐진 도로도 만들었다.

길이는 800미터 정도였으며, 그 위에는 두 겹의 울바자를 쳤고 그 위는 낙타 가죽으로 덮었다. 이렇게 함으로써 그들은 탑에서 숙영지까지 덮개 밑으로 왕래할 수 있었고, 이에 따라 탄환이나 석궁 화살, 작은 포로 쏘는 돌에 맞지 않을 수 있었다.[54]

무장한 사람들이 성벽으로 달려가 믿을 수 없는 광경을 바라보았다. 공성탑은 거의 고전적인 전투의 시기로 되돌아가는 것이었다. 다만 레오나르도스 대주교는 "로마인들도 거의 만들지 못했던"[55] 장치인 듯하다고 했다. 그것은 특히 성벽 앞의 골치 아픈 해자를 메우기 위해 고안된 것이었다. 탑 안에서 많은 사람이 흙을 파내 보호벽에 낸 작은 구멍을 통해 밖으로 던져 앞에 있는 해자 안에 넣는 것이다. 그들은 이 작업을 하루 종일 계속했다. 그러는 동안에 위쪽 층에서는 궁수들이 도시를 향해 엄호용 화살을 쏘았다.

그들이 화살을 쏘는 것은 순전히 즐기자고 하는 것인 듯했다.[56]

그것은 메흐메트 2세의 특성이 드러난 사업이었다. 비밀리에, 거대한 규모로 구상하고, 배를 옮기는 일에서처럼 놀랄 만큼 빠르게 실행에 옮기는 것. 그 심리적 충격은 엄청났다. 포위군의 다양한 계략과 자원은 방어군에게 반복되는 악몽처럼 충격적이었을 것이다. 콘스탄티노스 11세와 휘하 지휘관들은 또 하나의 비상사태를 해결하기 위해 흉벽으로 달려갔다.

그리고 그들은 탑을 보고는 모두 공포에 질려 죽은 사람처럼 변했다. 또한 그들은 이 탑 때문에 도시를 잃게 되지 않을까 끊임없이 우려했다. 탑이 망루보다도 높았기 때문이다.[57]

탑이 가져다주는 위협은 분명했다. 탑은 자기네가 보는 앞에서 해자를 메우고 있었고, 궁수들이 엄호용 화살을 쏘는 바람에 어떠한 대응도 하기가 어려웠다. 해질녘이 될 때까지 오스만인들은 놀라운 성과를 내고 있었다. 그들은 통나무와 마른 나뭇가지 그리고 흙으로 해자를 메웠다. 공성탑은 안에서 밀자 더 앞으로 움직여 성벽과 더 가까워졌다.

공황 상태에 빠진 방어군은 즉각적인 조치가 긴요하다고 결정했다. 위로 쑥 솟아오른 탑의 그늘 밑에서 하루를 더 보낸다면 치명적인 일이 벌어질 터였다. 어두워진 뒤, 성벽 아래에서 화약을 꽉 채운 통 여럿을 준비해 성벽으로부터 탑 쪽으로 굴려 보냈다. 도화선에 불을 붙인 채였다. 커다란 폭발이 잇달아 일어났다.

갑자기 엄청난 천둥처럼 땅이 울리고 공성탑과 사람들을 하늘로 날려버렸다. 마치 강력한 폭풍과도 같았다.[58]

탑은 부서지고 폭발했다.

사람들과 통나무들이 하늘에서 떨어졌다.*

방어군은 아래에서 신음하고 있는 부상자들 위로 불붙인 역청이 담긴 통을 내려 던졌다. 그들은 성벽 밖으로 진격해 남아 있는 생존자들을 모두 학살하고 시체와 근처에 널려 있는 다른 공성 장비들을 불태웠다.

긴 공성 망치와 바퀴 달린 사다리, 위에 보호 포탑이 있는 수레 등이었다.[59]

메흐메트 2세는 멀리서 이 실패 상황을 지켜보았다. 화가 난 그는 부하들을 철수시켰다. 성벽을 따라 다른 지점에 내보냈던 비슷한 탑들 역시 철수하거나 방어군에 의해 불태워졌다. 공성탑은 분명히 너무 불에 취약했고, 실험은 반복되지 않았다.

지하에서는 땅굴 전쟁이 격화됐다. 5월 23일에 방어군은 또 하나의 갱도를 탐지하고 그 안으로 들어갔다. 그들은 깜박거리는 불빛 속에서 수직 갱도를 내려가다가 갑자기 적들과 얼굴을 맞닥뜨렸다. 그들은 '그리스의 불'을 쏘면서 천장을 무너뜨려 내리게 해서 갱부들을 생매장했으나, 장교 두 사람을 생포하는 데 성공해 그들을 산 채로 지상으로 데리고 나왔다. 그리스인들은 이들을 고문해 결국 다른 모든 작업장의 위치를 알아냈다.

그들이 자백을 하자 그리스인들은 그 목을 베고 시체를 도시 쪽 성벽에서 튀르크 진영이 있는 쪽으로 집어던졌다. 튀르크족은 자기네 동료가 성벽에서 내던져지는 것을 보고 분개했으며, 그리스인들과 이탈리아인들에 대해 엄청난 증오심을 느꼈다.[60]

이튿날 은광 갱부들은 전술을 바꿨다. 그들은 성벽 밑을 뚫고 지나가 도시로 가는 통로를 만드는 대신에, 성벽에 닿으면 땅굴을 옆으로 돌려 성벽 바로 밑을 열 걸음쯤 지나가게 했다. 땅굴은 나무로 버팀대를 세워 여기에 불을 지르면 성벽의 한 부분이 무너져 내리도록 했다. 이 작업은 가까스로 늦지 않게 발견됐다. 침입자들은 격퇴됐고, 성벽 아래에는 다시 벽돌을 쌓았다. 이 일로 인해 도시에서는 커다란 동요가 생겼다.

5월 25일에 이 작업을 되풀이하려는 마지막 시도가 있었다. 갱부들은 다시 성벽의 긴 구간에 버팀목을 설치해 불을 지를 준비를 마쳤지만 결국 차단당하고 격퇴됐다. 방어군이 보기에 그것은 발견된 다른 어떤 땅굴보다도 위험한 것이었으며, 그것이 발견됨으로써 땅굴 전쟁은 종막을 고했다. 작센 갱부들은 열흘 동안 쉬지 않고 작업을 했다. 그들은 열네 개의 땅굴을 팠지만, 그란트는 그것을 모두 파괴했다. 메흐메트 2세는 탑과 땅굴 모두에서 실패했음을 인정했다. 그리고 대포 발사를 계속했다.

멀리 콘스탄티노플 서쪽, 대포 쏘는 소리도 들리지 않고 야간공격도 없는 곳에서 또 하나의 작지만 중요한 연극이 상연되고 있었다. 에게 해 동부 어느 섬의 항구에는 범선 한 척이 정박해 흔들거리고 있었다. 배는 콘스탄티노플에서 빠져나온 베네치아의 쌍돛대 범선이었다. 5월 중순 동안에 배는 구조 함대가 오는 징후를 찾아 에게 해를 훑고 다녔다. 승무원들은 아무것도 발견하지 못했다. 그들은 지나가는 배들로부터 아무런 긍정적인 소식도 듣지 못했다. 그들은 이제 구조 함대가 없다는 사실을 알게 됐다. 사실 베네치아 함대는 그리스 해안에서 멀찍이 떨어져 오스만 해군의 의도에 관한 정보를 조심스럽게 수집하고 있었고, 교황이 베네치아에 주문한 갤리선들은 아직도 건조

중이었다. 승무원들은 자신들이 처한 상황이 어떤 의미를 지니는지 잘 알고 있었다. 갑판에서는 앞으로 어떻게 할 것인지를 두고 열띤 토론이 벌어졌다. 한 선원이 이 도시를 떠나 "기독교도들의 땅"으로 돌아가자고 강력하게 주장했다.

"왜냐하면 지금쯤은 튀르크족이 콘스탄티노플을 점령했으리라는 사실을 내가 너무도 분명하게 알고 있기 때문이오."[61]

동료들은 그를 향해 대답했다. 황제가 자신들에게 이 일을 맡겼으니 이를 완수하는 것이 자신들의 책무라고.

"그리고 우리는 콘스탄티노플로 돌아가고 싶소. 도시가 튀르크족의 수중에 있든 기독교도의 수중에 있든, 그것이 죽는 길이든 사는 길이든, 계속 우리의 길을 갑시다."[62]

결정은 민주적인 방식에 따라, 돌아가는 쪽으로 내려졌다. 어떤 결과가 오든지 간에.

쌍돛대 범선은 귀로에 올라 남풍을 타고 다르다넬스 해협을 올라갔다. 다시 튀르크족처럼 변장을 하고는 5월 23일 동트기 직전에 도시로 접근했다. 이번에는 오스만 함대가 속지 않았다. 그들은 베네치아 갤리선들이 도착할 것을 우려하며 조심스럽게 순찰해 왔다. 그러고는 이 작은 범선을 나포하려 했다. 그들은 노를 저어 다가오면서 쌍돛대 범선을 잡으려 했지만 배는 재빨리 그들을 따돌렸고, 쇠사슬 방책이 열려 배를 다시 들어오게 했다.

그날 승무원들은 황제에게 가서 자신들은 아무런 함대도 발견하지 못했다고 보고했다. 콘스탄티노스 11세는 그들이 도시로 다시 돌아와 준 데 대해 감사를 표하고는 "슬픔에 겨워 비통하게 울기 시작했다."[63] 기독교 세계에서 아무런 배도 보내지 않으리라는 사실을 최종적으로 확인하니 구조되리라는 희망이 모두 사라져버렸다.

　그리고 이를 본 황제는 자신의 몸을 가장 자비로우신 주 예수 그리스
도와 그의 어머니 성모 마리아 그리고 자기네 도시의 수호자인 성 콘스
탄티누스에게 의탁하기로 결심했다. 그들이 도시를 지켜줄 것이었다.*

　그날은 포위전 48일째였다.

예언과 징조

1453년 5월 24~26일

성벽에 새겨진 문자 도안들.

우리는 사람들의 대답과 인사말에서 조짐을 본다.
우리는 가금家禽이 울고 까마귀가 나는 것을 기록하며, 거기서 예언을
끌어낸다. 우리는 꿈에 주목하며, 그것이 미래를 예견한 것이라고 믿는다. …
그러한 죄악과 그 비슷한 다른 일들로 인해 우리는 하느님이 우리에게
내리시는 형벌을 받아 마땅한 것이다.[1]

— 요세프 브리엔니오스(1350~1430. 비잔티움의 작가)

예언과 종말과 죄악. 포위된 상태에서 5월 마지막 주로 접어들면서 이 도시 사람들은 더욱 깊은 종교적 두려움에 사로잡혔다. 징조를 믿는 것은 비잔티움 사람들 생활의 한 특징이었다. 콘스탄티노플이라는 도시 자체가 신비로운 조짐의 결과로 건설된 것이었다. 1141년 전 중요한 폰테밀비오(이탈리아 로마 북쪽 테베레 강에 놓인 다리로, 312년 콘스탄티누스 대제가 이 다리에서 벌어진 싸움에서 막센티우스를 물리치고 정권을 잡았다─옮긴이) 전투를 앞두고 콘스탄티누스 대제 앞에 나타난 십자가 환상이 그것이다.

사람들은 예언을 열심히 찾아내고 해석했다. 제국이 속절없이 몰락해 가면서 이런 예언들은 점점 더 깊은 비관론과 연결돼 갔다. 비잔티움 제국이 지구상의 마지막 제국이 될 것이라는 믿음이 널리 퍼져 있었다. 지구의 마지막 세기가 1394년 무렵에 시작됐다는 것이다. 사람들은 이전에 아랍인들에게 포위당했던 시절부터 전해 내려온 고대 예언서들을 기억하고 있었다. 많은 사람이 그 신비롭고 금언과도 같은 시구들을 암송했다.

너희에게 불행이 닥치리라.

일곱 산(콘스탄티노플에는 아크로폴리스 곶 부근에서부터 북서쪽으로 카리시오스 문이 있는 곳까지 여섯 개의 산이 줄지어 있고 여기에 리코스 강 남서쪽의 성 로마노스 문이 있는 산을 합쳐 모두 일곱 개의 산이 있다─옮긴이)의 도시여

폰테밀비오 전투.

스무 번째 글자가 성벽에 나타날 때다.

그러면 함락은 조석간朝夕間이고

너희 나라는 멸망하리라.[2]

튀르크족은 마지막 심판을 표상하는 계시록 속의 민족이 된다. 하느님이 기독교도들의 죄악에 대한 형벌로 보낸 채찍이다.

이런 분위기 속에서 사람들은 끊임없이 제국의 종말을, 아니면 세상 자체의 종말을 예견할 수 있는 조짐을 찾으려 애썼다. 전염병과 자연현상과 천사의 출현. 주민들의 머릿속에 있는 범위를 넘어설 정도로 오래된 도시는 온통 전설과 고대의 예언 그리고 초자연적인 의미로 뒤덮여갔다. 천 년 묵은 기념물들은 그 본래의 목적은 잊어버렸지만 마법의 암호가 들어 있어 그것으로 미래를 읽을 수 있다고 한다. 포룸타우리(콘스탄티누스 대제가 당초 건설했을 때의 이름이며, 테오도시우스 1세가 재건한 이후 '테오도시우스 광장'으로 불렸다—옮긴이)에 있는 조각상 기단에 새겨진 띠 장식에는 도시의 종말에 관한 예언이 암호화돼 들어 있다고 하며, 동쪽을 가리키고 있는 거대한 유스티니아누스의 기마상은 이제 더 이상 페르시아인들에 대한 확고한 지배를 의미하지 않았다. 그것은 최종적으로 도시를 파괴할 자들이 오는 방향을 예견한 것이 됐다.

이러한 배경 속에서, 포위전이 진행되면서 마지막 심판에 대한 예감이 점점 힘을 얻어가고 있었다. 계절을 비웃는 날씨와 끊임없는 대포의 포격으로 인한 공포는 정교회 신자들로 하여금 폭발과 검은 연기 속에서 종말이 가까이 다가왔음을 확신케 만들었다. 적그리스도는 메흐메트 2세라는 모습으로 문 앞에 있었다. 예언적인 꿈과 징조가 널리 유포되고 있었다. 어떤 아이는 도시 성벽을 지키던 천사가 제자리를 떠나는 것을 보았다고 하고, 바닷가의 굴들이 모여 피를 뚝뚝 떨어뜨렸다고도 하며, 거대한 뱀이 다가와 땅을 완전히 쑥대밭으로 만들었다고도 하고, 약한 지진과 우박을 동반한 폭풍이 도시를 덮쳐 "전 세계의 멸망이 다가오고 있음"[3]이 분명해졌다고도 했다. 모든 것은 시간이 거의 다 됐다는 믿음을 드러내고 있었다.

성 게오르기오스의 수도원에는 수수께끼 같은 문서가 있었다. 여러 칸으로 나누어져 역대 황제들을 보여주고 있는데, 각 칸에 황제 한 명씩이었다.

곧 이 칸들은 모두 채워지게 되며, 그들은 마지막 한 칸만이 아직 비어 있다고 말한다.[4]

이 칸을 콘스탄티노스 11세가 차지하게 되는 것이다. 시간은 순환하고 대칭적이라는 비잔티움인들의 관념은 황제에 관한 두 번째 예언에서 다시 한 번 확인된다. 도시는 콘스탄티노스 황제 때에 건설되고 멸망하며, 그들의 어머니는 헬레나라고 했다. 콘스탄티누스 1세와 콘스탄티노스 11세는 모두 그런 이름의 어머니에게서 태어났다(11세의 어머니는 세르비아인이어서 세르비아어로는 옐레나, 그리스어로는 옐레네로 발음했다—옮긴이).

이런 흥분된 분위기 속에서 민간인들의 의욕은 와해된 듯했다. 도시 곳곳에서는 끊임없이 간구하는 예배가 올려졌다. 교회에서는 밤이고 낮이고 끊임없이 기도가 반복됐다. 단 하나 예외는 하기아소피아 대성당이었다. 그곳은 빈 채였고, 아무도 찾지 않았다. 네스토르 이스칸데르의 목격담이다.

모든 사람이 하느님을 모시는 성스러운 교회에 모여 눈물을 흘리고 흐느껴 울며 하늘을 향해 팔을 들어올리고 하느님의 은총을 간구했다.[5]

정교회 신도들에게 기도는 밤에 고생스럽게 돌과 나뭇가지를 날라다 방책을 수리하는 일만큼이나 도시의 생존을 위해 꼭 필요한 일이었다. 그것은 신이 도시를 둘러싸 보호하고 있는 역장力場을 떠받치는 것이었다.

보다 낙관적인 사람들은 여러 가지 반대의 예언들을 기억했다. 도시는 성모 마리아께서 직접 보호하고 계시고, 성십자가 유물을 가지고 있기 때문에 절대로 점령할 수 없다는 것이었다. 또한 적들이 도시에 들어오는 데 성공한다 하더라도 그들은 콘스탄티누스 대제 기념비까지만 나아갈 수 있고, 천사가 칼을 들고 하늘에서 내려와 그들을 쫓아낼 것이라고 했다.

그럼에도 불구하고 종말이 오지 않을까 하는 불안은 5월 23일 베네치아의 쌍돛대 범선에서 날아온 실망스러운 소식(구원군이 오지 않는다는 보고를 말한다─옮긴이) 때문에 더욱 커졌고, 그것은 보름날 밤에 최고조에 달했다. 날짜가 불분명하기는 하지만 그것은 아마도 이튿날인 4월 24일이었을 것이다.

달은 도시 사람들의 영혼 속에서 잊을 수 없는 자리를 차지하고 있었다. 달은 하기아소피아 대성당의 둥근 구리 지붕 위로 솟아올라 크리소케라스 만의 잔잔한 바다와 보스포로스 해협에 희미한 빛을 비추었다. 그것은 먼 고대 이후로 비잔티움의 상징이 돼 있었다. 밤마다 아시아의 산들에서 파내는 금화처럼, 그것이 만들어내는 썰물과 조류는 도시의 옛날과 도시가 살아온 끝없이 반복되는 시간의 순환을 표현하는 것이었다. 오르락내리락하고, 끝이 없으며, 불길한 순환이다. 지구의 마지막 천 년은 달이 지배하는 것으로들 생각하고 있었다. 그때는 "생명도 짧아지고, 운수도 불안정해진다."[6]

5월 말에는 특별한 공포가 어떤 믿음에 집중됐다. 도시는 달이 차오를 때는 절대로 점령되지 않을 것이고, 24일 이후에 달이 다시 이지러지기 시작하면 미래는 불확실해지리라는 것이다. 이런 날짜에 따른 전망은 대중들을 두려움에 떨게 만들었다. 이 도시에 관한 예언의 역사 전체가 한 지점을 향해 다가가고 있는 듯했다.

사람들은 5월 24일, 불안 속에서 해가 지는 것을 기다렸다. 낮 동안에 다시 거센 포격이 계속됐는데, 밤이 되자 갑자기 조용해졌다. 이 구동성으로 말하는 바에 따르면, 그날은 아름다운 봄날 밤이었다. 이 순간이 콘스탄티노플에서는 가장 신비한 시간이었다. 마지막 햇빛이

아직 서쪽에서 희미하게 빛나고 있었
고, 멀리서 바닷물이 성벽을 찰싹거
리고 있는 소리가 들렸다. 바르바로
는 이렇게 기억했다.

하늘은 깨끗하고 구름이 없었다.
마치 수정처럼 순수했다.[7]

오디기트리아가 그려진 도장.

그러나 해가 지고 한 시간 뒤 달이 떠오르자 사람들은 이상한 광경
을 마주하게 됐다. 완전히 둥그런 황금색의 달이어야 했지만, 실제로
떠오른 것은 "초사흘 달이어서 그 일부밖에 보이지 않았다."[8] 달은 네
시간 동안 창백하고 작은 상태로 유지되더니, 그 이후 힘겹게 "조금씩
조금씩 커져서 해가 지고 여섯 시간 뒤에는 완전한 보름달의 모습을
이루었다."[9] 부분월식은 방어군에게 예언의 힘을 떠올리게 했다. 초승
달은 메흐메트 2세 진영에서 나부끼는 깃발에서 볼 수 있는 오스만의
상징이 아니던가. 바르바로는 이렇게 전한다.

황제는 이 조짐을 보고 매우 두려워했다. 그 휘하의 모든 귀족도 마
찬가지였다. … 그러나 튀르크족은 숙영지에서 이 조짐을 보고 환호성
을 올렸다. 이제 승리는 자기네 것이라고 생각됐기 때문이다.[10]

대중들의 사기를 유지하기 위해 분투하고 있던 콘스탄티노스 11세
에게 이것은 엄청난 타격이었다.

이튿날 결정이 내려졌다. 아마도 콘스탄티노스 11세가 주도한 일

이었을 것이다. 사람들의 기분을 끌어올리기 위해 다시 한 번 동정녀 마리아께 직접 호소하자는 것이었다. 가장 성스러운 마리아의 이콘 오디기트리아('길을 알려주는 자'라는 뜻이다)는 기적을 일으킬 힘이 있다고 사람들이 믿는 부적이었다. 사람들은 이것을 복음서 저자인 성 누가가 그렸다고 생각했다. 그리고 도시를 성공적으로 방어해 내는 데 있어 예로부터 영광스러운 역할을 했다고 믿었다. 오디기트리아는 626년 아바르인들이 포위했을 때 성벽을 따라 행진했다. 또한 718년에도 이것이 콘스탄티노플을 아랍인들로부터 구했다고 사람들은 믿었다.

이에 따라 5월 25일 아침에 수많은 군중이 이 이콘이 모셔진 성벽 근처인 코라 수도원 내 하기우소테로스 성당에 모여들어 동정녀 마리아에게 도시를 지켜달라고 빌었다. 나무 운반대에 올려진 오디기트리아는 이콘 봉사회에서 선발된 한 팀의 남자들이 어깨에 메었고, 참회 행렬은 전통적인 순서에 따라 아래의 가파르고 좁은 거리에서 출발했다. 십자가를 멘 사람이 앞장서고, 그 뒤에는 검은 옷을 입은 사제들이 향로를 흔들며 가고(향이 잘 타게 하기 위해 흔드는 것이다—옮긴이), 그 뒤에 평신도들이 남자·여자·아이들의 순서로 아마도 맨발로 따랐을 것이다. 성가대 선창자가 사람들이 성가 부르는 것을 이끌었다. 으레 나오는 사분음의 찬송가, 죽은 사람들에 대한 애도, 향에서 나오는 연기 그리고 수호자인 동정녀 마리아에게 올리는 전통적인 기도문. 이 모든 것이 아침 하늘로 올라갔다. 주민들은 거듭거듭 거센 외침을 토하며 영적인 보호를 간구했다.

당신이 아시고 하시려 한다면 도시를 구해 주십시오. 우리는 당신

1900년경의 코라 수도원.

을 우리의 무기처럼, 우리의 성벽처럼, 우리의 방패처럼, 우리의 장수
처럼 앞세울 것입니다. 당신의 백성들을 위해 싸워주십시오.[11]

이 행진의 정확한 경로는 이콘 자체에서 발산되는 힘에 따랐다고
한다. 마치 수맥 찾는 점지팡이가 끌어당기는 것 같은.

공포와 헌신이 교착된 이런 팽팽한 분위기에서 다음에 일어난 일
은 엄청나게 충격적인 것이었다. 이콘이 갑자기 그리고 납득할 수 없
게도 그것을 든 사람의 손에서 미끄러져 "아무런 이유나 가시적인 힘
이 가해지지 않았는데도 땅에 떨어졌다."[12] 공포에 질린 사람들은 앞
으로 달려 나가 마구 고함을 지르며 동정녀의 이콘을 제자리에 올려
놓으려 했다. 그러나 이콘은 땅바닥에 고정돼 있는 것 같았다. 마치

납덩이를 올려놓은 듯했다. 들어올릴 수가 없었다. 한참 동안 사제들과 운반자들은 기적을 일으키는 이콘을 진창에서 꺼내기 위해 소리를 지르고 기도를 올리며 발버둥 쳤다. 결국 그것은 다시 올려졌지만, 모든 사람은 이 불길한 사건으로 말미암아 충격을 받았다.

그리고 더욱 좋지 않은 일이 곧바로 이어졌다. 비틀비틀 행로를 수정해 어렵사리 조금 더 나아가자 거센 폭풍이 불어닥쳤다. 한낮의 하늘을 가르며 천둥과 번개가 쏟아졌다. 비가 들이붓고 우박이 쏘아대며 흠뻑 젖은 행렬을 너무도 거세게 후려갈겨 사람들은 "버티며 서 있거나 앞으로 나아갈 수 없었다."[13] 이콘은 휘청거리며 멈추어 섰다. 물이 흘러넘치고 급류가 험악한 기세로 좁은 거리로 솟구쳐 내려와 따라가던 아이들을 휩쓸어갈 듯이 위협했다.

따라가던 많은 사람은 그 힘과 물살에 휩쓸려가서 익사할 뻔했다. 그러나 몇몇 사람들이 재빨리 그들을 붙잡아 간신히 돌진하는 급류 밖으로 끄집어내 모면할 수 있었다.[14]

행진은 포기해야 했다. 군중은 흩어졌다. 그들이 겪은 곤경에 대한 분명한 해석을 지닌 채. 동정녀 마리아는 그들의 기도를 거부했다.

(폭풍은) 분명히 모든 것에 대한 파괴가 임박했음을 예언하는 것이었고, 그것은 격렬하고 난폭한 물처럼 모든 것을 쓸어가고 파괴할 터였다.[15]

그들이 이튿날 아침에 일어나 보니 짙은 안개가 도시를 뒤덮고 있

콘스탄티노플은 하느님이 보호해 주시는 도시였다.

었다. 분명히 바람은 불지 않았다. 공기는 움직이지 않았고, 안개는 하루 종일 도시에 들러붙어 있었다. 모든 것이 소리를 죽였고, 고요했고, 보이지 않았다. 으스스한 분위기가 히스테리 정서를 부추겼다. 마치 날씨 자체가 방어군의 의지를 손상시키는 듯했다. 그런 때아닌 안개에 대해서는 오직 한 가지 해석만이 가능할 뿐이었다. 그것은 "하느님이 떠났다"는 것을 보여주고 있었다.

그리고 하느님이 도시를 떠났다는 것은 도시를 완전히 저버리고 외면했다는 것을 의미했다. 하느님은 구름 속에 몸을 숨기시고 또한 그렇게 나타났다 사라지시는 분이기 때문이다.[16]

저녁이 되면서 대기는 더욱 짙어진 듯했고, "엄청난 어둠이 도시로 몰려오기 시작했다."[17] 그리고 더욱 이상한 일도 눈에 띄었다. 먼저 성벽 위의 감시병들은 콘스탄티노플에 불이 밝혀져 있는 것을 보았다. 마치 적들이 도시를 불태우고 있는 것 같았다. 깜짝 놀란 사람들이 달려가 무슨 일이 일어나고 있는지 살펴보고는 큰 소리로 울부짖었다. 하기아소피아 대성당의 반구형 지붕을 올려다보니 이상한 불빛이 지붕 위에서 깜박거리고 있었다. 쉽게 흥분하는 네스토르 이스칸데르는 자신이 본 것을 이렇게 묘사했다.

창문 꼭대기에서 커다란 불길이 뿜어져 나오고 있었다. 불길은 오랫동안 교회 처마를 둘러싸고 있었다. 불길은 한 곳으로 모였다. 불길이 바뀌었다. 그리고 말로 표현할 수 없는 빛이 생겨났다. 곧바로 그것은 하늘로 올라갔다. 그것을 본 사람들은 얼이 빠졌다. 그들은 울부짖으며 그리스어로 외치기 시작했다.

"주여, 자비를 베푸소서! 빛이 저절로 하늘로 올라갔습니다."[18]

신도들에게 하느님이 콘스탄티노플을 버렸다는 사실은 분명해 보였다.

오스만 진영에서도 비정상적으로 무거운 공기와 초자연적인 빛이 부대에 비슷한 효과를 가져왔다. 이런 현상들이 일어나자 반신반의하며 당혹해했다. 메흐메트 2세는 자신의 천막 안에서 잠을 이룰 수가 없었다. 그는 도시 상공의 불빛을 보고 처음에는 걱정을 하며 물라들을 불러 무슨 징조인지 해석해 달라고 청했다. 그들이 와서는 이것이 무슬림의 대의를 위해 좋은 징조라고 정식으로 선언했다.

"이것은 엄청난 조짐입니다. 도시는 운이 다했습니다."[19]

이튿날, 사제와 대신의 대표들이 콘스탄티노스 11세에게 가서 자기네가 느낀 불길한 예감을 이야기했다. 그들은 수수께끼 같은 빛에 대해 충분히 설명하고는 황제에게 안전한 장소로 가서 메흐메트 2세를 상대로 효과적인 저항을 시작하도록 설득하려 했다.

"황제 폐하, 이 도시에 대해 나온 모든 이야기를 잘 따져보십시오. 하느님께서는 유스티니아누스 황제 시절에 위대하고 성스러운 교회와 이 도시를 보호하기 위해 빛을 주셨습니다. 그러나 어젯밤에 그것은 하늘로 떠나갔습니다. 이것은 하느님의 은총과 관용이 우리에게서 떠났음을 의미합니다. 하느님께서는 우리 도시를 적에게 넘겨주고 싶어 하십니다. … 저희는 폐하께 간청합니다. 도시를 떠나셔서, 우리 전체가 멸망하지 않도록 해주십시오."[20]

콘스탄티노스 11세는 감정이 북받치고 완전히 지친 상태에서 실신해 땅바닥에 넘어졌고, 오랫동안 의식을 찾지 못했다. 그가 의식을 되찾은 뒤 그의 반응은 이전과 같았다. 도시를 떠나는 것은 자신의 이름을 영원한 조롱거리로 만드는 일이라는 것이었다. 자신은 도시에 남아서, 필요하다면 자기 신민들과 함께 죽겠다고 했다. 그는 더 나아가서 사람들에게 불안한 말들을 퍼뜨리지 말라고 그들에게 지시했다.

"그들이 절망에 빠져서 열심히 싸우려는 의지를 꺾게 하지 마시오."[21]

다른 사람들의 대응은 각기 달랐다. 5월 26일 밤에 니콜라스 주스티니아니(이 포위전의 영웅인 조반니 주스티니아니와는 혈연관계가 없는 사람이다)라는 베네치아의 한 선장이 쇠사슬 방책을 빠져나가 밤을 틈타서 멀리 떠나갔다. 몇 척의 작은 보트는 마르마라 해안 성벽 쪽에 있는 작은 항구들에서 나와 해상 봉쇄를 피한 뒤 에게 해의 그리스어권 항구들로 향했다. 일부 돈 많은 주민은 크리소케라스 만 안에 있는 이탈리아 배들로 피신했다. 마지막에 비극적인 상황이 생길 경우 탈출 기회가 가장 높은 곳이라고 판단했기 때문이다. 다른 사람들은 도시 안에서 안전한 도피처를 찾기 시작했다. 패배로 인해 초래될 일들에 대해 환상을 가진 사람은 거의 없었다.

중세 세계의 신비주의적인 구조 안에서 도시의 사기를 꺾어놓은 천체의 징후와 철에 맞지 않는 날씨는 하느님의 의지에 대한 분명한 징표였다. 사실 이 두려운 현상에 대한 더욱 그럴듯한 설명은 멀리 태평양 쪽에 있고, 그것은 가장 끔찍한 아마겟돈 환상과 비견될 수 있을 것이다.

1453년 초의 어느 시기에 오스트레일리아 동쪽 2천 킬로미터 지점에 있던 화산섬 쿠와에(현재 바누아투 셰퍼드 제도의 해저화산으로 남아 있는데, 본래는 양쪽의 에피 섬 및 통고아 섬과 함께 큰 섬을 이루었다가 화산 폭발로 분리됐다고 한다—옮긴이)가 말 그대로 날아가 버렸다. 33세제곱킬로미터의 용암이 히로시마廣島에 떨어진 핵폭탄의 200만 배의 힘으로 성층권으로 분출됐다. 그것은 중세의 크라카타우 화산(인도네시아 자바 섬과 수마트라 섬 사이 순다 해협에 있는 화산으로, 1883년 사상 최악의 화산 폭발이 일어났다—옮긴이) 폭발이었고, 세계의 기상을 흐리게 만든 사건이었다. 화산먼지가 전 세계의 바람을 타고 지구 곳곳으로 날아가 기온을 떨어뜨리고, 중국에서 스웨덴까지 농작물 수확량을 떨어뜨렸다. 중국의 장강長江(양쯔강) 이남 지역은 미국의 플로리다만큼이나 포근한 기후였는데, 40일 동안이나 쉬지 않고 눈이 내렸다. 이 시대 잉글랜드의 나무 나이테 기록을 보면 몇 년 동안 왜소성장이 나타나고 있다.

쿠와에에서 날아온 유황 성분이 많은 입자가 계절에 맞지 않는 추위를 몰고 오고 비·우박·안개·눈이 불안정하게 뒤섞이는 현상을 초래해 봄철 내내 도시를 황폐하게 했을 가능성이 높은 것이다. 이들이 대기 중에 떠다니면서 으스스한 일몰 장면과 이상한 시각 효과를 만들어냈을 것이다. 그것은 화산 폭발 때 나온 입자였을 것이다. 그것이 단독으로 또는 공기 중의 전기가 방전되면서 나타나는 불빛인 '산 엘모의 불'(기상이 나쁠 때 배의 돛대 끝에서 빛이 나는 현상을 말하며, 이탈리아 산 엘모 대성당에서 자주 나타난다고 해서 이런 이름이 붙었다고 한다—옮긴이) 효과와 결합해 5월 26일에 둥그런 성당의 구리 지붕 위에 불길한 불의 띠로 올려져 있었을 것이다. (1883년 크라카타우 화산 폭발 이후 뉴욕에서도 비슷하게 으스스한 빛의 효과가 나타나 사람들을 놀라게 했는데, 좀 더 과학적인 시대를 살고 있는 사람들은 큰불이 나면 소방대를 부르는 것을 당연시하고 있다.)

예감에 지나치게 몰두한 것은 콘스탄티노플뿐만이 아니었다. 5월 마지막 주에 오스만 진영 또한 사기 측면에서 심각한 위기를 겪고 있었다. 숨죽인 불만이 이슬람의 깃발 사이에서 펄럭이고 있었다. 이때는 아랍의 음력으로 5월이었다. 7주 동안 그들은 육지와 바다에서 도시를 공격했다. 그들은 고약한 봄 날씨를 견뎌냈고, 성벽에서 엄청난 사상자가 났다. 숨 막히는 해자에서 짓뭉개진 시체가 수도 없이 실려 나갔다. 매일같이 평원 위에 화장하는 연기가 피어올랐다. 그럼에도 불구하고 질서정연한 천막의 바다에서 위를 올려다보면 성벽은 여전히 건재했다. 그리고 그들이 대형 포로 무너뜨린 곳에는 그 대신에 통을 얹어놓은 긴 토성이 솟아 있었다. 완강한 적의 비웃음이었다. 황제의 쌍두 독수리는 여전히 성벽 위에서 펄럭이고 있었고, 궁전 위에서 나부끼는 산 마르코의 사자는 서방의 원조가 실재한다는 표시이자 증원군이 올 것이라는 공포를 불러일으키는 것이었다.

무장 부대로서 오스만처럼 효과적으로 긴 포위전을 계속한 경우는 없었다. 그들은 병영 생활의 필수적인 원칙에 대해 서방 군대들보다 더 잘 알고 있었다. 시체를 신속하게 소각하고 상수원을 보호하며 배설물을 위생적으로 처리하는 일은 오스만이 전쟁에 나설 때 필수적으로 챙기는 내용들이었다. 그러나 포위전의 셈법이 점차 그들에게 불리하게 돌아가고 있었다. 중세에 콘스탄티노플에 있는 병력의 3분의 1 규모인 2만 5천 명의 포위군은 하루에 3만 4천 리터의 물과 30톤의 사료를 공급받아야 하는 것으로 추산됐다. 이런 규모의 군대가 60일 동안 포위를 한다면 사람과 동물의 오줌 400만 리터와 고체 형태의 생물학적 폐기물 4천 톤을 치워야 했다. 이제 곧 여름의 열기가 무슬림들에게 물질적인 불편과 질병의 위협을 가중시킬 것이다. 시계는 똑딱거리며 오스만의 결심을 촉구하고 있었다.

실제로, 7주 동안 전투를 치른 후에 양쪽은 모두 엄청난 피로감을 느꼈다. 최종 결과가 나오기까지 그리 오래 걸리지 않으리라는 것은 인정되고 있는 사실이었다. 신경은 극한까지 곤두섰다. 이런 분위기에서 콘스탄티노플을 둘러싼 싸움은 메흐메트 2세와 콘스탄티노스 11세가 휘하 사람들의 사기를 어떻게 관리하느냐 하는 둘 사이의 개인적인 경쟁으로 변했다. 콘스탄티노스 11세가 도시 안에서 자신감의 와해를 목격하고 있었다면, 똑같은 문제가 이상하게도 오스만 군대의 사병들을 덮친 것이다.

사건들의 정확한 순서와 날짜는 불확실한 상태다. 오스만인들은 아마도 5월 23일 구조 함대가 없다는 소식을 가지고 도착한 베네치아의 쌍돛대 범선을 구조 함대의 선발대로 생각했던 듯하다. 이튿날 숙영지 안에서는 빠르게 소문이 퍼졌다. 강력한 함대가 다르다넬스 해협으로 다가오고 있고, "가공할 백기사" 후녀디 야노시가 이끄는 십자군이 이미 도나우 강을 넘어 에디르네로 진군하고 있다는 것이었다. 가장 그럴듯한 설명은 콘스탄티노스 11세가 오스만의 사기를 떨어뜨리기 위한 마지막 시도로 이런 이야기가 흘러나가도록 했다는 것이다. 그것은 곧바로 성과를 거두었다. 의구심과 두려움이 평원에 물결처럼 퍼져 나갔다. 역사가의 말에 따르면, 사람들은 기억하고 있었다.

많은 왕과 술탄이 갈망했다. … 그리고 대규모 군대를 모으고 장비를 갖추었지만, 아무도 요새의 발치에 이르지 못했다. 그들은 고통스럽게 철수했다. 상처를 입고 환멸을 느낀 채.[22]

실망스런 분위기가 숙영지를 휘어잡았고, 히오스의 레오나르도스를 믿을 수 있다면 "튀르크족은 자기네 술탄에게 소리를 지르기 시작했다."[23] 두 번째로 의구심과 위기의식이 오스만의 수뇌부를 휘어잡았고, 포위전의 운용을 둘러싼 해묵은 분열이 다시 수면 위로 떠오르기 시작했다.

메흐메트 2세에게는 위기의 순간이었다. 도시 점령이 실패한다면 자신의 평판에 치명적인 영향을 미칠 터였다. 그러나 시간과 자기 군대의 인내심은 바닥을 드러내 가고 있었다. 그는 부하들의 신망을 다시 찾아야 했고, 단호하게 행동해야 했다. 월식이 있던 날 밤은 떨어져가는 사기를 끌어올릴 수 있는 행운의 순간이 됐다. 포위전에 따라온 물라들과 데르비시들의 종교적 열정으로 월식에 대한 긍정적 해석이 진중에 퍼질 수는 있었지만, 포위전을 계속할지의 여부는 여전히 불투명했다. 늘 그렇듯이 기민함과 교활함을 겸비한 그는 다시 한 번 콘스탄티노스 11세를 설득해 평화적으로 항복하도록 하자는 결정을 내렸다.

아마도 5월 25일 무렵에 그는 도시에 밀사를 보냈다. 이스마일이라는 배교背敎한 그리스 귀족으로, 비잔티움인들로 하여금 자신들에게 닥칠 운명을 직시토록 하려는 것이었다. 그는 저들의 상황이 절망적임을 호소했다.

"그리스 사람들이여, 당신들의 운명은 참으로 칼날 위에 서 있는 것과 마찬가지입니다. 그런데 왜 술탄에게 사절을 보내 평화를 논의하지 않으십니까? 당신들이 이 문제를 내게 맡겨 주신다면, 나는 당신들의 조건을 그에게 전달할 수 있도록 주선할 것입니다. 그러지 않는다면 당신들의 도시는 노예 상태로 전락하고, 당신들의 아내와 아이들은 노예로 팔려가며, 당신들 자신은 완전히 몰락하게 될 것입니다."[24]

그들은 이 문제를 검토해 보기로 조심스럽게 결정했다. 그러나 "고위직이 아닌"[25] 사람을 보냄으로써 실패했을 때의 위험을 줄이도록 했다. 도시 지도자 가운데 한 사람의 목숨을 걸지 않으려는 것이었다. 이 불행한 사람은 붉은색과 금색의 천막으로 안내돼 술탄 앞에 엎드렸다. 메흐메트 2세는 퉁명스럽게 두 가지 선택지를 제시했다. 연간 세금으로 10만 베잔트라는 막대한 돈을 내든지, 아니면 모든 주민이 "자기 소유물을 가지고" 도시를 떠나 "어디든지 각자가 원하는 곳으로 가라"[26]는 것이었다.

이 제안은 황제와 그 참모들에게 전달됐다. 그 정도의 세금을 내는 일은 가난에 찌든 이 도시로서는 분명히 형편을 넘어서는 것이었다. 그리고 콘스탄티노플을 버리고 다른 곳으로 간다는 것은 콘스탄티노스 11세로서는 상상할 수조차 없는 일이었다. 그의 답변은 자신이 도시만 빼고 가진 것을 모두 내놓겠다는 취지의 것이었다. 메흐메트 2세는 이제 남은 선택지는 도시가 항복을 하고 칼날 아래 죽든지 이슬람교로 개종하는 것뿐이라고 쏘아붙였다. 아마도 이런 때문이겠지만, 도시에서는 메흐메트 2세의 제안이 진지하지 않으며 그가 이스마일을 보낸 것은 다른 의도가 있었다는 분위기였다.

> 그리스인들의 심리상태를 시험하려는 수단이었으며, … 그리스인들이 자기네가 처한 상황을 어떻게 파악하고 있고 그들의 입장이 얼마나 확고한지를 알아보려는 (것이었다.)[27]

그러나 메흐메트 2세에게는 자발적인 항복이 아직도 가장 좋은 선택지였다. 그렇게 하면 자신이 수도로 삼고자 하는 도시의 상태를 유지할 수 있을 터였다. 도시가 무력으로 점령된다면 그는 이슬람법에 따라 병사들이 사흘 동안 약탈을 하도록 허용할 수밖에 없었다.

도시가 자발적 항복에 얼마나 접근했었는지는 아무도 모른다. 제노바인들(갈라타에 있던 그들의 식민지 역시 간접적으로 위협을 받고 있었다)이 황제에게 항복 제안을 거부하도록 압력을 넣었다는 말도 있지만, 매우 일관된 태도를 보였던 콘스탄티노스 11세가 한 번이라도 진지하게 콘스탄티노플을 넘겨줄 생각을 했던 적은 없었을 듯하다. 아마도 양쪽 모두에게 협상을 통해 항복하는 것은 너무 늦은 상태였을 것이다. 쓰라린 일이 너무 많았다. 50일 동안 그들은 성벽 너머로 서로를 조롱하고 살육했으며, 동포들이 훤히 보는 앞에서 포로들을 처형했다. 이제 포위를 풀거나 도시를 점령하거나 둘 중 하나만이 남은 상황이었다. 두카스는 아마도 콘스탄티노스 11세가 보낸 응답의 진짜 취지를 파악했던 듯하다.

그대가 할 수 있는 만큼의 연간 세금을 지운 뒤에 평화협정을 맺고 철군하시오. 그대 자신도 승리를 거둘지 기대에 어긋날지 알 수 없기 때문이오. 이 도시를 그대에게 넘겨주는 것은 내 권한도 아니고, 이 도시에 사는 어느 누구의 권한도 아니오. 목숨을 구걸하기보다는 죽겠다는 것이 우리 모두의 결의요.[28]

서방의 군대가 오고 있다는 소문을 오스만 진영에 흘려보낸 것이 만약 콘스탄티노스 11세였다면, 그것은 양날의 칼이었다. 성벽 밖에서는 무엇을 해야 할지가 불확실했다. 그러나 구원군이 올 수 있다는 위협은 단호한 행동을 촉구하고 있었다.

콘스탄티노스 11세가 명확한 답변을 보내오자 오스만 진영에서는 다시 논쟁이 불붙었다. 아마도 이튿날인 5월 26일에 메흐메트 2세는 전략회의를 열고 이 문제에 관해 이쪽이냐 저쪽이냐 결정을 보기로 했다. 포위를 풀 것이냐, 총공격을 진행할 것이냐였다. 이어진 논쟁은 4월 21일 해군의 패배 이후 열렸던 위기 대응 회의의 재판이었다.

다시 한 번 늙은 튀르크족 대신 할릴 파샤가 일어나 발언을 했다. 그는 조심스러웠고, 젊은 술탄의 경솔함이 초래할 결과와 기독교 세계의 통합된 대응을 자극할 위험성을 두려워했다. 그는 메흐메트 2세의 아버지 밑에서 영고성쇠의 변화를 목격했고, 불안정한 군대가 위험하다는 것을 알고 있었다. 그는 열정적으로 평화를 주장했다.

"폐하의 권력은 이미 매우 강대하며, 이는 전쟁이 아니라 평화에 의해 더욱 늘릴 수 있습니다. 전쟁의 결과는 불확실하기 때문입니다. 전쟁으로 번영하기보다는 재난이 뒤따라오는 경우가 더 많습니다."[29]

그는 헝가리 육군과 이탈리아 함대가 진격해 오고 있다는 소문을 언급하며, 그리스인들에게 무거운 세금을 물리고 포위를 풀라고 메흐메트 2세에게 요청했다.

그리스인 개종자 자아노스 파샤는 또다시 전쟁을 주장했다. 그는 전력에 현격한 차이가 있고, 방어군의 힘이 나날이 줄어가고 있으며, 그들이 거의 녹초가 돼 있다고 지적했다. 그는 서방에서 원군이 올 것이라는 생각을 경멸하며, 이탈리아 정치의 현실에 대한 날카로운 식견을 드러냈다.

"제노바인들은 파당으로 분열돼 있고, 베네치아인들은 밀라노 공작의 공격을 받고 있습니다. 양쪽 모두 전혀 도움을 주지 않을 것입니다."[30]

그는 메흐메트 2세의 바람을 영광스럽게 만들자고 호소하고 이렇게 요구했다.

"날카로운 단기간의 총공격을 할 기회를 한 번 갖고, 그렇게 해서 실패하면 그 뒤에 무엇이든지 당신들이 최선이라고 생각하는 대로 합시다."[31]

다시 한 번, 유럽인 부대 사령관 투라한 베이 등 다른 장군들과, 셰흐 악솀스엣딘 및 물라 귀라니가 이끄는 강력한 성직자파가 자아노스를 지지했다.

토론은 뜨거웠다. 10년 동안 열기를 뿜어온 오스만 궁정 내 두 파벌 사이의 권력투쟁은 바야흐로 결정적 순간을 맞고 있었다. 그 결과는 오스만 국가의 장래에 엄청난 영향을 미칠 터였다. 그러나 양쪽은 또한 자기네가 살아남기 경쟁을 하고 있다는 사실도 알고 있었다. 정책이 실패하면 가차 없이 교수형에 처해질 수밖에 없었다.

결국 메흐메트 2세는 군대의 영광을 호소하는 쪽을 받아들였다. 실패 가능성이나 군부 반란을 없애기 위해서였다. 그는 최종 결정을 하기 전에 자아노스를 보내 숙영지를 돌아다니며 군대의 분위기를 파악해 보고하도록 했을 가능성이 있다. 만약 그렇다면 답은 자연스럽게 분명해진다. 자아노스는 충실하게 '발견'한 것이다. 군대가 마지막 공격에 대한 열의에 가득 차 있음을. 메흐메트 2세는 망설일 때는 지났다고 판단했다.

"자아노스! 전투 날짜를 결정하라. 군대를 준비시키고, 갈라타가 적을 도울 수 없도록 그곳을 포위하라. 그리고 이 모든 준비를 서두르라."[32]

앞으로 며칠 안에 공격을 하려고 준비하고 있다는 소문이 숙영지 안에 퍼졌다. 메흐메트 2세는 마지막 공격에 대비해서, 떨어지고 있는 부대의 사기를 끌어올릴 시점을 포착할 필요가 있음을 알고 있었다. 그리고 적을 깜짝 놀라게 할 시점을 말이다. 5월 26일 해가 진 뒤에 전령들이 천막을 돌아다니며 술탄의 명령을 외쳤다. 각 천막 앞에는 화톳불과 모닥불을 밝히도록 했다.

그리고 숙영지 안의 모든 천막에서는 각각 두 개씩의 불을 밝혔다. 불은 매우 커서, 그 거대한 불빛 때문에 마치 낮인 것처럼 느껴졌다.[33]

방어군은 흉벽에서 놀라움과 당혹감을 지닌 채 이를 바라보았다. 불의 고리는 점차 넓은 원으로 확대돼 지평선 전체를 품고 있었다. 자기네 앞에 있는 숙영지에서부터 갈라타 부근의 산들과 바다 건너 아시아 해안까지. 불빛은 너무 밝아서 천막을 하나하나 셀 수도 있었다. 두카스는 이렇게 적었다.

이 이상한 광경은 정말로 믿을 수 없었다. 바다 표면은 번개처럼 번쩍거렸다.[34]

테탈디는 이렇게 기억했다.

바다와 육지에 불이 붙은 듯했다.[35]

밤하늘에 눈부신 조명을 밝힘과 동시에 북과 징 소리가 점점 크게 울려 퍼졌고, 신자들은 반복적이면서도 점점 큰 목소리로 외쳐댔다. "라 일라하 일라알라(알라 이외에는 신이 없다)! 무함마드 라술랄라(무함마드는 알라의 사도다)!"[36]

그 소리가 나무 커서 "하늘이 벌컥 열린"[37] 듯했다. 오스만 진영 안에서는 놀라운 장면이 펼쳐졌다. 마지막 공격에 충심으로 헌신하게 된 데 대한 열광과 기쁨이었다.

처음에 성벽 위의 일부 사람들은 이 불빛을 보고 적의 천막에서 불을 지르는 광란이 일어난 것이라고 좋은 쪽으로 잘못 생각했다. 그들은 재빨리 올라가서 이 모습을 보고 나서야 지평선이 번쩍거리고 마구 외쳐대는 것의 진정한 의미를 알 수 있었다. 불의 고리는 바랐던 대로 도시에 영향을 미쳐 방어군의 용기를 고갈시켰다.

그들은 거의 죽어가고 있는 듯했다. 숨을 들이쉬지도, 내쉬지도 못했다.[38]

종교적 열정이 발산되는 것을 보고 놀란 그들은 이제 공포감에 휩싸였다. 동정녀 마리아에게 열심히 애원을 하고, 기도문을 반복해서 암송했다.

"살려주소서! 오, 주여!"[39]

그들에게 외침과 불꽃이 의미하는 바에 대한 확증이 필요했다면, 그것은 곧 볼 수 있었다. 어둠이 깔린 가운데 술탄 군대의 기독교도 징집병들은 흉벽을 향해 몰래 화살을 쏘았다. 다가올 공격을 대강 설명한 편지를 매단 화살이었다.

불빛에 의지해 불길한 준비가 진행되고 있었다. 해자를 메우기 위해 나뭇가지와 기타 자재들을 가지고 나아가는 사람들이 어른거렸다. 대포들은 그날 하루 종일 리코스 계곡의 주스티니아니가 만든 방책에 위협 포격을 가했다. 그것은 아마도 짙은 안개가 끼었던 날이었던 듯하다. 방어군의 용기는 이미 무서운 예언들로 인해 갈가리 찢겨 나갔다. 돌 포탄이 쉴 새 없이 우박처럼 쏟아졌다. 방어벽에 커다란 구멍이 나기 시작했다. 바르바로는 이렇게 적었다.

나는 이날 대포가 성벽을 상대로 한 일을 모두 설명하지 못하겠다. 우리는 엄청난 고통을 겪었고, 엄청난 공포를 느꼈다.[40]

밤이 되자 지친 방어군은 주스티니아니의 지시를 받아 다시 구멍을 메울 준비를 했다. 그러나 환한 불빛 아래서 성벽은 잘 보이게 비춰지고 있었고, 포격은 밤 깊도록 계속됐다. 그리고 자정 직전, 놀라우리만치 급작스럽게 불이 꺼지고 열광적인 외침이 갑자기 사라졌으며 포격이 중지됐다. 불안스런 적막이 5월의 밤에 깔려 성벽 위에서 보는 사람들로 하여금 광란의 축제만큼이나 오싹한 기분이 들게 했다. 주스티니아니와 주민들은 성벽을 보수하기 위해 얼마 남지 않은 짧은 밤 동안 작업을 계속했다.

대략 이 시기에, 성벽이 점차 무너져감에 따라 방어군은 방어 방식에서 작은 변화를 주지 않을 수 없었다. 그들은 가끔 외성 문에서 기습 출격을 해서 적의 활동을 방해하곤 했다. 성벽이 파괴돼 방책으로 대체됨에 따라 자기네 방어선에서 적의 눈에 띄지 않고 습격을 나가는 일은 더 어려워졌다. 일부 노인들은 테오도시우스 성벽과 좀 더 불규칙한 콤네노스 성벽이 만나 급격한 각도 변화가 이루어지는 지점의 궁전 아래쪽에 봉쇄된 출격 통로가 있음을 알고 있었다. 이 옛날 출입문은 '케르코스(경기장) 문'이나 '크실로(나무) 문' 등 여러 가지 이름으로 알려졌다. 도시에서 이 문을 통해 바깥으로 나가면 한때 나무로 만든 경기장이 있었기 때문에 그런 이름이 붙었다. 이 작은 출입구는 견고한 벽으로 가로막혀 있지만, 사람이 그곳으로 출격해서 바깥 공간에 있는 적을 칠 수는 있었다. 콘스탄티노스 11세는 이 문을 뚫어 적을 교란하는 습격을 계속할 수 있도록 하라고 지시했다. 또 다른 고대의 예언을 아무도 기억하지 못한 듯한 결정이었다. 669년 아랍인들이 처음 포위전에 나섰던 시기에 이상한 예언서가 나타났다. 이른바 『메토디오스 예언서』(그리스의 주교인 '파타라의 메토디오스'(?~311)의 이름을 가탁해 7세기에 만들어진 위서僞書다—옮긴이)다. 그 여러 가지 예언들 가운데 다음과 같은 구절이 있었다.

불행하도다, 너 비잔티움아!
이스마엘(기독교 성서 『창세기』에 나오는 아브라함의 장남으로 아랍 민족의 시조라고 한다—옮긴이)이 너를 삼킬 것이니.
이스마엘의 모든 말이 건너오고
그중 첫 번째 말이 너 비잔티움 앞에 천막을 치며
그리고 싸움이 시작돼 나무 경기장의 문을 깨뜨리고
황소(리코스 강 하구 부근에 있던 '황소 광장'이라는 뜻의 포룸보비스를 말한다—옮긴이)가 있는 곳까지 들어가리라.[41]

"이 날짜를 기억하라"

1453년 5월 27~28일

육지 쪽 성벽 위의 새김글. "우리 하느님이 보호하시는 황제 콘스탄티누스 대제의 나라는 승리한다."

이런 고난들은 하느님을 위한 것이다. 이슬람의 칼은 내 손에 있다.
우리가 이런 고난들을 견디겠다는 선택을 하지 않는다면 우리는 가지라
불릴 가치가 없게 된다. 우리는 심판의 날에 하느님 앞에
서기가 부끄러울 것이다.[1]

— 메흐메트 2세

메흐메트 2세의 정복 방법에 대해 세르비아의 연대기 작가인 '예니체리' 미하일로비치가 꾸며낸 이야기가 있다. 이에 따르면 술탄은 귀족들을 부른 뒤 "커다란 양탄자를 가져오라"고 명령했다.

그들 앞에 양탄자를 펼쳐놓고 그 한가운데에 사과 하나를 놓게 했다. 그러고는 이런 수수께끼를 냈다.

"누구라도 양탄자를 밟지 않고 사과를 집어들 수 있는 사람 있소?"

그들은 어떻게 하면 그것이 가능할지 자기네들끼리 생각해 봤지만 아무도 방법을 찾을 수 없었다. 결국 (메흐메트 2세) 자신이 양탄자로 다가가서 양탄자를 양손으로 잡고 그것을 말면서 나아갔다. 그리고 그는 사과를 집은 뒤 양탄자를 이전 상태로 돌려놓았다.[2]

메흐메트 2세는 이제 바로 사과를 집어들 순간을 맞고 있었다. 양쪽 모두는 마지막 싸움이 진행되고 있음을 분명히 알고 있었다. 술탄은 성벽의 한 부분이 대포 발사의 효과로 흔들거렸듯이 대규모의 마지막 공격 한 방으로 모든 저항이 일거에 무너졌으면 하고 바랐다. 콘스탄티노스 11세는 첩자로부터 그리고 어쩌면 바로 할릴로부터 자기네가 이번 공격만 견뎌낸다면 포위는 풀리고 교회 종은 기쁨을 노래할 수 있음을 들었을 것이다. 두 지휘관은 모두 온갖 힘을 끌어모았다.

메흐메트 2세는 스스로 엄청난 활동량을 유지하도록 몰아갔다. 이 마지막 나날 동안에 그는 끊임없이 움직였던 듯하다. 사람들과 함께 말을 달리고, 붉은색과 금색이 섞인 천막에서 사람들에게 이야기하고, 사기를 끌어올리고, 명령을 내리고, 보상을 약속하고, 처벌하겠다고 위협하고, 마지막 준비를 직접 감독했다. 무엇보다도, 그는 곳곳에서 눈에 띄었다. 파디샤가 현장에 나타나는 일은 목숨을 바쳐 싸울 준비를 하면서 부하들의 사기를 꾸준히 유지하는 일에 있어 꼭 필요한 자극으로 생각됐다. 메흐메트 2세는 지금이 자신에게 운명의 순간임을 알고 있었다. 영광스러운 꿈은 그의 손아귀에 있었다. 그것을 얻지 못한다면 상상조차 하기 싫은 실패일 뿐이었다. 그는 어떤 일도 운에 맡겨서는 안 된다는 사실을 확실히 해야 한다고 홀로 결심했다.

5월 27일 일요일 아침, 그는 다시 대포를 쏘라고 명령했다. 아마도 전체 포위전을 통틀어 가장 격렬한 포격이었을 것이다. 하루 종일 큰 대포는 성벽의 중앙 부분을 마구 두드렸다. 총공격을 위해 성벽에 상당히 큰 구멍을 내고 효과적인 수리를 막는다는 분명한 목표가 있었다. 거대한 화강암 포탄이 성벽을 세 차례 두드려 상당 부분이 무너져 내렸던 듯하다. 낮 동안에 이 위협적인 대규모 포격 아래서는 응급 수리를 할 수가 없었다. 그러나 아무런 돌격 시도도 없었다. 바르바로는 이렇게 썼다.

(하루 종일) 그들은 가련한 성벽을 포격해 상당 부분을 땅바닥으로 무너뜨리고 절반 정도는 심한 손상을 입게 만드는 일만 했다.[3]

구멍은 점점 커져갔고, 메흐메트 2세는 그 구멍을 메우기가 점점 더 어려워진다는 것을 확신했다. 그는 마지막 돌격 전까지의 나날 동안 방어군에게 확실하게 쉴 틈을 주지 않고 싶었다.

이날 낮에 메흐메트 2세는 자신의 천막 밖에서 장교단 회의를 소집했다. 지휘 체계에 있는 모든 사람이 모여 술탄의 말을 들었다.

지방 총독과 장군, 기병대 장교와 단위부대 지휘관, 사병들을 지휘하는 사람 그리고 천인부대 · 백인부대 · 오십인부대와 측근 기병대 지휘관, 여러 가지 배의 선장들과 전체 함대의 제독 등이었다.[4]

메흐메트 2세는 그들 앞의 허공에, 이제 그들의 것이어서 잡기만 하면 되는 엄청난 재물의 모습을 걸어놓았다. 궁전과 가정에 쌓아둔 금덩이, "금 · 은 · 보석과 값비싼 진주로 만든"[5] 교회의 봉헌물과 유물, 몸값을 받아내거나 아내와 노예로 삼을 수 있는 귀족과 아름다운 여자와 아이들, 그들이 소유하면서 살고 즐길 수 있는 멋진 건물과 정원. 그는 이어, 지구상에서 가장 유명한 도시를 점령하면 따라오게 될 불멸의 명예뿐만이 아니라 그렇게 해야 할 필요성에 대해서도 강조했다. 콘스탄티노플은 기독교도들의 손에 있는 한 오스만 제국의 안전에 명백한 위협이었다. 반면에 그곳을 정복하면 더 많은 땅을 정복하는 디딤돌이 될 수 있었다. 그는 앞에 놓인 과제가 이제 쉬워졌다고 말했다. 육지 쪽 성벽은 심하게 부서졌고, 해자는 메워졌으며, 방어군은 수가 적고 사기가 떨어졌다. 그는 이탈리아인들의 파병 가능성이 낮음을 강조하는 데 특히 공을 들였다. 이탈리아인들이 포위전에 개입한다면 이들에게 분명히 심리적인 문제를 야기할 터였다. 그리스인 크리토불로스는 언급하지 않았지만, 메흐메트 2세가 성전에 대한 호소에 역점을 두었으리라는 것은 거의 확실하다. 오랫동안 품어온 콘스탄티노플에 대한 이슬람의 갈망과, 선지자 무함마드의 말과, 순교의 매력을.

그러고 나서 그는 전투의 방책에 관한 이야기를 펼쳐보였다. 그는 아주 당연하게도 방어군이 끊임없는 포격과 작은 충돌들로 인해 지쳤다고 보았다. 수적 우세를 최대한 활용할 시기가 된 것이다. 부대는 교대로 공격하게 된다. 한 부대가 지치면 두 번째 부대가 이를 대신한다. 그들은 그저 지친 방어군이 무너질 때까지 잇달아 새로운 부대를 성벽으로 쏟아 붓게 된다. 시간이 걸리면 걸리는 대로 가고, 누그러뜨리는 일은 없을 것이다.

"일단 우리가 싸움을 시작하면 전투는 쉬지 않고 계속될 것이다. 잠도 자지 않고, 먹지도 않고, 마시지도 않고, 쉬지도 않고, 절대 누그러뜨리지 않을 것이다. 우리로서는 싸움에서 우리가 저들을 제압할 때까지 계속 밀어붙일 것이다."[6]

그들은 도시를 모든 지점에서 동시에 공격하게 된다. 합동 맹공격이다. 따라서 방어군은 압박받는 특정 지점을 구원하기 위해 부대를 이동할 수가 없다. 그러나 말은 그렇게 했지만, 무제한 공격은 가능치 않았다. 실제로는 전면 공격의 진행 시간은 한정될 것이고, 몇 시간으로 압축될 것이다. 완강한 저항이 있다면 돌격하는 부대가 잔인하게 살육당할 것이다. 그들이 빠른 시간 안에 방어군을 제압하지 못한다면 철수할 수밖에 없을 것이다.

각 지휘관들에게 정확한 명령이 하달됐다. 디플로키온에 있는 함대는 도시를 포위하고 바다 쪽 성벽에 있는 방어군을 묶어둔다. 크리소케라스 만 안에 있는 배들은 만灣을 가로질러 놓인 부교를 지켜 파괴되지 않도록 한다. 그러면 자아노스 파샤는 자신의 부대를 페가이 계곡에서 이동시켜 지상 성벽 끝부분을 공격한다. 다음으로, 카라자 파샤의 부대는 궁전 옆에 있는 성벽을 공격하고, 중앙 부분에서는 메흐메트 2세가 할릴 및 예니체리와 함께 직접 위치해 많은 사람이 가장 중요한 작전 구역이라고 생각하는 리코스 계곡의 무너진 성벽과 방책을 담당한다. 그의 오른쪽에는 이스하크 파샤와 마흐무트 파샤가 마르마라 해 쪽의 성벽 공격을 시도한다.

이 과정에서 그는 부대의 규율을 확보할 것을 특히 강조했다. 그들은 명령을 정확하게 따라야 한다.

그들은 소리 없이 진격해야 할 때는 침묵해야 하며, 소리를 질러야 할 때는 가장 간담이 서늘하도록 고함을 질러야 했다.[7]

그는 오스만 민족의 장래를 위해 얼마나 많은 것이 이 공격의 성공에 달려 있는지를 누누이 강조했고, 자신이 직접 이를 감독하겠다고 약속했다. 이런 말들을 한 뒤 그는 장교들을 자기네 부대로 돌려보냈다.

나중에 그는 직접 말을 타고 숙영지를 돌아다녔다. 특유의 흰 터번을 두른 예니체리 경호대를 이끌고서였다. 그리고 전령들은 앞으로 있을 공격에 대해 공개적인 발표를 전했다. 천막의 바닷속에서 전갈을 외치게 한 것은 병사들의 열의에 불을 붙이기 위해 설계한 것이었다. 도시 공격에 대해서는 전통적인 보상이 주어질 예정이었다.

"너희들은 아시아와 유럽에서 얼마나 많은 지방 총독 자리를 내 마음대로 할 수 있는지 잘 알 것이다. 나는 이 가운데 가장 좋은 자리를, 방책을 가장 먼저 넘는 자에게 주겠다. 그리고 나는 그에게 합당한 영예를 누리도록 해주고, 부자가 될 수 있는 자리를 주어 보답하며, 우리 시대 사람들 사이에서 행복을 누릴 수 있도록 해주겠다."[8]

오스만은 모든 주요 전투에 앞서 병사들을 격려하기 위해 등급별로 정해진 여러 가지 약속을 했다. 또한 이에 상응하는 처벌도 있었다.

"그러나 천막에 숨어 성벽 싸움에 나가지 않는 자가 내 눈에 띈다면, 그런 자는 서서히 고통을 당하며 죽는 신세를 면치 못할 것이다."[9]

그것은 오스만이 정복전쟁을 할 때 쓰는 심리적 술책 가운데 하나였다. 그것이 병사들을 명예 및 이익과 연결된 효과적인 보상 체계 안에 묶어두며, 이례적인 분투에 대해서는 표창을 한다. 평가는 술탄의 전령인 차우시chavush(술탄에게 직접 보고하는 사람들이다)가 전쟁터에 직접 나가 수행한다. 용감한 행동에 관한 그들의 기록 하나가 즉각적인 승진으로 이어진다. 병사들은 열심히 싸우면 보상을 받는다는 사실을 알고 있었다.

메흐메트 2세는 한 걸음 더 나아갔다. 이슬람법이 명하는 바에 따라, 도시는 항복하지 않았기 때문에 병사들이 사흘 동안 도시를 약탈할 수 있다는 포고가 내려졌다. 그는 하느님의 이름으로 맹세했다.

그리고 4천 선지자들을 걸고, 무함마드를 걸고, 자신의 아버지와 자식들의 영혼을 걸고, 목숨을 걸고 그는 병사들이 무엇이든 약탈할 수 있도록 하겠다고 보장했다. 남녀를 불문하고 도시의 모든 사람과 보물이든 재산이든 모든 것을 말이다. 그리고 그는 자신의 약속을 깨지 않겠다고 맹세했다.[10]

값비싸고 멋진 '빨간 사과'를 얻을 수 있다는 기대는 유목민 침략자의 영혼에 직접 호소하는 것이었으며, 말 탄 사람들이 도시의 부에 대해 지녔던 열망의 원형이었다. 봄비를 맞으며 7주 동안 고생한 뒤라서 병사들은 배고픔의 위력에 끌렸을 것이다.

그러나 대체로 그들이 생각했던 도시는 존재하지 않았다. 메흐메트 2세가 마음속에 그렸던 콘스탄티노플은 250년 전 기독교도인 십자군들이 약탈했다. 도시의 멋진 보물들, 금 장신구들, 보석으로 뒤덮인 유물들은 대부분 1204년의 참사 때 사라졌다. 노르만 기사들이 녹여버렸거나, 청동 마상馬像과 함께 베네치아로 실어가 버렸다. 1453년 5월에 남아 있었던 것은 가난에 찌들고 쭈그러진 이전 도시의 그림자였고, 이제 도시의 가장 중요한 재산은 주민들이었다. 겐나디오스는 죽어가고 있던 콘스탄티노플에 대해 이렇게 말했다.

한때는 지혜의 도시였지만, 이제는 폐허의 도시다.[11]

극소수의 부자들은 집에 금덩이를 숨겨놓고 있으며 교회들도 귀중품들을 가지고 있지만, 도시는 더 이상 오스만 부대가 성벽을 바라보며 머릿속에서 갈망했던 알라딘의 보물(아랍의 설화집『천일야화千一夜話』에 나오는, 무슨 소원이든지 들어주는 마법 램프와 반지를 말한다—옮긴이)을 가지고 있지 않았다.

그러나 이 포고는 이를 듣는 군대를 흥분의 도가니로 몰아넣었다. 그들의 우렁찬 함성은 성벽에서 보고 있던 지친 방어군에게도 들렸다. 레오나르도스는 이렇게 적었다.

아, 하늘까지 닿는 그 소리를 듣는 사람은 아마도 손발이 오그라들었을 것이다.[12]

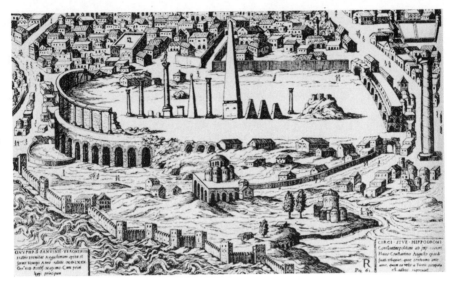

폐허의 도시. 허물어진 마차 경기장과 도시의 빈 터들.

메흐메트 2세는 아마도 도시 약탈에 대한 약속을 하고 싶지 않았을 것이다. 그러나 그것은 불만에 찬 군대를 완전히 설득하기 위해 필요한 수단이 돼버렸다. 협상을 통해 항복을 받으면 자신이 피하고자 했던 파괴를 어느 정도 막을 수 있었다. '빨간 사과'는 메흐메트 2세에게 약탈해야 할 단순한 전리품 상자가 아니었다. 그것은 자기 제국의 중심이 돼야 했고, 그래서 그는 도시를 온전히 보존하기를 간절히 바랐다. 이런 생각을 가지고 있었기 때문에 약속에는 엄중한 경고가 따라붙었다. 도시의 건물과 성벽은 술탄만의 재산으로 남겨져야 했다. 도시로 들어가면 이것들은 어떤 상황에서도 손상을 입히거나 파괴해서는 안 되었다. 이스탄불 점령은 제2의 바그다드 약탈이어서는 안 됐다. 중세의 가장 멋진 도시 바그다드는 1258년 몽골인들에 의해 잿더미로 변한 바 있었다.

공격 날짜는 그 다음다음날인 5월 29일 화요일로 정해졌다. 병사들이 최대한 종교적 열의를 보이고 부정적인 생각을 갖지 않도록 하기 위해 이튿날인 28일 월요일에는 속죄에만 전념하게 된다는 발표도 있었다. 병사들은 낮 동안에는 금식을 하고, 세정식洗淨式을 하며, 기도문을 다섯 번 암송하고, 도시를 점령하는 데 하느님의 도움을 빌도록 했다. 해오던 촛불 밝히기도 이후 이틀 밤에 걸쳐 계속하도록 했다. 촛불 밝히기는 기도 및 음악과 어우러져 자기네 병사들과 적들에게 신비감과 놀라움을 안겨주어 강력한 심리적 도구 노릇을 했으며, 콘스탄티노플 성벽 바깥에서 절대적인 영향력을 미쳤다.

그러는 동안에 오스만 진영의 작업은 새로워진 열정 속에서 계속 이어졌다. 많은 양의 흙과 나뭇가지를 모아 해자를 메울 준비를 했고, 공성용 사다리를 만들었으며, 화살도 모아 비축했고, 바퀴 달린 보호용 차폐물도 만들었다.

밤이 되자 도시는 다시금 찬란한 불의 고리에 둘러싸였다. 하느님의 이름을 리드미컬하게 연호하는 소리가 숙영지에서 계속 이어졌고, 끊임없이 북을 치고 징을 치고 주르나를 불었다. 바르바로에 따르면, 이 외침은 보스포로스 해협 건너편 아나톨리아 해안에서도 들을 수 있었다.

그리고 우리 기독교인들은 모두 엄청난 공포감에 사로잡혔다.[13]

도시 안에서는 이날이 모든 성인을 위한 축일이었다. 그러나 교회 안에서는 전혀 위안을 받지 못했고, 그저 참회하고 계속 간청하는 기도만 올리고 있었다.

밤이 되자 주스티니아니와 그의 부하들은 다시 외성의 손상 부분 수리를 시작했으나, 어둠을 훤히 밝힌 가운데 대포가 조금도 수그러 들지 않고 계속 발사됐다. 방어군은 너무도 눈에 잘 띄었고, 네스토르 이스칸데르에 따르면 주스티니아니의 개인적인 운수가 다하기 시작 한 것이 바로 이때였다. 그가 작업 지시를 하고 있을 때 돌 포탄의 파 편(아마도 다른 곳에 맞고 튀어나온 것이었던 듯하다) 하나가 이 제노바인 지휘관에게 맞았다. 파편은 쇠로 된 흉갑을 뚫고 들어가 그의 가슴에 박혔다. 그는 땅에 쓰러졌고, 집으로 옮겨져 침대에 눕혀졌다.

비잔티움의 방어 활동에서 주스티니아니의 중요성을 과대평가해 서는 곤란하다. 하지만 주스티니아니는 1453년 1월 700명의 능숙한 전사와 함께 번쩍이는 갑옷을 입고 극적으로 부둣가에 발을 내디딘 이후 도시 방어에서 상징적인 인물이 됐다. 그는 "기독교 신앙의 우 월성을 위해 그리고 세계의 영광을 위해"[14] 자원해서 그리고 스스로 비용까지 부담해서 온 사람이었다. 그는 육지 쪽 성벽을 방어하면서 기술적으로 능숙했고, 개인적으로 용맹했으며, 전혀 지칠 줄을 몰랐 다. 오직 그만이 그리스인들과 베네치아인들 모두로부터 진정성을 이 끌어낼 수 있었다. 베네치아인들은 대체로 제노바인을 증오했지만 그 만은 예외로 하지 않을 수 없을 정도였다. 방책 건설은 매우 효과적이 어서, 오스만 부대의 사기를 떨어뜨린 훌륭한 즉흥 작품이었다. 믿을 수 없는 증언이지만, 그와 같은 나라 사람인 히오스의 레오나르도스 는 메흐메트 2세가 자신의 가장 큰 적에게 감동해 화가 치미는 가운 데서도 존경심을 품고 많은 돈을 주어 그를 매수하려 했음을 시사하 고 있다(그러나 주스티니아니는 매수당하지는 않는다).

믿고 따르던 지도자가 쓰러지자 방어군은 절망감에 휩싸였던 듯하다. 혼란스런 상태에서 성벽 보수는 포기하게 됐다. 콘스탄티노스 11 세가 그의 부상 소식을 보고받은 뒤 "곧바로 그가 채택했던 해법은 자취를 감추고, 그는 생각 속으로 사라져갔다."[15]

한밤중에 외침이 갑자기 다시 사라졌고, 불도 꺼졌다. 고요와 어둠이 한순간에 천막과 깃발에, 대포에, 말과 배에, 고요한 크리소케라스 만의 바다와 부서진 성벽에 내려앉았다. 다친 주스티니아니를 보살피는 의사들은 "밤새 그를 치료하고 그를 살리기 위해 애썼다."[16] 도시 사람들은 편안하지 못했다.

메흐메트 2세는 5월 28일 월요일을, 공격을 위한 마지막 준비를 하며 보냈다. 그는 동틀 무렵에 일어나 포병들에게 발사 준비를 하고 성벽의 부서진 부분을 향해 대포를 조준하라고 명령했다. 이날 나중에 명령이 떨어지면 취약한 방어군을 겨냥하도록 한 것이었다. 그의 경호대의 기병 및 보병 부대 지휘관들이 불려와 명령을 하달받고 부대 편성을 했다. 피리 소리와 함께 숙영지 전체에 명령이 내려졌다. 모든 장교단은 내일의 공격을 위한 준비로 목숨을 걸고 자신의 자리를 지키라는 것이었다.

대포가 발사됐다. 바르바로는 이렇게 썼다.

이 세상에 있을 수 없는 포격이었다. 그리고 저들이 그렇게 한 것은 그날이 포격을 끝내는 날이기 때문이었다.[17]

대포 발사는 격렬했지만 돌격은 없었다. 그 밖에 눈에 띄는 행동이라고는 수천 개의 긴 사다리를 계속 모은 일 정도였고, 사다리는 성벽 부근으로 올려다 놓았다. 또한 수많은 나무 울바자도 모았는데, 이는 진격하는 병사들이 방책을 기어오를 때 자신들을 보호하는 데 쓰이는 것이었다. 기병들이 탈 말들도 방목장에서 데려왔다. 때는 늦은 봄날이었고, 햇빛이 비치고 있었다. 오스만 진영 안에서는 병사들이 각자 준비를 시작했다. 금식과 기도를 하고, 칼날을 갈고, 방패와 갑옷의 조임을 점검하고 그리고 휴식을 취했다. 그들이 마지막 공격을 위해 스스로 침착해지려고 노력하자 자신을 돌아보는 분위기로 부대가 조용해졌다. 오스만군이 종교적으로 안정되고 규율이 잡히자 성벽에서 이를 보는 사람들은 불안해졌다. 몇몇 사람들은 움직이지 않는 것이 철수를 준비하는 것이라는 희망을 품었다. 그러나 다른 사람들은 좀 더 현실적이었다.

메흐메트 2세는 자기 병사들의 사기를 높이기 위해 열심히 노력했다. 며칠 동안 열정적인 행동과 숙고 사이를 거듭 오가며 그들의 반응을 조정했다. 그것은 사기를 올리고 마음속의 의심을 풀기 위한 것이었다. 물라와 데르비시들은 올바른 정신상태를 형성하는 데 핵심적인 역할을 했다. 수많은 방랑 성자가 아나톨리아의 고지대 소도시와 시골에서 뜨거운 종교적 기대를 품은 채 포위전에 참여했다. 그들은 꾀죄죄한 옷을 입고 숙영지를 돌아다녔으며, 그들의 눈은 흥분으로 빛나고 있었다. 그들은 『쿠란』과 『하디스』에 나오는 적당한 구절을 암송했고, 순교와 예언에 관한 이야기들을 들려주었다. 병사들에게는 그들이 아랍인들에 의한 첫 콘스탄티노플 포위 때 숨진 선지자 무함마드의 친구들이 갔던 길을 가고 있음을 상기시켰다. 그들의 이름은 입에서 입으로 전해졌다. 하즈레트 하피즈, 에브 세이베트 울엔사리, 하므드 울엔사리 그리고 누구보다도 튀르크족이 에윱이라 부르는 아부 아이유브가 있었다. 성자들은 병사들에게 낮은 목소리로, 선지자 무함마드 그분의 말씀을 실현할 수 있는 영예가 그들에게 주어졌음을 상기시켰다.

선지자 무함마드가 제자들에게 말했다.

"한쪽이 육지고 다른 두 쪽이 바다인 도시에 대해 들어보았느냐?"

"예, 하느님의 사자이시여."

"마지막 시간(심판의 날)은 이 도시가 7만 명의 이삭(이스마엘의 동생이지만 아브라함의 정처 소생으로, 그의 아들 야곱의 자손들이 이스라엘 민족이라고 한다—옮긴이)의 자손들에 의해 점령된 뒤에 시작될 것이다. 그들이 거기에 도착하면 무기를 가지고 싸우는 것이 아니라 말로써 싸울 것이다. '알라 이외에 다른 하느님은 없고, 알라는 위대하시다'라는 말이다. 그러면 첫 번째 해안 성벽이 무너지고, 그다음으로 두 번째 해안 성벽이 무너지며, 마지막으로 육지 쪽 성벽이 무너진다. 그리고 그들은 기뻐하며 도시 안으로 들어갈 것이다."[18]

선지자 무함마드가 했다는 말은 가짜일 것이다. 그러나 그 정서는 진짜였다. 군대 앞에, 이슬람교 자체의 탄생 이래 이슬람 민중의 변함없는 꿈이었던 메시아가 나타나는 역사 주기를 완성하고 불멸의 명성을 얻을 수 있다는 전망이 보였다. 그리고 전투에서 죽은 사람들은 순교자로서 축복을 받고 낙원으로 갈 것이라는 전망이 생겼다.

흐르는 시냇물로 물을 대는 정원에서 그들은 영원히 살 것이고, 너무도 순결한 아내를 얻을 것이다. 그리고 하느님께서 은총을 내리실

것이다.[19]

이것은 자극적인 조합이었다. 그러나 오스만 진영 안에는 일부 병사들이 정말로 동기 유발이 될 수 있느냐에 관해 매우 현실적인 판단을 하는 사람들이 있었다. 셰흐 악솀스엣딘 같은 사람들이었다. 그는 포위전 초기에 메흐메트 2세에게 이렇게 썼다.

폐하께서도 잘 아시다시피, 대부분의 병사들은 어쨌든 강제로 개종을 당했습니다. 하느님의 사랑을 위해 자기 목숨을 바칠 준비가 돼 있는 사람의 수는 매우 적습니다. 반면에, 그들은 전리품을 얻을 가능성이 조금이라도 보이면 어느 정도 죽을 가능성이 있더라도 달려갈 것입니다.[20]

이들에게도 『쿠란』에는 자극제가 있다.

하느님은 너에게 많은 전리품을 약속하셨고, 이를 매우 신속하게 너에게 주셨다. 그분께서는 너의 적을 움직이지 못하게 해서 너의 승리를 진정한 신자의 징표로 삼게 하시고 너를 올바른 길로 인도하실 것이다.[21]

메흐메트 2세는 마지막 순시에 나서 쉬지 않고 돌아다녔다. 대규모 기병대를 이끌고 그는 말을 달려 디플로키온으로 가서 함자에게 해군의 공격에 관한 지시를 내렸다. 함대는 도시 주위로 배를 몰고 가서 배를 사정거리 안까지 접근시킨 뒤 방어군과 끊임없이 전투를 하도록 했다. 만약 가능하다면 배의 일부는 갯벌까지 달려가 해안 성벽을 오르는 시도도 하게 했다. 마르마라 해의 빠른 조류 때문에 성공 가능성이 높다고 생각하지는 않았지만 말이다. 크리소케라스 만의 함대에도 비슷한 명령을 내렸다. 돌아오는 길에 그는 또 갈라타의 정문 밖에서 멈추고 마을의 주요 행정관들을 자기 앞으로 나오라고 명령했다. 그는 이들에게 이튿날 절대로 도시에 어떤 도움도 주어서는 안 된다고 엄중하게 경고했다.

오후에 그는 다시 말에 올라 육군 전체를 순시했다. 바다에서 바다까지 6킬로미터를 돌며 병사들을 격려하고 개개 장교들의 이름을 불러주었으며, 전투에 나서는 그들을 고무시켰다. '당근과 채찍'의 언명도 되풀이했다. 엄청난 보상이 눈앞에 있고, 또한 복종하지 않는 자에게는 무서운 처벌이 내려지리라는 것이었다. 사병들에게는 목숨을 걸고 장교들의 지시를 정확하게 따르라고 명령했다. 메흐메트 2세는 아마도 강제 징모돼 마지못해 따라온 자아노스 파샤 휘하의 기독교인 부대에 가장 엄중한 훈시를 내렸을 것이다. 이런 준비에 만족한 그는 자신의 천막으로 돌아와 휴식을 취했다.

도시 안에서도 이에 상응하는 여러 가지 준비들이 진행되고 있었다. 콘스탄티노스 11세와 의사들은 상당한 걱정을 했지만 주스티니아니는 어떻든 그날 밤 생명을 유지했다. 그는 외성의 상태가 불안한 것이 머리에서 떠나지 않아 자신을 성벽으로 옮겨서 다시 작업을 감독하게 해달라고 청했다. 방어군은 다시 한 번 구멍을 막는 일에 착수해 상당한 진척을 이루었으나, 그만 오스만 포병에게 발견되고 말았다. 곧바로 포격이 빗발쳐 그들은 작업을 중단하지 않을 수 없었다.

주스티니아니는 나중에 중요한 중앙 부분에서 한 번 더 활발하게 방어 시설 보수를 지휘할 수 있었던 것으로 보인다.

　다른 곳에서는 마지막 방어를 위한 준비가 여러 민족 및 종교적인 파당들 사이의 마찰로 인해 지장을 받았다. 서로 다른 이익집단 사이에는 뿌리 깊은 경쟁의식과 우선순위 충돌이 있었고, 충분한 음식을 제공하기는 어려웠으며, 계속되는 작업으로 기진맥진해 있었고, 포격으로 인한 충격도 있었다. 포위된 지 53일이 지나자 신경은 곤두서 한계점에 이르렀고, 견해 차이가 폭발해 공개적인 갈등으로 번졌다. 다가올 공격에 대비하면서 주스티니아니와 루카스 노타라스는 얼마 안 되는 대포의 배치를 놓고 주먹다짐하기 일보 직전까지 갔다. 주스티니아니는 노타라스에게 대포를 넘겨줄 것을 요구했다. 자신의 통제 하에 육지 쪽 성벽 방어에 써야 한다는 것이었다. 노타라스는 이를 거부했다. 자신들도 해안 성벽 방어에 필요하다고 했다. 격렬한 언쟁이 일어나고, 주스티니아니는 자신의 칼로 노타라스를 베어버리겠다고 위협했다.

　육지 쪽 성벽의 준비를 놓고 다시 다툼이 일어났다. 부서진 흙벽 위에는 적의 포탄과 화살을 막기 위해 효과적인 방어 구조물을 쌓아야 했다. 베네치아인들은 성벽 아래 크리소케라스 만 옆에 있는 자기네 플라티아platia(구역)의 목수 작업장에서 탄환막이(나무로 만들 울바자)를 만들기 시작했다. 일곱 대 분의 탄환막이가 광장에 모아졌다. 베네치아 바일로는 그리스인들에게 이를 3킬로미터 떨어진 성벽으로 가지고 올라가라고 지시했다. 그리스인들은 이를 거부하고 품삯을 달라고 요구했다. 베네치아인들은 그들이 돈을 밝힌다고 비난했다. 그리스인들은 먹여 살려야 하는 굶주린 가족이 있어 그날 해가 지기 전까지 식료품을 구하려면 시간이나 돈이 필요했다. 그들은 이탈리아인들의 오만에 분개했다. 웅성웅성 논란은 오래 계속돼 탄환막이는 해가 진 뒤까지 전달되지 않았고, 그 시간에는 이미 너무 늦어 그것을 사용할 수 없게 됐다.

이 이글거리는 적대감에는 오랜 역사가 있었다. 종파의 분열, 제4차 십자군의 콘스탄티노플 약탈, 제노바인과 베네치아인의 상업적 경쟁의식 등, 이 모든 것이 씨가 돼서 긴박한 마지막 시기에 돈을 밝힌다느니 배신을 했다느니 게으르다느니 오만하다느니 하는 비난을 서로에게 퍼붓게 된 것이다.

그러나 겉으로는 이렇게 불협화음과 자포자기가 드러났지만, 5월 28일에 공동 방어를 위해 양쪽 모두가 일반적으로 최선을 다했음은 증거를 통해 드러나고 있다. 콘스탄티노스 11세 자신은 그날 하루를 주민들과 그리스인 · 베네치아인 · 제노바인 · 튀르크족 · 에스파냐인 등으로 잡다하게 구성된 방어군을 조직화하고 결집시키며 이들에게 대의를 위해 함께 일하자고 호소하면서 보냈다. 여자와 아이들도 돌을 성벽 위로 날라다 주어 적들에게 쏠 수 있도록 하느라 하루 종일 고생을 했다. 베네치아 바일로는 진심 어린 호소문을 발표했다.

(그는) 자신을 베네치아인이라 부르는 사람은 모두 육지 쪽 성벽으로 가야 한다고 했다. 첫째로는 하느님에 대한 사랑 때문이고, 그다음으로는 도시의 안녕과 모든 기독교 세계의 명예를 위해서라는 것이었다. 그리고 그들은 모두 자신이 맡은 자리를 지키며 진실한 마음을 간직한 채 그 자리에서 죽을 각오를 해야 한다고 했다.[22]

항구에서는 쇠사슬 방책을 점검했고, 모든 배가 전투 대형으로 대기했다. 바다 건너에서는 갈라타 사람들이 점점 더 크게 우려하면서 마지막 싸움을 준비하는 모습을 지켜보았다. 이곳 포데스타 역시 마을 남자들에게 몰래 크리소케라스 만을 건너가 방어에 참여하라고 마지막으로 은밀한 호소를 했던 듯하다. 그는 이 제노바인 집단 거주지의 운명이 이제 콘스탄티노플의 생존 여부에 달려 있음을 인식한 것이다.

오스만 진영이 조용했던 것과 대조적으로, 콘스탄티노플은 시끄러운 소리로 인해 활기를 띠었다. 하루 종일 교회 종이 울렸고, 북과 나무 징도 두드렸다. 사람들을 결집시켜 마지막 준비를 하도록 하기 위해서였다. 끝없이 반복되는 기도와 예배 그리고 간구의 외침은 이전 며칠 동안 무서운 징조들이 나타난 이후 더욱 격렬해졌다. 그것은 5월 28일 아침에 최고조에 다다랐다. 도시 안의 종교적 열성은 그 바깥 평원의 종교적 열성에 필적할 만했다.

아침 일찍 하기아소피아 대성당 밖에서 사제들과 남자 · 여자 · 아이들의 거대한 행렬이 만들어졌다. 도시의 가장 성스러운 이콘들이 성소와 예배소에서 모셔져 나왔다. 지난번 행진에서 매우 나쁜 징조를 보였던 오디기트리아와 함께 성인들의 유골, 성십자가의 잔편을 포함해서 도금이 되고 보석이 박힌 십자가들 그리고 그 밖의 여러 가지 이콘들이 모셔져 나왔다. 비단 예복을 입은 주교와 사제들이 길을 인도했다. 평신도는 참회하며 맨발로 그 뒤를 따라 걸었다. 그들은 눈물을 흘리고 자기 가슴을 치며 죄의 사면을 빌었고, 함께 찬송가를 불렀다. 행렬은 도시를 통과하고 성벽 전 구간을 따라 나아갔다. 중요한 위치에 도착할 때마다 사제들은 하느님께서 성벽을 보호해 주시고 자신의 충직한 백성들에게 승리를 주신다는 고대의 기도문들을 읽었다. 주교들은 의식용의 주교 지팡이를 들고 방어군에게 축복을 내렸으며, 말린 약초 다발에 적신 성수를 그들에게 뿌려주었다.

많은 사람에게 이날은 금식일이기도 해서, 해가 지고 나서야 금식이 끝났다. 이는 방어군의 사기를 끌어올리기 위한 마지막 방법이었다.

황제는 아마도 행진에 직접 참여했던 듯하다. 그리고 행진이 끝나자 그는 주요 귀족과 도시 안의 모든 파당의 지휘관들을 한자리에 불러 마지막으로 단결을 호소하고 격려했다. 그의 연설은 메흐메트 2세의 연설을 빼닮았다. 레오나르도스 대주교는 이를 목격하고 자신이 이해한 대로 기록했다. 콘스탄티노스 11세는 각 집단을 차례로 부르며 그들 스스로의 이익과 믿음에 호소했다.

첫 번째로 그는 자기 백성들인 도시의 그리스계 주민들에게 말했다. 그는 주민들이 지난 53일 동안 자기 조국을 완강하게 지켜냈다고 칭찬하고, 훈련되지 않은 무리인 "사악한 튀르크족"[23]이 마구 내지르는 외침을 두려워하지 말라고 부탁했다. 자신들의 강점은 "하느님의 보호"*에도 있지만, 또한 자신들의 우월한 장비에도 있다고 했다. 그는 메흐메트 2세가 어떻게 전쟁을 시작했는지 상기시켰다. 메흐메트 2세는 협정을 깨고 보스포로스 해협에 요새를 건설하면서 "평화를 가장"*했다. 고국과 종교와 그리스의 장래에 관해 호소하면서 그는 메흐메트 2세의 의도를 상기시켰다.

"(그는) 콘스탄티누스 대제의 도시이자 여러분들의 고국이며, 탈주해 온 기독교도들의 보호자이자 모든 그리스인의 버팀목인 이 도시를 점령하려 하고 있고, 또한 하느님의 성스러운 사원을 자기네 말을 위한 마구간으로 만들어 신성모독을 하려 하고 있소."*

그는 먼저 제노바인들을 돌아보고 이어 베네치아인들을 돌아본 뒤 그들의 용기와 도시를 위한 헌신에 찬사를 보냈다.

"여러분은 이 도시가 마치 여러분 스스로의 것이라는 듯이 이곳을 위대하고 고귀한 사람들로 수놓아 주셨소. 이제 이 싸움을 위해 여러분의 고결한 영혼을 모아주시오."[24]

마지막으로 그는 모든 전사를 한 집단으로 부르고 그들에게 명령에 절대복종해 달라고 부탁했다. 그러고는 메흐메트 2세의 연설과 거의 흡사하게, 지상과 천국의 영광에 대한 호소로 마무리 지었다.

"오늘이 여러분에게 영광의 날임을 기억하시오. 여러분은 피를 단한 방울만 흘리더라도 여러분 스스로를 위해 순교자의 보관寶冠과 영원한 영광을 준비하게 되는 것이오."*

이런 말들은 듣는 사람들에게 바라던 바의 영향을 미쳤다. 참석한 모든 사람은 콘스탄티노스 2세의 말에 고무돼 맹공격이 닥치더라도 굳건하게 자리를 지키겠다고 맹세했다.

"하느님의 도우심이 있기 때문에 우리는 승리를 얻을 수 있다고 생각합니다."[25]

그들은 모두 개인적인 불만과 문제들을 털어버리고 공동의 대의를 위해 하나로 뭉치기로 결의를 다졌던 듯하다. 그런 뒤 그들은 각자 자신의 자리를 지키기 위해 떠나갔다.

사실 콘스탄티노스 11세와 주스티니아니는 자기네 병력이 지금 얼마나 얇게 포진하고 있는지 알고 있었다. 7주 동안의 소모적인 싸움 끝에 본래 8천 명이었던 병력은 4천 명 정도로 줄어들었고, 이들이 20킬로미터에 이르는 전체 방어선을 지켜야 했던 듯하다. 메흐메트 2세가 자기 부하들에게 한 말은 아마도 옳았을 것이다.

"(어떤 곳은) 단지 두세 명만이 각 망루를 지키고 있고, 또한 같은 수의 병사가 망루 사이의 성벽을 지키고 있다."[26]

5킬로미터 정도 되는 크리소케라스 만 구역은 페가이 계곡에 있는 오스만 배들과 부교를 넘어 진격해 오는 부대의 공격을 받게 되는데, 500명의 노련한 석궁 사수와 일반 궁수들이 지키고 있었다. 쇠사슬 방책 너머의 해안 성벽 전체는 8킬로미터의 구간에 각 망루마다 단 한 명씩의 노련한 궁수나 석궁 사수 또는 총잡이가 배정됐고, 훈련받지 않은 주민과 수도사들이 뒤를 받치고 있었다. 해안 성벽의 특정 부분들에는 서로 다른 집단들이 배정됐다. 크레타 선원들이 일부 망루를 맡았고, 또 다른 망루는 카탈루냐인 몇 명이 맡았다. 오스만의 왕위 계승권자를 자처하는 술탄의 숙부 오르한은 마르마라 해를 내려다보는 성벽의 한 구간을 맡았다. 그의 무리는 마지막 싸움으로 가게 되면 죽을 때까지 싸울 게 분명했다. 그들에게 항복은 선택지가 될 수 없었다. 그러나 해안 성벽은 마르마라 해의 조류에 의해 잘 보호되고 있다는 것이 일반적인 인식이었고, 아마도 살아남을 것으로 예상되는 이들은 육지 쪽 성벽의 중앙 부분으로 보내질 것으로 생각됐다.

가장 공격력이 집중될 곳은 리코스 계곡의 성 로마노스 문과 카리시오스 문 사이가 될 것임은 누가 보기에도 분명했다. 그곳은 대포에 의해 외성의 여러 부분이 파괴된 지역이었다. 마지막 날은 방책의 수리할 수 있는 부분을 모두 수리하고 부대를 배정해 방어에 나서게 하는 일에 사용됐다. 주스티니아니는 400명의 이탈리아인과 비잔티움 부대 대부분(모두 해서 2천 명 정도였다)을 거느리고 중앙 부분을 책임졌다. 콘스탄티노스 11세 역시 자신의 지휘소를 이 부분에 만들어 전폭적인 지원을 보장할 수 있도록 했다.

오후 서너 시 무렵에 방어군은 자기네 성벽 밖에서 부대가 집결하고 있는 것을 발견했다. 화창한 오후였다. 해는 서쪽으로 기울고 있었다. 바깥의 평원에서는 오스만 육군이 통제된 대형으로 배치되기 시작했다. 부대를 이리저리 돌리고, 전투 깃발을 세우고, 해안에서 해안까지 지평선을 가득 채웠다. 앞쪽에서는 병사들이 계속 해자 메우는 작업을 하고 있었다. 대포는 가능한 한 성벽 가까이로 전진했다. 그리고 성에 오르는 장비는 쉴 새 없이 쌓여갔지만 여전히 저지를 받지 않았다. 크리소케라스 만에서는 육지를 통해 수송돼 온 80척의 오스만 함대가 육지 쪽 성벽 가까운 곳에 부교를 띄울 준비를 했다. 그리고 쇠사슬 방책 너머에서는 함자 파샤가 지휘하는 대규모 함대가 도시를 에워쌌다. 그들은 아크로폴리스 곶을 지나고 마르마라 해안을 돌아 항해해 나갔다. 배에는 각기 병사들과 투석 장비 그리고 성벽 자체만큼이나 높은 긴 사다리를 탑재했다. 성벽 위의 사람들은 차분하게 기다렸다. 아직 시간이 있었기 때문이다.

오후 늦게, 도시 사람들은 종교적 위안을 찾아 다섯 달 만에 처음으로 하기아소피아 대성당으로 모여들었다. 정교회 신자들로부터 너무도 노골적으로 거부당했던 어두운 교회는 불안해하고 참회하며 열성적인 사람들로 가득 찼다. 그리고 1064년 여름 이래 처음으로, 정말로 필요한 순간에 가톨릭과 정교회가 도시에서 함께 예배를 드렸던 듯하다. 그리고 400년 묵은 종파 분열과 십자군의 쓰라림은 마지막 탄원 예배에서 털어버렸다. 유스티니아누스 대제 때 재건돼 천 년이 된 성당의 거대한 공간에는 신비로운 촛불의 불빛이 반짝거렸고, 기도문의 오르락내리락하는 음정이 울려 퍼졌다. 콘스탄티노스 11세도 예배에 참여했다. 그는 제단 오른쪽의 황제 자리에 앉았고, 엄청난 열의를 가지고 성찬 의례에도 참여했다.

> (그는) 바닥에 쓰러져 자신들의 죄악에 대해 하느님께서 용서하고
> 자비를 베풀어주실 것을 간구했다.[27]

그런 뒤에 그는 성직자와 백성들에게 작별 인사를 하고 모든 방향
을 향해 머리를 숙였다. 그러고는 교회를 떠났다. 열혈남 네스토르 이
스칸데르는 이렇게 적었다.

> 곧바로 참석했던 모든 성직자와 백성이 울부짖었다. 여자와 아이들
> 은 흐느껴 울고 신음을 토했다. 나는 그 소리들이 하늘에 닿았을 것이
> 라고 생각한다.*

모든 지휘관이 자신의 자리로 돌아왔다. 일부 민간인들은 밤샘 기
도에 참여하기 위해 교회에 남았다. 그 밖의 사람들은 숨으러 갔다.
사람들은 소리가 울리는 거대한 지하 저수장의 어둠 속으로 내려갔
다. 거기서 그들은 기둥들 사이에 작은 배를 띄우고 그 안에 타고 있
었다. 땅 위에서는 유스티니아누스가 여전히 청동 말을 탄 채 오만하
게 동쪽을 가리키고 있었다.

저녁이 되자 오스만인들은 금식을 풀고 함께 식사를 했으며, 각자
밤을 위한 준비를 했다. 전투 전의 식사는 병사들이 함께 쓰는 조리
기구 앞에서 집단 연대감과 희생정신을 확립할 수 있는 또 한 번의 기
회였다. 장작불과 촛불이 밝혀졌다. 오히려 이전 두 밤보다 더 컸다.

다시 소리가 숙영지를 휩쓸고 피리·뿔나팔 소리와 합쳐져 행복한 삶과 즐거운 죽음이라는 쌍둥이 같은 언명을 강조했다.

> 무함마드의 자손들아, 기운을 내라. 내일이면 우리는 수많은 기독교도를 우리 손에 잡아 팔 수 있다. 노예 두 명이면 1두카토다. 그리고 우리는 아주 부자가 돼서 온통 금으로 치장을 할 것이다. 그리스인들의 수염으로 우리는 개 목줄을 만들 것이다. 그리고 그들의 가족은 우리 노예가 될 것이다. 그러니 기운을 내고 우리 무함마드의 사랑을 위해 기꺼이 죽을 준비를 하라.[28]

강렬한 기쁨의 분위기가 숙영지를 휩쓸고 지나갔고, 병사들의 들뜬 기도가 천천히 절정을 향해 올라갔다. 마치 강력한 파도가 부서지듯이. 불빛과 리드미컬한 외침은 기다리고 있는 기독교도들을 소름끼치게 했다. 어둠 속에서 엄청난 포격이 시작됐다. 너무도 엄청나서 "우리에게는 그것이 바로 지옥처럼 느껴졌다."[29] 그리고 한밤중이 되자 오스만 진영은 고요와 어둠에 싸였다. 병사들은 "모든 자신의 무기와 산더미 같은 화살을 들고"[30] 질서정연하게 자기 자리로 갔다. 그들은 앞으로 있을 전투로 아드레날린이 솟구쳤다. 순교와 황금을 꿈꾸고 있는 그들은 완전한 침묵 속에서 마지막 공격 신호를 기다렸다.

해야 할 일은 아무것도 남아 있지 않았다. 양쪽은 모두 다가오는 날의 엄청난 중요성을 알고 있었다. 양쪽 모두 정신무장을 마쳤다. 바르바로는 물론 결론적으로 기독교의 신 쪽으로 기울지만 이렇게 말했다.

그리고 양쪽이 각기 승리하게 해달라고 자기네 신에게, 다시 말해서 저들은 저들의 신에게, 우리는 우리의 신에게 기도했을 때 하늘에 계신 우리 하느님 아버지께서는 그 어머니와 함께 매우 격렬하게 전개될 이 싸움에서 누가 이기게 되는지, 이튿날 어떤 결말이 나게 되는지를 결정하셨다.[31]

사드엣딘은 이렇게 썼다.

(오스만 부대는) 해질 무렵부터 동틀 때까지 전투만을 생각하고 … 매우 훌륭한 일을 함께 하면서 … 기도로 밤을 새웠다.[32]

이날 벌어진 뒷이야기가 하나 있다. 게오르기오스 스프란체스의 기록 가운데 하나를 보면 콘스탄티노스 11세는 자신의 아랍 암말을 타고 도시의 어두운 밤거리로 나갔다가 밤늦게 블라케르나이 궁전으로 돌아왔다. 그는 시종들과 가족을 불러 용서를 구했고, 그렇게 양해를 얻었다. 스프란체스는 이렇게 썼다.

황제는 말에 올랐고, 우리는 궁전을 떠나 성벽을 순회하기 시작했다. 보초병을 깨워 주의 깊게 감시하고 깜박 잠들지 않도록 하기 위해서였다.[33]

그들은 모든 것이 잘되고 있고 성문은 굳게 잠겨 있음을 확인하고는 첫닭이 울 무렵에 칼리가리아 문의 망루로 올라갔다. 그곳은 평원과 크리소케라스 만을 두루 내려다볼 수 있는 곳이었고, 어둠 속에서 적이 준비하는 모습을 살펴보기 위해 올라간 것이었다. 그들은 보이지 않는 가운데 바퀴 달린 공성탑이 삐걱거리며 성벽 쪽으로 다가오는 소리를 들을 수 있었다. 적들은 다져진 땅 위에서 긴 사다리를 끌고 오고 있었고, 부서진 성벽 아래에서는 여러 병사가 해자를 메우고 있었다. 남쪽으로는 부풀어 오른 하기아소피아 대성당의 둥근 지붕 너머로 어슴푸레한 보스포로스 해협과 마르마라 해 위에서 멀고 희미한 모습으로 위치를 찾아 움직이는 큰 갤리선들의 윤곽을 알아볼 수 있었고, 크리소케라스 만 안에서는 작은 푸스타선들이 해협에 부교를 띄워 성벽 가까이로 다가서려는 작업을 하고 있었다. 이는 오랫동안 고난을 겪은 콘스탄티노스 11세가 자주 가졌던 자기반성의 순간이자, 그에 대한 불멸의 이미지다. 고귀한 황제와 그의 충직한 친구는 외성 망루 위에 서서 마지막 공격 준비를 하는 불길한 소리를 듣고 있었다. 세상은 어두웠고, 아직 마지막 운명의 순간이 되기 전이었다.

53일 동안 그들은 적은 병력으로 강대한 오스만 군대를 분쇄했다. 그들은 지금까지 만들어진 것 가운데 가장 큰 대포가 발사하는 중세 시대의 가장 강력한 포격을 무력화시켰다. 추정치로 포격은 5천 발이었고, 사용된 화약은 2만 5천 킬로그램이었다. 그들은 세 차례의 전면 공격과 수십 차례의 소규모 충돌을 견뎌냈고, 수천 명의 오스만 병사를 죽였으며, 지하 갱도와 공성탑을 파괴했고, 해전을 치렀으며, 출격을 하고 평화협정을 추진했으며, 적의 사기를 떨어뜨리기 위해 끊임없이 움직였다. 그리고 그들은 자신들이 아마도 생각했던 것보다도 더 성공에 가까운 결과를 얻었다.

이 장면은 세부 사항이 지리적·사실적 측면에서 정확하다. 도시의 가장 높은 성벽 위에 있는 경비병은 성벽 아래 어둠 속에서 움직이고 있는 오스만 부대가 내는 소리를 들을 수 있고, 육지와 바다 모두를 넓게 내려다볼 수 있다. 그러나 콘스탄티노스 11세와 스프란체스가 실제로 거기에 갔었는지는 알 수 없다. 이 기록은 아마도 지어낸 이야기일 것이다. 100년 뒤 날조로 유명한 한 사제가 꾸며낸 것이다. 우리가 알 수 있는 것은 5월 28일 어느 시점에 콘스탄티노스 11세와 대신들이 헤어졌고, 스프란체스는 이날과 그 의미에 대한 어떤 육감을 얻었다는 것뿐이다.

두 사람은 평생 친구였다. 스프란체스는 분란이 많았던 비잔티움 제국의 마지막 시기에 황제를 둘러싸고 있던 사람들에게서는 전혀 볼 수 없었던 충직한 모습으로 주군을 섬겼다. 그는 23년 전 파트라스(펠로폰네소스 반도 북부의 도시로, 현재 그리스에서 세 번째로 큰 도시다—옮긴이) 포위전에서 콘스탄티노스 11세의 생명을 구했다. 그는 보람도 없이 부상을 당하고 붙잡혀, 족쇄를 차고 해충이 들끓는 지하 감옥에 한 달 동안 갇혀 있다가 석방됐다. 그는 30년 동안 주군을 위해 쉬지 않고 외교사절 노릇을 했다. 그 가운데는 황제의 신붓감을 찾기 위한 특사로 3년 동안 흑해 연안을 돌아다녔지만 소득을 얻지 못한 경우도 있었다. 그 보답으로 콘스탄티노스 11세는 스프란체스를 파트라스 총독에 임명했고, 그의 결혼식에서 들러리가 돼주었으며, 그 아이들의 대부代父가 돼주었다. 스프란체스는 포위전 동안에 대부분의 사람들보다 더 많은 위험을 안고 있었다. 그는 자신의 가족을 도시의 자기 곁에 두었다.

5월 28일이라는 날짜에 두 사람이 헤어질 때마다 스프란체스에게는 불길한 예감이 들었다. 2년 전 이날 그는 콘스탄티노플 밖에 있었고, 어떤 예감이 들었다.

같은 5월 28일(1451년) 밤에 나는 꿈을 꾸었다. 나는 다시 도시(콘스탄티노플)로 돌아온 것 같았다. 내가 엎드려 황제의 발에 키스하려는 동작을 취하자 황제는 이를 제지하고 나를 일으킨 뒤 나의 두 눈에 키스했다. 그리고 나는 잠에서 깨어나 내 옆에서 자고 있던 사람들에게 이렇게 말했다.

"내가 방금 이런 꿈을 꾸었다. 이 날짜를 기억하라."[34]

잠긴 문들
1453년 5월 29일 오전 1시 30분

오스만 군악대. 적에게 두려움을 주고 아군은 고무하도록 설계된 것이다.

전쟁에서는 절대로 승리를 확신할 수 없다.
승리를 할 수 있을 만한
장비와 병력 수의 우세를 가지고 있어도 마찬가지다.
전쟁에서의 승리와 우위는 행운과 우연으로부터 오는 것이다.[1]

— 이븐 할둔(1332~1406, 아랍의 역사가)

5월 28일 월요일 해질녘까지 큰 대포는 육지 쪽 성벽에 47일째 포격을 가하고 있었다. 시간이 지나면서 메흐메트 2세는 자신의 포병대를 세 군데로 집중시켰다. 북쪽에서는 블라케르나이 궁전과 카리시오스 문 사이, 중앙 부분에서는 리코스 강 부근 그리고 마르마라 해 쪽의 남쪽에서는 군용 제3문이다. 이 세 지점은 모두 심한 타격을 입어, 그는 전투 전에 지휘관들에게 훈시하면서 적절한 과장을 섞어서 이렇게 주장할 수 있었다.

"해자는 모두 메워졌고, 육지 쪽 성벽은 세 군데에서 심하게 부서졌다. 그래서 너희들 같은 중무장 및 경무장 보병들뿐만 아니라 말과 중무장을 한 기병들까지도 쉽게 성벽을 뚫고 지나갈 수 있다."[2]

한동안은 총공격이 중간 부분인 메소티키온 한 곳에만 집중되리라는 것이 양쪽 모두에게 분명한 사실이었다. 성 로마노스 문과 카리시오스 문 사이의 얕은 골짜기다. 그곳은 방어 체계에서 '아킬레우스의 발뒤꿈치'(그리스 신화에 나오는 영웅 아킬레우스는 발뒤꿈치만이 유일한 약점일 정도로 완벽한 전사였으나, 바로 그 발뒤꿈치에 화살을 맞아 죽었다—옮긴이) 같은 곳이었고, 메흐메트 2세가 자신의 화력을 대부분 쏟아 부은 곳도 바로 이곳이었다.

총공격 전날 밤까지 외성에는 아홉 개의 커다란 구멍이 나 있었다. 몇 군데는 30미터 가까이 되는 곳도 있었고, 대부분이 이 골짜기에 있었다. 그곳들은 부분부분 주스티니아니의 방책으로 대체돼 있었다. 그것은 성벽 한 부분이 무너질 때마다 대강 수리한 것이어서 금세 무너질 것 같은 구조물이었다. 한데 묶은 각목들이 그 기본적인 뼈대 노릇을 했고, 여기에 무너진 성벽에서 나온 골재들과 그 밖에 다른 재료들로 손에 잡히는 것은 무엇이든지 집어넣었다. 덤불과 나뭇가지, 갈대 묶음, 널려 있는 돌. 이들을 모두 흙과 함께 채워 넣었다. 이것은 대포 포탄의 충격을 어떤 돌 구조물보다도 효과적으로 흡수하는 이점이 있었다. 이윽고 그것은 분명히 본래의 성벽과 거의 비슷할 정도로 높아졌고, 싸울 때 발판으로 쓸 수 있을 만큼 폭도 충분히 넓었다. 방어군은 흙을 가득 채운 통과 고리버들 용기로 적의 포탄과 화살로부터 보호를 받아 이것이 흉벽 노릇을 했으며, 오스만의 공격은 항상 이를 제거하는 것이 일차 목표였다.

4월 21일 이후에는 방책을 유지·보수하는 일이 도시의 최우선 과제였다. 병사들과 민간인들은 모두 이를 수리하고 확장하기 위해 끊임없이 작업을 했다. 남자와 여자와 아이들, 수도사와 수녀들은 모두 돌과 목재, 수레에 실은 흙, 나뭇가지와 포도나무 줄기 등을 전선으로 날라다 주며 힘을 보탰다. 지치게 만들고 끝이 없을 것이 분명한 파괴와 수리의 반복이었다. 그들은 대포의 포격과 병력을 동원한 공격 속에서 이 작업을 했다. 밤에도 낮에도, 비가 오든 해가 나든, 구멍이 생기면 어디든지 메웠다. 방책은 주민의 집단적인 행동력을 보여주었고, 주스티니아니의 지휘 아래 도시에 대한 적의 모든 시도를 격퇴하고 적의 사기를 떨어뜨림으로써 노력에 대한 보상을 받았다.

5월 28일 해가 내리쬐는 오후 늦게, 운용할 수 있는 최고의 전투 부대가 바로 이 방책 뒤에서 각자 자리를 잡았다. 두카스에 따르면 여기에는 "3천 명의 라틴인과 로마인(여기서는 비잔티움 제국의 그리스인들을 말한다—옮긴이)"[3]이 있었다. 주스티니아니와 함께 온 이탈리아인

정예부대 700명과 베네치아 갤리선에서 온 선원들 그리고 살아남은 비잔티움의 주력부대 사람들이었다. 그러나 숫자는 아마도 2천 명 정도였을 것이다. 이들은 사슬 갑옷·판금板金 갑옷과 투구 등으로 무장을 잘 갖추고, 석궁과 소총, 작은 포, 긴 활, 칼과 철퇴 등 다양한 무기를 지니고 있었다. 이 모든 장비는 떨어진 거리에서 공격자들을 죽이거나 방벽에서 백병전을 하는 데 쓰일 무기들이었다. 여기에 민간인들이 많은 양의 돌을 전선으로 가져왔고, '그리스의 불'과 타르 등 가연성 물질도 공급됐다.

부대는 내성 성문을 통해 내-외성 사이의 통로로 들어갔고, 방책 길이만큼 벌려 내려가 900여 미터에 이르는 메소티키온을 채웠다. 통로는 폭이 20미터밖에 되지 않았고, 높은 내성과 발치의 파낸 도랑이 뒷받침을 하고 있었다. 도랑은 방책을 보강하기 위해 흙을 파낸 부분이었다. 방책에 배치된 병사들 뒤로 사람들이 말을 타고 오르내릴 수 있을 정도의 공간이 있었다. 전 구간에 걸쳐 내성 안으로 들어갈 수 있는 입구는 오직 네 군데가 있었다. 두 개의 샛문은 성 로마노스 문과 카리시오스 문 옆 왼쪽과 오른쪽의 산꼭대기에 있었고, 또 하나는 북쪽 비탈 중간의 으스스한 군용 제5문으로 내-외성 사이로만 들어갈 수 있었으며, 또 하나의 샛문은 알려지지 않은 지점에 있는 것으로 주스티니아니가 보다 쉽게 도시로 들어갈 수 있도록 하기 위해 만든 것이었다. 싸움의 승패가 갈리는 것은 방책에서라는 사실이 누구에게나 분명했다. 이 위치에서는 후퇴가 불가능했다. 그래서 이런 결정이 내려졌다. 방어군이 통로로 들어가면 다시 도시로 들어가는 샛문은 잠겨 있어야 하며, 열쇠를 지휘관에게 맡겨야 한다는 것이었다. 그들은 막아내지 못하면 내성을 등지고 죽어야 했고, 그 지휘관들도 마찬가지였다.

밤이 되자 그들은 마음을 가라앉히고 기다렸다. 어둠 속에서 세찬 소낙비가 내렸지만, 오스만 부대는 밖에서 공성 장비를 계속 전진시켰다. 나중에 주스티니아니가 통로로 들어갔고, 이어서 콘스탄티노스 11세와 그의 측근 귀족 수행원들이 들어갔다. 에스파냐인 프란시스코 데 톨레도와 황제의 사촌 테오필리오스 팔라이올로고스, 그의 충실한 군사적 동반자 요안네스 달마타 등이었다. 그들은 방책과 성벽에서 공격 첫 신호를 기다렸다. 갈라타 포데스타의 낙관론에 공감한 사람은 별로 없었겠지만 그는 "승리는 확실하다"[4]고 선언했고, 그들은 마지막 고비를 헤쳐 나갈 수 있는 자기네들의 능력에 대한 자신감도 없지 않았다.

오스만 부대는 자정을 지나고 얼마 되지 않은 시각에 전투 준비를 마쳤다. 메흐메트 2세는 자신의 천막 안 어둠 속에서 세정洗淨 의식과 기도를 하고 하느님에게 도시를 함락시키게 해달라고 간청했다. 아마도 그의 개인적인 준비에는 마법이 있는 옷을 입는 일도 포함돼 있었을 것이다. 『쿠란』의 구절들과 하느님의 여러 가지 이름이 잔뜩 수놓아진 그 옷을 입으면 마법의 힘으로 불운을 막는다고 했다. 그는 터번을 두르고 카프탄(터키와 아랍 사람들이 입는 소매가 넓고 긴 옷―옮긴이)을 입고 허리에 칼을 찬 채 휘하 핵심 지휘관들을 거느리고 말에 올라 공격을 지휘하기 시작했다.

육지와 바다에서 동시에 공격하기 위한 준비는 꼼꼼하게 이루어졌고 충실하게 이행됐다. 크리소케라스 만과 마르마라 해에 있는 배들은 제 위치에 있었다. 각 부대는 육지 쪽 성벽을 따라 핵심 지점에서 공격을 가하기 위해 모여 있었다. 물론 초점은 리코스 계곡이었다.

메흐메트 2세는 대규모의 병사들을 방책에 배치하고 자신의 병력을 유용성과 숙련도가 떨어지는 부대부터 먼저 투입하기로 결정했다. 그는 비정규군인 아잡들과 외국인 지원군에게 첫 공격에 나서라고 명령했다. 이들은 전리품을 미끼로 모집했거나 속국의 의무에 따라 징집돼 출정한, 숙달되지 않은 부대들이었다. 이들의 대부분은 바르바로에 따르면 "강제로 그의 진영에 끌어다 놓은 기독교도들"[5]이었고, 레오나르도스에 따르면 "그리스인·라틴인·독일인·헝가리인 등 모든 기독교 국가에서 온 사람들"[6]이었다. 인종과 신앙이 부자연스럽게 뒤섞여 있고, 무장도 가지가지였다. 일부는 활·투석기·장총을 들기도 했지만, 대부분은 그저 언월도와 방패만 들었을 뿐이었다. 그들은 결코 훈련된 전투 병력은 아니었지만, 메흐메트 2세의 목표는 소모용인 이교도들을, 격전 지역에서 중요한 부대를 투입하기 전에 적을 소모시키는 데 사용하는 것이었다. 이들은 성벽의 북쪽 끝에서 데려왔는데, 공성 사다리를 갖추고 메소티키온 전선 전역과 특히 방책 부분에서 공격할 준비를 갖추었다. 이들 수천 명은 어둠 속에서 출동할 순간을 기다렸다.

새벽 한 시 반, 뿔나팔·북·징이 공격 신호를 보냈다. 대포가 발사됐고, 모든 방향에서, 육지와 바다 양쪽에서 오스만 군대가 앞으로 진군했다. 비정규군들은 조용하게 일정한 속도로 전진하라는 엄명을 받고 있었다. 사정거리가 되자 그들은 일제사격을 퍼부었다.

궁수는 화살을, 투석기 사수는 돌을, 대포와 화승총 사수는 쇠와 납 탄환을 쏘았다.[7]

두 번째 명령에 그들은 앞으로 달려가 메워진 해자를 건너고 고함을 지르며 성벽을 향해 "여러 종류의 창을" 던졌다. 방어군은 잘 준비돼 있었다. 비정규군이 성벽을 기어오르려 하자 기독교 측은 그들의 사다리를 밀어버리고 방책 발치에서 기어오르고 있는 적들 위에 불과 뜨거운 기름을 내려쏟았다. 어둡고 잘 알아볼 수 없어서 겨우 손에 든 장비들이 희미하게 빛을 내거나 "격렬하게 고함을 치고 하느님을 모독하며 저주를 하는" 소리로 감을 잡을 뿐이었다. 주스티니아니가 휘하 병사들을 통제했고, 황제가 함께 있었기 때문에 방어군에는 격려가 됐다. 형세는 방어군에 유리했다. 그들은 "흉벽에서 커다란 돌들을 아래의 적병들에게 던졌"[8]고, 화살과 탄환을 가까이 몰려 있는 적병들에게 쏘아 "살아 도망친 자가 많지 않았다."*

뒤에서 올라가던 자들이 머뭇거리며 되돌아가기 시작했다. 그러나 메흐메트 2세는 자신의 비정규 부대를 끝까지 밀어붙이기로 결정했다. 그는 병사들의 뒤에 해결사로 차우시들을 한 줄로 배치해 놓았다. 메흐메트 2세의 헌병대인 이들은 곤봉과 채찍을 들고 퇴각하는 자들을 돌려보냈다. 그리고 그들 뒤에는 언월도를 든 예니체리들이 한 줄로 서서 이 한계선을 넘어오거나 그리로 달려오는 자들을 베어버렸다. 공포에 질린 비명이 터져 나왔다. 앞으로 가면 화살과 탄환과 돌이 우박처럼 쏟아지고 뒤에서는 조직적으로 압박을 가하니, 그 사이에 끼인 불쌍한 사람들에게서 나오는 비명이었다.

그들에게는 이쪽으로 가서 죽느냐 저쪽으로 가서 죽느냐의 선택이 있을 뿐이었다.*

그들은 다시 방책을 공격하기 위해 돌아섰다. 위에서 계속 퍼붓는 포격을 헤치고 사다리를 세우기 위해 너무도 필사적으로 분투했다. 그러고는 몰살당했다. 많은 희생자가 났지만, 이 소모용 병사들은 목표를 이루었다. 그들은 두 시간 동안 방책을 지키는 적의 힘을 뺐다. 그러자 메흐메트 2세는 살아남은 병사들이 학살 현장에서 후퇴해 절뚝거리며 선 뒤로 돌아오도록 허락했다.

공격이 잠시 중단됐다. 새벽 세 시 반이었다. 여전히 어두웠고, 평원에는 불빛이 있었다. 방책 위에서는 병사들이 숨을 돌렸다. 재편성을 하고 응급 복구를 할 시간이 있었다. 전선의 위아래 다른 곳에서는 비정규군의 공격이 덜 강했다. 온전한 성벽의 힘 때문에 전진이 어려웠다. 그것은 양동작전에 더 가까웠다. 적이 모든 구역에 묶여 메소티키온에서 압박을 받고 있는 동료들을 구원하러 가지 못하도록 하기 위한 것이었다. 병력이 매우 얇게 벌려져 있었기 때문에 1.5킬로미터 떨어진 아기오이아포스톨로이 성당 부근의 중앙 산등성이에 예비대로 남겨놓은 부대도 300명의 병력으로 줄었다. 성벽 위의 병사들은 벌판 위를 응시하며 적이 잠을 자기 위해 물러갈 것이라는 헛된 희망을 품었으나, 그렇게 되지는 않았다.

전투를 한 단계 끌어올릴 순간이 왔다. 메흐메트 2세는 말을 타고 자신의 오른쪽 옆 성 로마노스 문 바로 너머에 주둔하고 있는 아나톨리아 부대로 갔다. 이 병사들은 중무장 보병이었다. 사슬 갑옷으로 잘 무장돼 있고, 경험이 많았으며, 기강이 잡혀 있었다. 그리고 무슬림의 대의를 위한 강한 열정에 불타고 있었다. 그는 이들에게 대화하는 듯하고 아버지 같은 어조로 연설했다. 스물한 살짜리 술탄이 당연히 자기 민족에게 하는 투였다.

"전진하라, 내 친구들, 내 아들들아! 지금이 바로 너희들이 중요한 사람임을 입증할 때다!"⁹

그들은 계곡 가로 진군해 내려가서는 방책을 향해 몸을 돌려 빽빽하게 밀집한 대형으로 압박해 나아갔다. 그러면서 알라의 이름을 부르고 "비명과 엄청난 고함을 내질렀다."¹⁰ 그들은 "마치 사슬에서 풀려난 사자들처럼 성벽으로"¹¹ 다가왔다고 니콜로 바르바로는 말했다. 이 단호한 전진은 방어군을 공포 속에 빠뜨렸다. 도시 곳곳에서는 교회 종이 땡그랑거리며 모든 사람은 자기 자리로 가라고 알렸다. 많은 주민은 성벽 위로 달려 올라가 도왔다. 나머지 사람들은 교회에서 더 자주 기도를 했다. 5킬로미터 떨어진 하기아소피아 대성당 바깥에서는 성직자들이 자기들의 방식으로 돕겠다고 나섰다.

그들은 종소리를 듣고는 성스러운 이콘들을 들고 교회 앞으로 나와서서 기도를 했으며, 십자 성호聖號를 그으며 전체 도시에 축복을 베풀었다. 그들은 눈물을 흘리며 암송했다.

"저희에게 다시 생명을 주소서, 주 하느님! 그리고 저희가 마침내 파멸하지 않도록 저희를 도와주소서."¹²

아나톨리아 부대는 한달음에 해자를 건너, 단단한 강철같이 빽빽하게 밀집한 대형으로 앞으로 나아갔다. 그들은 석궁과 대포가 발사되자 벌집이 됐고, "엄청난 수의 튀르크족이 죽었다."¹³ 하지만 그들은 계속 나아갔다. 돌과 화살·포탄의 우박으로부터 스스로를 보호하면서 성벽 위로 올라가려고 발버둥쳤다. 레오나르도스 대주교는 이렇게 말했다.

우리는 치명적인 돌과 화살·포탄을 그들에게 날렸고, 밀집된 적병들 속으로 석궁을 발사했다.[14]

아나톨리아 부대는 순전히 수의 힘으로 방책에 사다리들을 걸치는 데 성공했다. 그러나 이 사다리들은 곧 아래로 던져졌고, 공격자들은 돌멩이에 맞아 으스러지고 뜨거운 역청에 몸을 데었다. 오스만인들은 잠시 동안 뒷걸음질을 쳤으나, 곧바로 다시 압박해 나왔다. 방책 뒤의 방어군은 적의 기백에 깜짝 놀라고 소름이 끼쳤다. 적들은 인간의 한계를 넘어서는 힘에 이끌린 듯했다. 분명히 더 이상의 자극은 필요치 않았다. 이 무리들은 "모두 용감한 사람들이었다"[15]고 바르바로는 적었다.

그들은 계속해서 허공에 함성을 질러댔고, 더욱더 열렬하게 깃발을 휘날렸다. 아, 이 짐승들에게는 경탄하지 않을 수 없을 것이다. 그들의 부대는 무너졌지만, 그들은 끝없는 용맹을 발휘해 해자를 넘으려 했다.[16]

아나톨리아 부대는 잇따라 물결쳐 쇄도해 나오면서 자기네 대군과 자기 편 시체의 방해를 받았다. 병사들은 방책 위로 올라가려고 발버둥치면서 서로서로 짓밟고 뒤엉켜 인간 피라미드를 이루었다. 일부는 방책 위로 오르는 데 성공해 적에게 마구 칼을 휘둘러댔다. 흙으로 쌓은 토대 위에서 백병전이 벌어져 일대일로 밀어붙였다. 움직일 공간이 제한돼 있었기 때문에, 무기를 들고 싸우는 것만큼이나 몸으로 밀어붙이는 싸움도 많았다. 그래서 아나톨리아 부대는 적을 뒤쪽으로 밀어내지 않으면 자신이 아래로 떨어질 수밖에 없었다. 시체와 버려진 무기와 투구·터번·방패의 더미 속에서 죽어가는 사람들이 뒤엉켜 고함을 치고 악담을 퍼붓는 곳으로.

상황은 시시각각으로 바뀌었다.

때로는 중무장 보병이 성벽과 방책 위로 기어올라 망설임 없이 길을 재촉하면서 힘차게 나아갔다. 그러나 어떤 때에는 방어군이 이들을 거세게 몰아붙여 격퇴하기도 했다.[17]

메흐메트 2세도 직접 말을 타고 앞으로 달려 나가 외쳐대고 고함을 지르며 그들을 다그쳤다. 때로는 앞에 있는 병사들이 흔들리거나 죽으면 새로운 부대를 좁은 구멍으로 투입하기도 했다. 그는 큰 대포를 발사하라고 명령했다. 돌 포탄들이 성벽에 쏟아져 방어군에게 떨어지고 아나톨리아 부대를 뒤에서 쓰러뜨렸다.

여름 새벽의 동트기 전이라 모든 것은 거무스름하고 뚜렷하지 않았다. 전투로 인한 엄청난 소음이 너무도 귀를 먹먹하게 해서 "하늘 자체가 빠개지는 듯했다."[18] 큰북을 본능적으로 두드리는 소리, 시끄럽게 나팔 부는 소리, 징을 치는 소리, 교회 종의 땡그랑거리는 소리, 화살이 밤하늘을 슉슉 날아가는 소리, 오스만의 대포가 땅을 흔들어 지하에서 증폭된 굉음, 권총의 단순한 발사음. 칼은 방패에 거칠게 부딪쳐 쩔커덕 소리를 냈고, 칼날이 숨통을 끊고 화살촉이 가슴에 박히며 납 탄환이 갈빗대를 부러뜨리고 돌이 두개골을 으스러뜨리는 보다 부드러운 소리들도 있었다. 그리고 이런 소리들 뒤에 좀 더 무섭고 왁자지껄한 인간의 소리들이 있었다. 기도와 전투 구호, 격려의 외침,

저주, 울부짖는 소리, 흐느껴 우는 소리 그리고 죽어가는 사람들의 보다 약한 신음 소리.

전선 곳곳에서 연기와 먼지가 피어났다. 어두운 가운데 이슬람 깃발이 기대 속에 높이 들어올려졌다. 수염 난 얼굴과 투구·갑옷이, 손에 든 총기가 불을 뿜으면서 반짝였다. 잠깐 동안 포병들은 대포의 강렬한 섬광을 배경 조명으로 한 정지된 그림이 됐다. 권총에서 나온 작은 화염이 어둠 속에서 선명한 불꽃을 일으켰다. 여러 통의 '그리스의 불'은 둥그런 모양을 그리며 마치 황금 비처럼 성벽 너머로 떨어졌다.

동트기 한 시간 전, 큰 대포 가운데 하나가 방책을 직접 맞혀 부서진 구멍을 만들었다. 자욱한 먼지와 대포 연기가 전선을 뿌옇게 만들었지만 아나톨리아 부대는 재빨리 대응해 그 구멍으로 밀고 들어갔다. 방어군이 대응하지 못하는 사이에 300명이 안으로 몰려갔다. 오스만인들이 처음으로 내-외성 사이의 통로로 들어간 것이다. 그 안에서는 혼란이 일어났다. 방어군은 필사적으로 전열을 가다듬고 두 성벽 사이의 좁은 공간에서 아나톨리아 부대와 맞섰다. 구멍은 분명히 많은 사람이 밀려들어올 수 있을 만큼 넓지는 않았고, 공격자들은 곧 자기네가 포위돼 궁지에 몰려 있음을 깨달았다. 그리스인들과 이탈리아인들은 조직적으로 그들을 난도질했다. 아무도 살아남지 못했다. 이 국지적인 승리에 환호한 방어군은 아나톨리아 부대를 방책에서 몰아냈다. 용기가 꺾인 오스만 부대는 처음으로 흔들려 후퇴했다. 이때가 다섯 시 반이었다. 방어군은 네 시간 동안 싸움을 계속해 쉴 수가 없었다.

이 새벽 단계에서 다른 곳의 오스만 부대는 실질적인 진전을 거의 이루지 못하고 있었다. 크리소케라스 만 안에서는 자아노스 파샤가 밤새 부교를 제자리에 띄워놓고 부대의 상당수 병력을 육지 쪽 성벽 끄트머리 부근의 해안으로 이동시키는 데 성공했다. 동시에 그는 날랜 갤리선들을 아주 가까이로 데려와 궁수와 장총병이 성벽을 향해 사격을 가할 수 있도록 했다. 그는 사다리와 나무로 만든 탑을 이들 성벽으로 진격시키고 휘하 보병으로 하여금 성벽을 공격하게 했다. 이 시도는 실패했다. 할릴이 마르마라 해에서 상륙하려 했던 작전도 마찬가지로 성공을 거두지 못했다. 조류는 배를 안정시키기 어렵게 만들었고, 바다 위에 곧바로 서 있는 것처럼 보이는 해안 성벽의 우세한 위치는 갯벌에 교두보를 만드는 것조차 허용하지 않았다. 성벽에는 매우 적은 사람만이 배치됐고 곳에 따라서는 오로지 수도사들에게만 맡겨졌지만, 침입자들은 쉽게 격퇴되거나 붙잡혀 머리가 잘렸다. 메소티키온의 남쪽에서는 이스하크 파샤가 계속해서 방어군에 약간의 압박을 가했으나, 그의 최정예 아나톨리아 부대는 방책과 씨름하는 쪽으로 돌려진 상태였다. 보다 진지한 시도는 블라케르나이 궁전 지역에 있는 카라자 파샤의 병사들에 의해 이루어졌다. 이곳 역시 메흐메트 2세가 도시로 쉽게 들어갈 수 있는 목표 지점으로 잡았던 곳 가운데 하나다. 이곳은 "도시의 방어가 취약한 지역"[19]이었다. 성벽의 상태 때문이다. 그러나 방어는 능숙한 직업군인들인 제노바의 보키아르도 삼형제가 맡고 있었다. 레오나르도스 대주교는 이렇게 썼다.

그들은 아무것도 두려워하지 않았다. 포격으로 성벽이 무너지든, 대포가 불을 뿜든. … 그들은 낮이든 밤이든 석궁과 무시무시한 총포를 들고 최상의 경계 상태를 보여주었다.[20]

그들은 때로 샛문인 케르코스 문으로 출격해 적의 활동을 방해하기도 했다. 카라자의 병사들은 아무런 진전도 이룰 수 없었다. 산 마르코의 사자는 여전히 어두운 궁전 위에서 펄럭이고 있었다.

비정규군과 아나톨리아 사단이 네 시간 동안의 격렬한 전투 끝에 실패하자, 메흐메트 2세는 격노했던 것 같다. 아니, 그 이상이었다. 이는 그를 초조하게 만들었다. 그에게는 이제 새로운 부대가 딱 하나 남았다. 자신의 근위대다. 자신의 경호 부대인 5천 명의 정예 직업군인 부대다.

이들은 매우 무장이 잘돼 있었고, 대담하며 용맹스러웠다. 이들은 다른 병사들보다 경험이 많고 용감했다. 이들은 육군의 정예부대였다. 중무장 보병과 궁수와 창기병들 그리고 예니체리라고 부르는 부대다.[21]

그는 이들을 당장 전투에 투입하기로 결정했다. 방어군이 전열을 재정비하기 전에 말이다. 모든 것이 이 작전에 달려 있었다. 만약 이들이 앞으로 몇 시간 안에 방어선을 깨지 못한다면 동력이 상실될 것이다. 기진맥진한 부대는 철수하지 않을 수 없고, 포위는 사실상 풀리는 것이다.

내-외성 사이의 통로에서는 숨을 돌릴 틈이 없었다. 두 번째 공격을 막아내는 동안 사상자가 늘어났고, 이에 따라 병사들의 피로도도 늘어났다. 그러나 저항정신은 굳건하게 남아 있었다. 크리토불로스에 따르면, 아무것도 그들을 포기하게 할 수 없었다.

배고픔이 그들을 짓눌러도, 잠이 부족해도, 쉴 새 없이 싸움이 계속돼도, 부상을 당하고 살육을 당해도, 친척이 자기네 눈앞에서 죽임을 당해도 그리고 어떤 두려운 장면이 펼쳐지더라도 그들로 하여금 굴복하거나 열의와 목적의식이 약화되게 할 수 없었다.[22]

사실 그들에게는 일어나 싸우는 것밖에는 다른 선택지가 없었다. 그들을 대체할 수 있는 것은 없었다. 다른 부대는 없었다. 그러나 이 탈리아인들은 주스티니아니의 지휘 아래 싸우고 있었고, 그리스인들은 자기네 황제가 나와 있는 가운데 싸우고 있었다. 이들은, 오스만 군대에 술탄이 그러한 것처럼 자극이 되는 인물들이었다.

메흐메트 2세는 공격이 흔들리기 전에 다시 한 번 쳐야 한다는 것을 깨달았다. 돈을 받는 자기 병사들이 밥값을 해야 한다면 바로 지금이 그때였다. 그는 말을 타고 앞으로 달려가면서 자신의 부대에게 스스로가 영웅임을 입증하라고 다그쳤다. 분명한 명령이 내려졌고, 메흐메트 2세는 자신이 직접 선두에 서서 꾸준한 속도로 해자 끝으로 전진했다. 해가 뜨려면 아직 한 시간이 더 지나야 했지만, 별빛은 흐려지고 있었고 "어두운 밤은 여명을 향해 다가가고 있었다."[23] 그들은 해자에서 멈춰 섰다. 거기서 그는 "궁수와 투석기 사수와 소총수에게 거리를 두고 서서 오른쪽으로 방책을 지키는 사람들을 쏘고 외성을 부숴버리라고"[24] 명령했다. 불바람이 성벽으로 휘몰아쳤다.

총포탄과 화살이 너무 많이 발사되는 바람에 하늘을 볼 수가 없었다.[25]

방어군은 "화살과 여러 가지 탄환들이 눈송이처럼 떨어지"[26]고 있는 상황에서 방책 밑에 수그리고 있을 수밖에 없었다. 또 다른 신호가 떨어지자 보병들이 "우렁차고 무서운 전쟁 구호를 외치며"* "튀르크족이 아니라 사자들처럼"[27] 진군했다. 그들은 오스만 군대 최고의 심리적 전쟁 무기인 거대한 소리의 벽을 밀면서 방책 쪽으로 압박해 나아갔다. 그 소리는 너무도 커서 그들 진영에서 8킬로미터 떨어진 아시아 해안에서도 들을 수 있었다. 북과 피리 소리, 고함과 장교들의 훈계 소리, 천둥 치듯 우르릉거리는 대포 소리 그리고 귀청을 찢는 듯한 병사들 자신의 외침이 그들 스스로의 흥분도를 높이고 동시에 적의 용기를 꺾어버리도록 계산된 것이었다. 이 모든 것은 그들이 바랐던 효과를 가져왔다. 바르바로는 이렇게 썼다.

　　　　그들은 엄청난 함성을 질러 우리의 용기를 앗아갔고, 도시 전역에 공포감을 뿌려놓았다.[28]

　　공격은 육지 쪽 성벽의 6.5킬로미터 전 전선에서 동시에 진행됐다. 마치 부서지는 파도가 덮쳐오는 것 같았다. 다시 교회 종이 울려 경고를 했고, 비전투원들은 서둘러 기도를 올리러 갔다.

　　중무장 보병과 예니체리는 "전투에 열심이었고 참신했다."[29] 그들은 술탄이 지켜보는 가운데, 성벽에 맨 먼저 올라간다는 명예와 포상을 위해 싸웠다. 그들은 어떠한 흔들림이나 주저함도 없이 자신의 임무를 알고 "도시에 들어가려는 생각을 가진 사람처럼"[30] 방책으로 진격했다. 그들은 갈고리 달린 봉으로 통과 나무로 만든 포탑을 끌어내리고, 방책의 골조를 뜯어버렸다. 성벽에 사다리를 걸치고, 기를 꺾는 돌과 화살 · 포탄이 빗발치는 아래에서 억지로 위로 올라가려 하면서 방패를 자기 머리 위로 올렸다. 장교들은 뒤에 서서 고함을 질러 지시를 내렸고, 술탄도 직접 말을 타고 앞뒤로 돌아다니며 외치고 격려했다.

반대편에서는 지친 그리스인들과 이탈리아인들이 전투에 참여했다. 주스티니아니와 그 휘하 병사들 그리고 콘스탄티노스 11세와 그를 따르는 "모든 휘하 귀족과 주요 기사들 그리고 가장 용감한 그의 병사들"[31]은 "여러 가지 길고 짧은 창과 다른 전투용 무기"[32]를 들고 방책으로 압박해 나아갔다. 친위대의 첫 번째 공격은 "포탄 세례 속에 실패했고, 그래서 많은 사람이 죽었다."[33] 그러나 다른 사람들이 충원돼서 그들을 대신했다. 아무런 흔들림도 없었다. 얼마 지나지 않아 성벽의 통제권을 놓고 백병전이, 육박전이 벌어졌다. 양쪽은 모두 완전한 믿음을 지닌 채 싸웠다. 한쪽은 명예와 하느님과 엄청난 보상을 위해 싸웠고, 다른 한쪽은 하느님과 생존을 위해 싸웠다. 밀착된 근접전에서 허공을 채운 것은 사람들이 외치는 무서운 소리들이었다.

자기 창으로 남을 찔러 죽이면서 조롱을 하고, 상대방은 거기에 찔려 죽었다. 죽이는 자와 죽는 자. 그들은 화가 나고 분노에 가득 차 온갖 무서운 짓을 저질렀다.[34]

뒤에서는 대포가 커다란 포탄을 발사해 연기가 전쟁터에 자욱하게 끼었고, 이에 따라 양편에게는 적이 보였다가 보이지 않았다가 했다. 바르바로는 이렇게 말했다.

그것은 다른 세계에서 온 것인 듯했다.[35]

싸움이 한 시간 동안 계속되고 근위대가 조금 전진했다. 그러나 방어군은 절대 물러서지 않았다. 레오나르도스는 이렇게 썼다.

우리는 그들을 단호하게 격퇴했다. 그러나 우리 병사 상당수는 이제 부상을 당해 싸움에서 물러나 있었다. 하지만 우리의 지휘관 주스티니아니는 여전히 꿋꿋하게 버티고 있었고, 다른 지휘관들도 자신의 전투 위치에 남아 있었다.[36]

그리고 어느 순간에, 처음에는 감지할 수 없었지만 방책 안에 있던 사람들은 오스만의 압박이 약간 누그러졌음을 느꼈다. 중요한 순간이었다. 전투 양상이 바뀌는 찰나였다. 콘스탄티노스 11세는 이를 알아채고 방어군을 다그쳤다. 레오나르도스에 따르면, 그는 병사들에게 이렇게 소리쳤다.

"용감한 병사들이여! 적군은 약화되고 있다. 승리의 보관寶冠은 우리 것이다. 하느님은 우리 편이다. 계속해서 싸워라!"[37]

오스만은 흔들리고 있었다. 지친 방어군은 새로운 힘이 솟는 것을 느꼈다.

그리고 그때 두 가지 이상한 운명의 장난으로 인해 전투의 주도권이 바뀌어 그들에게서 멀어져갔다. 이 전선을 블라케르나이 궁전 쪽으로 수백 미터 올라간 곳에서 보키아르도 삼형제는 카라자 파샤의 부대를 성공적으로 격퇴해 내고 있었다. 때로는 성벽의 한 모퉁이에 숨겨져 있는 샛문인 케르코스 문으로 출격을 하기도 했다. 이 문은 이제 고대의 예언을 실현하게 된다. 습격에서 돌아온 이탈리아인 병사 하나가 자기 뒤의 샛문 잠그는 것을 깜박했다. 날이 점점 밝아지면서 카라자의 병사 몇이 열려 있는 문을 발견하고는 그 안으로 불쑥 들어섰다. 50명이 계단을 통해 성벽으로 올라가자 위에 있던 병사들은 깜짝 놀랐다. 일부는 살해당했고, 또 일부는 뛰어내리는 방법을 선택했지만 죽고 말았다. 그 뒤에 사태가 정확히 어떻게 전개됐는지는 분명치 않다. 어쨌든 침입자들을 고립시키고 포위하는 데 성공해 더 큰 손실을 입지는 않은 듯하다. 그러나 적병은 일부 망루에서 산 마르코 깃발과 황제의 깃발을 찢어버리고 오스만 깃발로 바꿔 달았다.

전선 아래쪽 방책에 있던 콘스탄티노스 11세와 주스티니아니는 이런 사태가 전개되고 있음을 모르고 있었다. 그들은 자신감을 가지고 전선을 지키고 있었는데, 이때 불운으로 더욱 심각한 타격을 입었다. 주스티니아니가 부상을 당한 것이다. 어떤 사람들에게는 이런 순간을 만들어낸 것이 기도를 거부하거나 응답한 기독교도 또는 무슬림의 하느님으로 비쳐졌다. 책벌레인 그리스인들에게 이것은 호메로스로부터 곧바로 내려온 순간이었다. "사악하고 무자비한 운수"[38](크리토불로스의 표현이다) 때문에 생겨난 갑작스런 전세의 역전은 차분하고 무자비한 여신이 위엄 있는 부대와의 싸움을 살펴보고 결과를 뒤흔들기로 결정한 순간에 일어난 것이다. 그리고 영웅을 쳐서 먼지로 만들고, 그의 심장을 젤리로 바뀌게 했다.

무슨 일이 일어났는지에 대해서는 분명하고도 일치된 견해가 없다. 그러나 모든 사람은 그것이 중요함을 알았다. 그가 부상당하자 그 휘하에 있던 제노바인 부대는 곧바로 경악 상태에 빠졌다. 이어지는 사건들을 통해 보면 설명은 점점 단편적이고 논란이 많은 내용이 된다. "아킬레우스의 갑옷을 입은" 주스티니아니가 땅에 쓰러진 모습부터가 수십 가지다. 그가 오른쪽 다리에 화살을 맞았다고도 하고, 가슴에 석궁의 화살을 맞았다고도 한다. 성벽에서 싸우다가 아래로부터 배를 찔렸다는 사람이 있는가 하면, 납 탄환이 그의 팔 뒤쪽을 지나 흉갑을 관통했다는 사람도 있다. 탄환을 어깨에 맞았다고 하는가 하면, 뒤에서 자기네 편 병사가 쏜 것에 맞았다고도 한다. 마지막 견해는 다시 오발과 고의로 나뉘기도 한다. 가장 가능성이 높은 것은 그가 납 탄환을 맞아 상체 갑옷에 구멍이 났고, 구멍이 작았기 때문에 속으로 큰 상처를 입은 것이 가려졌다는 것이다.

주스티니아니는 포위전이 시작된 이래 끊임없이 싸움을 계속해 왔고, 의문의 여지없이 견딜 수 없을 만큼 지쳐 있었다. 그는 그 전날에도 부상을 당했었고, 이 두 번째 부상이 그의 기백을 꺾었던 듯하다. 그는 서 있을 수도 없고 옆에서 보기보다도 더 심각한 부상을 당했기 때문에, 자신을 다시 자기네 배로 옮겨서 치료를 받을 수 있도록 하라고 부하들에게 명령했다. 그들은 황제에게 가서 한 샛문 열쇠를 달라고 요청했다. 콘스탄티노스 11세는 자기네의 가장 중요한 지휘관이 철수하면 위험을 초래할 수 있다는 사실에 질겁을 해서 주스티니아니와 그 부대 장교들에게 위험한 상황이 끝날 때까지 머물러 달라고 사정했으나, 그들은 들으려 하지 않았다. 주스티니아니는 부대 지휘를 두 장교에게 맡기고, 부상을 치료한 뒤 돌아오겠다고 약속했다. 콘스탄티노스 11세는 마지못해 열쇠를 내주었다. 문이 열렸고, 그의 경호원이 그를 크리소케라스 만에 있는 그의 갤리선으로 데리고 내려갔다. 그러나 이것은 파멸을 부르는 결정이었다. 열린 문의 유혹은 다른 제노바인들에게 너무도 강렬했다. 지휘관이 떠나는 것을 보고 부하들은 줄줄이 문을 지나 그를 따랐다.

콘스탄티노스 11세와 그 측근들은 그런 흐름을 막으려고 필사적으로 노력했다. 그들은 그리스인들이 이탈리아인들을 따라 담장 밖으로 나가는 것을 일절 금지했으며, 그들에게 간격을 좁히고 앞으로 나아가 최전선의 빈 공간을 채우라고 명령했다. 메흐메트 2세는 방어가 느슨해지고 있음을 감지했던 듯하다. 그는 또 한 번 공격을 하기 위해 휘하 부대들을 재정비했다. 그는 이렇게 외쳤다.

"친구들! 우리는 도시를 얻었다. 조금만 더 힘을 들이면 도시는 함락된다!"[39]

메흐메트 2세가 좋아하는 장교 가운데 하나인 자페르 베이가 지휘하는 예니체리들이 앞으로 달려 나가며 외쳤다.

"알라후 아크바르(하느님은 위대하시다)!"

병사들의 귀에 술탄의 외침이 들렸다.

"어서 가라, 나의 매들아! 전진하라, 나의 사자들아!"

그들은 성벽에 깃발을 내걸면 주겠다고 약속한 보상을 기억하며 방책을 향해 몰려갔다. 오스만 깃발을 든 거구의 사나이 울루바틀르 하산(1428~1453)이 앞장섰고, 그 뒤를 30명의 동료가 따라갔다. 그는 머리를 방패로 가리고 성벽으로 돌격했고, 흔들리는 방어군을 물리치고 꼭대기에 올라섰다. 잠시 동안 그는 깃발을 든 채 자신의 위치를 지킬 수 있었고, 이것이 예니체리 부대의 돌격을 고무했다. 그것은 오스만의 용기를 정의하는 가슴 뛰는 이미지였다. 거인 예니체리가 마침내 기독교도들의 도시 성벽에 이슬람 깃발을 꽂았다! 이 이야기는 결국 민족 형성 신화의 한 부분으로 자리 잡게 된다.

그러나 방어군은 곧 전열을 가다듬고 돌·화살·창을 퍼부으며 응수했다. 그들은 30명 가운데 일부를 밑으로 다시 집어던지고 하산을 구석으로 몰아 마침내 그의 무릎을 박살내고 그를 난도질했다. 그러나 도처에서 점점 더 많은 예니체리가 성벽 위로 올라갈 수 있었고, 방책의 구멍을 뚫고 나갈 수 있었다. 마치 밀물이 해안 방파제를 넘어오듯이 수천 명의 병사가 외성 안으로 밀려들기 시작했고, 수의 힘으로 방어군을 가차 없이 밀어붙였다. 잠깐 사이에 그들은 내성과 외성 사이에 끼여 버렸고, 그 앞에는 방책을 만들 흙을 확보하기 위해 파낸 구덩이가 있었다. 일부는 그곳으로 밀려 떨어져 갇혔다. 그들은 기어오르지 못하고 학살됐다.

오스만 부대는 넓어진 전선을 따라 외성벽 안으로 쏟아져 들어왔다. 많은 사람이 방책에서 그들을 향해 사격하는 방어군들에 의해 죽었으나, 물결은 이제 막을 수가 없었다. 바르바로에 따르면 15분 사이에 3만 명이 안으로 들어와 "여기가 바로 지옥이 아닌가 싶을 정도의 외침"[40]을 내질렀다고 한다. 동시에 침입한 소수의 적이 케르코스 문 부근의 망루에 꽂아놓은 깃발들이 발견돼 비명이 터져 나왔다.

"도시가 점령됐다!"

걷잡을 수 없는 공포가 방어군을 사로잡았다. 그들은 돌아서서 달리며 잠긴 두 성벽 사이의 통로에서 도시로 다시 빠져나갈 수 있는 길을 찾았다. 이와 동시에 메흐메트 2세의 병사들은 내성도 기어오르기 시작했고, 위로부터 사격을 받아 떨어졌다.

나갈 수 있는 출입구는 딱 하나가 있었다. 바로 주스티니아니가 실려 나간 작은 샛문이었다. 다른 모든 문은 잠겨 있었다. 아귀다툼하는 수많은 사람이 입구로 몰려들어 나가려고 애쓰는 과정에서 서로를 밟아 뭉갰다.

그래서 문 옆에 살아 있는 사람들로 만들어진 커다란 산이 생겼고, 이 때문에 아무도 빠져나갈 수가 없었다.[41]

어떤 사람들은 발밑에 깔려 밟혀 죽었고, 또 다른 사람들은 이제 정연한 대형을 갖추어 방책을 휩쓸고 있는 오스만 중무장 보병에게 살육당했다. 사람들의 산은 더욱 높아져 더 이상의 탈출 기회를 막아 버렸다. 방책에 있던 방어군 가운데 생존자들은 모두 살육을 당했다. 카리시오스 문과 군용 제5문 등 다른 관문들 옆마다 비슷한 시체 무더기가 놓여 있었다. 거기서 달아난 사람들도 잠긴 두 성벽 사이의 공간에서 밖으로 나갈 수가 없었다.

그리고 이 숨 막히고 공포스러우며 힘겨운 아수라장의 어딘가에서 콘스탄티노스 11세의 모습이 마지막으로 얼핏 보였다. 테오필리오스 팔라이올로고스와 요안네스 달마타, 프란시스코 데 톨레도 같은 그의 가장 충직한 수행원들에 둘러싸인 채. 그의 마지막 순간에 대한 기록들은 믿을 수 없는 목격자들에 의한 것이다. 그들은 거의 틀림없이, 몸부림치고 거세게 저항하며 쓰러지고 발에 밟혀 죽어 그가 역사의 현장을 떠나 전설 속의 내세로 들어가는 순간까지 현장에 있지 않았다.

한 무리의 예니체리가 죽은 시체들 위로 기어 올라가 억지로 군용 제5문을 열었다. 그들은 도시 성벽 안쪽으로 들어간 뒤 일부는 왼쪽으로 방향을 바꾸어 카리시오스 문으로 가서 안으로부터 그 문을 열었고, 나머지는 오른쪽으로 가서 성 로마노스 문을 열었다. 망루에서는 하나씩 하나씩 오스만의 깃발이 바람에 펄럭이고 있었다.

그러자 나머지 모든 병사가 맹렬하게 도시로 쏟아져 들어왔다. …

그리고 술탄은, 전에 커다란 비잔티움의 깃발이 있었고 이제는 자기네 말꼬리 표지가 있는 거대한 성벽 앞에 서서 사태를 바라보고 있었다.**42**

여명이었다. 해가 떠오르고 있었다. 오스만 병사들은 쓰러진 자들 사이를 돌아다니며 죽은 자와 죽어가고 있는 자들의 목을 베었다. 커다란 맹금猛禽들이 머리 위를 선회하고 있었다. 방어벽은 다섯 시간도 되지 않아 무너졌다.

한 줌의 흙

1453년 5월 29일 오전 6시

"참으로 그들은 콘스탄티노플을 정복할 것이다. 정말로 그들의 지휘관은 뛰어난 지휘관이다.
정말로 그 군대는 뛰어난 군대다!" 선지자 무함마드가 했다는 말.

이 세상이 언제 그리고 어떻게 종말을 맞게 될지 제게 말씀해 주시겠습니까?
그리고 인간은 종말이 가까워져 문 앞에 와 있다는 것을 어떻게
알 수 있나요? 종말을 알려주는 조짐은 어떤 것인가요?
그리고 새 예루살렘인 이 도시는 어디로 갑니까? 여기 서 있는 성스러운
교회에는 무슨 일이 일어나고, 숭배되던 이콘들과 성인들의 유물들과
책들에는 무슨 일이 일어납니까? 제발 알려주세요.[1]

―에피파니오스(10세기 정교회 수도사)가 안드레아스 성인에게 물은 말

오스만 부대가 도시로 쏟아져 들어오고 망루에서 그들의 깃발이 펄럭이는 것이 보이자 민간인들 사이에서는 공포감이 퍼져갔다.

"도시를 빼앗겼다!"

이런 외침이 거리에 울려 퍼졌다. 사람들은 달려가기 시작했다. 케르코스 문 부근 성벽에 있던 보키아르도 삼형제는 병사들이 자기 위치를 지나 달아나는 것을 보았다. 그들은 각자 말에 올라 적들을 몰아내, 일시적으로 그들을 물러서게 했다. 그러나 그들 역시 곧 상황이 절망적임을 깨달았다. 성벽 위의 오스만 부대는 그들에게 활과 총을 쏘았고, 파올로가 머리에 부상을 당했다. 그들은 자기네가 당장 포위될 수도 있는 위험한 상태라는 것을 깨달았다. 파올로는 붙잡혀 살해됐지만, 다른 두 형제는 부하들과 함께 길을 뚫어 크리소케라스 만으로 다시 내려왔다. 항구에서는 부상당한 주스티니아니가 방어벽이 무너졌다는 것을 알고 "나팔수에게 자기 부하들을 불러들이는 신호를 보내라고 명령했다."[2] 그러나 다른 사람들에게는 너무 늦은 일이었다. 베네치아의 바일로 미노토와 베네치아의 여러 지도층 및 갤리선에서 싸우러 올라온 선원들은 블라케르나이 궁전에서 포위돼 붙잡혔다. 또한 육지 쪽 성벽을 마르마라 해 쪽으로 더 올라간 곳에서는 방어군이 굳게 지키고 있었지만, 병사들은 이제 자기네가 뒤쪽으로부터 공격받고 있음을 알아차렸다. 많은 사람이 살해됐고, 필리포 콘타리니와 데메트리오스 칸타쿠제노스 같은 지휘관들을 포함해 다른 사람들은 항복해 포로가 됐다.

도시 안에서는 혼란이 엄청나게 빠른 속도로 확산됐다. 최전선의 붕괴가 매우 극적이고 예상치 못한 것이어서 많은 사람을 경악시켰다. 육지 쪽 성벽에서 탈출한 사람들 가운데 일부는 배에 탈 수 있으리라는 희망을 품고 크리소케라스 만을 향해 달아났으며, 어떤 사람들은 최전선 쪽으로 달려갔다. 교전하는 소리에 정신이 번쩍 난 일부 민간인들은 성벽으로 올라가 병사들에게 도움을 주고자 했다. 그러나 그들은 약탈을 하러 도시로 밀고 내려오는 첫 번째 오스만 부대를 만났고, 병사들은 "크게 화를 내고 분노를 터뜨리며 그들을 공격해"[3] 죽여버렸다.

처음에 도시에서 살육을 촉발한 것은 공포와 증오가 뒤섞인 묘한 심사였다. 오스만 병사들은 갑자기 좁은 거리의 미로 속에 들어가게 되자 당황스럽고 불안해졌다. 그들은 많은 병력의 완강한 군대를 만나리라고 예상했었다. 방책으로 올려 보낸 2천 명이 도시의 군사 자원 전체라고는 도저히 믿을 수 없는 것이었다. 동시에 몇 주 동안의 고생과 그리스인들이 흉벽 너머로 날린 조롱이 갈등을 더욱 쓰라리게 해서 그들을 더욱 흉포하게 만들었다. 이제 도시는 협상에 의한 항복을 받아들이지 않은 대가를 지불해야 했다. 그들은 먼저 "공포 분위기를 조성하기 위해"[4] 사람들을 죽였다. 잠시 동안이었다.

사람들은 모두 자신들이 언월도의 칼날 아래 있음을 실감했다. 여자든 남자든, 노인이든 젊은이든, 어떤 처지에 있는 사람이라도 마찬가지였다.[5]

이런 잔인함은 아마도 주민들의 활발한 저항 활동 때문에 더했던 듯하다.

> (주민들은) 위에서 그들을 향해 벽돌을 던지고 마구 돌을 던졌다. …
> 그리고 그들에게 불붙인 것도 던졌다.[6]

거리는 피로 미끌미끌해졌다.

육지 쪽 성벽의 높은 망루에서 술탄의 깃발이 펄럭이고 있다는 소식이 오스만 전선에 재빨리 퍼졌다. 크리소케라스 만 곳곳에서 오스만 함대가 공격을 다시 강화하고 방어군이 사라지면서, 함대 병사들은 바다 쪽 성문을 하나씩 하나씩 억지로 열었다. 곧 베네치아인 거주지와 가까운 플라티아 문이 열렸고, 부대 병사들이 도시 심장부로 쏟아져 들어오기 시작했다. 이 소식은 해안을 더 돌아 함자 베이와 마르마라 함대에도 전해졌다. 남들처럼 약탈 기회를 잡기 위해 안달이 난 병사들은 배를 해안에 두고 급하게 성벽에 사다리를 걸쳤다.

잠깐 동안 무차별적인 학살이 맹렬하게 계속됐다. 칼코콘딜레스는 이렇게 썼다.

> 도시 전체는 죽이는 자와 죽임을 당하는 자, 달아나는 자와 쫓는 자로 가득 찼다.[7]

공포 속에서 모든 사람은 이제 무엇이 자신에게 가장 이득이 될 것인지만 생각했다. 이탈리아인들은 크리소케라스 만 쪽으로 가서 배에서 안전을 찾았고, 그리스인들은 집으로 도망쳐 아내와 아이들을 지키고자 했다. 어떤 사람들은 도중에 붙잡혔다. 붙잡히지 않은 사람들은 집에 가보니 "아내와 아이들은 잡혀가고 재산은 약탈당한 상태"[8]였다. 또 다른 사람들은 집에 도착한 뒤 "자신의 가장 가까운 친구나 아내와 함께 붙잡혔다."* 침입자가 오기 전에 집에 도착한 많은 사람은 투항할 경우 어떤 일이 벌어질지 예상하고는 자기 가족들을 지키기 위해 목숨을 바치겠다고 결심했다. 사람들은 지하실과 저수장에 숨거나 멍하니 혼미한 상태로 도시를 돌아다니다가 붙잡혀 살해당했다.

크리소케라스 만 근처의 성 테오도시아 성당에서는 애처로운 장면이 펼쳐졌다. 그날은 이 성인의 축일이었다. 흠모와 열성으로 수백 년 동안 숭배해 내려와 충실하게 보존된 의식이었다. 교회 정면은 초여름 장미로 장식됐다. 안에서는 늘 하던 대로 성인의 성체 안치소에서 밤샘 기도를 하고 있었고, 짧은 여름밤에 촛불이 희미하게 비치고 있었다. 아침 일찍, 기도가 기적을 일으킬 수 있는 힘이 있다고 맹목적으로 믿는 남자와 여자의 행렬이 천천히 교회를 향해 이어지고 있었다. 그들은 관례적인 선물로 "아름답게 장식된 초와 향"[9]을 가져가고 있었다. 그때 병사들이 그들을 가로막고 붙잡아갔다. 신도들은 모두 포로가 됐다. 교회에는 숭배자들이 바친 봉헌물이 많았는데, 모두 약탈당했다. 테오도시아의 유골은 개에게 던져졌다. 다른 곳에서는 여자들이 침대에서 일어나기도 전에 병사들이 문을 박차고 들어왔다.

아침 시간이 흘러가면서 오스만인들은 진실을 깨달았다. 더 이상 조직적인 저항은 없다는 것이었다. 죽이는 것도 좀 더 가려서 죽이게 됐다. 사드엣딘에 따르면, 오스만 병사들은 "어른은 죽이고 아이는 잡아간다"[10]는 원칙에 따라 행동했다. 이제 전리품으로 살아 있는 포로를 잡아가는 쪽으로 중점이 바뀌었다. 젊은 여자와 예쁜 아이 같은 값나가는 노예사냥이 시작됐다. "국적과 관습과 언어"[11]가 각양각색인(물론 기독교도들도 있었다) 비정규 부대가 앞장섰다.

약탈을 하고, 파괴하고, 강탈하고, 죽이고, 욕보이고, 남자·여자·아이와 늙은이·젊은이와 사제·수도사 등 나이와 신분을 가리지 않고 붙잡아 포로로 삼았다.[12]

잔학 행위에 대한 기록은 대체로 기독교도들이 남긴 것이고 오스만 역사가들은 좀 더 얘기하기를 꺼린 편이지만, 그날 아침에 공포스런 장면들이 펼쳐졌던 것만은 의문의 여지가 없다. 그들은 여러 가지 생생한 장면들을 기록으로 남겼다. 대체로 오스만 쪽에 가까운 그리스인 작가 크리토불로스가 보기에도 "무시무시하고 측은하며 너무도 비극적인"[13] 모습이었다. 여자들은 "자기네 침실에서 우악스럽게 끌려 나갔다."* 아이들은 제 부모 품에서 와락 낚아채 갔다. 자기네 집에서 도망칠 능력이 없었던 늙은 남녀들은 "무자비하게 살해됐다."[14] "지적장애인과 노인과 나환자와 병약자"* 역시 마찬가지였다. "신생아들은 광장에 집어던졌다.[15]" 여자와 소년들은 강간당했다. 그리고 포로를 잡은 자들은 서로 관계도 없는 포로들을 한데 묶었다.

그들을 잔인하게 끌어내고, 그들을 몰아대고, 그들을 잡아 뜯고, 그들을 학대하고, 그들을 부끄럽고 창피하게 거리로 내몰고, 그들을 욕보이고, 무서운 짓을 했다.[16]

살아남은 사람들, 특히 "귀한 집에 태어나 부유하고 자기 집에만 머물러 있던 젊고 정숙한 여자들"[17]은 목숨을 잃는 것 이상의 정신적 충격을 받았다. 일부 소녀들과 결혼한 여자들은 이런 꼴을 당하느니 차라리 스스로 우물에 뛰어드는 길을 택했다. 약탈자들 사이에서는 가장 예쁜 여자들을 놓고 싸움이 일어났고, 때로는 그렇게 싸우다가 죽는 일까지 생겼다.

하기아소피아 대성당의 문.

　교회와 수도원은 특히 심한 수색을 당했다. 카리시오스 문 옆의 성 게오르기오스 군인교회와 페트라에 있는 세례자 요한 교회 그리고 코라 수도원 등 육지 쪽 성벽 근처에 있던 교회들은 곧바로 약탈당했다. 병사들은 액자가 값나가는, 기적을 일으키는 이콘인 오디기트리아를 네 토막으로 쪼개 나누어 가졌다. 교회 지붕에서는 십자가를 내동댕이쳤다. 성인들의 무덤을 파헤치고 보물을 찾았다. 그 안에 있던 것들은 갈기갈기 찢어 거리에 던져버렸다. 성배와 고블릿(포도주잔)과 "성스러운 공예품과 많은 금으로 수를 놓아 보석 및 진주와 함께 반짝이는 진귀하고 호화로운 예복"[18] 등 교회에 있던 보물들은 수레에 실어 가져가고 녹여버렸다. 제단은 파괴됐고, "금을 찾느라… 교회 벽과 지성소도 쑥대밭이 됐다."[19] 레오나르도스에 따르면 "하느님의 성인들을 그린 성스런 화상들"[20]이 강간 장면을 목격했다. 수녀원에 들어가 수녀들을 "함대로 끌고 가 강간했다."[21] 자기 방에 있던 수도사들을 죽이거나 "피난처로 삼았던 교회에서 끌어내고 모욕과 망신을 주

콘스탄티누스 기념비와 그 도판.

어 쫓아냈다."²² 황제들의 무덤은 숨겨진 금을 찾기 위해 철봉으로 깨서 열었다. 이런 일들과 "다른 수만 가지의 무서운 일이 벌어졌다"* 고 크리토불로스는 애절하게 기록했다. 몇 시간 만에, 천 년 동안 유지됐던 기독교의 도시 콘스탄티노플은 거의 사라졌다.

이런 엄청난 파도 앞에서, 그럴 수 있었던 사람들은 충격 속에 달려갔다. 많은 사람은 본능과 미신에 이끌려 하기아소피아 대성당으로 향했다. 그들은 오래된 예언을 기억하고 있었다. 적이 도시에 들어와 이 거대한 교회 근처에 있는 콘스탄티누스 기념비까지 오면 복수의 천사가 한 손에 칼을 들고 내려와 방어군에게 힘을 실어주고 그들을 도시에서, "그리고 서방과 아나톨리아에서도" 몰아내 "페르시아 변경의 '빨간 사과나무'라 불리는 곳으로"[23] 몰아낼 것이라는. 교회 안에는 아침기도를 드리고 하느님에 대한 자신들의 믿음을 표현하기 위해 성직자와 평신도, 남자·여자·아이들이 잔뜩 모여 있었다. 교회의 거대한 청동 문이 쾅 하고 닫히고 빗장이 질러졌다. 이때가 아침 여덟 시였다.

그런데 도시의 외딴 지역에서는 협상을 통해 일괄 항복을 한 곳들도 있었다. 15세기 중반 무렵에 외성 안 콘스탄티노플의 인구는 상당히 줄어들어 도시의 일부 지역은 독립된 마을로서 독자적인 성벽과 목책으로 보호되고 있었다. 이들 가운데 마르마라 해안의 스투디온과 크리소케라스 만 부근의 어촌 페트리온 등 일부는 자기네 집들을 전면적으로 약탈하지 않는다는 조건으로 자진해서 성문을 열었다. 어느 경우에나 촌장들이 메흐메트 2세에게로 안내된 뒤 마을을 대표해 공식적으로 항복했고, 메흐메트 2세는 헌병을 특파해 집들을 보호했던 듯하다. 그러한 항복 행위는 이슬람의 전쟁 법규에 따른 면제 조항을 확보하기 위한 것이었고, 그 결과로 여러 교회와 수도원들이 온전하게 살아남았다.

또 다른 곳에서는 영웅적인(또는 필사적인) 고립적 저항도 계속되고 있었다. 크리소케라스 만 쪽에서는 한 무리의 크레타인 선원들이 세 개의 망루에서 방벽을 치고 항복을 거부했다. 아침 내내 그들은 오스만의 공격에 저항해 그들을 물리쳤다. 육지 쪽 성벽에서 가장 먼 해안 성벽에 있던 많은 사람 역시 싸움을 계속했는데, 때로는 실제 상황을 알지 못한 상태에서 갑자기 등 뒤에서 적을 발견하기도 했다. 어떤 사람들은 흉벽에서 뛰어내렸고, 또 어떤 사람들은 적에게 무조건 항복했다. 오스만의 제위를 노렸던 오르한 왕자와 그 휘하의 소수 튀르크족 무리는 그런 선택도 할 수 없었다. 그들은 싸움을 계속했고, 해안 성벽을 따라 더 내려가 부콜레온 궁전 부근에 배치된 카탈루냐인들도 마찬가지였다.

이런 파괴가 진행되고 있는 동안에 오스만 함대 병사들은 운명적인 결정을 하게 된다. 그들은 육군이 성벽 안에 들어간 것을 보고 자신들은 약탈 기회를 얻지 못할 것을 우려해 배를 몰고 해변으로 가서 이를 버려두고는 "금과 보석과 그 밖의 재물을 찾으려"[24] 했다. 이들은 크리소케라스 만에서 육지에 오르는 일에 너무 몰두했기 때문에 반대편에서 성벽을 넘어 달아나는 이탈리아인들을 흘려보냈다. 그것은 흔치 않은 뜻밖의 행운이 된다.

전리품 찾기는 더욱 강박적인 모습을 띠어갔다. 크리소케라스 만 옆의 유대인 구역은 초기에 약탈 목표가 됐다. 그들이 전통적으로 보석 장사를 하고 있었기 때문이다. 그리고 비슷하게 이탈리아 상인들도 열심히 찾았다. 시간이 지나면서 전리품 획득은 점점 조직적인 양상으로 변해 갔다. 어느 집에 처음으로 들어간 부대는 그 집 바깥에 깃발을 올려 그곳이 이미 털렸다는 표시를 했다. 다른 무리는 자동적으로 또 다른 곳을 찾기 위해 이동했다.

그리고 그들은 그렇게 어디에나 깃발을 꽂았고, 심지어 수도원과 교회에도 꽂았다.[25]

병사들은 팀을 이루어 움직였다. 포로들과 약탈품을 숙영지나 배로 실어 보냈다. 그러고는 더 약탈하기 위해 돌아왔다. 그들의 눈을 피해갈 수 있는 곳은 없었다.

> 교회, 오래된 지하 금고와 무덤, 수도원, 지하실과 숨겨진 곳과 벽
> 틈과 동굴과 구덩이. 그들은 숨겨진 곳을 모두 뒤졌고, 그곳에 사람이
> 든 물건이든 뭐라도 있으면 모두 밝은 곳으로 끄집어냈다.[26]

심지어 일부는 2차 행동도 했다. 숙영지에 갖다 놓고 방비가 없는
전리품을 훔치는 것이었다.

그러는 사이에도 생존을 위한 투쟁은 계속됐다. 아침 동안에 개인
수백 명의 운명이 자기 팔자대로 결정됐다. 키예프 대주교인 이시도
로스 추기경은 하인의 도움을 받아 자신의 호화로운 주교 법복을 거
리에 죽어 나자빠진 병사에게 바꿔 입혔다. 오스만 부대는 곧 주교 법
복을 입은 시체를 발견하고 그 머리를 잘라 의기양양하게 거리를 지
나 가져갔다. 나이가 든 이시도로스는 곧 붙잡혔으나 신분이 발각되
지는 않았고, 노예로 끌고 가는 수고를 할 만한 가치도 없어 보였다.
그는 약간의 돈을 주고 현장에서 잡았던 자로부터 풀려났고, 항구에
있는 한 이탈리아 배에 승선할 수 있었다. 오르한 왕자는 운이 없는
편이었다. 그는 군복을 입고 그리스어를 유창하게 구사하며 해안 성
벽에서 탈출해 보려 했으나, 신분이 발각돼 추격당했다. 상황이 절망
적임을 느낀 그는 흉벽에서 스스로 뛰어내렸다. 그의 머리는 잘려, 그
가 어떻게 됐는지 알고자 신경을 곤두세우고 있던 메흐메트 2세에게
로 보내졌다.

다른 주요 명사들은 생포됐다. 루카스 노타라스와 그의 가족은 아
마도 자신의 저택에서 잡힌 듯하고, 게오르기오스 스프란체스와 그의

가족도 마찬가지였다. 반통합 운동을 일으켰던 수도사 겐나디오스는 자신의 방에서 붙잡혔다.

카탈루냐인들은 계속 싸우다가 모두 죽거나 붙잡혔다. 그러나 크리소케라스 만 옆의 망루에 있던 크레타인들은 몰아낼 수가 없었다. 결국 누군가가 그들의 저항 사실을 메흐메트 2세에게 보고했다. 메흐메트 2세는 특유의 엉뚱한 기질을 발휘해 이들에게 싸움을 중지하고 자기네 배로 빠져나갈 기회를 주겠다고 제안했다. 그들은 약간 망설이다가 제안을 받아들이고 떠나가 자유인이 됐다.

많은 사람에게 크리소케라스 만은 도망칠 기회가 가장 많은 곳으로 보였다. 이른 아침 동안에 수백 명의 병사와 민간인이 줄줄이 좁은 길을 내려가 항구에 정박하고 있는 이탈리아 배들에 오르고자 했다. 바다 쪽 성문들에서 벌어진 광경은 혼란과 공포에 싸인 것이었다. 많은 사람이 마구 몸을 날려 비좁은 전마선傳馬船에 오르려 하는 바람에 배가 뒤집혀 가라앉고, 타고 있던 사람들이 물에 빠져 죽었다. 비극적인 감정은 몇몇 문지기가 내린 결정으로 더욱 커졌다. 적들을 콘스탄티누스 기념비에서 물리칠 수 있다는 예언을 기억하고 있던 그들은 그리스 동포들이 해안으로 도망치는 것을 보자 그들이 나가는 것을 막기로 결정했다. 그러면 방어군들을 설득해 돌아서서 적을 몰아내도록 할 수 있으리라는 생각이었다. 이에 따라 그들은 성벽 꼭대기에서 열쇠를 멀리 던져버려 더 이상의 탈출을 막았다.

앞바다의 이탈리아 갤리선으로 갈 수 있는 수단이 모두 사라지자 갯벌에서 펼쳐지는 풍경은 점점 더 가련해졌다.

남자와 여자, 수도사와 수녀들은 측은하게 울부짖고 자신의 가슴을

치며 배들을 향해 해안으로 와서 자기네를 구해 달라고 애원했다.[27]

그러나 갤리선 위의 상황 역시 공포감에 휩싸여, 선장들은 앞으로 어떻게 하는 것이 최선이냐를 놓고 의견이 엇갈렸다.

피렌체 상인 자코모 테탈디가 최전선이 무너진 지 두 시간 만에 해안에 도착해 보니, 헤엄을 치거나 "튀르크족의 분노"[28]를 기다리는 것밖에는 다른 선택지가 없었다. 그는 물에 빠져 죽을 위험을 감수하는 쪽을 택해 옷을 벗고 배 쪽으로 헤엄쳐 나아가 결국 배로 끌어올려졌다. 그는 가까스로 시간을 맞췄다. 뒤를 돌아보니 40명가량의 병사가 오스만인들에게 체포되는 모습이 보였다. 그의 뒤를 따르기 위해 갑옷을 벗고 있던 순간이었다. "하느님, 저들을 도와주소서!"* 하고 그는 썼다.

얼이 빠져 해안에 죽 늘어서 있던 사람들 가운데 일부는 바다 건너 갈라타의 포데스타가 구조해 비교적 안전한 제노바 식민지에 머물도록 설득했다.

커다란 위험이 없었던 것은 아니지만, 나는 목책에 있던 사람들을 마을로 데리고 돌아왔다. 누구도 그렇게 무서운 일은 보지 못했을 것이다.[29]

이탈리아 배들에서는 결정을 내리지 못하고 미적거리고 있었다. 그들은 이른 아침에 저항의 교회 종소리가 잦아들어가는 것과, 오스만 해군들이 배를 해안에 대고 크리소케라스 만의 성벽을 공격할 때 바다 건너로 흘러오는 외침 소리를 들었다. 베네치아인들 역시, 주민들이 배를 해안으로 대달라고 선장들에게 애원하고, 배에 가려고 하다가 물에 빠져 죽는 너무도 애처로운 장면을 보았다. 그러나 해안에 접근하는 모험을 하는 것은 너무 위험했다. 적에게 붙잡히는 명백한 위험은 차치하고라도, 물가에 있는 절박한 사람들이 갑자기 우르르 몰려든다면 배의 안전은 금세 위협받을 수 있었다. 게다가 이탈리아 갤리선 승무원 상당수를 성벽에 배치하기 위해 올려보냈기 때문에 배들에는 놀라우리만치 승무원이 부족했다. 또한 배를 버리고 약탈 대열에 합류한 오스만 함대의 행동도 엄청난 행운이었고 탈출 가능성을 제공한 것이었지만, 물론 의문의 여지없이 잠시 동안만이었다. 갤리선 함대로서는 오스만 해군의 규율이 회복되기 전에 단호하게 행동하는 것이 반드시 필요했다.

확신하지 못하는 분위기는 갈라타에서도 마찬가지였다. 도시가 점령됐다는 사실이 분명해지자 사람들은 공포에 휩싸였다. 포데스타였던 안젤로 로멜리노는 나중에 이렇게 썼다.

나는 항상 생각하고 있었다. 콘스탄티노플을 잃게 된다면 이곳 역시 잃게 되리라는 것을.[30]

문제는 어떻게 대응할 것이냐였다. 메흐메트 2세는 제노바인들이 도시 방어에 협력한 잘못이 있다고 생각하고는 있었지만, 그가 제노바인들을 어떻게 대할지는 미지수였다. 신체 건강한 남자들 대다수는 사실 바다를 건너가 싸웠다. 거기에는 포데스타의 조카까지 끼여 있었다. 마을에 남아 있는 남자는 600명뿐이었다. 많은 사람은 당장 갈라타를 떠나야 한다고 생각했다. 많은 사람이 탈출하려고 자신의 집과 재산을 버리고 제노바 배에 올랐다. 주로 여자들이 타고 있던 또 다른 배는 오스만 배들에 나포됐다. 그러나 로멜리노는 모범을 보여야 한다고 결심하고 움직이지 않았다. 그는 자신이 도시를 버린다면 약탈은 필연적이라고 생각했다.

이렇게 숙고가 거듭되는 가운데 베네치아 함대의 선장 알루비세 디에도가 병기공과 외과 의사 니콜로 바르바로를 대동하고 상륙했다. 앞으로 어떻게 해야 할지 포데스타와 상의하기 위해서였다. 제노바와 베네치아 배들이 합동으로 오스만에 맞서, 이탈리아 공화국들과 술탄 사이의 전쟁 상태를 공개적으로 선언할 것인지, 아니면 탈출을 도모해야 하는지였다. 로멜리노는 자신이 메흐메트 2세에게 사절을 보낼 테니 기다려 달라고 했다. 그러나 베네치아 선장들 입장에서는 시간이 촉박했다. 그들은 타격을 받은 도시에서 헤엄쳐 올 수 있는 생존자들을 모으기 위해 최대한 연기해 왔지만, 바다로 나갈 준비를 하기가 쉽지 않음을 감안하면 더 이상 기다릴 엄두가 나지 않았다.

갈라타에 있던 디에도와 그 동료들은 갤리선들이 그들 아래 후미에서 떠날 준비를 갖추고 있는 것을 보고는 배로 다시 돌아가기 위해 서둘러 거리를 지나갔다. 그러나 그들은 로멜리노가 대량 탈주를 막기 위해 성문을 닫았음을 발견하고는 공포감에 휩싸였다. 바르바로는 이렇게 회상했다.

우리는 무서운 상황에 처해 있었다. 우리는 그들의 마을에 갇혀 있었고, 갤리선들은 갑자기 돛을 올리고 그것을 펴기 시작했으며 노를 거둬들였다. 자기네 선장 없이 떠날 준비를 한 것이었다.[31]

그들은 자기네 배들이 항해할 준비를 하고 있는 것을 볼 수 있었고, 메흐메트 2세가 적선의 선장과 호의적으로 협상을 하지 않으리라는 것은 분명했다. 그들은 포데스타에게 자신들을 보내달라고 필사적으로 애원했다. 마침내 그는 문을 여는 것을 허락했다. 그들은 가까스로 늦지 않게 갯벌로 나왔고, 다시 배에 오를 수 있었다.

갤리선들은 아직 만 입구를 막고 있는 쇠사슬 방책 쪽으로 천천히 이동했다. 두 사람이 도끼를 들고 바다로 뛰어내려 나무로 된 방책의 부목 하나를 마구 쳐서 떼어냈다. 배들은 한 척 한 척 보스포로스 해협으로 힘겹게 이동했고, 오스만 지휘관들은 해안에서 분하지만 어쩔 수 없다는 듯이 이를 바라보았다. 이 배들의 작은 무리는 갈라타 곶을 돌아 지금은 비어 있는 오스만 항구 디플로키온에서 대오를 지었다. 거기서 그들은 자기네 동료 선원과 다른 생존자들을 배에 태운다는 기대를 갖고 기다렸지만, 한낮이 되자 모두가 죽었거나 포로가 됐고 자신들이 더 이상 기다릴 수 없음이 분명해졌다.

운명은 두 번째로 기독교도들의 배에 미소를 보냈다. 4월 말에 제노바 배들을 해협 위쪽으로 나아가게 도와준 남풍은 이제 12노트의 강력한 북풍으로 바뀌어 불었다. 이런 행운이 없었다면 "우리는 모두 붙잡혔을 것"[32]이라고 바르바로는 인정했다.

주 하느님의 도움을 받아 타나 함대의 선장 알루비세 디에도는 자신의 갤리선에 올라 한낮에 출항했다.[33]

그를 따른 것은 베네치아 및 크레타에서 온 배들과 갤리선들로 이루어진 작은 선단이었다. 트라페주스에서 온 커다란 갤리선 하나는 선원 164명을 잃어 돛을 올리는 데 큰 어려움을 겪었다. 그러나 그 배는 아무런 제재도 받지 않고 마르마라 해를 달려 내려갔다. "수로에 떠다니는 멜론과도 같은"[34] 바다에 떠돌아다니는 기독교도와 무슬림의 시체들을 지나 다르다넬스 해협 쪽을 향했다. 자신들의 행운에 안도하고, 잃어버린 자기네 동료 선원들이 생각나 안타까워하는 복잡한 심사를 지닌 채.

동료 선원들 가운데 일부는 물에 빠져 죽었고, 일부는 포격을 당해 죽었거나 전투 과정에서 다른 방식으로 죽었다.[35]

희생자 가운데는 트레비사노도 있었다. 그들은 마지막의 혼란스런 시간대에 구조된 생존자 400명을 싣고 있었다. 또한 도시가 함락되기 전에 이미 배에 타고 있던 비잔티움 귀족도 매우 많았다. 제노바의 배 일곱 척도 탈출했다. 부상당한 주스티니아니를 실은 갤리선도 그 가운데 하나였다.

그들이 빠져나가는 동안에 함자 베이는 오스만 함대를 재정비했다. 그들은 크리소케라스 만 입구를 둘러싸고 밀고 들어가 아직 거기에 남아 있던 배 열다섯 척을 나포했다. 황제의 배와 안코나·제노바의 배들이었는데, 일부는 피난민이 너무 많이 몰려 출항하지 못한 것이었다. 다른 가련한 사람들의 무리는 갯벌에 서서 떠나가는 갤리선들을 향해 울부짖으며 애원하고 있었다. 오스만 해군은 간단하게 그들을 모아 자기네 배로 끌고 갔다.

육지 쪽 성벽에서 도시 중심부까지의 거리는 5킬로미터였다. 동틀 무렵에 결연한 예니체리 무리들이 이미 성 로마노스 문으로부터 시내 중심가로 밀고 내려가고 있었다. 목표는 하기아소피아 대성당이었다. '빨간 사과' 전설과 함께 오스만 진영에 널리 퍼진 믿음 하나가 있었다. 결실이 없었던 지난 몇 주의 포위 기간에 먼 스카이라인에 너무도 뚜렷하게 나타났던 하기아소피아 대성당의 지하실에는 엄청난 양의 금·은·보석이 있다는 것이었다.

예니체리들은 요란한 소리를 내며 버려진 광장과 인적 없는 간선도로를 지나갔다. 포룸보비스와 포룸타우리(테오도시우스 광장)를 지나 도시 심장부로 이어지는 메세오도스(중앙로)를 내려갔다. 다른 사람들은 더 북쪽의 카리시오스 문을 통해 아기오이아포스톨로이 성당을 지났다. 그곳은 약탈당하지 않은 채였다. 아마도 메흐메트 2세가 도시 유물이 모두 파괴되는 것을 막기 위해 이 교회에 경비병을 배치했던 듯하다. 저항은 별로 없었다. 그들이 콘스탄티누스 광장에 도착하자 그곳에서는 이 도시의 건설자가 황제의 기둥 위에서 그들을 내려다보고 있었지만, 불 칼로 그들을 쫓아 보내는 천사는 없었다. 이와 동시에 크리소케라스 만과 마르마라 함대에서 올라온 해군들은 반도 끝부분에 있는 시장과 교회들로 몰려들고 있었다.

아침 일곱 시 무렵에 양쪽 병사들은 도시 중심부에 도착해 아우구스테움('아우구스테움'은 고대 로마 제국에서 황제 숭배를 위해 각처에 세운 시설로, 그리스에서는 '세바스티온'이라 했다—옮긴이) 광장으로 쏟아져 들어갔다. 여기에는 비잔티움 제국의 영광을 드러낸 최고의 전리품들이 남아 있었다. 유스티니아누스는 여전히 말을 탄 채 떠오르는 해를 바라보고 있었고, 이정표인 밀리온은 제국의 모든 지점까지의 거리를 알려주고 있었다. 그 너머 한쪽에는 마차 경기장과 본래 콘스탄티누스 대제가 약탈한 물건 몇 가지가 있었다. 이는 도시를 더 먼 옛날과 연결해 주는 장식품으로, 특이하게도 청동으로 머리가 셋 달린 뱀을 조각해 놓은 델포이 아폴론 신전에서 가져온 기둥과 서기전 479년 플라타이아 전투(그리스-페르시아 전쟁의 한 전투로, 직접 원정에 나섰던 페르시아의 크세르크세스 1세가 국내 사정으로 주력부대를 빼낸 뒤 벌어져 그리스가 승리했다―옮긴이)에서 그리스가 페르시아를 이긴 기념물 그리고 더욱 오래된 이집트 파라오 투트모세 3세(재위 서기전 1479~서기전 1425)의 기둥 같은 것들이었다. 윤이 나는 그 화강암 표면에 완벽하게 보존된 상형문자들은 오스만 부대가 처음으로 올려다볼 때 이미 3천 년이나 된 것이었다. 그 반대쪽에는 바로 하기아소피아 대성당이 서 있었다. '메갈레 에클레시아'('큰 교회'라는 뜻으로, 하기아소피아를 처음에는 그저 이렇게 불렀다고 한다―옮긴이)는 "그야말로 하늘을 향해"**36** 솟아 있었다.

안에서는 아침기도 예배가 시작되고 있었다. 앞면에 놋쇠를 붙이고 수호 십자가가 올려져 있는 아홉 개의 거대한 목조 문은 빗장이 질러져 있었다. 수많은 신도가 문 앞에 와 있는 적들로부터 자신들을 구해 달라고 기적을 빌었다. 여자들은 관례대로 위층에 자리 잡았고, 남자들은 아래층이었다. 사제들은 제단에서 예배를 이끌고 있었다. 어떤 사람들은 이 거대한 구조물의 가장 후미진 곳에 몸을 숨겼고, 부속 통로와 지붕으로 기어 올라가기도 했다.

예니체리들은 안뜰로 몰려들어 문이 잠긴 것을 보자 가운데 문인 황제의 문을 때려 부수기 시작했다. 이 문은 황제와 그 수행원들이 출입하던 문이었다. 도끼질을 계속하자 10센티미터 두께의 문이 흔들리고 부서져 열렸다. 오스만 병사들이 커다란 건물에 쏟아져 들어왔다. 그들 위에서는 파란색과 금색으로 모자이크된 그리스도의 모습이 무표정하게 내려다보고 있었다. 그의 오른손은 들어올려져 축복을 내리고 있었고, 왼손에는 이런 구절이 쓰인 책을 들고 있었다.

너희에게 평화가 있을 것이다. 나는 세상의 빛이다.

비잔티움이 멸망했다고 말할 수 있는 정확한 시점이 있다면 그것은 바로 이 순간, 마지막 도끼질이 내려치던 순간일 것이다. 하기아소피아 대성당은 이 황제의 도시에서 벌어진 수많은 대사건을 보아왔다. 이곳에는 1100년 동안 교회가 서 있었다. 유스티니아누스 1세가 재건한 대성당으로만 쳐도 900년이었다. 이 웅장한 건물은 소용돌이치는 도시의 영적 생활과 세속적 생활을 반영하고 또한 그와 함께 살아왔다. 모든 황제는(불길하게도 마지막 황제만은 예외였다) 여기서 대관식을 가졌다. 제국의 여러 가지 결정적 사건들이 "황금 사슬로 하늘에 달려 있는"[37] 이 거대한 반구형 지붕 아래서 벌어졌다. 전에 그 대리석 바닥에 피가 흐른 적도 있었다. 폭동도 일어났다. 총대주교와 황제가 군중과 음모자들을 피해 이 성역으로 피신한 적도 있었고, 여기서 우악스럽게 끌려 나간 적도 있었다. 지붕은 지진으로 세 번이나 무너졌다. 인상적인 그 출입구는 교황 특사가 파문 교서를 들고 들어가는 것을 지켜보았다. 바이킹들은 그 벽에 그림문자를 새겼다. 야만적인 프랑크인들의 십자군은 이곳을 무자비하게 약탈했다. 이 세상 것으로 보이지 않는 정교회 성찬식의 아름다움에 반해 러시아의 모든 주민이 기독교로 개종할 수 있도록 한 것도 바로 이곳이었으며, 커다란 종교적 논쟁이 벌어지고 보통 사람들이 드나들고 기도를 하느라 바닥이 매끄럽게 닳아버린 곳도 바로 이곳이었다.

'성스러운 지혜의 교회'('하기아소피아'는 그리스어로 '성스러운 지혜'라는 뜻이다—옮긴이)의 역사는 비잔티움 제국의 반영이었다. 성스러우면서도 불경하고, 신비로우면서도 감각적이고, 아름다우면서도 잔인하고, 불합리하고, 신적이면서도 인간적이었다. 그리고 1123년 27일 만에 그것은 죽어가고 있었다.

병사들이 불쑥 들어오자 움츠러든 사람들 사이에서 공포에 질린 울부짖음이 터져 나왔다. 하느님을 찾는 울부짖음도 있었지만 사태는 변하지 않았다. 그들은 "그물에 걸린 것처럼 붙잡혔다."[38] 피는 많이 흘리지 않았다. 극소수 저항한 사람들과 아마도 노인과 병약자 일부가 살해됐지만 대부분은 "양처럼"[39] 복종했다. 오스만 병사들은 약탈하고 이득을 챙기러 왔다. 그들은 남자·여자·아이들이 비명 지르는 것을 들은 체도 하지 않고 각자 자신의 전리품을 챙기려고 혈안이 돼 있었다. 젊은 여자들은 가장 값나가는 노예를 확보하기 위해 다투는 과정에서 거의 몸이 찢겨나갈 지경이었다. 수녀와 귀족 여성, 젊은 이와 늙은이, 주인과 하인이 함께 묶여 교회 밖으로 끌려 나갔다. 여자들은 자기가 썼던 베일로 묶였고, 남자들은 밧줄에 꽁꽁 묶였다. 팀을 이루어 움직인 이들은 자기가 잡은 사람들을 "특정한 장소"로 데려가서 "그들을 안전하게 보관해 놓고 다시 돌아와 두 번째나 심지어 세 번째 노획물을 데려갔다."[40] 한 시간도 되지 않아 전체 신도가 묶여 갔다. 두카스는 이렇게 적었다.

소 떼나 양 떼처럼 줄줄이 묶인 포로들이 교회에서 쏟아져 나왔고, 교회의 성소에서 기이한 광경이 펼쳐졌다.*

비탄에 잠긴 끔찍한 아우성이 아침 하늘에 가득 찼다.

병사들은 이제 교회에 있는 물건들에 관심을 돌렸다. 그들은 이콘들을 난도질하고 값나가는 금속제 액자를 벗겨냈으며, "순식간에 성소에 안전하게 보관되고 있던 귀하고 성스러운 유물들과 금·은 그릇 그리고 그 밖의 값나가는 물건들"[41]을 움켜쥐었다. 그런 뒤에 재빨리 다른 모든 설비와 세간을 이어서 뜯어냈다. 무슬림들에게는 하느님을 모독하는 우상숭배였고, 병사들에게는 정당한 전리품으로 생각된 것들이었다. 사슬, 가지 달린 촛대와 램프, 이콘이 걸린 벽, 제단과 그 덮개, 교회 가구, 황제의 의자. 짧은 시간 안에 모든 것을 끄집어내 옮겨가거나 그 자리에서 부숴버렸다. 거대한 교회는 두카스의 말대로 "쑥대밭이 되고 황량해졌다."[42] 거대한 교회는 뼈대만 남은 모습으로 되돌아갔다.

그리스인들에게 결정적인 상실의 순간이었던 이 순간은 기적의 힘에 대한 그들의 오랜 믿음과 성스러운 도시에 대한 그들의 갈망에 아주 전형적으로 나타나는 전설 하나를 낳게 했다. 병사들이 제단에 접근하는 순간, 사제들은 성스러운 그릇들을 들고 지성소로 다가갔고, 벽이 열려 그들이 들어간 뒤에 다시 그들 뒤에서 닫혔다고 한다. 그리고 그들은 정교도 황제가 하기아소피아를 교회로 복구할 때까지 안전하게 그곳에 있게 된다는 것이었다. 이 이야기의 바탕에는 아마도 이런 가능성이 깔려 있었을 것이다. 일부 사제들이 교회와 그 뒤의 총대주교 관사를 연결하는 오래된 통로 중 하나를 거쳐 탈출할 수 있었고, 그렇게 탈출했다는 것이다.

그리고 또 하나의 작고도 음울한 위안거리가 있다. 오스만인들은 증오하던 베네치아의 도제 엔리코 단돌로의 무덤을 파헤쳐 열었다.

그는 250년 전에 비슷하게 이 도시를 유린한 사람이었다. 그들은 아무런 보물도 찾지 못했지만, 그의 유골을 거리에 던져놓아 개들이 물어뜯게 했다.

아침 내내 메흐메트 2세는 성벽 밖 자기네 숙영지에 머물며 도시의 항복과 약탈에 관한 보고를 기다렸다. 그는 계속해서 상황을 보고받으며 주민 대표단을 위협했다. 갈라타의 포데스타는 사절을 보내고 선물까지 딸려 보내 중립 협정이 그대로 유지되는지 확인하고 싶어 했으나, 그는 딱 부러진 대답을 하지 않았다.

병사들이 오르한의 머리를 가지고 왔지만, 메흐메트 2세가 보고자 가장 노심초사했던 것은 콘스탄티노스 11세의 얼굴이었다. 황제의 운명과 그가 죽었다는 근거들은 아직도 혼란스럽고 미심쩍다. 오랫동안 그의 최후에 대한 결정적인 보고는 없었고, 메흐메트 2세는 전쟁터에서 그의 시체를 찾도록 명령을 내렸었을 듯하다. 그날 늦게 예니체리 몇 명이(아마도 세르비아인들이었을 것이다) 술탄에게 머리 하나를 가져왔다. 두카스에 따르면 루카스 노타라스 대공이 이때 현장에 있었고, 그것이 자기 주군임을 확인했다고 한다. 그리고 그 머리는(어쩌면 관계없는 머리였을 수도 있지만) 하기아소피아 대성당 맞은편에 있는 유스티니아누스의 기둥 위에 꽂혀 그리스인들에게 자기네 황제가 죽었다는 증거로서 전시됐다. 그 머리는 나중에 가죽을 벗기고 밀짚을 채워 넣은 뒤 무슬림 세계의 주요 국가를 돌며 공들여 의식을 진행했다. 권력과 정복을 상징하는 것이었다.

그가 어떻게 죽었는지는(심지어 일부에 따르면 여기서 죽기나 했는지) 불분명하다. 현장에 있던 믿을 만한 목격자는 전혀 없었고, 진실은 편

파적이고 출처가 의심스러운 기록들로 쪼개지고 부서졌다. 오스만의 역사가들은 폄하하면서도 매우 구체적인 기록을 남겼다. 그러나 그 여러 기록은 사건이 있은 지 한참 뒤에 쓰였고, 서로가 서로에 의존하고 있는 듯하다. "맹목적인 성격의 황제"[43]는 전쟁의 패배가 분명해지자 도망치려 했다고 한다. 그는 수행원들과 함께 가파른 거리로 내려가 크리소케라스 만이나 마르마라 해 쪽으로 가서 배를 찾아보려 했는데, 약탈에 열중하고 있던 아잡들과 예니체리들의 무리 속으로 뛰어들게 됐다는 것이다.

이어 필사적인 전투가 벌어졌다. 황제가 부상당한 아잡 하나를 공격하는 순간 그의 말이 미끄러졌고, 그러자 아잡은 그를 잡아당기고 머리를 베었다. 나머지 적병들(오스만 쪽 역사가의 글이기 때문에 황제 일행을 가리킨다—옮긴이)은 이를 보고는 희망을 잃었고, 아잡들이 그들 대부분을 죽이거나 사로잡았다. 황제의 수행원들이 가지고 있던 많은 돈과 보석들도 몰수했다.[44]

그리스 쪽 기록들은 대체로 그가 최전선이 무너질 때 충직한 휘하 귀족들과 함께 성벽에서 벌어졌던 싸움에 뛰어든 것으로 보고 있다. 칼코콘딜레스의 설명을 보자.

황제는 칸타쿠제노스 및 그와 함께 있던 소수의 사람들을 돌아보며 이렇게 말했다.
"자, 그러면 이제 우리가 앞으로 나아가 저 야만인들과 맞섭시다."
칸타쿠제노스는 용감한 사람이었으나 살해당했다. 그리고 콘스탄

티노스 11세 황제 자신은 뒤로 밀려 계속해서 쫓기다가 어깨를 맞은 뒤 살해당했다.[45]

이 이야기에는 많은 변종이 있다. 성 로마노스 문에 쌓였던 시체들의 산에서 끝나기도 하고, 어느 잠긴 샛문 부근에서 끝나기도 한다. 이 모든 것이 그리스 사람들에게 황제에 대한 끊임없는 전설을 제공해 주었다. 자코모 테탈디는 있는 그대로 이렇게 간단히 적었다.

콘스탄티노플의 황제는 살해당했다. 어떤 사람들은 그의 머리가 잘렸다고 말하고, 또 어떤 사람들은 그가 문 앞으로 몰려든 사람들 틈에서 죽었다고 말한다. 어느 이야기든 모두 진실일 가능성은 충분히 있다.[46]

도시 안에 있던 안코나의 영사 벤베누토는 이렇게 썼다.

그는 살해됐으며, 그의 머리는 긴 창에 꽂혀 튀르크 군주에게 바쳐졌다.

그의 시신을 분명하게 확인하지 못했다는 사실은 마지막 맹습 때 콘스탄티노스 11세가 황제의 복장을 벗어버리고 일반 병사들처럼 죽었음을 시사한다. 시체의 상당수는 목이 잘렸고, 따라서 쓰러진 시체의 신원을 확인하는 일은 어려웠을 것이다.

출처가 불분명한 이야기는 많다. 어떤 사람들은 그가 배로 탈출했다고 하지만, 이는 믿을 수 없을 듯하다. 또 어떤 사람들은 메흐메트

2세가 시신을 그리스 사람들에게 주어 도시의 어느 곳에 묻도록 했다고 하지만, 확실한 장소라고 특정할 수 있는 곳은 없다. 불확실한 그의 최후는 점점 늘어나고 있던 그리스의 전승(잃어버린 영광에 대한 동경의 마음이다)에서 핵심적인 자리를 차지해 노래와 애가哀歌에도 반영되게 된다.

> 울어라, 동방과 서방의 기독교도들이여!
> 이 엄청난 파괴에 대해 울고 외쳐라!
> 1453년 5월 29일 화요일에
> 하갈(아브라함의 첩으로 이스마엘을 낳았으며, 이스마엘은 아랍인들의 조상으로 생각됐다―옮긴이)의 자손들이 콘스탄티노플 마을을 차지했도다. …
> 그리고 콘스탄티노스 드라가세스(콘스탄티노스는 세르비아 출신인 어머니의 성을 따서 콘스탄티노스 드라가세스로도 불렸다―옮긴이)가 … 그 소식을 들었을 때
> 그는 창을 잡고 칼을 찼도다.
> 그는 암말에 올라
> 하얀 발의 암말에 올라 튀르크족을 쳤도다.
> 불경스러운 개들을.
> 그는 파샤 열 명과 예니체리 예순 명을 죽였지만
> 그의 칼이 부러지고 그의 창도 부러지고
> 그만이 홀로 남았도다.
> 도와줄 사람 하나 없이. …
> 그리고 한 튀르크인 그의 머리를 치니

가련한 콘스탄티노스 암말에서 떨어졌도다.
그는 몸을 뻗고 대지 위에 누웠구나.
먼지와 피가 범벅이 된 곳에.
저들이 그의 머리를 베어 긴 창끝에 꽂고
시신은 월계수 밑에 묻었도다.[47]

이 "불운한 황제"는 죽을 때 나이가 마흔아홉이었다. 그가 어떤 상황에서 죽었든, 그가 마지막 순간까지 비잔티움의 불꽃을 밝히려 애썼던 것만은 분명한 듯하다. 연대기 작가 오루치는 이렇게 단언했다.

이 이스탄불의 지배자는 용감했고, 아무런 자비도 바라지 않았다.[48]

마지못한 것이지만 오스만인으로서는 드문 존경의 표시다. 그는 경외할 만한 상대였던 것이다.

이날 늦게, 혼란이 잦아들고 외관상 질서가 좀 잡히자 메흐메트 2세는 직접 콘스탄티노플로 승리의 입성을 했다. 그는 말을 타고 카리시오스 문(이 문은 튀르크어로 에디르네 문이 된다)을 통과해 들어갔다. 대신들·베일레르베이 beylerbey('베이 중의 베이'라는 뜻으로, 주요 지역 총독에게 주어진 칭호였다—옮긴이)들·울라마들과 지휘관들이 걸어서 따랐고, 그의 정예부대인 경호대와 보병 부대도 따랐다. 그것은 화려한 구경거리였으며, 전승은 이를 더욱 뻥튀기했다. 이슬람의 녹색 깃발과 술탄의 빨간색 깃발이 펼쳐지고, 행렬이 떨그렁거리며 아치 통로를 지나갔다. 그것은 아마도 터키 역사에서 무스타파 케말 아타튀

콘스탄티노플 함락. 카리시오스 문(에디르네 문)을 통해 도시로 들어가는 메흐메트 2세.

르크(1881~1938. 터키공화국의 건설자로 초대 터키 대통령을 지냈으며, '아타튀르크'는 '튀르크의 아버지'라는 뜻이다—옮긴이)의 초상 다음으로 가장 유명한 모습일 것이며, 시와 그림으로 끊임없이 기려졌다.

19세기의 그림들을 보면 수염이 난 메흐메트 2세는 자랑스럽게 발걸음을 내딛는 말 위에 꼿꼿하게 앉아 있고, 그의 얼굴은 한쪽으로 돌려져 있다. 그의 옆에는 콧수염을 기른 건장한 예니체리들이 화승총과 창과 전투용 도끼를 들고 있고, 이슬람의 지혜를 상징하는 흰 수염이 난 이맘들도 보인다. 그리고 뒤쪽으로 휘날리는 깃발과 무리를 이룬 창들이 멀리 지평선까지 이어진다. 왼쪽에는 보디빌더 같은 근육질의 검은 전사가 다른 모든 '신앙'의 민족들의 대표로서 자랑스럽게 똑바로 서 있다. 선지자 무함마드가 약속한 유산의 땅으로 입성하는 가지 전사를 환영하고 있는 것이다. 그의 언월도는 술탄의 발치에 쓰러져 있는 기독교도들을 가리키고 있고, 그 기독교도들의 방패 위에는 십자가가 올려져 있다. 이것은 십자군에 대한 기억이자 이슬람교가 기독교를 이겼음을 상징하는 것이다.

전설에 따르면, 메흐메트 2세는 멈춰 선 채 하느님에게 감사를 드렸다고 한다. 그러고는 돌아서서 그의 "7만~8만 무슬림 영웅들"[49]에게 축하를 보내며 외쳤다.

"멈추지 마라, 정복자들아! 하느님을 찬양하라! 너희들은 콘스탄티노플 정복자들이다!"

이것은 그가 '파티흐 Fatih (정복자)'라는 터키어 별명(그는 늘 이 이름으로 알려지게 된다)을 얻게 되는 상징적 순간이었고, 오스만 제국이 완전한 명성을 얻게 되는 순간이었다. 이때 그의 나이는 스물한 살이었다.

그러고 나서 메흐메트 2세는 도시의 심장부로 나아가 자신이 멀리서 그리도 선명하게 그려보았던 건물들을 돌아보았다. 아기오이아포스톨로이 성당과 거대한 발렌스 수도교水道橋를 지나 하기아소피아 대성당으로 향했다. 그는 아마도 자신이 본 것에 감명을 받았다기보

19세기의 발렌스 수도교.

다는 냉정했던 듯하다. 그것은 '황금의 도시'라기보다는 인간 세계의 폼페이(79년 베수비오 화산 폭발로 매몰된 고대 로마의 도시—옮긴이)를 닮은 모습이었다. 통제되지 않은 군대는 건물의 뼈대는 손대지 말고 남겨두라는 포고를 잊어버렸다. 어느 정도 과장이 섞인 크리토불로스의 표현에 따르면 그들은 "불이나 회오리바람과도 같이" 콘스탄티노플을 덮쳤다.

도시 전체는 인적이 끊기고 텅 비었으며, 불이라도 난 것처럼 파괴되고 시커매진 모습이었다. … 얼마 안 되는 남아 있는 집들도 파괴됐는데, 너무 심하게 허물어져 그것을 보는 사람들은 모두 엄청난 파괴에 공포심을 느낄 정도였다.[50]

그는 자신의 군대에 사흘 동안의 약탈을 약속했지만, 도시는 사실상 하루 만에 몽땅 털려버렸다. 그는 더 많은 파괴를 막기 위해 자신의 약속을 깨고 첫날 해가 지면 약탈을 종료하라고 명령했다. 그리고 그것은 차우시가 강제로 복종시킬 수 있다는 오스만 군대의 무언의 규율을 말하는 것이었다.

메흐메트 2세는 말을 타고 나아가면서 길가에 있는 주요 지형지물들을 살피기 위해 멈추었다. 전설에 따르면 그는 델포이의 뱀 기둥을 지날 때 지팡이로 그것을 쳐서 머리 하나의 아래턱 부분을 깼다고 한다. 그는 유스티니아누스 조각상을 지나 하기아소피아의 정문으로 올라갔다. 그는 땅에 절을 하고는 흙 한 줌을 집어 자신의 터번 위에 부었다. 하느님에게 자신을 낮추는 행위였다. 그런 뒤에 그는 만신창이가 된 교회 안으로 걸어 들어갔다.

그는 자신이 본 모습에 놀라기도 하고 끔찍해하기도 했던 듯하다. 그는 드넓은 공간을 걸어가 반구형 천장을 올려다보다가 한 병사가 대리석 바닥을 때려 부수고 있는 모습에 눈길이 갔다. 그는 병사에게 왜 바닥을 부수고 있는지 물었다. 병사는 대답했다.

"'신앙'을 위해섭니다."

건물을 보존하라는 자신의 명령을 대놓고 무시하는 데 격노한 메흐메트 2세는 자신의 칼로 병사를 내리쳤다. 병사는 숨만 붙어 있는 상태로 메흐메트 2세의 수행원들에 의해 끌려 나갔다. 그때까지 건물의 가장 깊숙한 곳에 숨어 있던 몇몇 그리스인들이 나와서 그의 발 앞에 엎드렸고, 일부 사제들도 다시 나타났다. 아마도 기적에 의해 벽 속으로 "빨려 들어갔던" 사람들이었을 것이다. 메흐메트 2세는 자신의 전매특허인 예기치 못한 자선 행위를 다시 베풀어, 이들을 보호해서 자신의 집으로 돌려보내라고 명령했다. 그러고 나서 그는 이맘 하나를 불러서 설교단으로 가 아잔(기도 시간 알림)을 암송하도록 했다. 그리고 그는 직접 제단으로 올라가 승리한 하느님에게 절을 하고 기도했다.

오스만 역사가 투르순 베이에 따르면, 메흐메트 2세는 나중에 "하느님의 영靈으로서 하늘의 네 번째 천체로 올라갔다."[51] 그는 교회 회랑을 통해 천장으로 기어 올라갔다. 이곳에서 그는 교회 전체와 이 기독교 도시의 오래된 심장부를 내려다볼 수 있었다. 아래를 보니 한때 자랑스러웠던 제국의 쇠퇴가 너무도 분명했다. 마차 경기장의 높이 올려 쌓은 관람석과 옛 궁전 등 교회 주변의 여러 건물이 무너져 있었다. 궁전은 한때 제국 권력의 중심이었지만 1204년 십자군에 의해 완전히 파괴돼 폐허가 된 지 오래였다. 그는 이 황량한 모습을 살피면서 "이 세계가 덧없고 불안정하며 결국 멸망한다는 사실을 생각했다."* 그리고 7세기에 아랍인들이 페르시아 제국을 멸망시킨 것을 회상하는 연구聯句 하나를 기억해냈다.

거미는 호스로(페르시아 서사시 『샤나메』에 나오는 인물—옮긴이)의
궁전에서 커튼을 치고
올빼미는 아프라시야브(역시 『샤나메』에 나오는 인물로 호스로의 외조
부다—옮긴이)의 성에서 노래를 부른다.*

이것은 서글픈 모습이다. 메흐메트 2세는 자신이 꿈꾸었던 모든 것을 이루었다. 오스만 제국이 당대의 거대 초강국임을 스스로 확인한 그 엄청난 하루가 가기도 전에 그는 이미 그 쇠락의 시작을 보고 있었던 것이다.

허물어진 마르마라 해변의 부콜레온 궁전.

그는 다시 말을 타고 파괴된 도시를 지나 돌아갔다. 포로들이 긴 줄을 이루며 해자 바깥에 임시로 마련된 천막으로 끌려가고 있었다. 거의 전 주민에 해당하는 5만 명이 배와 숙영지로 끌려왔다. 이날 싸움에서 죽은 인원은 아마도 4천 명 정도일 것이다. 가족과 헤어져 아이들은 어미를 부르고 있었고, 남자들은 아내를 부르고 있었다. 모두 "그런 재난을 당해 말도 못하고 있었다."[52] 오스만의 숙영지에서는 불이 켜지고 축제가 벌어졌다. 피리와 북소리에 맞추어 노래하고 춤을 추었다. 말들이 사제의 예복을 입었고, 십자가상에는 튀르크 모자를 씌워 희롱하며 오스만 숙영지를 돌았다. 전리품이 거래됐고, 보석들을 사고팔았다. 사람들은 "몇 푼 주고 보석을 사서"* 밤새 부자가 됐다느니, "금과 은을 주석 값으로 샀다"[53]느니 하는 말들을 나누었다.

이날 측은한 장면과 대학살이라는 무서운 일들이 펼쳐졌지만, 무슬림들의 이런 행동이 특별할 것은 없었다. 그것은 한 도시를 공격해 점령한 중세의 어느 군대라도 할 수 있는 일이었다. 비잔티움도 역사적으로 종교적 견지에서 오직 우발적으로 저질러 온 비슷한 사건들을 많이 만들어냈다. 그것은 비잔티움이 961년 크레타 섬의 사라센 도시 칸디아를 약탈한 것보다 더 심한 것도 아니었다. '사라센인을 잡아가는 하얀 저승사자'라는 별칭을 갖고 있던 니케포로스 2세가 사흘 동안 군을 통제하지 못해 끔찍한 대학살이 일어났다. 또한 십자군이 1204년 콘스탄티노플을 약탈한 경우보다 더 심한 것도 아니었고, 그 이전인 1183년에 비잔티움인들이 비이성적인 외국인 혐오증을 분출시켜 "여자와 아이들, 노인과 병약자, 심지어 병원에 입원한 환자"[54]까지 도시 안의 거의 모든 라틴인을 학살했던 일보다 더 규율이 잡힌 것이었다.

그러나 1453년 5월 29일 보스포로스 해협과 도시에 어둠이 깔리고 그 어둠이 하기아소피아 대성당의 반구형 지붕의 창을 통해 비스듬하게 들어와 황제들과 천사들의 모자이크 초상화와 반암斑巖 기둥, 마노와 대리석으로 된 바닥, 부서진 가구 그리고 피가 마른 웅덩이들을 지우자 비잔티움 역시 그와 함께 완전히 사라져 버렸다.

현존하는 세계적 공포

1453~1683년

만년의 메흐메트 2세를 보여주는 메달. 그가 죽은 해인 1481년의 것으로 돼 있다.

내가 어느 쪽을 보더라도 모두 문제가 있다.[1]

— 안젤로 로멜리노(갈라타의 포데스타), 1453년 6월 23일 동생에게

도시가 함락된 뒤 곧바로, 고생 뒤의 결산이 이루어졌다. 이튿날 전리품 분배가 있었던 것이다. 관습에 따라 사령관이었던 메흐메트 2세는 가져온 모든 것의 5분의 1을 차지할 권리가 있었다. 그는 자신의 몫인 그리스인 노예들을 크리소케라스 옆에 있는 파나르(오늘날 페네르) 지구라는 도시의 한 구역에 정착시켰다. 그곳은 현대에 이르기까지도 전통적인 그리스인 지구로 지속된다.

일반 주민들 거의 대부분(약 3만 명이었다)은 에디르네 · 부르사 · 앙카라의 노예시장으로 끌려갔다. 우리는 이렇게 해서 외국으로 팔려간 몇몇 사람들의 운명을 알고 있다. 그들은 중요한 인물이어서 그 이후에 몸값을 내고 다시 자유를 찾았기 때문이다. 이들 가운데 마타이오스 카마리오테스라는 사람이 있었다. 그의 아버지와 형은 피살됐고, 그의 가족은 뿔뿔이 흩어졌다. 그는 어렵사리 그들을 찾아 나섰다.

나는 한 곳에서 내 여동생의 몸값을 내고 데려왔고, 다른 곳에서 어머니를 모셔왔다. 그런 뒤에 내 조카를 데려왔다. 정말 고맙게도 나는 그들을 풀어 올 수 있었다.[2]

그러나 대체로 그것은 쓰라린 경험이었다. 사랑하는 사람들이 죽고 사라지는 일보다 더 카마리오테스에게 충격적이었던 것은 이런 일이었다.

재난을 당한 조카 네 명 가운데 세 명이 젊은이의 연약함으로 인해 슬프게도 기독교 신앙을 버린 것이었다. … 내 아버지와 형이 살아 있었다면 이런 일은 아마 일어나지 않았을 것이다. … 그래서 나는 고통과 슬픔 속에서 살았다. 그것도 삶이라고 부를 수 있다면 말이다.*

개종은 드문 일이 아니었다. 하느님이 보호하시는 도시를 무슬림들이 점령하는 것을 기도문과 성인의 유물들이 막지 못했던 것은 그렇게 너무나도 충격적이었던 것이다. 더 많은 포로가 그저 오스만 제국의 유전자 풀 속으로 사라져버렸다. 아르메니아 시인 아브라함 안키브라치의 애가에 나오듯이 "먼지처럼 전 세계로 흩어졌다."³

살아남은 도시의 유명 인사들은 보다 즉각적으로 불행을 맞았다. 메흐메트 2세는 자신이 발견할 수 있는 모든 중요 인물을 붙잡아두었다. 루카스 노타라스 대공과 그 가족도 그런 사람들이었다. 베네치아인들은 특히 냉혹한 대접을 받았다. 메흐메트 2세는 그들을 지중해 연안에서 자신에게 맞설 주요 상대로 지목하고 있었던 것이다. 그들 식민지의 바일로였던 미노토는 처형됐다. 도시 방어에서 가장 활발한 역할을 했기 때문이었다. 그의 아들 및 다른 베네치아 유명 인사들도 마찬가지였다. 그 밖의 29명은 몸값을 내고 이탈리아로 돌아갔다. 카탈루냐 영사와 그 수하 주요 인사들도 처형됐다. 반면에 통합파 성직자인 히오스의 레오나르도스와 키예프의 이시도로스는 수배를 했지만 허탕치고 말았다. 이들은 발각되지 않고 탈출에 성공했다. 살아남은 두 보키아르도 형제를 잡기 위해 갈라타도 수색했지만 비슷하게 실패했다. 그들은 몸을 숨겨 살아남았다.

갈라타의 포데스타인 안젤로 로멜리노는 이 제노바 식민지를 구해 보려고 재빨리 행동을 취했다. 갈라타는 콘스탄티노플 방어에 협력했기 때문에 곧바로 응징을 받을 위험성이 컸다. 로멜리노는 자기 동생에게 보낸 편지에서 이렇게 말했다.

(술탄은) 우리가 콘스탄티노플의 안전을 위해 할 수 있는 일은 다 했다고 말했다. … 그리고 분명히 그가 말한 것은 사실이다. 우리는 최대의 위험에 처해 있었고, 그의 분노를 피하기 위해 그가 원하는 일을 해주어야 했다.[6]

메흐메트 2세는 해안 성벽을 제외한 마을의 성벽과 해자를 즉각 허물고 방어용 망루도 허물며, 대포와 기타 모든 무기를 넘기라고 명령했다. 포데스타의 조카는 인질 삼아 궁궐로 데려다가 일을 시켰으며, 비잔티움 귀족의 아들 여러 명도 마찬가지였다. 이 정책은 이들이 함부로 행동하지 못하도록 보장하고 교육받은 젊은 인력도 보충해 제국 운영에 쓰는 양수겸장이었다.

루카스 노타라스 대공의 운명이 결정된 것은 이런 상황하에서였다. 비잔티움의 최고위 귀족이었던 노타라스는 포위전이 전개되는 동안 논란이 많았던 인물이었다. 그는 이탈리아인들로부터 끊임없이 비난을 받았다. 그는 분명히 통합을 반대했다. 이탈리아 작가들은 "추기경의 모자보다는 술탄의 터번"이라는 자주 반복된 그의 발언을 정교도 그리스인들의 비타협적 태도를 보여주는 증거로 제시했다. 메흐메트 2세는 처음에 노타라스를 이 도시의 수장으로 삼으려 했던 것으로 보인다. 술탄이 콘스탄티노플에 대해 세운 계획의 원대한 목표를 드러내는 것이었다. 그러나 아마도 그의 대신들이 설득해 결정을 뒤

집은 듯하다. 언제나 생생하게 전해 주는 두카스에 따르면, "포도주를 잔뜩 마시고 인사불성이 된"[5] 메흐메트 2세는 자신의 욕정을 채우기 위해 노타라스에게 아들을 내놓으라고 요구했다. 노타라스가 거절하자 메흐메트 2세는 그 집에 집행관을 보내 남자를 모두 죽였다.

집행관은 그들의 머리를 벤 뒤 술판이 벌어지고 있는 곳으로 돌아가 그것을 피에 굶주린 야수에게 바쳤다.*

아마도 노타라스는 자기 아이들이 인질로 잡히는 것을 보고 싶지 않았고, 메흐메트 2세는 비잔티움의 최고 귀족을 살려두는 것이 너무 위험하다고 판단했을 가능성이 더 높은 것으로 보인다.

하기아소피아 대성당을 모스크로 개조하는 일은 거의 즉각 시작됐다. 기도 시간 알림을 위한 미너렛이 금세 나무로 지어졌고, 모자이크 그림들에는 회칠을 했다. 다만 둥근 지붕 아래에 있는 네 수호천사만은 남겨두었다. 메흐메트 2세가 그곳의 정령이라 해서 보존한 것이다. (이 오래된 도시에 있던 다른 강력한 '이교도'의 액막이 유물들도 한동안 멀쩡하게 남아 있었다. 유스티니아누스의 기마 조각상과 델포이에서 가져온 뱀 기둥 그리고 이집트의 기둥 같은 것들이다. 메흐메트 2세는 미신을 빼면 시체였다.)

6월 1일 금요일, 이제는 아야소피아('하기아'가 튀르크어 발음 '아야'로 바뀌었다―옮긴이) 모스크가 된 곳에서 처음으로 금요 기도가 올려졌다.

그리고 술탄인 메흐메트 칸 가지의 이름으로 이슬람 기도문이 낭독됐다.[6]

오스만 역사가들에 따르면 "다섯 번 반복된 감미로운 이슬람 신앙 영창詠唱이 도시에 울려퍼졌"[7]고, 이 경건한 순간에 메흐메트 2세는 도시에 새로운 이름을 붙였다. 이슬람볼Islambol. 그 튀르크 이름을 가지고 말장난을 해서 '이슬람교로 충만'하다는 뜻을 만들어낸 것이지만, 어떻든 튀르크족들 사이에서 반향을 이끌어내는 데는 실패했다.

기적적인 일이지만 셰흐 악솀스엣딘 또한 재빨리 선지자 무함마드의 대리인 아부 아이유브의 무덤을 '재발견'했다. 아부 아이유브는 669년 아랍인들의 첫 번째 포위전에서 죽었으며, 그의 죽음은 이 도시에 대한 성전의 강력한 동인動因이었다.

이런 독실한 무슬림으로서의 징표들에도 불구하고 술탄의 이 도시 재건은 전통적인 무슬림들 사이에서 많은 논란을 불러왔다. 메흐메트 2세는 콘스탄티노플이 마구 파괴되자 매우 곤혹스러워했다. 그는 처음 도시를 돌아보면서 이렇게 말했다고 한다.

"우리가 공을 들인 도시를 약탈하고 파괴하다니!"[8]

그리고 그가 6월 21일 에디르네로 돌아갈 때 뒤에 남겨진 것은 분명히 사람이 없는 음울한 폐허뿐이었다. 제국의 수도를 재건하는 일은 그의 치세 동안 가장 몰두한 일이지만, 그가 모델로 삼게 되는 것은 이슬람적인 것이 아니었다.

5월 29일 아침에 탈출한 기독교 측 배들은 서방에 도시의 함락 소식을 전했다. 6월 초에는 세 척의 배가 선원들을 싣고 크레타 섬에 도착했다. 이들은 망루에서 영웅적인 방어를 하다가 메흐메트 2세로부터 석방 약속을 받았었다. 이 소식은 섬을 깜짝 놀라게 했다. 한 수도사는 이렇게 썼다.

이보다 더 나쁜 일은 일어난 적도 없고, 앞으로 일어나지도 않을 것이다.[9]

한편 베네치아 갤리선들은 그리스 해안의 에우보이아 섬(에게 해 중서부 그리스 본토에 가까운 그리스 제2의 섬으로, 베네치아 통치기에는 네그로폰테 섬으로 불렸다—옮긴이)에 도착해 주민들을 공포에 떨게 했다. 그곳의 바일로는 섬을 비우고 전면 철수하려는 사람들을 가까스로 뜯어말렸다. 그는 베네치아 원로원에 지급至急 편지를 띄웠다. 배들이 소식을 교환하며 에게 해를 종횡으로 돌아다니면서 소문은 지중해 동부의 여러 섬과 항구로 가속도가 붙어 전파됐다. 키프로스 · 로도스 · 케르키라(코르푸) · 히오스 · 모넴바시아(펠로폰네소스 반도 남동부의 도시—옮긴이) · 메토니(펠로폰네소스 반도 남서부의 도시로, 베네치아인들은 모도네로 불렀다—옮긴이) · 나프팍토스(그리스 서부 코린토스 만 입구 북쪽에 있는 도시로, 베네치아인들은 레판토로 불렀다—옮긴이). 지중해라는 연못에 큰 바위 하나가 떨어지기라도 한 것처럼, 공포의 물결은 지중해 서쪽 끝 지브롤터까지 물결쳐 갔다. 그리고 그 너머 더 먼 곳까지도.

그 소식은 1453년 6월 29일 금요일 아침 유럽 본토인 베네치아에 도착했다. 마침 원로원이 개회 중이었다. 나프팍토스에서 온 쾌속 소형 범선 하나가 나무로 된 부두의 상륙 시설에 배를 묶을 때 사람들은 창문과 발코니에 기댄 채 콘스탄티노플과 자기네 가족 그리고 자기네의 상업적 이익에 관한 소식을 애타게 기다리고 있었다. 그들은 마침내 그 도시가 함락됐음을 알았다.

사람들은 커다랗고 엄청난 외침을 터뜨렸고, 흐느끼며 신음을 토했다. … 모든 사람이 주먹으로 제 가슴을 쳤고, 머리와 얼굴을 쥐어뜯었다. 아버지나 아들이나 형제가 죽고, 자기네 재산을 잃어버린 것이다.[10]

원로원은 망연자실한 채 침묵 속에서 그 소식을 들었다. 투표는 연기됐다. 당황스런 편지가 급행편으로 이탈리아 전역에 발송돼 "무섭고도 통탄스러운 콘스탄티노플과 페라(갈라타) 두 도시의 함락"[11] 소식을 알렸다. 이 소식은 볼로냐에는 7월 4일, 제노바에는 7월 6일, 로마에는 7월 8일에 도착했고, 나폴리에는 그보다 조금 뒤에 도착했다.

많은 사람은 처음에는 난공불락의 이 도시가 함락됐다는 소식을 믿을 수가 없었다. 그러나 이를 인정하게 되자 거리에서는 공개적인 애도의 물결이 이어졌다. 공포로 인해 터무니없는 소문들이 눈덩이처럼 불어났다. 여섯 살이 넘은 주민은 모두 학살당했다느니, 튀르크족이 4만 명의 눈알을 뽑았다느니, 모든 교회는 파괴됐고 술탄은 지금 곧바로 이탈리아를 침공하기 위해 대규모 병력을 모으고 있다느니 하는 이야기들이었다. 입에서 입으로 전해지는 이야기들은 튀르크족의 잔인함과 기독교 세계를 공격하는 그들의 흉포함을 강조했다. 이 주제는 유럽에서 이후 수백 년 동안 크게 울려퍼지게 된다.

중세의 사건 속에서 현대적인 감정을 느낄 수 있는 순간이 있다면 그것은 바로 여기, 콘스탄티노플 함락 소식에 대한 반응들을 기록한 데서일 것이다. 케네디 대통령 암살이나 9·11 테러의 경우와 마찬가지로 유럽 전역의 사람들은 그 소식을 처음 들은 순간에 자신이 정확히 어디 있었는지를 기억할 수 있었음이 분명하다. 조지아의 한 역사가는 이렇게 썼다.

> 튀르크족이 콘스탄티노플을 점령한 날은 햇빛이 가려져 있었다.[12]

에네아 실비오 피콜로미니(1405~1464, 몇 년 뒤인 1458년에 교황 비오 2세가 된다―옮긴이)는 교황에게 이런 편지를 썼다.

> 우리에게 날아든 콘스탄티노플에 관한 이 저주스런 소식은 도대체 무엇이란 말입니까? 편지를 쓰는 이 순간에도 제 손은 부들부들 떨리고, 제 영혼은 공포에 휩싸여 있습니다.[13]

프리드리히 3세는 독일에 있던 그에게 이 소식이 전해지자 눈물을 흘렸다.

이 소식은 배가 달리는 속도만큼, 말이 달리는 속도만큼, 노래를 부르는 속도만큼 빠르게 유럽 전역으로 퍼져 나갔다. 소식은 이탈리아에서 밖으로 나가 프랑스로, 에스파냐로, 포르투갈로, 저지대 국가들(라인 강 하구의 삼각주 주변 지역 국가들을 가리키는 말로, 네덜란드·벨기에 등이 이에 해당한다―옮긴이)로, 세르비아로, 헝가리로, 폴란드로 그리고 그 너머로 퍼져 나갔다. 런던에 있던 한 역사가는 이렇게 썼다.

> 이해에 콘스탄티노스 폐하의 도시는 기독교인의 손을 떠나 튀르크 군주 무함마드(메흐메트)의 손으로 넘어갔다.[14]

덴마크와 노르웨이 왕이었던 크리스티안 1세(재위 1448(덴마크),

1450(노르웨이), 1457~1481(스웨덴))는 메흐메트 2세를 바다에서 나타 난다는 계시록 속의 짐승으로 비유했다. 유럽의 궁정들 간 외교 채널에서는 새로운 소식과 경고와 십자군 조직 구상 등으로 시끌벅적했다. 온 기독교 세계에서 편지와 연대기, 역사 기록과 예언 그리고 노래와 애가와 설교 등이 모든 '신앙인'의 언어로 번역됐다. 세르비아어에서 프랑스어까지, 아르메니아어에서 영어까지. 콘스탄티노플 이야기는 단지 궁정과 성채에서만 이야기되는 것이 아니라 거리와 시장과 여관에서도 이야기됐다. 그것은 유럽의 가장 구석진 지역과 가장 낮은 사람들에게까지 전달됐다. 급기야는 아이슬란드의 루터파 기도서에서까지도 "교황의 교활함과 튀르크족의 폭력"[15]으로부터 구원해 달라고 하느님께 간구했다. 그것은 반이슬람 정서의 거창한 부활의 시작일 뿐이었다.

이슬람 세계 안에서는 독실한 무슬림들이 기뻐하며 이 소식을 환영했다. 10월 27일, 메흐메트 2세가 보낸 사절이 도시 함락 소식을 듣고 카이로에 도착했다. 생생한 증거로 두 명의 그리스 명문가 출신 포로를 데리고 갔다. 무슬림 역사가는 이렇게 적었다.

술탄(이 술탄은 당시 이집트를 통치하고 있던 맘루크 왕조의 술탄을 가리킨다—옮긴이)과 모든 사람은 이 굉장한 정복에 환호했다. 이 기쁜 소식은 매일 아침 악대에 의해 울려 퍼졌고, 카이로 거리는 이틀 동안 장식됐다. … 사람들은 가게와 집들을 가장 사치스럽게 장식함으로써 이를 축하했다. … 이런 굉장한 승리를 주시니, 하느님, 고맙고 감사합니다.[16]

이것은 무슬림 세계에 상당한 중요성을 가진 승리였다. 그것은 무함마드가 했다는 오래된 가짜 예언을 실현한 것이고, '신앙'을 온 세계로 확산할 수 있다는 전망을 다시 가질 수 있도록 한 것으로 보였다.

그것은 술탄에게 엄청난 위신을 가져다주었다. 메흐메트 2세는 또한 관례에 따라 무슬림 세계의 주요 군주들에게 승리의 편지를 보냈다. 그것은 자신이 성전의 진정한 지도자로서 '정복의 아버지'라는 칭호를 받아야 한다는 그의 주장을 뒷받침하는 것이었다. "칼리프라는 바람의 숨결에 의해" 이슬람 초기의 영광스러웠던 나날로 직접 연결되는 것이다. 두카스에 따르면 콘스탄티노스 11세의 머리 또한 "밀짚을 채워"[17] "페르시아인들과 아랍인들 그리고 다른 튀르크족 지도자들에게"* 회람시켰고, 메흐메트 2세는 이집트·튀니스·그라나다의 지배자들에게 각기 400명씩의 그리스 아이를 보냈다. 그것은 단순한 선물이 아니었다. 메흐메트 2세는 '신앙'의 수호자가 될 권리를 요구하고 있었고, 그것은 궁극적인 전리품이었다. 바로 메카·메디나·예루살렘 같은 성스러운 장소의 보호자 역할이었다. 그는 카이로의 맘루크 술탄을 위압적으로 꾸짖었다.

"무슬림들을 위해 성지 참배 길을 열어놓는 것은 당신의 책임이오. 우리는 가지 역할을 해야 할 의무가 있소."[18]

동시에 그는 자신이 카이사르의 제국을 상속한 "두 바다와 두 땅의 지배자"임을 선언했다. 그와 함께 그는 제국의 측면과 종교의 측면 모두에서 세계 지배의 야망도 가지고 있었다.

"세상에는 오직 하나의 제국, 하나의 신앙 그리고 하나의 지배자만 … 있어야 한다."[19]

서방에서는 콘스탄티노플 함락으로 아무것도 바뀌지 않았고, 동시에 모든 것이 바뀌었다. 사건에 가까이 있었던 사람들의 눈에는 도시를 방어할 수 없음이 분명했다. 고립된 섬으로서 그곳이 점령되는 것은 궁극적으로 불가피했다. 콘스탄티노스 11세가 어떻게 오스만의 포위 공격을 막아냈다 하더라도 그것은 시간 문제고, 곧 또 하나의 공격이 이어졌을 것이다. 관심을 가지고 지켜보는 사람들에게 콘스탄티노플 함락 또는 이스탄불 점령(종교적인 관점에 따라 표현이 다를 수밖에 없다)은 대체로 기정사실을 상징적으로 인정한 것이었다. 그 기정사실이란 바로 오스만은 유럽에 확고하게 자리 잡은 세계의 강국이라는 것이다. 그와 비슷한 생각을 가진 사람은 많지 않았다. 심지어 첩자들을 쓰고 있고 원로원에 끊임없이 외교 정보를 보내고 있는 베네치아인들도 메흐메트 2세가 동원할 수 있는 군사적 능력에 대해 대체로 알지 못하고 있었다. 마르코 바르바로는 베네치아의 구조 노력이 지체된 데 대해 이렇게 평했다.

우리 원로원은 튀르크족이 콘스탄티노플을 상대로 함대를 동원할 수 있다는 사실을 믿지 않으려 했다.[20]

또한 그들은 대포의 힘이나 메흐메트 2세 자신의 결단력과 지모도 알지 못했다. 이 도시 점령으로 분명해진 것은 지중해 연안에서 힘의 균형이 이미 상당 정도 옮겨갔다는 사실이었다. 그리고 많은 기독교도의 이익과 기독교 국가들 자체가 위협받고 있음도 분명해졌다. 이제까지는 콘스탄티노플이 완충 지대 역할을 해서 그들이 이를 무시할 수 있었던 것이다.

기독교 세계에 이런 결말은 종교적이고 군사적이며 경제적이고 심리적인 것이었다. 당장 메흐메트 2세의 무시무시한 이미지와 그의 야망이 그리스인들과 베네치아인들, 로마의 교황, 헝가리인들과 왈라키아인들 그리고 발칸 반도의 모든 민족에게 관심의 초점이 됐다. 튀르크 황제의 무자비한 모습과 당대의 알렉산드로스가 되겠다는 만족을 모르는 그의 욕망은 유럽인들의 상상의 화면 위에 그대로 투사됐다. 한 자료는 '정복자'가 이런 말을 하며 도시에 입성했다고 전하고 있다.

"나는 우리에게 이런 멋진 승리를 안겨주신 무함마드께 감사드린다. 그러나 나는 그분께서, 내가 옛 로마를 점령해 지금 가진 새 로마에 붙일 때까지 오래 살도록 허락해 주실 것을 기도한다."[21]

이런 믿음은 바탕이 있는 것이었다. 메흐메트 2세의 상상 속에서 '빨간 사과'의 위치는 이제 서쪽으로 옮겨졌다. 콘스탄티노플에서 로마로. 오스만 육군이 이탈리아를 침공하기 오래전에 그들은 이렇게 외치며 전투에 나섰다.

"로마! 로마!"

바로 적그리스도의 화신은 한 발 한 발 가차 없이 기독교 세계를 향해 발걸음을 옮기고 있는 듯했다. 1453년 이후에 그는 흑해 연안에 있는 제노바인들과 그리스인들의 식민지를 하나씩 하나씩 없애버렸다. 시노프·트라페주스·카파가 모두 함락됐다. 1462년에 그는 왈라키아를 침공했고, 이듬해에는 보스니아를 침공했다. 모레아스는 1464년 오스만의 지배하로 들어갔다. 1474년에 그는 알바니아에 있었고, 1476년에는 몰다비아로 갔다. 굴러가기 시작한 오스만의 진격의 물결은 되돌릴 수 없을 듯했다. 오스만 부대는 1480년의 유명한 포위전에서 로도스 섬 점령에 실패했다. 그러나 그것은 다만 일시적인 차질일 뿐이었다.

베네치아인들은 누구보다도 더 두려워했다. 메흐메트 2세와의 전쟁은 1463년에 시작돼 15년이나 지속됐다. 하지만 그것은 더욱 엄청난 싸움의 서곡일 뿐이었다. 이 기간 동안에 그들은 소중한 무역 기지인 에우보이아 섬을 잃었다. 그러나 더욱 고약한 일이 터졌다. 1477년에 오스만 침입자들이 도시의 배후 지역을 약탈한 것이다. 그들은 너무 가까운 곳까지 왔기 때문에, 그들이 뿜어낸 포연을 산 마르코 대성당의 종탑에서도 볼 수 있었다. 베네치아는 이슬람의 뜨거운 입김이 목에 닿는 것을 느꼈다. 첼소 마페이는 도제에게 이런 편지를 띄웠다.

적이 우리 문 앞에까지 왔습니다! 도끼가 발밑에 있습니다. 하느님이 도와주시지 않으면 기독교 세계는 파멸할 것입니다.[22]

1481년 7월, 오스만은 마침내 육군을 이탈리아의 발뒤꿈치에 상륙시켜 로마로 진군토록 했다. 그들이 오트란토(이탈리아 남동쪽 살렌토 반도에서도 가장 끝에 있는 이탈리아 최동단의 도시로, 장화 모양인 이탈리아 반도의 발뒤꿈치에 해당한다—옮긴이)를 점령하자 대주교는 자신의 대성당 제단에 쓰러졌고, 1만 2천 명의 주민이 살해됐다. 로마에서는 교황이 도망칠 마음을 먹고 사람들은 공포에 휩싸였는데, 바로 이 순간에 메흐메트 2세가 죽었다는 소식이 부대에 전해져 이탈리아 원정은 실패하고 말았다.

콘스탄티노플 함락을 추동력 삼아 교황과 추기경들은 깊은 신앙심에 바탕을 둔 십자군을 되살리려 애썼고, 그런 움직임은 16세기까지도 계속 이어졌다. 기독교 문화 전체를 양어깨에 짊어지고 있던 교황

비오 2세(재위 1458~1464)는 1459년 만토바(이탈리아 북부 포 강 하류 지역에 있는 도시—옮긴이)에서 회의를 소집해 다루기 힘든 기독교 세계 국가들을 하나로 묶고자 했다. 두 시간 동안 계속된 단호한 연설에서 그는 상황을 가장 암울한 용어로 요약했다.

우리는 동방의 수도인 콘스탄티노플이 튀르크족에게 정복되도록 우리 스스로가 허용했습니다. 그리고 우리가 집에 안락하고 나태하게 앉아 있는 동안에 이 야만인들의 손길은 도나우 강과 사바 강(알프스 산맥에서 발원하는 도나우 강의 지류로, 발칸 반도에서 이탈리아로 들어오는 길목이다—옮긴이)으로 진군하고 있습니다.

동방 황제의 도시에서 그들은 콘스탄티누스 대제의 계승자와 그 백성들을 학살하고, 주님의 신전을 모독했으며, 유스티니아누스의 고귀한 건축물을 무함마드의 흉측한 의식으로 더럽혔습니다. 그들은 성모와 다른 성인들의 화상을 찢어버리고, 제단을 뒤엎고, 순교자의 유물을 돼지에게 던지고, 사제들을 죽이고, 여자들과 어린 소녀들과 심지어 주님께 바쳐진 처녀들까지도 더럽혔고, 도시의 귀족들을 술탄의 술판에서 죽였고, 십자가에 달려 돌아가신 우리 구세주의 화상을 "저게 기독교도들의 하느님이다!" 하는 외침과 함께 경멸하고 조롱하며 자기네 숙영지로 가지고 가서 흙을 묻히고 침을 뱉어 더럽혔습니다. 이 모든 일이 우리 눈앞에서 벌어졌지만, 우리는 깊은 잠에 빠져 있습니다. …

메흐메트 2세는 승리하거나 완전히 패배하지 않는 한 절대로 무기를 내려놓지 않을 것입니다. 모든 승리는 그에게 또 다른 승리를 위한 징검다리가 될 것입니다. 결국 그는 서방의 모든 군주를 복속시키고,

그리스도의 복음을 파괴한 뒤 전 세계에 자신의 가짜 예언을 강요할 것입니다.[23]

여러 가지로 노력했지만 그러한 열정적인 말들도 실질적인 행동을 이끌어내는 데는 실패했다. 콘스탄티노플을 구하기 위한 계획 자체가 실패했듯이. 유럽의 강자들은 기독교 세계라는 이름으로 다시 결합하기에는 너무 질투심이 많고 너무 분열돼 있었다. 그리고 어떤 의미에서는 너무 세속적이었다. 심지어 베네치아인들이 오트란토 상륙에 협조했다는 소문까지 나돌았다. 하지만 그것은 이슬람에 대한 유럽인들의 깊은 공포를 되살려놓았다. 그로부터 200년이 더 지나서야 오스만의 유럽 진격은 확실하게 멈추었다. 1683년 빈의 성문 앞에서였다(오스만은 1683년 합스부르크 제국을 공격해 빈을 함락 직전까지 몰고 갔으나 빈 전투에서 기독교 연합군에 패했다—옮긴이). 그사이에 기독교 세계와 이슬람 세계는 기나긴 전쟁을 벌이게 된다. 열전도 있고 냉전도 있었다. 그것은 민족의 기억에 오래 남게 되고, 두 신앙 사이에서 잇달아 일어나는 긴 사건들의 연쇄를 만들어내게 된다.

콘스탄티노플 함락은 이슬람 세계와 유럽에서 십자군에 관한 깊숙한 기억을 되살리게 했다. 오스만의 위협은 이미 알고 있는 이슬람의 기독교 세계에 대한 공격의 연속으로 간주됐다. 무슬림의 통칭으로서 '튀르크'가 '사라센'을 대신했다. 그리고 거기에는 잔인하고 누그러뜨릴 수 없는 적수라는 온갖 의미가 함축돼 있었다. 양쪽은 모두 자신들이 세계를 파괴하려는 의도를 지닌 적에 맞서 생존을 위한 싸움을 벌이고 있다고 생각했다. 그것은 세계 규모의 이념 갈등의 원형이었다. 오스만인들은 지하드의 정신을 잊지 않았고, 이제 그들 제국의 임무에 대한 의식과 연결시켰다. 무슬림의 심장부 안에서는 무슬림의 우월성에 대한 믿음이 되살아났다. '빨간 사과'의 전설은 엄청나게 유포됐다. 로마 다음으로 그것은 부다페스트에 있는 것으로 믿어졌고, 그 다음은 빈이었다. 이 문자 그대로의 목표와는 별개로 그것은 '신앙'이 궁극적으로 승리한다는 믿음의 상징이었다. 유럽 안에서 튀르크의 이미지는 신앙심이 없고 잔인한 모든 것과 동의어였다. 1536년 무렵에 이 단어는 영어에서 "야만인 또는 미개인처럼 행동하는 모든 사람"을 의미하는 것으로 쓰였다. 『옥스퍼드 영어사전』의 표현이다. 그리고 이런 태도를 부채질한 것은 르네상스 계몽정신 자체의 특징을 이루었던 한 가지 발견이었다. 바로 인쇄술의 발명이다.

콘스탄티노플 함락은 혁명이 시작되는 시점에 일어났다. 과학적 발견이라는 폭주 열차가 서방에서 종교의 희생 속에 가속도를 붙여가고 있는 순간이었다. 이런 힘들 가운데 일부는 포위전 자체에서 이용되고 있었다. 화약의 힘, 범선의 우월성, 중세 포위전 전술의 종언 등이었다. 다음 70년 동안에 유럽에 등장하는 것으로 대표적인 것들은 금니 박기, 회중시계와 아스트롤라베(중세에 아라비아·그리스·유럽에서 쓰던 천체의 높이나 각거리를 재는 기구—옮긴이), 항해 지침, 매독, 번역된 『신약전서』, 코페르니쿠스와 레오나르도 다빈치, 콜럼버스와 루터 그리고 마지막으로 활판인쇄 등이 있었다.

구텐베르크(1398~1468)의 발명은 대량 전달에 혁명을 일으켰고, 이슬람과의 성전에 관한 새로운 생각들을 확산시켰다. 십자군과 반이슬람 문헌의 방대한 총서가 이후 150년 동안 유럽의 출판계에 흘러넘쳤다. 근대 인쇄술의 초기 사례 가운데 하나로 남아 있는 것이 1451년 키프로스를 튀르크족으로부터 구원할 자금을 마련하기 위해 교황 니콜라오 5세가 발부한 면죄부다. 그런 문서들의 수많은 사본이 유럽 전역에서 나타났다. 십자군의 호소문과 "이교도 튀르크 황제의 저주스런 위협"에 대항하는 전쟁에 관한 소식을 확산시킨 단면單面 인쇄물(오늘날 신문의 선구 격이다)들도 나타났다. 이어서 책이 폭발적으로 증가했다. 프랑스에서만 1480년에서 1609년 사이에 오스만에 관한 책이 80권이나 출간됐다. 반면에 남·북 아메리카에서는 통틀어 40권에 불과했다.

리처드 놀스(1545~1610)가 1603년 자신의 베스트셀러 『튀르크 통사通史』를 썼을 때 이미 그가 "현존하는 세계적 공포"라고 부른 이 민족에 대한 영어 문헌이 많이 나와 있었다. 이런 연구들은 도발적인 제목들을 달고 있었다. 『튀르크족의 전쟁』, 『사라센 약사略史』, 『술탄 셀림에게 진 피비린내 나고 잔인한 전쟁 이야기』, 『튀르크족을 상대로 거둔 주요 승리에 관한 진실한 소식』, 『튀르크에 복속돼 살고 있는 기독교도들의 상태』. 정보는 끝없이 넘쳐나고 있었다. 오셀로(셰익스피어가 쓴 비극의 주인공으로, 베네치아의 장군으로 나온다―옮긴이)는 당대의 세계대전을 치르고 있었다. "공공의 적 오스만,"[24] "터번을 두른 악독한 튀르크족"을 상대로. 그리고 무슬림 세계와 친숙하지 않았던 기독교도들이 처음으로 바르톨로메이 게오르기예비치(1510~1566)의 『튀르크족에게 공물로 바쳐지고 노예가 된 기독교도들의 고통과 시련』 같은 매우 영향력 있는 삽화 책들에 들어 있는 자기네 적들의 목판화 그림을 볼 수 있었다. 이런 그림들은 갑옷 입은 기사들과 터번 두른 무슬림들 사이의 격렬한 전투 장면과 이교도들의 온갖 야만성을 보여주고 있었다. 튀르크족은 포로들의 목을 베고 있었고, 포로로 잡은 여자와 아이들을 줄줄이 끌고 가고 있었고, 아기를 창에 꿰어 든

당신의 적 : 오스만 기병을 그린 16세기 독일 판화.

채 말을 달리고 있었다.

튀르크족과의 갈등은 일반적으로 더욱 길게 지속된 이슬람과의 싸움이 이어진 것으로 이해되고 있었다. 진실을 위한 천 년의 투쟁이었다. 그 특징과 원인은 서방에서 철저하게 연구됐다. 토머스 브라이트먼은 1644년 사라센인들이 "대략 630년 무렵에 나타난 … 첫 번째 메뚜기 떼"[25]였으며, 그 뒤를 이어 "독사의 자식들인 튀르크족이 나났는데, 이들은 자기 부모보다도 더 악독해서 자기 어머니인 사라센인들을 완전히 파괴했다"*고 썼다. 어떻든 이슬람과의 갈등은 계속해서 양상이 달라졌다. 갈수록 더욱 깊어지고, 더욱 위협적이고, 악몽에 더 가까워졌다.

유럽이 콘스탄티노플 함락 이후 200년 동안 보다 부유하고 보다 강력하며 보다 잘 조직된 오스만 제국에 대해 상당한 두려움을 갖고 있었음은 사실일 것이다. 다만 기독교 세계라는 관념 자체가 사라져가고 있는 시대에 대체로 종교적 용어로 표현된 그 상대에 대한 이미지는 매우 단편적이었다. 오스만 세계의 겉과 속은 두 가지 서로 다른 얼굴을 드러냈고, 그것이 가장 분명하게 나타난 곳은 콘스탄티노플이었다.

사드엣딘은 이스탄불 점령 이후의 상황을 이렇게 전한다.

도시 안의 교회에서는 너절한 우상들이 치워졌고, 더럽고 우상숭배적인 잡동사니들이 정화됐다.[26]

그러나 실제는 조금 달랐다. 함락 이후 메흐메트 2세가 재건한 이 도시는 기독교도들이 생각해 온 이슬람의 무서운 이미지와 그다지 일치하지 않았다. 술탄은 자신을 단지 무슬림의 지배자로서만이 아니라 로마 제국의 상속자로 생각하고, 모든 주민이 어느 정도의 권리를 갖는 다문화적인 수도 재건에 나섰다. 그는 그리스 기독교도들과 튀르크 무슬림들을 강제로 이 도시에 다시 정착토록 했으며, 갈라타에 있는 제노바인 거주지의 안전을 보장하고 튀르크족은 일절 거기 살지 못하도록 금지했다. 교회 통합 시도에 그리도 격렬하게 반대했던 수도사 겐나디오스는 에디르네에 노예로 붙잡혀가 있다가 해방돼 도시로 돌아왔고, 정교도 사회의 총대주교가 됐다. 그는 이런 의례적인 인사를 받았다.

"총대주교가 돼서 행운을 누리시오. 우리의 우의에 확신을 갖고 이전에 총대주교들이 누렸던 모든 특권을 누리시오."[27]

기독교도들은 자기네 이웃과 함께 살며 자신들의 교회도 일부 유지할 수 있게 됐다. 다만 어느 정도의 제한은 있었다. 그들은 차별적인 옷을 입어야 했고, 무기를 지닐 수 없었다. 그 시대의 맥락에서 이것은 매우 관대한 정책이었다.

지중해의 다른 쪽 끝에서는 1492년 가톨릭 왕들의 이베리아 레콩키스타(재정복)가 완료돼(아라곤의 페르난도와 카스티야의 이사벨이 결혼해 만들어진 에스파냐가 1492년 이슬람의 마지막 보루인 그라나다를 정복함으로써 781년에 걸친 이슬람의 이베리아 진출이 막을 내렸다—옮긴이) 모든 무슬림과 유대인은 강제로 개종당하거나 추방됐다. 이는 이베리아의 유대인들이 대거 '세계의 피난처'인 오스만 제국으로 이주하는 계기가 됐다. 유대인 망명자들을 겪어본 사람들이 많았던 그곳에서는 이들을 받아들이는 데 일반적으로 거부감이 없었다. 한 랍비는 유럽의 자기네 신도들에 관해 이렇게 썼다.

이곳 튀르크 땅에서 우리는 불평할 것이 없다. 우리는 많은 재산을 갖고 있고, 많은 금과 은이 우리 수중에 있다. 우리는 무거운 세금에 시달리지도 않고, 우리가 장사하는 것도 자유롭고 아무런 제약을 받지 않는다.[28]

메흐메트 2세는 이런 정책들로 인해 이슬람 측으로부터 상당한 비판을 받았다. 보다 독실했던 그의 아들 바예지드 2세(재위 1481~1512)는 자신의 아버지가 "장난질 치는 사람들과 위선자들의 조언에 따라"[29] "선지자 무함마드의 법을 어겼다"*고 말했다.

콘스탄티노플은 이후 수백 년에 걸쳐 보다 이슬람적인 도시로 변모하게 되지만, 메흐메트 2세는 콘스탄티노플에 대해 레반트의 도시를 모델 삼아 놀라우리만치 다문화적인 곳으로 기조를 세웠다. 원초적인 고정관념을 가지고 보는 서방 사람들에게는 놀라운 점이 매우 많았다. 독일인 아르놀트 폰 하르프(1471~1505)는 1499년 이곳에 와서 갈라타의 두 프란체스코회 수도원에서 여전히 미사를 올리는 것을 보고 깜짝 놀랐다. 이교도들을 가까이서 본 사람들의 이야기는 매우 분명했다. 15세기의 헝가리인 죄르지는 이렇게 썼다.

튀르크족은 누구에게도 자신의 신앙을 버리도록 강요하지 않고, 누구도 설득하려 애쓰지 않으며, 배교자들을 대단하게 생각하지 않는다.[30]

이는 종교개혁 시기에 유럽을 분열시켰던 종교전쟁들과 극명한 대조를 이룬다. 콘스탄티노플 함락 이후 난민의 흐름은 거의 한쪽 방향이었다. 기독교도들의 나라에서 오스만 제국으로. 메흐메트 2세 자신이 더 관심을 가졌던 것은 세계를 이슬람교로 개종시키는 것이 아니라 세계제국을 건설하는 일이었다.

콘스탄티노플의 함락은 서방에 정신적인 충격을 주었다. 그것은 기독교도들의 자신감을 손상시켰을 뿐 아니라 고전 세계의 비극적인 종말로 비쳐졌다. "호메로스와 플라톤의 두 번째 죽음"[31]이었다. 그

오스만의 캘리그래피.

리고 이 함락은 또한 그곳을 궁핍과 고립과 폐허로부터 해방시켰다. 프로코피오스가 6세기에 찬미했듯이 "물의 화관花冠"[32]으로 둘러싸인 이 도시는 이제 부유한 다문화 제국의 수도로서 옛날의 당당함과 활기를 회복해 두 세계와 수많은 무역로를 아우르고 있었다. 그리고 서방에서 계시록에 나오는 꼬리 달린 괴물("사람과 말이 합쳐진"[33])이라고 생각했던 사람들이 놀랍고도 아름다운 도시를 다시 탄생시켰다. 기독교도들의 '황금의 도시'와는 다르지만 똑같이 알록달록하게 빛나는 도시다.

콘스탄티노플은 다시 한 번 카팔르차르슈Kapalı Çarşı('덮여 있는 시장'이라는 뜻으로 반구형 지붕으로 덮여 있으며, '큰 시장'이라는 뜻의 '뷔윅차르슈'로도 불린다—옮긴이)와 므스르차르슈스Mısır Çarşısı('이집트 시장'이라는 뜻으로, 이집트 지역에서 생긴 수입으로 지은 향신료 시장이다—옮긴이)가 들어선 미로와 같은 골목에서 세계 각지의 물건을 거래했다. 낙타 행렬과 배들이 다시 한 번 그곳을 레반트의 모든 주요 지점과 연결했다.

그러나 마르마라 해를 통해 들어오는 선원들의 눈에 그 수평선은 새로운 모습을 띠고 있었다. 아야소피아와 함께 도시의 언덕들에는 잿빛 납을 씌운 모스크의 반구형 지붕들이 솟아나기 시작했다. 끝이

새로운 스카이라인. 바다에서 본 이슬람의 도시.

RT DE CONSTANTINOPLE

La Solimanie   Palais de Constantin   St De

Letersena

Cavalidée

Galata

Le grand Serrail

Bostangikrose   Pointe du Serrail   Courbione magazin

Topi

Bosphore de Trace

Serrail de Scutari

Tour de Leandre

Canal
la Me
Noire

Scutari

INOPOLIS   Le Blond Cum Priuil

바늘만큼 뾰족한 연필 굵기의 하얀 미너렛들이 도시의 스카이라인에 점점이 박혀 있었다. 그것은 홈이 파여 있고, 정교한 무늬 장식이 있는 발코니들이 만들어져 있었다. 잇달아 나타난 뛰어난 모스크 건축가들이 솟아오른 반구형 지붕 아래 추상적이고 영원한 공간들을 만들어냈다. 내부는 은은한 빛을 냈다. 복잡한 기하학적 무늬와 캘리그래피와 양식화된 꽃들이 들어 있는 타일을 붙였다. 특히 신선한 토마토 색깔과 터키옥玉의 선명한 청록색, 청자의 회록색 그리고 깊은 바닷속의 가장 깨끗한 청색 등 그 꽃들의 감각적인 색깔들은 『쿠란』에 약속된 "끝없는 즐거움을 주는 정원의 모습"[34]을 창출했다.

오스만의 이스탄불은 눈과 귀에 생생하게 살아 있는 도시였다. 나무로 지은 집과 사이프러스 가로수, 거리의 분수대와 정원, 깨끗한 묘지와 지하 시장이 있는 곳이었고, 시끄럽고 북적거리고 물건을 만들어내는 곳이었다. 모든 직업과 민족 집단이 자기네 집단 거주지가 있고, 레반트의 모든 인종이 독특한 옷과 터번 차림으로 일하고 장사했다. 바다가 갑자기 언뜻 눈에 띄어 거리 모퉁이나 모스크의 테라스에서 어른거리고, 수많은 미너렛에서 들려오는 기도 시간 알림 소리는 지역 상인들의 길거리 외침처럼 친밀하게 도시의 이쪽 끝에서 저쪽 끝까지, 동이 틀 때부터 땅거미가 질 때까지 도시를 수놓았다.

톱카프 궁전의 으스스한 성벽 뒤에 오스만 술탄들은 알함브라(에스파냐를 점령했던 아랍인들이 에스파냐 남부 그라나다에 지은 궁전 겸 성채—옮긴이)와 이스파한(이란 중부의 도시로 16세기 말 사파비 왕조의 수도였다—옮긴이)의 것과 똑같은 자기네들의 별채를 지었다. 타일을 붙인 이 별채는 건물이라기보다는 튼튼한 천막에 더 가까웠으며, 공들인 정원들을 꾸며 그곳에서 보스포로스 해협과 아시아 쪽 산들을 내다볼 수 있도록 했다. 오스만의 미술·건축과 의례는 전에 기독교의 콘스탄티노플이 그랬던 것만큼이나 풍부한 시각적 세계를 창조해 냈다. 에드워드 리스고는 1640년에 이렇게 썼다.

나는 그 작은 세계, 위대한 도시 콘스탄티노플의 모습을 살펴보았다. 그곳은 참으로 외관이 너무 화려해 보는 사람을 놀라게 했다. … 이제 세계는 그곳에 대해 매우 높은 평가를 하고 있고, 온 세상이 그 한 곳에 필적하지 못한다.[35]

오스만 이스탄불의 감각적인 질감이 가장 생생하게 기록된 것은 술탄들이 자기네의 승리를 축하하는 모습을 그린 세밀화들이다. 그것은 타일과 카펫 위의 장식적 장치처럼 원근감 없이 단조로운 무늬로 이루어져 즐거움을 주는 원색의 세계다. 이 가운데는 궁전에서의 알현과 연회가 있고, 전투와 포위가 있고, 목을 베는 장면이 있고, 행진과 축제 행사가 있고, 천막과 깃발이 있고, 분수와 궁전이 있고, 공들여 만들어진 카프탄과 갑옷이 있고, 아름다운 말들이 있다. 그것은 의식·소음·빛과 사랑에 빠진 세계다. 성벽을 부수는 싸움, 큰 술잔, 케밥 요리와 불꽃놀이, 쿵쿵 소리를 내고 호루라기를 불며 말없이 붉은 광채가 나는 구역을 건너 자기네 길을 헤쳐 가는 한 무리의 예니체리 부대, 배의 돛대에 걸려 있는 밧줄을 타고 크리소케라스 만을 건너는 줄타기 곡예사, 흰 터번을 하고 말을 탄 채 공들여 무늬를 놓은 천막을 지나가는 기병대, 보석만큼이나 밝은 도시의 지도 그리고 선홍색·주황색·감청색·연보라색·연노랑색·적갈색·회색·분홍색·선녹색·노랑색 등 풍부한 색깔의 물감들이 있다. 세밀화의 세

1455년에 그려진 콘스탄티노플 마지막 포위전의 세밀화.

계는 200년 사이에 부족에서 제국으로 숨이 턱 막힐 정도로 가파르게 상승한 오스만의 성취에 대한 기쁨과 자긍심을 함께 표현하고 있는 듯하다. 한때 셀주크튀르크족들이 성스러운 도시였던 콘야(터키 중부의 도시로, 셀주크튀르크의 수도였다―옮긴이)의 성문 위에 썼던 말과 판박이다.

내가 만들어낸 것은 이 세상에 비길 데가 없다.[36]

1599년에 잉글랜드의 여왕 엘리자베스 1세(재위 1558~1603)는 술탄 메흐메트 3세(재위 1595~1603)에게 풍금을 친선의 선물로 보냈다. 제작자인 토머스 댈럼도 함께 보내 오스만의 지배자를 위해 그것을 연주하도록 했다. 이 음악 거장은 계속 이어지는 궁전의 건물들을 지나 술탄이 있는 곳에 가서는 그 의식을 보고 아찔한 느낌을 받았다.

그곳에 펼쳐진 광경은 나로 하여금 거의 내가 또 다른 세계에 와 있다는 생각이 들게 할 정도였다.[37]

콘스탄티누스 대제가 4세기에 제2의 로마이자 제2의 예루살렘을 건설한 이후 방문자들은 놀라움 속에 거의 같은 탄성을 내뱉었다. 16세기의 프랑스인 피에르 질은 이렇게 썼다.

내게는 이런 생각이 들었다. 다른 도시들은 언젠가 멸망하겠지만, 이 도시는 지구상에 사람이 있는 한 존속할 것이라고.[38]

에필로그

안식할 수 있는 곳

오스만의 도시 이스탄불.

죽음이 그 사납고 꺾을 수 없는 야만인을 저지했다는 것이
기독교 세계와 이탈리아에게는 다행이었다.[1]

— 조반니 사그레도(1571~1620, 베네치아 귀족)

1481년 봄, 술탄의 말꼬리 깃발들은 도시에서 바다 건너 아나톨리아 해안에 세워졌다. 이해의 원정은 아시아 쪽이 되리라는 의미였다. 메흐메트 2세는 언제나처럼 비밀주의를 취해 아무도, 심지어 그의 주요 대신들도 진짜 목표를 알지 못했다. 십중팔구 그것은 경쟁 관계에 있는 이집트의 무슬림 왕조인 맘루크 왕조를 상대로 한 전쟁이었다.

　　30년 동안 술탄은 세계제국 건설을 위한 작업을 하며 자신이 직접 국가 사무를 관리해 왔다. 대신들을 임명하거나 처형하고, 공물을 받아들이고, 이스탄불을 재건하고, 주민들을 강제로 다시 정착시키고, 경제를 재편하고, 조약을 체결하고, 반항하는 사람들을 끔찍하게 죽이고, 종교의 자유를 주고, 해마다 동쪽과 서쪽으로 군대를 파병하거나 직접 이끌고 갔다.

　　그는 마흔아홉 살이었고, 건강이 좋지 않았다. 시간과 방종이 타격을 입혔다. 노골적인 당대의 한 기록에 따르면, 그는 비대하게 살이 쪘으며, "목은 짧고 굵었고, 안색이 누르스름했고, 어깨가 딱 벌어졌고, 목소리가 컸다."**2** '전쟁터의 벼락,' '육지와 바다에서의 힘과 승리의 지배자,' '로마인과 지구의 황제,' '세계 정복자' 등 종군기장從軍紀후 모으듯이 칭호를 모은 메흐메트 2세는 때로 제대로 걷기조차 힘들었다. 그는 통풍에 걸렸고 병적인 비만 상태에 빠져, 사람의 눈을 피해 스스로 톱카프 궁전에 틀어박혔다. 서방에서 '흡혈귀' 또는 '제2의 네로'로 불렸던 이 사람은 기괴한 모습을 띠고 있었다. 프랑스 외교관 필리프 드 코민(1447~1511)은 이렇게 말했다.

그를 본 사람이 내게 말해 준 바에 따르면 그의 발이 엄청나게 부어올랐는데, 여름이 다가오면서 그것이 사람 몸통만큼 커져 공개할 수도 없었다. 그러더니 가라앉았다.[3]

궁궐 성벽 뒤에서 메흐메트 2세는 폭군으로서는 좀 이례적인 취미에 빠져들었다. 정원 가꾸기와 수공예 그리고 최근 베네치아에서 데려온 젠틸레 벨리니에게 음란한 벽화를 주문하는 것이었다. 금색 아치로 테를 두르고 황제의 관을 위에 올려놓은 벨리니가 그린 유명한 마지막 초상화는 이 사람에게 채워지지 않은 어떤 본질적인 부분이 있음을 암시한다. 이 '세계 정복자'는 마지막까지 침울하고 미신을 좋아하며 강박관념에 사로잡혀 있었다.

메흐메트 2세는 이해의 원정을 위해 4월 25일 해협을 건너 아시아로 갔으나, 곧바로 극심한 복통으로 쓰러졌다. 며칠 동안 극심한 고통을 겪은 끝에 그는 1481년 5월 3일 게브제 부근에서 숨졌다. 또 한 명의 세계 정복 지망생이었던 한니발이 음독자살한 곳이었다.

그것은 미스터리에 싸인 최후였다. 가장 가능성이 높은 것은 메흐메트 2세를 돌보던 페르시아인 의사가 그를 독살했다는 것이다. 베네치아인들이 오랜 기간에 걸쳐 여러 차례 암살을 시도하기는 했지만, 의혹의 시선은 주로 그의 아들 바예지드 2세에게로 쏠리고 있다. 메흐메트 2세의 형제 살해 원칙이 아마도 이 왕자로 하여금 대권을 잡기 위한 선제 타격을 하도록 유도했을 것이다. 그리고 그것은 성공했다. 아버지와 아들은 사이가 좋지 않았다. 독실한 바예지드 2세는 비정통적인 메흐메트 2세의 종교관을 혐오했다. 한 이탈리아 궁정의 뒷공론은 바예지드 2세가 말한 내용이라며 이런 이야기를 전하고 있다.

그의 아버지는 군림하려 드는 성격이고, 선지자 무함마드를 믿지 않았다.[4]

30년 뒤에 바예지드 2세는 다시 자신의 아들인 '단호한 자'(튀르크어 'Yavuz'를 부정적인 뉘앙스의 '냉혈한'으로 번역하는 경우가 많지만, '엄격' 또는 '탁월' 같은 긍정적 뉘앙스의 해석도 나오고 있다—옮긴이) 셀림 1세(재위 1512~1520)에게 독살당한다. 아랍 속담에 "왕자들 사이에는 친족관계가 존재하지 않는다"[5]라는 말이 있다.

이탈리아에 메흐메트 2세가 죽었다는 소식이 전해지자 그들은 대단히 기뻐하며 환호했다. 축포를 쏘고 종을 울렸다. 로마에서는 불꽃을 터뜨리고 감사 예배를 올렸다. 이 소식을 베네치아에 가져온 전령은 이렇게 말했다.

"왕 독수리가 죽었다!"[6]

카이로에 있는 맘루크 왕조의 술탄까지도 안도의 한숨을 내쉬었다.

오늘날 파티흐('정복자')는 이스탄불에 있는 한 모스크 복합단지의 튀르베türbe(무덤)에 누워 있다. 모스크 이름도, 그것이 위치하고 있는 이스탄불의 구區 이름도 모두 '파티흐'다. 그 장소를 고른 것은 우연이 아니었다. 그 자리는 비잔티움의 모든 교회 가운데 가장 유명하고 역사적 의미가 있는 축에 속하는 아기오이아포스톨로이 성당 자리다. 성스러운 사도들의 교회였다. 그리고 도시의 창건자인 콘스탄티누스 대제가 337년 성대한 의식 속에서 묻힌 곳이다. 메흐메트 2세는 죽어서도(살았을 때와 마찬가지로) 비잔티움 제국의 유산을 차지했다. 본래의 무덤은 지진으로 무너져 완전히 새로 건축됐기 때문에 지금 내부는 19세기 프랑스의 응접실이라도 되는 것처럼 금박을 하고

1559년 이전에 그려진, 지진이
나기 전 파티흐 모스크의 모습.

대형 괘종시계와 바로크식 천장 장식 그리고 늘어뜨린 유리 샹들리에
로 마감했다. 마치 무슬림 나폴레옹의 안식처 같다. 화려하게 장식된
무덤은 녹색 천으로 덮었고 한쪽 끝에는 양식화된 터번을 올려놓았는
데, 길이가 작은 대포만 하다.

　사람들은 이곳에 와서 기도를 하고 『쿠란』을 읽으며 사진을 찍는
다. 시간이 지나면서 파티흐에게는 성인의 자격이 부여됐고(그는 무슬
림들에게 어느 정도 성자의 특성을 지닌 것으로 간주됐다), 그는 성聖과 속俗
이라는 이중의 정체성을 지니게 됐다. 윈스턴 처칠(1874~1965)과 마
찬가지로 그는 국가 브랜드였고(화물차 제품의 이름이고, 보스포로스 해
협 위에 놓인 다리 이름이고, 기념우표나 학교 건물에서 금세 알아볼 수 있는
투지 넘치게 말을 달리는 기수의 모습이다), 독실함의 상징이었다. 파티흐
구區는 전통적인 그리고 새로이 자신감을 가진 무슬림 이스탄불의 심
장부다. 그곳은 평화로운 곳이다. 모스크 뜰에서는 터번을 두른 여자

들이 기도를 마친 후 플라타너스 아래 모여 이야기꽃을 피운다. 따라온 아이들은 부산스럽게 뛰어다닌다. 길거리 장사꾼들은 참깨 롤빵과 장난감 자동차와 동물 모양의 헬륨 풍선을 판다. 메흐메트 2세의 무덤 출입구에는 돌 포탄이 봉헌물처럼 놓여 있다.

오스만의 다른 포위전 주역들의 운명은 술탄을 섬기는 일이 얼마나 불안한 것인지를 보여준다. 계속해서 전쟁 정책에 반대했던 할릴 파샤에게 종말은 빨리 찾아왔다. 그는 1453년 8월이나 9월에 에디르네에서 교수형에 처해졌고, 매우 적극적으로 전쟁을 지지했던 그리스인 배교자 자아노스 파샤가 그 자리를 대신했다. 이 늙은 대신의 운명은 국가 정책의 단호한 변경을 드러내는 것이었다. 이후 역대 대신은 거의 대부분 전통 귀족 출신의 튀르크 태생보다는 개종한 노예 출신이었다.

대포를 제작해 승리에 핵심적인 역할을 한 오르반에 관해서는 그가 포위전 이후까지 살아남아 술탄으로부터 보상을 받았다는 정황 증거가 있다. 점령 이후 이스탄불에는 '톱추웨르반구區'라는 지역이 있었는데, 이것은 이 헝가리 출신의 기술 장사꾼이 이 도시에 살았음을 시사한다. 그는 자신이 만든 대포로 이 도시의 성벽을 그렇게 심하게 파괴했던 장본인이었다.

그리고 아랍인들의 첫 번째 포위전에서 죽어 가지들에게 많은 자극을 주었던 선지자 무함마드의 동반자 아부 아이유브는 이제 크리소케라스 만 꼭대기의 쾌적한 후미인 에윱에 있는 자신의 모스크 복합단지 플라타너스 그늘에서 안식하고 있다. 이곳은 성지 참배의 장소로서 숭배되는 곳이며, 수백 년 동안 술탄들의 대관식이 거행된 모스크다.

에윱 술탄 모스크.

탈출에 성공한 방어군들의 운명도 가지각색이었다. 그리스 난민들은 대체로 망명자의 전형적인 운명을 경험했다. 낯선 땅에서의 궁핍과 잃어버린 도시를 그리는 향수. 많은 사람이 이탈리아(1476년 무렵에 베네치아에만 4천 명의 그리스인이 있었다)와 정교회의 보루였던 크레타 섬에서 삶을 꾸려갔지만, 세계 각처로 흩어져 멀게는 런던까지도 가서 살았다.

팔라이올로고스 가문의 후예들은 점차로 시시한 유럽 귀족들의 유전자 풀 속으로 사라져갔다. 한두 사람은 향수병과 빈곤으로 인해 콘스탄티노플로 돌아가 술탄의 자비를 구했다. 적어도 안드레아스(콘스탄티노스의 동생 토마스의 손자다—옮긴이)라는 한 사람은 이슬람교로 개종해 메흐메트 파샤라는 이름으로 조정 관료가 됐다.

콘스탄티노플 함락에 따른 우울한 그리스인들의 현실은 아마도 게오르기오스 스프란체스와 그 아내의 경험에 압축돼 있을 것이다. 그들은 케르키라 섬에 있는 수도원들에서 마지막 나날을 보냈다. 스프란체스는 이곳에서 자신이 일생 동안 겪었던 사건들에 관한 짧지만 고통스러운 연대기를 썼다. 연대기는 이렇게 시작된다.

나는 가련한 황제 의상 담당 대신 게오르기오스 스프란체스다. 지금은 수도사명 그레고리오스로 통한다. 나는 비참한 내 생애 동안에 일어난 사건들에 관해 아래의 기록을 썼다. 나로서는 내가 아예 태어나지 않았거나 어렸을 때 죽는 것이 나을 뻔했다. 그러나 그런 일이 일어나지 않았다. 나는 1401년 8월 30일 화요일에 태어났음을 밝힌다.[7]

스프란체스는 절제되고 압축된 어조로, 오스만의 진군으로 인해 개인과 국가에 초래된 이중의 비극을 기록했다. 그의 아이들은 모두 사라이saray(궁전)로 끌려갔다. 그의 아들은 1453년 거기서 처형됐다. 1455년 9월 부분에서 그는 이렇게 썼다.

내 예쁜 딸 타마르가 술탄의 사라이에서 전염병으로 죽었다. 아이의 형편없는 애비지만, 슬프도다! 아이는 열네 살하고 다섯 달을 더 살았다.[8]

그는 1477년까지 살았다. 튀르크족의 점령하에서 그리스인들의 자유가 거의 완전히 소멸하는 것을 충분히 볼 수 있을 만큼 오래 산 것이다. 그의 고백은 필리오퀘 문제에 관해 정교회의 입장을 재확인하는 것으로 끝난다. 포위전 기간 동안 너무도 많은 문제를 일으켰던 주제였다.

나는 성령이, 이탈리아인들이 주장하는 것처럼 성부와 성자로부터 나오는 것이 아니라 성부의 현현顯現 그 자체와 구분되지 않는 것임을, 확신을 가지고 고백한다.[9]

이탈리아인 생존자들 가운데서도 운명은 비슷하게 다양했다. 부상당한 주스티니아니는 히오스 섬으로 돌아갔는데, 그와 같은 제노바인인 레오나르도스 대주교에 따르면 "상처와 자신의 불명예에 대한 부끄러움이 함께 원인이 돼서"[10] 그 뒤 얼마 되지 않아 죽었다. 그는 마지막 패배로 인해 거의 모든 사람으로부터 비난을 받았던 것이다. 지금은 없어졌지만 그의 묘비명은 이러했다.

여기에 위대한 사람이자 제노바와 히오스의 귀족이었던 조반니 주스티니아니가 누워 있다. 그는 1453년 8월 8일 치명적인 부상으로 인해 죽었다. 그 부상은 콘스탄티노플이 공격당하고 동방 기독교도들의 마지막 황제이자 용감한 지도자였던 가장 자애로운 콘스탄티노스 11세가 튀르크 군주 메흐메트 2세의 손에 죽는 와중에 당한 것이었다.[11]

레오나르도스 자신은 1459년 제노바에서 죽었다. 그리스인들에게 통합을 설득하기 위해 왔던 키예프의 이시도로스 추기경은 아무런 적법한 근거 없이 교황에 의해 '비어 있던' 콘스탄티노플 총대주교에 임명됐다. 그는 노인성 치매를 앓다가 1463년 로마에서 죽었다.

콘스탄티노스 11세에 대해서는 확실한 것은 아무것도 없고, 묻힌 장소도 알 수 없다. 황제의 죽음은 비잔티움 세계의 확실한 소멸과 바이런(1788~1824) 이후까지도 지속되는 '투르코크라티아'Turkocratia(튀르크족의 그리스 통치)의 시작을 알리는 것이었다. 미궁에 빠진 콘스탄티노스 11세의 운명은 그리스인들에게 잃어버린 비잔티움의 영광에 대한 깊은 갈망의 초점이 됐고, 이윽고 수많은 예언의 광맥이 그의 이름에 따라붙었다. 그는 그리스 대중문화 속에서 아서왕 전설에 나오는 인물이 됐다. 크리소케라스 만 옆에 있는 무덤에 잠들어 있는 이 '과거와 미래의 왕'rex quondam, rexque futūrus(토머스 맬러리(1415~1471)의 『아서왕의 죽음』에 언급된 아서왕의 묘비명에 새겨져 있다는 라틴어 6행시에 나오는 말이다—옮긴이)은 언젠가 성문을 통해 돌아와 튀르크족을 동쪽의 '빨간 사과나무'가 있는 곳까지 쫓아내고 도시를 되찾는다는 것이다. 오스만인들은 마법을 지닌 황제의 모습을 두려워했다. 메흐메트 2세는 콘스탄티노스 11세의 형제들을 꼼꼼하게 감시했으며, 여기에 크리시아필레 문까지 막아 벽으로 만들어버렸다. 이 전설들은 불행한 콘스탄티노스 11세에게 비극적인 내세를 보장할 터였다.

19세기 말 무렵에는 그의 유산이 그리스의 국가 비전 '메갈리 이데아Megáli Idéa'(대大그리스주의)와 밀접한 관계를 맺게 된다. 그것은 옛 비잔티움의 그리스 주민들을 현대의 그리스 국가에 재편입시킨다는 꿈이었다. 이런 움직임은 튀르크령 아나톨리아에서 처참한 간섭을 초래해 1922년 케말 아타튀르크의 탄압과 스미르나(이즈미르)의 그리스 계 주민들에 대한 대학살이 일어나고 주민 교환으로 이어졌다. 그제 서야 비잔티움을 재건한다는 희망은 최종적으로 사그라들었다.

만약 어딘가에 콘스탄티노스 11세의 정신이 깃들어 있다면, 그곳은 이스탄불이 아니라 수백 킬로미터 밖에 있는 펠로폰네소스 반도일 것이다. 여기서 그는 한때 작은 중세 도시 미스트라스를 수도로 삼아 데스포테스로서 한동안 모레아스를 통치해 200년 동안 비잔티움 전통이 뒤늦게 되살아나는 놀라운 모습을 만들어냈던 것이다. 그곳은 비잔티움인들의 성지로 남아 있다.

현대의 성채 아래 마을 가로등 기둥마다에는 쌍두 독수리 문장이 들어 있다. 광장인 플라티아팔라이올로구에는 칼을 빼들고 믿음을 지키고 있는 콘스탄티노스 조각상이 있다. 모습을 알 수 없는 사람의 모습이다. 그는 두카스의 글 한 구절이 새겨져 있는 대리석 대좌 앞에 서 있다. 그의 머리 위에는 검은 독수리들과 함께 선명하게 노란 도장이 찍힌 비잔티움 깃발이 파란 그리스의 하늘을 배경으로 맥없이 걸려 있다.

중세의 미스트라스가 그 뒤에 솟아 있다. 짙은 푸른색의 산비탈에는 허물어져가는 대저택과 교회와 공공건물들이 사이프러스 숲 사이

사이에 자리 잡고 있다. 그곳은 가슴 아픈 곳이다. 여기서 짧은 기간 동안 콘스탄티노플이 축소판이 돼서 그리스의 피렌체로 재건됐다. 밝은 색의 벽화 속에 찬란한 인간적 형태의 복음을 그렸고, 아리스토텔레스와 플라톤의 가르침을 재발견했으며, 멋진 미래를 꿈꾸었다. 그러다가 오스만에 의해 멸망했다. 영국의 시골 교회보다 결코 크지 않은 성 데메트리오스 대성당에서 콘스탄티노스 11세는 아마도 대관식을 했을 것이다. 하기아소피아 성당에는 그의 아내 테오도라가 묻혀 있다.

이곳의 꼭대기에는 데스포테스의 궁전이 있고 그 배후에는 헐벗은 타이게토스 산지가 있으며, 훨씬 아래쪽에는 스파르타 탁상지卓狀地가 오르락내리락하고 있다. 건물은 양식면에서 콘스탄티노플 성벽 옆에 있는 궁전과 비슷하며, 황제가 바람 잘 통하는 건물의 구멍 없는 창으로 푸른 평원을 내다보는 장면을 쉽게 상상할 수 있다. 그 평원은 한때 스파르타의 장갑裝甲 보병이 테르모필레 전투(서기전 480년 페르시아 크세르크세스 1세의 침공군을 막기 위한 전투였으나 병력에서 절대 약세였던 그리스 연합군이 패했다—옮긴이)를 위해 훈련을 했고, 비잔티움인들이 올리브유·밀·벌꿀·비단을 생산하던 곳이다.

그리고 해마다 5월 29일이 되면 튀르크족은 에디르네 문에서 전쟁을 재연해 이스탄불 점령을 축하하고, 종교 통합을 지지해 이단자 상태에서 죽은 콘스탄티노스 11세는 둥근 천장이 있는 크레타 섬의 작은 마을 교회와 그리스 도시들의 주요 대성당들에서 추모를 받는다.

이스탄불 자체에는 오늘날 기독교의 도시였던 흔적이 별로 남아 있지 않다. 하지만 1453년 5월 29일 마지막으로 부서져 열렸던 하기아소피아 대성당의 거대한 황동 문을 통과해 팔을 올려 축복하는 그리스도의 모자이크 화상 아래를 지나면 6세기와 마찬가지로 지금도 놀라운 공간으로 들어갈 수 있다.

크리소케라스 만과 마르마라 해가 만들어내는 삼각형의 두 변 안에 들어 있는 이 도시는 수많은 핵심적인 사건을 좌우했던 특별한 모습들을 뚜렷하게 지니고 있다. 네 척의 기독교 측 배가 왔던 길을 따라 서쪽으로부터 보스포로스 해협 입구로 들어온 나룻배들은 해전이 벌어졌던 아크로폴리스 곶을 지나 바람을 가로질러 크리소케라스 만 입구 쪽으로 똑같이 돌기 전에 이제는 전과는 다른 쇠사슬 방책에 막히게 된다. 갈라타 쪽으로 건너가는 다리다. 크리소케라스를 올라가 배들은 다음 정박지 카슴파샤(페가이 계곡)로 입항한다. 메흐메트 2세의 배들이 한 척 한 척 고요한 바다로 들어갔던 곳이다. 한편 보스포로스 해안에서는 루멜리히사르(보아즈케센)가 여전히 상당히 경사진 곳에 걸터앉아 있고, 빨간 터키 국기가 물가에 있는 거대한 탑에서 밝게 펄럭거리고 있다. 그것은 이 사업에 할릴이 공헌한 부분이었다.

도시의 해안 성벽 일부, 특히 크리소케라스 만을 따라 만들어졌던 것들은 지금 부분적으로만 남아 있다. 그러나 삼각형의 세 번째 변인 육지 쪽의 거대한 테오도시우스 성벽은 공항 쪽에서 오는 현대의 방문객들을 맞고 있으며, 언제나처럼 자신 있게 주변 경관 위에 솟아 있는 듯하다. 바로 가까이에서 그것은 자신이 지나온 1,500년 세월을 보여주고 있다. 여러 부분이 타격을 받아 부서졌으며, 어떤 곳에서는 아주 초라하고 또 어떤 곳에서는 어울리지 않게 복원됐다. 망루들은 이상한 각도로 기울어져 있고, 지진·포격이나 시간으로 인해 갈라졌다. 오스만 병사들에게 많은 어려움을 안겨주었던 해자는 지금 채소들이 평화롭게 차지하고 있다. 방어 시설은 간선도로로 인해 곳곳에 구멍이 나 있고, 새로운 대도시 시스템에 의해 망가져 있다. 세르비아 갱부들이 망가뜨렸던 것과는 비교도 되지 않는다. 그러나 현대 세계의 압박이 거세기는 해도 테오도시우스 성벽은 거의 전 구간이 이어져 있다. 그 성벽을 바다에서 바다까지 걸어가면서 지형을 따라 중세에 대포 발사로 인해 성벽이 허물어진 비탈진 중앙 부분의 리코스 계곡을 내려가거나, 성벽 위에 서서 오스만 천막과 "마치 튤립 화단처럼"[12] 아래 평원에서 펄럭이는 삼각기 그리고 반짝이는 마르마라 해나 크리소케라스 만에서 소리 없이 미끄러져가는 갤리선들을 상상할 수도 있다.

포위전 때 있었던 성문들은 거의가 아직도 남아 있다. 그 육중한 홍예문의 불길한 그림자는 경외감을 갖게 하는 힘을 지니고 있다. 다만 오르반의 큰 대포에 의해 공격을 받았던 크리시아필레 문은 오래전에 메흐메트 2세가 벽돌로 막아버렸다. 콘스탄티노스 11세가 그곳을 통해 돌아온다는 예언 때문이었다. 튀르크족에게 가장 중요했던 것은 비잔티움에서 카리시오스 문으로 불렀던 에디르네 문이었다. 거기에는 메흐메트 2세가 이스탄불로 공식 입성했던 사실이 현판에 적혀 있다. 그러나 포위전 이야기에 등장하는 모든 성문 가운데 가장 통절한 곳은 크리소케라스 만 쪽으로 조금 더 올라가서 완전히 잊힌 채 서 있다.

여기서 성벽은 갑자기 직각으로 꺾어진다. 그리고 그 근처 약간의 황무지 뒤 콘스탄티노스 11세의 궁전 울타리와 바로 인접한 곳에 벽돌로 막힌 평범한 홍예문이 하나 있다. 수백 년에 걸쳐 개조하고 보수한 전형적인 부분이다. 어떤 사람들은 이곳이 예언에 나오는 그 케르

벽돌로 막아버린 아치형의 케르코스 문.

코스 문이라고 말한다. 이 샛문은 마지막 공격 때 열려 있어 오스만 병사들이 처음으로 성벽에 들어올 수 있도록 한 곳이다. 그러나 다른 곳일지도 모른다. 이 엄청난 포위전에 관한 진실들은 금세 신화로 변해 버린 것이다.

이 현대 도시 안에서 더 발견돼야 할 또 다른 1453년 봄의 중요한 주역이 있다. 바로 대포들이다. 이 대포들은 이스탄불 곳곳에 흩어져 있다. 성벽 옆과 박물관 앞뜰에서 잠을 자고 있고, 때로는 이 포로 쏘았던 완전한 구형의 화강암 또는 대리석 포탄과 함께 있다. 둥근 모양을 한 원래의 포신은 500년의 풍상을 겪으면서도 대체로 영향을 받지 않았다. 오르반의 큰 대포는 지금 아무런 흔적도 없다. 그것은 아마도 톱하네에 있던 오스만의 대포 주물 공장에서 녹여졌고, 얼마 뒤에 유스티니아누스의 거대한 기마상도 녹여졌을 것이다. 메흐메트 2세는 점성술사들의 조언에 따라 이 기마상을 철거했는데, 그것은 상당 기간 광장에 그대로 있다가 결국 끌어내려져 제련소로 보내진 것으로 보인다. 16세기의 프랑스 학자 피에르 질은 그곳에서 그 일부를 보았다.

그 단편 가운데 유스티니아누스의 다리 부분이 있었는데, 그것은 내 키보다 컸다. 또 코는 23센티미터나 됐다. 나는 땅에 놓여 있는 말의 다리를 공식적으로 재어볼 생각조차 하지 못했다. 그러나 개인적으로 발굽 하나를 재어보니 높이가 23센티미터였다.[13]

이것이 그 위대한 황제를 그리고 비잔티움의 장대한 위용을 마지막으로 일별한 것이었다. 그리고 그것은 용광로가 집어삼켰다.

자료에 관하여

이 전쟁에서는 너무도 많은 일이 일어났기 때문에 글로
그 모든 일을 표현할 수도 없고 말로 그 모든 일을 이야기할 수도 없다.[1]
— 메흐메트 네시리(?~1520, 오스만의 연대기 작가)

⸎

　콘스탄티노플 함락(또는 이스탄불 점령)은 중세의 변곡점이 되는 순
간이었다. 이 소식은 무슬림과 기독교 세계에 놀라운 속도로 퍼져 나
갔고, 그 이야기에 기갈이 들린 듯한 관심이 쏟아져 수많은 기록을 남
길 수 있었다. 이 사건은 이례적으로 기록이 축적된 복을 누리고 있는
듯하다.

　그러나 자세히 들여다보면 부분의 총합은 전체에 약간 못 미친다.
목격자들은 사실 매우 적고, 대부분 기독교도들이다. 그 이름들 대다
수는 이 책의 독자들에게 익숙해지게 될 것이다. 과격한 가톨릭 성직
자인 히오스의 레오나르도스 대주교, 가장 믿을 만하게 날짜를 기록한
일기를 쓴 선의船醫 니콜로 바르바로, 피렌체의 상인 자코모 테탈디,

러시아 정교도 네스토르 이스칸데르, 오스만의 공무원 투르순 베이 그리고 한두 사람 더. 이 한두 사람 가운데는 현대 역사가들을 조금 골치 아프게 만든 연대기를 쓴 게오르기오스 스프란체스도 포함된다.

이들 경험자 뒤로 그 순간 직후에 살아서 아마도 조금 뒤에 그 이야기를 간접적으로 들었을 많은 직후 전수자傳受者들이 빽빽하다. 두카스는 감정을 억제하지 못하는 그리스 역사가로, 생생하지만 믿을 수 없으며 출처가 불분명한 이야기들을 잔뜩 모았다. 또한 이야기에 활기찬 에너지를 불어넣고 있다. 또 한 사람의 그리스인인 크리토불로스는 임브로스 섬(터키 다르다넬스 해협 바로 바깥 에게 해 동부에 있는 섬으로, 1970년에 괴크체아다 섬으로 이름이 바뀌었다—옮긴이)의 법관으로, 독특하게도 기독교도이면서 오스만 쪽에 가까운 글을 썼다. (그가 글을 쓰면서 가졌던 여러 가지 소망 가운데 하나가 영국 제도에 사는 사람들까지 포함한 "모든 서방 국가에서" 읽어주는 것이었다.)

그 후 수백 년 동안 양쪽에서 더 많은 자료가 쏟아져 나왔다. 그 가운데 일부는 원본을 그대로 전한 것이고, 다른 것들은 전해 들은 말과 사라졌던 구전口傳, 신화, 기독교 제국 및 오스만 제국의 선전물 등을 더해 입증할 수 없는 정보들로 범벅이 된 것들이었다. 이 책은 그런 많은 이야기에서 끄집어내 쓴 것이다.

자료들을 다루는 데서 불거지는 여러 가지 어려움은 물론 역사, 특히 과학시대 이전의 역사에서는 늘 있는 일이다. 포위전 목격자들은 군대의 규모나 사상자 수를 추정하면서 어림수를 잘 부풀리고 날짜와 시간이 애매한 것으로 악명이 높다. 또 짜증이 날 정도로 국지적인 도량형 체계를 사용하는 버릇이 있고, 독자들을 향해 과장하는 데 열중한다. 사건을 시간 순으로 배열하는 것은 글을 쓸 준비를 하는 데서 당연한 일이었고, 사실과 허구와 신화의 구분도 필요했다. 종교적 미신들이 사건들과 너무 깊숙이 뒤얽혀 있어서 도시의 함락에 대한 서술은 실제로 일어난 일들뿐만이 아니라 사람들이 믿은 것이기도 했다. 그리고 물론 객관적인 기술이라는 생각은 이들 모두에서 완전히 딴 동네 이야기였다.

모든 작가는 자기가 글을 쓴 관점과 동기가 있고, 각 저술의 주장과 특수한 관심을 꼼꼼하게 집어낼 필요가 있었다. 판단은 보통 종교와 국적과 신조를 바탕으로 내려졌다. 베네치아인들은 자동적으로 자기네 선원들의 용맹성을 과장해 말하고 제노바인들의 배반을 헐뜯는다. 물론 그 반대도 마찬가지다. 이탈리아인들은 그리스인들을 겁이 많고 게으르며 멍청하다고 비난한다. 가톨릭교도와 정교도는 분열의 담장 너머로 서로를 욕한다. 기독교 진영 안에서는 도시 상실에 대한 설명(신학적인 측면과 인간적인 측면 모두)을 찾는 것이 첫째 동기이고, 책장 곳곳에서 비난 문화가 크게 울려 퍼지고 있다. 그리고 물론 모든 기독교도 작가는 으레 흡혈귀 메흐메트 2세에게 욕설을 퍼붓는다. 다만 크리토불로스만은 예외다. 그는 술탄의 환심을 사기 위해 무진 애를 쓰고 있다. 오스만인들은 당연히 이 욕설을 그대로 돌려준다.

이 목격자들이 말하는 이야기는 언제나 생생하다. 그들은 자기네가 이 가장 이례적인 사건을 목격했고 거기서 살아남았음을 의식하고 있다. 그러나 이 여러 이야기는 이상하게도 침묵하는 곳이 너무 많다. 1453년의 사건이 튀르크 사람들의 역사에서 엄청난 중요성을 지닌다는 점을 생각하면, 도시 점령에 대한 당대의 기록이 그렇게 적고, 목격자의 진술도 없으며, 셰흐 악솀스엣딘이 메흐메트 2세에게 보낸 편지를 제외하고는 무슬림 병사들의 정서와 동기부여에 관한 개인적인 기록이 거의 없다는 것은 놀라운 일이다. 이 사회는 전체적으로 문자 사회 이전 단계였다. 사건의 전승은 대체로 구전이었고, 개인적인 일들을 기록하는 전통도 없었다. 존재하는 것은 간단한 연대기 형태의 것뿐이었고, 이것이 나중에 재가공돼 오스만 왕조의 전설을 창조하는 데 이바지하게 된다. 그래서 오스만의 관점은 종종 기독교 측 기록의 행간을 읽어 만들어내야 했다. 1453년의 사건은 대체로 패자에 의해 쓰인 역사라는 점에서 이례적이다.

거의 비슷하게 놀라운 것은 정교도 그리스인들의 증언이 부족한 것이다. 아마도 비잔티움의 주요 인물 상당수가 마지막 약탈 때 살해당했거나, 아마도 게오르기오스 스프란체스처럼 너무 정신적인 충격이 커서 자세하게 생각해 볼 여유가 없었기 때문일 것이다. 그래서 기독교도들의 이야기는 주로 이탈리아인들이나 도시의 정교도 방어군들에게 엄청난 혹평을 가한(다만 콘스탄티노스 11세만은 예외였다) 친통합파 그리스인들에 의해 전해졌다.

그 결과 이 이야기는 여러 가지 미스터리를 담고 있고, 그 미스터리는 아마도 절대 풀리지 않을 것이다. 오스만인들이 어떻게 배를 수송했는가는 터키사 연구자들 사이에서 논쟁이 계속되는 문제로 남아 있다. 그리고 콘스탄티노스 11세의 죽음 문제는 돌아버릴 정도로 종잡기 어렵다. 서로 다른 주장들이 당파적인 입장에 따라 쫙 갈려 있다. 참으로 콘스탄티노스 11세는 포위전에서, 동에 번쩍 서에 번쩍 하는 듯한 조급하고 활기찬 메흐메트 2세라는 인물 옆에 어슴푸레한 모습으로 남아 있다.

'콘스탄티노플 이야기'를 다시 엮으면서 나의 목표는 이런 모순과 어려움 속에서 탄탄하고 중도적인 내용의 이야기를 만드는 것이었다. 내가 할 수 있는 한 사실에 가장 가깝게 말이다. 나는 자료를 헤치며 조심조심 나아갔고, 때로는 어색하지만 기록을 그대로 받아들이고 가장 그럴듯한 설명을 찾고자 했다. 바르바로의 일기가 그날그날 포위전 이야기를 해주었지만, 날짜는 불확실한 것이 너무도 많았다. 사건이 일어난 날짜를 특정하고 그것을 시간 순으로 배열하는 데서 기록마다 기조가 달랐고, 이 문제를 연구한 많은 사람은 미세한 부분에서 내 의견에 동의하지 않을 것이다. 이 책을 세밀하게 연구해 보면 사건이 일어난 시점에 관해 작은 미스터리들이 드러날 것이다. 나는 이것들을 알 수 없고 해결할 수 없는 기록으로 남아 있게 했다.

나는 대체로 내게 가장 그럴듯하게 보이는 연대기를 선택하고, 서술에서 '아마도'나 '어쩌면'이나 '…였을 듯' 같은 두려운 단어들을 가능한 한 쓰지 않으려 했다. 그렇게 하지 않으면 일반 독자를 다양한 주장을 하는 자료의 수렁에 빠뜨릴 것이기 때문이다. 그것은 강력하고 찬란한 빛깔의 얼개를 가진 이 이야기의 전체적인 역동성에 그다지 도움을 주지 못한다. 동시에 나는 지리·풍경·기후·시간상의 물리적 증거로 보아 정당화될 수 있다고 내게 생각되는 추론을 강조했다.

이 책에서 나의 두 번째 목표는 인간의 육성을 잡아내고, 일종의 '이야기에 관한 이야기'를 하는 것이었다. 전자는 주역들이 직접 드러내는 말과 편견, 희망과 공포를 재현하는 것이고, 후자는 입증할 수 있는 사실과 함께 그들이 진실이라고 믿었던 이야기까지 전하려는 것이었다. 때로는 거의 그들이 말하고 있는 이야기들만큼이나 이색적이고 신비한 독자적인 개성 자체가 자료였다.

바르바로 같은 일부 사람들은 오직 그들의 이야기 속에만 존재하고 다시 침묵 속으로 사라져버린다. 히오스의 레오나르도스나 키예프의 이시도로스 같은 또 다른 사람들은 당시의 교회사 속에 보다 깊숙이 개입돼 있다.

가장 흥미롭고도 문제가 많은 기록 가운데 하나가 러시아의 정교도 네스토르 이스칸데르의 기록이다. 그는 오스만 군대의 징집병으로 콘스탄티노플에 왔던 것 같다. 추론해 보면 그는 포위전 초기에 도시로 탈출해 들어가 거기서 벌어지는 사건들을 목격하고 참여했던 듯하다. 그는 포격과 성벽 위에서 일어난 사건들에 관해 특히 생생한 기록을 남기고 있다. 그는 이후의 오스만의 보복 때도 살아남았다. 아마도 수도사로 변장하고 수도원에 있었던 듯하다. 전설과 전해 들은 말과 직접 본 것을 신비롭고 때로 몽환적으로 섞어놓은 그의 이야기는 날짜와 순서가 너무 뒤죽박죽이어서 많은 작가가 그것을 전적으로 무시하려는 경향이 있었다. 그러나 거기에는 설득력 있는 세부 내용들이 많이 담겨 있다. 그는 독특하게, 성벽에서의 싸움과 아마도 그가 직접 참여한 듯한 시체 처리 과정에 관해 매우 구체적이다. 자료들 가운데 거의 유일하게 네스토르 이스칸데르는 또한 실제로 싸우는 그리스인들의 모습을 우리에게 알려준다. 예를 들어 랑가베스가 죽게 되는 사건 같은 것들이다.

베네치아인들과 제노바인들은, 싸움은 거의 전적으로 이탈리아인들이 다 했으며 그리스 주민들은 좋게 보아 수동적이고 나쁘게 보면 방해나 되고 돈이나 밝히고 겁에 질려 있었다고(종교적인 차이 때문이다) 우리에게 믿도록 하려 한다.

다채로운 뒷날을 경험하게 되는 다른 두 연대기는 게오르기오스 스프란체스와 두카스의 작품들이다. 스프란체스는 이 이야기를 두 가지 형태로 쓴 것으로 유명하다. 각기 소小연대기와 대大연대기로 알려져 있다. 오랫동안 대연대기는 그저 소연대기를 나중에 증보한 것에 불과한 것으로 생각돼 왔다. 그런데 소연대기는 포위전에 관해 거의 아무런 말도 하지 않는다. 스프란체스의 긴 생애 가운데 가장 중요하고 어쩌면 정신적 충격을 주었을 사건인데도 말이다. 대연대기는 생생하고 상세하며 그럴듯해서 오랫동안 1453년 사건에 관한 주요 정보원으로 널리 사용돼 왔다. 그러나 그것은 100여 년 뒤에 마카리오스 멜리세노스라는 사람이 스프란체스인 것처럼 가장해 쓴 교묘한 흉내 내기 작품이었던 것이 드러났다. 그의 가탁假託은 신뢰를 얻지 못했다. 멜리세노스는 교리 논쟁에서 이기려고 칙령을 위조한 것으로 알려진 사제였다. 그 결과 대연대기의 모든 내용은 의문 속으로 내던져졌다. 역사가들은 이제 이 작품을 여러 가지로 조심스럽게 대해야 한다. 포위전에 관해 글을 쓰고자 하는 사람은 누구라도 그것을 어떻게 다룰지 결정해야 한다. 세밀한 텍스트 분석을 통해, 그것이 지금은 남아 있지 않은 스프란체스의 보다 긴 연대기를 바탕으로 한 것이라는 주장이 나왔다. 그 내용의 일부가 아주 특수하기 때문에, 그것이 완전한 날조라면 그가 매우 뛰어난 역사소설가임을 입증하는 것이라고 했다. 스프란체스가 전투 직전에 콘스탄티노스 11세와 함께 어둠 속 망루에 서 있었던 사건은 멜리세노스가 만들어낸 것이다. 그는 또한 튀르크 역사의 상징적인 순간에 대한 자료원이 되기도 했다. 성벽 위에 처음 오스만 깃발을 꽂았다는 거인 예니체리 울루바틀르 하산 이야기다. 두 번째 것은 적어도 날조라고 보기에는 너무 상세한 듯싶다.

비잔티움의 몰락을 긴 관점에서 본 역사책인 두카스의 연대기도 꼭 그렇게 이색적이다. 두카스는 포위전 자체는 아니더라도 포위전과 관련된 여러 가지 사건들을 목격했다. 그는 아마도 에디르네에서 오르반의 큰 대포를 시험 발사하는 것과 보아즈케센에서 배가 격침된 뒤 메흐메트 2세로부터 말뚝 형벌을 받아 죽은 선원들의 시체가 썩어가는 것을 보았던 듯하다. 그의 생생하고 고집스러운 묘사는 이상하게 끝이 난다. 1462년 오스만의 레스보스 포위전을 묘사하다가 갑자기 문장 중간에서 끊어졌다. 이 이야기에서 많은 일이 그랬던 것처럼 저자의 운명을 마무리 짓지 못한 채. 레스보스에서 일어난 사건에 대한 생생한 묘사는 저자가 그곳에 있었다는 강한 인상을 준다. 그리고 그리스인들의 방어가 최종적으로 붕괴되면서 그가 펜을 손에 든 채 멈추었다는 추측을 부추긴다. 그는 방어군들의 무서운 운명(그들의 머리가 잘리지 않으리라는 약속을 충족시키기 위해 몸통을 반으로 켰다)을 당했을까, 아니면 노예로 팔려갔을까? 아무튼 그는 문장을 마무리 짓지 못하고 방에서 나간다.

콘스탄티노플 이야기를 하는 것은 그 자체로 매우 방대한 역사다. 이 책은 영어로 오랫동안 쌓여온 여러 자료에 의존했다. 여기에는 19세기의 에드워드 기번(1737~1794)으로부터 에드윈 피어스(1835~1919) 경의 1903년 저서와 위대한 비잔티움사 연구가인 스티븐 런시먼(1903~2000) 경의 1965년 저서 등 두 명의 영국 기사로 이어지는 흐름이 있고, 다른 언어로 된 기록도 많다. 그것을 올바르게 파악하기는 어렵다. 역사의식 측면에서 방향이 잘 잡힌 임브로스의 크리토불로스는 500년 전에 이런 문제점을 알아차리고 자신이 메흐메트 2세에게 헌신한 것을 깔끔하게 부인했다. 직접 알현하지 않은 상태에서 세계 정복자를 지칭할 때는 신중한 태도를 보인 것이다. 이후에 나올 어떤 책들이라도 그의 이런 말을 언급하고 싶을 것이다.

오, 그러니 강력한 황제이시여, 저는 직접 이 사건들을 목격하지 못했기 때문에 이 사건들의 정확한 진실을 알고자 무진 애를 썼습니다. 역사를 쓰면서 저는 동시에 그것을 알았던 사람들을 연구했고, 그 모든 일이 정확하게 어떻게 일어났는지 검토했습니다. … 그리고 제 표현이 폐하의 공적을 따라가지 못하는 듯하다면 … 저는 스스로 … 역사를 기록하는 일을 내놓아 그러한 일에서 저보다 훨씬 유능한 사람들에게 맡길 것입니다.[2]

| 감사의 말 |

이 책에 대한 아이디어는 오랜 시간 동안 계속 굴러가고 있었기 때문에 책을 쓰면서 빚진 사람이 많다. 이것이 지금 존재한다는 사실은 가장 먼저 나의 에이전트인 앤드류 로니와 파버출판사의 줄리언 루스 그리고 하이페리언의 빌 스트라칸이 이 이야기를 믿어준 덕분이다. 그리고 두 출판사의 전문적이고 열성적인 직원들이 이 책이 나올 수 있도록 해주었다.

이 책의 가장 깊숙한 뿌리로서 나는 1973년 나를 그곳에 가도록 설득한 이스탄불의 챔피언 크리스토퍼 트릴로에게 늘 감사한 마음을 갖고 있다. 그리고 모든 과정에서 나에게 조언을 해준 약간의 오랜 친구들이 있다. 앤드류 테일러, 엘리자베스 매너스, 스티븐 스코펌은 제안서와 원고를 읽어주었으며, 다시 엘리자베스 매너스는 루마니아 몰도비차 수도원의 벽화 사진들을 이용하게 해주었고, 존 다이슨은 이스탄불에서 책을 사는 데 많은 도움을 주고 환대를 해주었으며, 리타 모턴과 론 모턴은 그리스에서 역시 환대를 해주었고, 론 모턴과 데이비드 고든매클라우드는 나를 아토스 산으로 데려가 살아 있는 비잔티움 전통을 맛볼 수 있게 해주었으며, 애너마리아 페로와 앤디 커비는 번역을 해주었고, 올리버 풀은 사진들을 제공해 주었고, 애시나 애덤스

플로루는 사진들을 스캔해 주었고, 데니스 내시는 대포 주조에 관한 정보를 주었고, 마틴 다우는 아랍어에 대한 조언을 해주었다. 이 모든 분께 나는 깊이 감사드린다. 언제나처럼 마지막으로 잰에게 깊은 감사와 사랑을 표한다. 제안서와 원고를 읽어주었을 뿐만 아니라 터키의 개에게 물리고도 살아주었다.

나는 또한 다음 출판사들이 이 책에 포함된 상당량의 발췌 부분을 다시 수록할 수 있도록 허락해 준 데 대해 감사드린다.

Nestor-Iskander, *The Tale of Constantinople*(translated and annotated by Walter K. Hanak and Marios Philippides, courtesy Aristide D. Caratzas, Publisher Melissa International Ltd).

Franz Babinger, *Mehmed the Conqueror and His Time* (Princeton University Press, 1978, reprinted by permission of Princeton University Press).

| 주석 |

프롤로그 : 빨간 사과

1) Procopius, p.35.

2) Mansel, p.1.

불타는 바다

1) Sherrard, p.11에서 인용.

2) Akbar, p.45에서 인용.

3) 같은 책, p.44에서 인용.

4) Ibn Khaldun, vol.2, p.40.

5) Anna Comnena, p.402.

6) Tsangadas, p.112에서 인용.

7) 같은 책, p.112에서 인용.

8) Theophanes Confessor, p.676.

9) 같은 책, p.546.

10) 같은 책, p.550.

11) 같은 책, p.550.

12) 같은 책, p.546.

13) Wintle, p.245에서 인용.

14) Ovid, *Tristia*, 1.10.

15) Sherrard, p.12에서 인용.

16) Mansel, p.3에서 인용.

17) Sherrard, p.12에서 인용.

18) 같은 책, p.51에서 인용.

19) 같은 책, p.27에서 인용.

20) Norwich, vol.1, p.202에서 인용.

21) Clark, p.17에서 인용.

22) 같은 책, p.14에서 인용.

23) Sherrard, p.74에서 인용.

24) Wheatcroft, p.54에서 인용.

이스탄불을 꿈꾸다

1) Lewis, *Islam from the Prophet*, vol.2, pp.207~208에서 인용.

2) Ibn Khaldun, vol.2, pp.257~258.

3) Lewis, *The Legacy of Islam*, p.197에서 인용.

4) Lewis, *Islam from the Prophet*, vol.2, p.208에서 인용.

5) Cahen, p.213에서 인용.

6) Armstrong, p.2에서 인용.

7) 같은 책, p.2에서 인용.

8) Norwich, vol.3, p.102에서 인용.

9) Mango, *The Oxford History of Byzantium*, p.128에서 인용.

10) Kelly, p.35에서 인용.

11) Morris, p.39에서 인용.

12) Norwich, vol.3, p.130에서 인용.

13) 같은 책, vol.3, p.179에서 인용.

14) Morris, p.41에서 인용.

15) Kinross, p.24에서 인용.

16) Mackintosh-Smith, p.290에서 인용.

17) Wittek, p.15에서 인용.

18) 같은 책, p.14에서 인용.

19) 같은 책, p.14에서 인용.

20) Tafur, p.146.

21) Mihailovich, pp.191~192.

22) Brocquière, pp.362~365.

술탄과 황제

1) Babinger, p.59에서 인용.

2) 같은 책, p.418에서 인용.

3) Brocquière, p.351.

4) Inalcik, p.59에서 인용.

5) Babinger, p.24에서 인용.

6) Granville Brown, *A History of Ottoman Poetry*, vol.2.

7) Mihailovich, p.171.

8) Doukas, *Fragmenta*, p.228.

9) Khoja Sa'd-ud-din, p.41.

10) Doukas, *Fragmenta*, p.227.

11) Babinger, p.424에서 인용.

12) 같은 책, p.112에서 인용.

13) 이하 102쪽까지 * 표시된 곳은 모두 Brocquiere, pp.335~341.

14) Nestor-Iskander, p.67.

15) Babinger, p.47에서 인용.

목을 따다

1) Freely, p.269에서 인용.

2) Babinger, p.68에서 인용.

3) 이하 113쪽의 * 표시된 곳은 모두 Sphrantzes, trans. Philippides, p.59.

4) Doukas, *Fragmenta*, p.228.

5) Tursun Beg, p.33.

6) Doukas, *Fragmenta*, pp.234~235.

7) Nicol, *The Immortal Emperor*, p.52에서 인용.

8) Khoja Sa'd-ud-din, p.11.

9) Doukas, *Fragmenta*, pp.237~238.

10) Kritovoulos, *Critobuli*, p.19.

11) Doukas, *Fragmenta*, p.238.

12) 같은 책, p.239.

13) 같은 책, p.239.

14) 같은 책, p.245.

15) Kritovoulos, *Critobuli*, p.21.

16) Mihailovich, p.89.

17) Kritovoulos, *Critobuli*, p.22.

18) 같은 책, p.22.

19) Tursun Beg, p.34.

20) Kritovoulos, *Critobuli*, p.22.

21) Doukas, *Fragmenta*, p.245.

22) Kritovoulos, *Critobuli*, p.22.

23) Pertusi, *La Caduta*, vol.1, p.311.

24) 같은 책, p.311.

25) Khoja Sa'd-ud-din, p.12.

26) 아래 * 표시된 곳과 함께 Doukas, *Fragmenta*, p.248.

컴컴한 교회

1) Mijatovich, p.17에서 인용.

2) *Daily Telegraph* 웹사이트(2001. 5. 4)의 한 기사에서 인용.

3) Ware, p.43에서 인용.

4) 같은 책, p.53에서 인용.

5) Clark, p.27에서 인용.

6) Norwich, vol.3, p.184에서 인용.

7) Mijatovich, pp.24~25에서 인용.

8) Gill, p.381에서 인용.

9) Runciman, *The Fall of Constantinople*, pp.63~64에서 인용.

10) Nicol, *The Immortal Emperor*, p.58에서 인용.

11) Pertusi, *La Caduta*, vol.1, p.125.

12) Gill, p.384에서 인용.

13) Pertusi, *La Caduta*, vol.1, p.11.

14) 같은 책, p.92.

15) Stacton, p.165에서 인용.

16) Sherrard, p.34에서 인용.

17) Doukas, *Fragmenta*, p.254.

18) Kritovoulos, *Critobuli*, p.30.

19) 아래 * 표시된 곳과 함께 Kritovoulos, *History of Mehmet*, pp.29~31.

20) Kritovoulos, *Critobuli*, p.32.

21) 같은 책, p.37.

22) Doukas, *Fragmenta*, p.257.

23) Barbaro, *Giornale*, p.3.

24) 같은 책, p.4.

25) 같은 책, p.5.

26) 같은 책, p.13.

27) Doukas, *Fragmenta*, p.265.

28) Kritovoulos, *History of Mehmed*, p.39.

29) Sphrantzes, trans. Philippides, p.72.

성벽과 대포

1) Hogg, p.16에서 인용.

2) Kritovoulos, *Çritobuli*, p.40.

3) 같은 책, p.37.

4) Gunther of Pairis, p.99.

5) Tsangadas, p.9에서 인용.

6) Van Millingen, *Byzantine Constantinople*, p.49에서 인용.

7) 같은 책, p.47에서 인용.

8) 같은 책, p.107에서 인용.

9) Mijatovich, p.50에서 인용.

10) Hogg, p.16에서 인용.

11) Cipolla, p.36에서 인용.

12) DeVries, p.125에서 인용.

13) Doukas, *Fragmenta*, pp.247~248.

14) Kritovoulos, *Critobuli*, p.44.

15) 같은 책, p.44.

16) 같은 책, p.44.

17) Chelebi, *In the Days*, p.90.

18) 같은 책, p.90.

19) 같은 책, p.91.

20) Kritovoulos, *Critobuli*, p.44.

21) Doukas, *Fragmenta*, p.248.

22) 같은 책, p.249.

23) 같은 책, p.249.

별처럼 수많은

1) Pertusi, *La Caduta*, vol.1, p.315.

2) Mihailovich, p.177.

3) Doukas, *Fragmenta*, p.262.

4) Imber, *The Ottoman Empire*, p.257에서 인용.

5) 같은 책, p.277.

6) Goodwin, *Lords of the Horizons*, p.66에서 인용.

7) Doukas, *Fragmenta*, p.262.

8) Khoja Sa'd-ud-din, p.16.

9) Chelebi, *Le Siège*, p.2.

10) Kritovoulos, *Critobuli*, p.38.

11) 같은 책, p.39.

12) Khoja Sa'd-ud-din, p.17.

13) Doukas, *Fragmenta*, p.262.

14) Pertusi, *La Caduta*, vol.1, p.xx에서 인용.

15) Tursun Beg, p.34.

16) Sphrantzes trans. Carroll, p.47.

17) Goodwin, p.70에서 인용.

18) Pertusi, *La Caduta*, vol.1, p.316.

19) Kritovoulos, *Critobuli*, p.41.

20) Pertusi, *La Caduta*, vol.1, p.176.

21) 같은 책, p.5.

22) 같은 책, vol.1, p.130.

23) Mihailovich, p.91.

24) Pertusi, *La Caduta*, vol.1, p.xx에서 인용.

25) 같은 책, p.xx에서 인용.

26) Mihailovich, p.175.

27) Pertusi, *La Caduta*, vol.1, pp.175~176.

28) Mijatovich, p.137에서 인용.

29) Sphrantzes, trans. Carroll, p.49.

30) 아래 * 표시된 곳과 함께 같은 책, pp.49~50.

31) Sphrantzes, trans. Philippides, p.69.

32) Leonard, p.38.

33) Pertusi, *La Caduta*, vol.1, p.146.

34) Leonard, p.38.

35) Sphrantzes, trans. Philippides, p.70.

36) Barbaro, *Giornale*, p.19.

37) Pertusi, *La Caduta*, vol.1, p.148.

38) 같은 책, p.27.

39) Sphrantzes, trans. Philippides, p.110.

40) Pertusi, *La Caduta*, vol.1, p.148.

41) Barbaro, *Giornale*, p.19.

42) Pertusi, *La Caduta*, vol.1, pp.152~154.

43) Barbaro, *Giornale*, pp.19~20.

44) *The Koran*, p.198.

45) Chelebi, *Le Siège*, p.3.

46) Doukas, trans. Magoulias, p.217.

47) Kritovoulos, *Critobuli*, p.37.

48) 같은 책, p.40.

무시무시한 종말의 광풍

1) Nestor-Iskander, p.45.

2) Kritovoulos, *Critobuli*, p.41.

3) 같은 책, p.46.

4) Doukas, *Fragmenta*, p.266.

5) 같은 책, p.266.

6) Kritovoulos, *Critobuli*, p.47.

7) 같은 책, p.48.

8) Pertusi, *La Caduta*, vol.1, p.130.

9) Leonard, p.18.

10) Barbaro, p.30.

11) Nestor-Iskander, p.43.

12) Pertusi, *La Caduta*, vol.1, p.130.

13) 같은 책, vol.1, p.15.

14) Kritovoulos, *Critobuli*, p.45.

15) 아래 * 표시된 곳과 함께 같은 책, p.45.

16) 같은 책, p.45.

17) 같은 책, p.45.

18) Pertusi, *La Caduta*, vol.1. p.130.

19) Khoja Sa'd-ud-din, p.21.

20) Nestor-Iskander, pp.33~35.

21) 같은 책, p.35.

22) Melville Jones, p.46.

23) 같은 책, p.47.

24) Kritovoulos, *Critobuli*, p.46.

25) Sphrantzes, trans. Carroll, p.48.

26) 같은 책, pp.48~49.

27) Doukas, *Fragmenta*, pp.273~274.

28) Melville Jones, p.45.

29) Sphrantzes, trans. Philippides, p.103.

30) Kritovoulos, *History of Mehmed*, p.49.

31) Leonard, p.38.

32) Doukas, *Fragmenta*, p.266.

33) Barbaro, *Giornale*, p.22.

34) Kritovoulos, *History of Mehmed*, p.49.

35) Pertusi, *La Caduta*, vol.1, pp.15~16.

36) Nestor-Iskander, p.37.

37) 이하 237쪽의 * 표시된 곳은 모두 같은 책, p.39.

38) 같은 책, p.39.

하느님이 주신 바람

1) Guilmartin, p.22에서 인용.

2) Kritovoulos, *Critobuli*, p.38.

3) 같은 책, p.38.

4) 같은 책, p.38.

5) 같은 책, p.43.

6) Pertusi, *La Caduta*, vol.2, p.256.

7) Kritovoulos, *Critobuli*, p.39.

8) Pertusi, *La Caduta*, vol.2, p.256.

9) Barbaro, *Giornale*, p.19.

10) Barbaro, *Diary*, p.29.

11) Barbaro, *Giornale*, p.20.

12) 같은 책, p.20.

13) 같은 책, p.21.

14) Pertusi, *La Caduta*, vol.1, p.15.

15) Barbaro, *Giornale*, p.22.

16) Kritovoulos, *Critobuli*, p.51.

17) 같은 책, p.51.

18) Pertusi, *La Caduta*, vol.1, p.lxxvi.

19) Kritovoulos, *Critobuli*, p.53.

20) 같은 책, p.53.

21) 같은 책, p.53.

22) Barbaro, *Giornale*, p.23.

23) Kritovoulos, *Critobuli*, p.53.

24) 같은 책, p.53.

25) Doukas, *Fragmenta*, p.269.

26) Leonard, p.30.

27) Doukas, *Fragmenta*, p.269.

28) Kritovoulos, *Critobuli*, p.54.

29) Melville Jones, p.21.

30) Pertusi, *La Caduta*, vol.1, p.140.

31) Barbaro, p.33.

32) Kritovoulos, *Critobuli*, p.54.

33) Melville Jones, p.22.

34) Barbaro, *Giornale*, p.24.

35) Kritovoulos, *Critobuli*, p.55.

유혈의 소용돌이

1) Lewis, *Islam from the Prophet*, vol.1, p.212.

2) Leonard, p.18.

3) Kritovoulos, *Critobuli*, p.55.

4) Barbaro, *Giornale*, pp.23~24.

5) Inalcik, *Speculum* 35, p.411에서 인용한 투르순 베이의 말.

6) Pertusi, *La Caduta*, vol.1, p.301.

7) 같은 책, pp.301~302.

8) Barbaro, *Diary*, p.34.

9) Sphrantzes, trans. Carroll, p.56.

10) Barbaro, *Giornale*, p.25.

11) 같은 책, p.25.

12) Doukas, *Fragmenta*, p.214.

13) Melville Jones, p.4.

14) Mijatovich, p.161에서 인용.

15) Nicol, *The Immortal Emperor*, pp.127~128에서 인용.

16) Pertusi, *La Caduta*, vol.1, p.16.

17) 같은 책, p.16.

18) Barbaro, *Diary*, p.36.

19) 같은 책, p.36.

20) Pertusi, *La Caduta*, vol.1, p.17.

21) 같은 책, p.17.

22) 같은 책, p.16.

23) Doukas, trans. Magoulias, p.258.

24) Leonard, p.28.

25) Pertusi, *La Caduta*, vol.1, pp.134~136.

26) Kritovoulos, *Critobuli*, p.56.

27) 같은 책, p.56.

28) 같은 책, p.56.

29) Barbaro, *Giornale*, p.28.

30) Sphrantzes, trans. Carroll, p.56.

31) Kritovoulos, *Critobuli*, p.57.

32) Pertusi, *La Caduta*, vol.1, p.19.

33) Barbaro, *Giornale*, p.29.

34) Sphrantzes, trans. Philippides, p.111.

35) Barbaro, *Giornale*, p.30.

36) 같은 책, p.31.

37) 같은 책, p.31.

38) 같은 책, p.32.

39) 같은 책, p.33.

40) 같은 책, p.33.

41) Barbaro, *Giornale*, pp.31~32.

42) Babinger, p.429에서 인용.

43) Melville Jones, p.5.

44) Doukas, trans. Magoulias, p.260.

45) Sphrantzes, trans. Carroll, p.31.

46) Pertusi, *La Caduta*, vol.1, p.144.

47) 같은 책, p.144.

무시무시한 무기들

1) D. F. Sullivan ed., *Siegecraft : Two Tenth-century Instructional Manuals by Heron of Byzantium*, Washington DC, 2000, p.29.

2) Leonard, p.36.

3) Pertusi, *La Caduta*, vol.1, p.20.

4) 같은 책, p.142.

5) 같은 책, p.142.

6) 이하 299쪽의 * 표시된 곳은 모두 같은 책, p.23.

7) 이하 300쪽의 * 표시된 곳은 모두 Barbaro, *Giornale*, p.34.

8) Kritovoulos, *Critobuli*, pp.51~52.

9) Leonard, p.32.

10) Barbaro, *Giornale*, pp.35~36.

11) 같은 책, p.36.

12) Leonard, p.32.

13) Doukas, *Fragmenta*, p.279.

14) 같은 책, p.278.

15) Barbaro, *Giornale*, p.39.

16) Nestor-Iskander, p.43.

17) 같은 책, p.45.

18) 아래 * 표시된 곳과 함께 같은 책, p.45.

19) Leonard, p.44.

20) 같은 책, p.46.

21) 같은 책, p.44.

22) Pertusi, *La Caduta*, vol.1, p.152.

23) Tursun Beg, p.36.

24) Nestor-Iskander, p.49.

25) Nestor-Iskander, p.53.

26) Barbaro, *Giornale*, p.36.

27) Nestor-Iskander, p.55.

28) 같은 책, p.57.

29) 같은 책, p.57.

30) Barbaro, *Giornale*, p.39.

31) Nestor-Iskander, p.47.

32) 같은 책, p.47.

33) Wintle, p.245에서 인용.

34) Barbaro, *Giornale*, p.37.

35) 같은 책, p.39.

36) Nestor-Iskander, p.57.

37) 같은 책, p.59.

38) 같은 책, p.61.

39) Mijatovich, p.181에서 인용.

40) Barbaro, *Giornale*, p.40.

41) 같은 책, p.40.

42) 같은 책, p.40.

43) 같은 책, p.41.

44) 같은 책, p.41.

45) 같은 책, p.44.

46) Barbaro, *Diary*, p.55.

47) Barbaro, *Giornale*, p.43.

48) Pertusi, *La Caduta*, vol.2, p.262.

49) 같은 책, vol.1, p.134.

50) Barbaro, *Diary*, p.55.

51) Melville Jones, p.5.

52) Barbaro, *Giornale*, p.42.

53) 같은 책, p.43.

54) 같은 책, p.43.

55) Leonard, p.22.

56) Barbaro, *Diary*, p.53.

57) Barbaro, *Giornale*, p.42.

58) 아래 * 표시된 곳과 함께 Nestor-Iskander, p.51.

59) Leonard, p.22.

60) Barbaro, *Giornale*, pp.46~47.

61) Pertusi, *La Caduta*, vol.1, p.26.

62) 같은 책, pp.26~27.

63) 아래 * 표시된 곳과 함께 Barbaro, *Giornale*, p.35.

예언과 징조

1) Sherrard, p.167에서 인용.

2) Yerasimos, *Les Traditions Apocalyptiques*, p.59.

3) Melville Jones, p.129.

4) Leonard, p.14.

5) Nestor-Iskander, p.69.

6) Yerasimos, *Les Traditions Apocalyptiques*, p.70에서 인용.

7) Barbaro, *Diary*, p.56.

8) Pertusi, *La Caduta*, vol.1, p.26.

9) 같은 책, p.26.

10) 같은 책, pp.26~27.

11) Tsangadas, p.304에서 인용.

12) Kritovoulos, *Critobuli*, p.58.

13) 같은 책, p.58.

14) 같은 책, pp.58~59.

15) 같은 책, p.59.

16) 같은 책, p.59.

17) Nestor-Iskander, p.81.

18) 같은 책, p.63.

19) 같은 책, p.81.

20) 같은 책, p.63.

21) 같은 책, p.65.

22) Pertusi, *La Caduta*, vol.1, pp.309~310.

23) Leonard, p.50.

24) Melville Jones, pp.47~48.

25) 같은 책, p.48.

26) 같은 책, p.48.

27) 같은 책, p.48.

28) Doukas, *Fragmenta*, p.286.

29) Leonard, p.50.

30) 같은 책, p.50.

31) Melville Jones, p.6.

32) Leonard, p.50.

33) Pertusi, *La Caduta*, vol.1, p.27.

34) Doukas, *Fragmenta*, p.281.

35) Pertusi, *La Caduta*, vol.1, p.181.

36) Leonard, p.54.

37) Barbaro, *Giornale*, p.48.

38) Doukas, trans. Magoulias, p.221.

39) Doukas, *Fragmenta*, p.281.

40) Pertusi, *La Caduta*, vol.1, p.27.

41) Yerasimos, *Les Traditions Apocalyptiques*, p.157에서 인용.

"이 날짜를 기억하라"

1) Inalcik, *The Ottoman Empire : The Classical Age*, p.56에서 인용.

2) Mihailovich, p.145.

3) Barbaro, *Giornale*, p.49.

4) Kritovoulos, *Critobuli*, p.59.

5) 같은 책, p.61.

6) 같은 책, p.62.

7) 같은 책, p.63.

8) Melville Jones, pp.48~49.

9) 같은 책, p.49.

10) Leonard, p.54.

11) Babinger, p.355에서 인용.

12) Pertusi, *La Caduta*, vol.1, pp.156~158.

13) Barbaro, *Giornale*, p.49.

14) 같은 책, p.21.

15) Nestor-Iskander, p.75.

16) 같은 책, p.77.

17) Barbaro, *Diary*, p.60.

18) Babinger, p.85에서 인용.

19) *The Koran*, p.44.

20) Pertusi, *La Caduta*, vol.1, p.302.

21) *The Koran*, p.361.

22) Barbaro, *Giornale*, p.50.

23) 이하 376쪽의 * 표시된 곳은 모두 Leonard, p.56.

24) 아래 * 표시된 곳과 함께 같은 책, p.58.

25) Melville Jones, p.35.

26) Kritovoulos, *Critobuli*, pp.61~62.

27) 아래 * 표시된 곳과 함께 Nestor-Iskander, p.87.

28) Barbaro, *Giornale*, p.49.

29) Barbaro, *Diary*, p.56.

30) Barbaro, *Giornale*, p.49.

31) Pertusi, *La Caduta*, vol.1, p.29.

32) Khoja Sa'd-ud-din, p.27.

33) Sphrantzes, trans. Carroll, p.74.

34) Sphrantzes, trans. Philippides, p.61.

잠긴 문들

1) Ibn Khaldun, vol.2, p.67.

2) Kritovoulos, *History of Mehmed*, p.62.

3) Doukas, *Fragmenta*, p.283.

4) Pertusi, *La Caduta*, vol.1, p.42.

5) 같은 책, vol.1, p.30.

6) Leonard, p.16.

7) Kritovoulos, *Critobuli*, p.66.

8) 이하 393쪽의 * 표시된 곳은 모두 Barbaro, *Diary*, p.62.

9) Kritovoulos, *Critobuli*, p.67.

10) Kritovoulos, *History of Mehmed*, p.67.

11) Barbaro, *Giornale*, p.52.

12) Nestor-Iskander, p.71.

13) Barbaro, *Giornale*, p.52.

14) Leonard, p.60.

15) Barbaro, *Giornale*, p.52.

16) Leonard, p.60.

17) Kritovoulos, *Critobuli*, p.67.

18) Barbaro, *Giornale*, p.53.

19) Leonard, p.40.

20) 같은 책, p.40.

21) Kritovoulos, *Critobuli*, p.68.

22) 같은 책, p.68.

23) Pertusi, *La Caduta*, vol.1, p.158.

24) Kritovoulos, *Critobuli*, p.68.

25) Melville Jones, p.7.

26) 아래 * 표시된 곳과 함께 Kritovoulos, *Critobuli*, p.68.

27) Barbaro, *Giornale*, p.53.

28) 같은 책, p.53.

29) 같은 책, p.53.

30) 같은 책, p.53.

31) 같은 책, p.53.

32) Kritovoulos, *Critobuli*, p.68.

33) Pertusi, *La Caduta*, vol.1, p.160.

34) Kritovoulos, *Critobuli*, p.69.

35) Barbaro, *Giornale*, p.53.

36) Pertusi, *La Caduta*, vol.1, p.161.

37) Leonard, p.44.

38) Kritovoulos, *Critobuli*, p.68.

39) 같은 책, p.70.

40) Barbaro, *Giornale*, p.54.

41) Melville Jones, p.50.

42) Kritovoulos, *Critobuli*, p.70.

한 줌의 흙

1) Sherrard, p.102.

2) Doukas, *Fragmenta*, p.296.

3) Kritovoulos, *Critobuli*, p.71.

4) 같은 책, p.71.

5) Barbaro, *Giornale*, p.55.

6) Nestor-Iskander, p.89.

7) Melville Jones, p.51.

8) 아래 * 표시된 곳과 함께 Doukas, *Fragmenta*, p.295.

9) Doukas, trans. Magoulias, p.228.

10) Khoja Sa'd-ud-din, p.29.

11) Melville Jones, p.123.

12) Kritovoulos, *Critobuli*, p.71.

13) 아래 * 표시된 곳과 함께 같은 책, pp.71~72.

14) 아래 * 표시된 곳과 함께 Leonard, p.66.

15) Doukas, *Fragmenta*, p.295.

16) Kritovoulos, *Critobuli*, p.72.

17) 같은 책, p.72.

18) 같은 책, p.73.

19) 같은 책, p.73.

20) Melville Jones, p.38.

21) Barbaro, *Diary*, p.67.

22) 아래 * 표시된 곳과 함께 Kritovoulos, *Critobuli*, p.73.

23) Doukas, *Fragmenta*, p.292.

24) Pertusi, *La Caduta*, vol.1, p.34.

25) Barbaro, *Diary*, p.67.

26) Kritovoulos, *Critobuli*, p.74.

27) Doukas, *Fragmenta*, p.296.

28) 아래 * 표시된 곳과 함께 Pertusi, *La Caduta*, vol.1, pp.185~186.

29) 같은 책, p.44.

30) 같은 책, p.44.

31) Pertusi, *La Caduta*, vol.1, p.36.

32) 같은 책, p.37.

33) Barbaro, *Giornale*, p.58.

34) Pertusi, *La Caduta*, vol.1, p.36.

35) 같은 책, p.36.

36) Freely, p.28에 인용된 프로코피오스의 말.

37) Norwich, vol.1, p.203에서 인용.

38) Kritovoulos, *Critobuli*, p.74.

39) Doukas, trans. Magoulias, p.225.

40) 아래 * 표시된 곳과 함께 Doukas, trans. Magoulias, p.227.

41) Doukas, *Fragmenta*, p.292.

42) 같은 책, p.227.

43) Khoja Sa'd-ud-din, p.30.

44) Tursun Beg, p.37.

45) Pertusi, *La Caduta*, vol.1, p.214.

46) 같은 책, pp.184~185.

47) Legrand, p.74.

48) Lewis, *The Muslim Discovery of Europe*, p.30에서 인용.

49) Freely, pp.211~212에서 인용.

50) Kritovoulos, *Critobuli*, pp.74~75.

51) 이하 442쪽의 * 표시된 곳은 모두 Lewis, *Istanbul*, p.8에서 인용.

52) 아래 * 표시된 곳과 함께 Pertusi, *La Caduta*, vol.1, pp.219~221.

53) 같은 책, p.327.

54) Norwich, vol.3, p.143.

현존하는 세계적 공포

1) Melville Jones, p.135.

2) 아래 * 표시된 곳과 함께 Camariotes, p.1070.

3) Pertusi, *La Caduta*, vol.2, p.416.

4) 같은 책, pp.44~46.

5) 아래 * 표시된 곳과 함께 Doukas, trans. Magoulias, pp.234~235.

6) Lewis, *Istanbul*, p.8에서 인용.

7) Khoja Sa'd-ud-din, p.33.

8) Kritovoulos, *Critobuli*, p.76.

9) Wheatcroft, *The Ottomans*, p.23에서 인용.

10) Pertusi, *La Caduta*, vol.1, p.xxxviii.

11) Schwoebel, p.8에서 인용.

12) 같은 책, p.4.

13) 같은 책, p.9에서 인용.

14) 같은 책, p.4.

15) Lewis, *The Muslim Discovery of Europe*, p.32.

16) Ibn Taghribirdi, pp.38~39.

17) 아래 * 표시된 곳과 함께 Doukas, *Fragmenta*, p.300.

18) Inalcik, *The Ottoman Empire*, p.56.

19) Schwoebel, p.43에서 인용.

20) Barbaro, *Giornale*, p.66.

21) Schwoebel, p.11에서 인용.

22) Babinger, p.358에서 인용.

23) Babinger, pp.170~171에서 인용.

24) 아래 * 표시된 곳과 함께 Othello.

25) 아래 * 표시된 곳과 함께 Matar, p.158에서 인용.

26) Khoja Sa'd-ud-din, p.33.

27) Runciman, *The Fall of Constantinople*, p.155에서 인용.

28) Mansel, p.15에서 인용.

29) 아래 * 표시된 곳과 함께 Mansel, p.32에서 인용.

30) Mansel, p.47에서 인용.

31) Schwoebel, p.9에서 인용.

32) Freely, p.3에서 인용.

33) Matar, p.159에서 인용.

34) Levey, p.15에서 인용.

35) *Istanbul : Everyman Guides*, p.82에서 인용.

36) Levey, p.18에서 인용.

37) Mansel, p.57에서 인용.

38) Freely, p.14에서 인용.

에필로그 : 안식할 수 있는 곳

1) Babinger, p.408에서 인용.

2) 같은 책, p.424에서 인용.

3) 같은 책, p.424에서 인용.

4) 같은 책, p.411에서 인용.

5) 같은 책, p.405에서 인용.

6) Babinger, p.408에서 인용.

7) Sphrantzes, trans. Philippides, p.21.

8) 같은 책, p.75.

9) 같은 책, p.91.

10) Pertusi, *La Caduta*, vol.1, p.162.

11) Setton, p.429에서 인용.

12) Chelebi, *Le Siege*, p.2.

13) Gilles, p.130.

자료에 관하여

1) Pertusi, *La Caduta*, vol.2, p.261.

2) Kritovoulos, *History of Mehmet*, pp.4~6.

| 참고문헌 |

자료집

Jorga, N., *Notes et extraits pour servir à l'Histoire des Croisades au XVe siècle*, 6 vols, Paris and Bucharest, 1899–1916.

Legrand, Emile, *Recueil de Chansons Populaires Grecques*, Paris, 1874.

Lewis, Bernard, *Islam from the Prophet Muhammad to the Capture of Constantinople*, 2 vols, New York, 1974.

Melville Jones, J. R., *The Siege of Constantinople 1453 : Seven Contemporary Accounts*, Amsterdam, 1972.

Pertusi, Agostino, *La Caduta di Costantinopoli*, 2 vols, Milan, 1976.

개별 자료

Barbaro, Nicolo, *Giornale dell' Assedio di Costantinopoli 1453*, ed. E. Cornet, Vienna, 1856;(in English) *Diary of the Siege of Constantinople 1453*, trans. J. R. Melville Jones, New York, 1969.

Brocquière, Bertrandon de la, *in Early Travels in Palestine*, ed. T. Wright, London, 1848.

Camariotes, Matthew, 'De Constantinopoli Capta Narratio Lamentabilis', in *Patrologiae Cursus Completus, Series Graeco-Latina*, vol. 160, ed. J. P. Migne, Paris, 1866.

Chelebi, Evliya, *In the Days of the Janissaries*, ed. Alexander Pallis, London, 1951.

Chelebi, Evliya, 'Le Siège de Constantinople d'aprè s le Seyahatname d'Evliya Chelebi', trans. H. Turkova, *Byzantinoslavica*, vol. 14, 1953.

Comnena, Anna, *The Alexiad of Anna Comnena*, trans. E. R. A. Sewter, London, 1969.

Doukas, *Decline and Fall of Byzantium to the Ottoman Turks*, trans. Harry J. Magoulias, Detroit, 1975.

Doukas, *Fragmenta Historicorum Graecorum*, vol. 5, Paris, 1870.

Gilles, Pierre, *The Antiquities of Constantinople*, London, 1729.

Gunther of Pairis, *The Capture of Constantinople : The Hystoria Constantinopolitana of Gunther of pairis*, ed. and trans. Alfred J. Andrea, Philadelphia, 1997.

Ibn Khaldun, *The Muqaddimah*, 3 vols, trans. Franz Rosenthal, London, 1958.

Ibn Taghribirdi, Abu al-Mahasin Yusuf, *History of Egypt, Part 6, 1382-1469 A.D.*, trans. W. Popper, Berkeley, 1960.

Khoja Sa'd-ud-din, *The Capture of Constantinople from the Taj-ut-Tevarikh*, trans. E. J. W. Gibb, Glasgow, 1879.

Kritovoulos, *Critobuli Imbriotae Historiae*, ed. Diether Reinsch, Berlin, 1983; (in English) *History of Mehmed the Conqueror*, trans. Charles T. Riggs, Westport, 1970.

Leonard of Chios, *De Capta a Mehemethe II Constantinopoli*, Paris, 1823.

Mihailovich, Konstantin, *Memoirs of a Janissary*, trans. Benjamin Stolz, Ann Arbor, 1975.

Nestor-Iskander, *The Tale of Constantinople*, trans. and ed. Walter K. Hanak and Marios Philippides, 1998.

Ovid, *Tristia*, Cambridge, Massachusetts, 1989.

Procopius, *Buildings*, London, 1971.

Pusculus, Ubertino, *Constantinopoleos Libri IV*, in Ellissen, *Analekten der Mittel- und Neugriechischen Literatur III*, 1857.

Spandounes, Theodore, *On the Origin of the Ottoman Emperors*, trans. and ed. Donald M. Nicol, Cambridge, 1997.

Sphrantzes, George, *The Fall of the Byzantine Empire : A Chronicle by George Sphrantzes 1401-1477*, trans. Marios Philippides, Amherst, 1980.

Sphrantzes, George, *A Contemporary Greek Source for th Siege of Constantinople 1453 : The Sphrantzes Chronicle*, trans. Margaret Carroll, Amsterdam, 1985.

Tafur, Pero, *Travels and Adventures, 1435-1439*, trans. Malcolm Letts,

London, 1926.

Theophanes Confessor, *The Chronicle of Theophanes Confessor*, trans. Cyril Mango and Roger Scott, Oxford, 1997.

Tursun Beg, *The History of Mehmed the Conqueror*, trans. Halil Inalcik and Rhoads Murphey, Minneapolis and Chicago, 1978.

현대의 저작들

Ak, Mahmut and Başar, Fahameddin, *Istanbul'un Fetih Günlügü*, Istanbul, 2003.

Akbar, M. J., T*he Shade of Swords : Jihad and the Conflict between Islam and Christianity*, London, 2002.

Armstrong, Karen, *Holy War : The Crusades and Their Impact on Today's World*, London, 1992.

Atil, Esin, *Levni and the Surname : The Story of an Eighteenth-century Ottoman Festival*, Istanbul, 1999.

Ayalon, David, *Gunpowder and Firearms in the Mamluk Kingdom*, London, 1956.

Aydin, Erdoğan, *Fatih ve Fetih : Mitler ve Gerçekler*, Istanbul, 2001.

Babinger, Franz, *Mehmet the Conqueror and His Time*, Princeton, 1978.

Bartusis, Mark C., *The Late Byzantine Army : Arms and Society, 1204-1453*, Philadelphia, 1992.

Baynes, Norman H., *Byzantine Studies and Other Essays*, London, 1955.

Bury, J. B., *A History of the Later Roman Empire from Arcadius to Irene, 395-800*, 2 vols, London, 1889.

Cahen, Claude, *Pre-Ottoman Turkey*, trans. J. Jones-Williams, London, 1968.

Carroll, Margaret, 'Notes on the authorship of the Siege Section of the Chronicon Maius', *Byzantion* 41, 1971.

Chatzidakis, Manolis, *Mystras : The Medieval City and the Castle*, Athens, 2001.

Cipolla, Carlo M., *European Culture and Overseas Expansion*, London, 1970.

Clark, Victoria, *Why Angels Fall : A Journey through Orthodox Europe from Byzantium to Kosovo*, London, 2000.

Coles, Paul, *The Ottoman Impact on Europe*, London, 1968.

Corfis, Ivy A. and Wolfe, Michael (eds), *The Medieval City under Siege*, Woodbridge, 1995.

De Vries, Kelly, *Guns and Men in Medieval Europe, 1200-1500*, Aldershot, 2002.

Dirimtekin, Feridun, *Istanbul'un Fethi*, Istanbul, 2003.

Emecen, Feridun M., *Istanbul'un Fethi Olayi ve Meseleleri*, Istanbul, 2003.

Encyclopaedia of Islam, Leiden, 1960.

Esin, Emel, *Ottoman Empire in Miniatures*, Istanbul, 1988.

Freely, John, *The Companion Guide to Istanbul*, Woodbridge, 2000.

Gill, Joseph, *The Council of Florence*, Cambridge, 1959.

Goffman, Daniel, *The Ottoman Empire and Early Modern Europe*, Cambridge, 2002.

Goodwin, Godfrey, *The Janissaries*, London, 1994.

Goodwin, Jason, *Lords of the Horizons : A History of the Ottoman Empire*, London, 1999.

Granville Browne, E. (ed.), *A History of Ottoman Poetry*, London, 1904.

Guilmartin, John F., *Galleons and Galleys*, London, 2002.

Haldon, J. and Byrne, M., 'A Possible Solution to the Problem of Greek fire', *Byzantinische Zeitschrift 70*, pp.91-99.

Hall, Bert S., *Weapons and Warfare in Renaissance Europe : Gunpowder, Technology and Tactics*, Baltimore, 1997.

Hattendorf, John B, and Unger, Richard W., *War at Sea in the Middle Ages and the Renaissance*, Woodbridge, 2003.

Heywood, Colin, *Writing Ottoman History : Documents and Interpretations*, Aldershot 2002.

Hogg, Ian V., *A History of Artillery*, London, 1974.

Howard, Michael, *War in European History*, Oxford, 1976.

Imber, Colin, 'The Legend of Osman Gazi', *The Ottoman Emirate 1300 - 1389*, Rethymnon, 1993.

Imber, Colin, 'What Does Ghazi Actually Mean', *The Balance of Truth : Essays in Honour of Professor Geoffrey Lewis*, Istanbul, 2000.

Imber, Colin, *The Ottoman Empire : 1300-1650*, Basingstoke, 2002.

Inalcik, Halil, 'Mehmet the Conqueror and His Time', *Speculum 35*, pp.408-427.

Inalcik, Halil, *Fatih Devri üzerinde Tetkikler ve Vesikalar I*, Ankara, 1987.

Inalcik, Halil, *The Ottoman Empire : Conquest, Organization and Economy*, London, 1978.

Inalcik, Halil, *The Ottoman Empire : The Classical Age 1300-1600*, London, 1973.

Istanbul : Everyman Guides, London, 1993.

Kaegi, Walter Emil, *Byzantium and the Early Islamic Conquests*, Cambridge, 1992.

Kazankaya, Hasan, *Fatih Sultan Mehmed'in Istanbul'un Fethi ve Fethin Karanlik Noktalari*, 2 vols, Istanbul, 1995.

Keegan, John, *A History of Warfare*, London, 1994.

Keen, Maurice (ed.), *Medieval Warfare : A History*, Oxford, 1999.

Kelly, Laurence, *Istanbul : A Traveller's Companion*, London, 1987.

Khadduri, Majid, *War and Peace in the Law of Islam*, Baltimore, 1955.

Kinross, Lord, *The Ottoman Centuries*, London, 1977.

Koran, The, trans. N. J. Dawood, London, 1956.

Levey, Michael, *The World of Ottoman Art*, London, 1971.

Lewis, Bernard, *Istanbul and the Civilization of the Ottoman Empire*, Norman, 1968.

Lewis, Bernard, 'Politics and War' in J. Schacht and C. E. Bosworth (eds), *The Legacy of Islam*, Oxford, 1979.

Lewis, Bernard, *Islam From the Prophet Muhammad to the Capture of Constantinople*, 2 vols, Oxford, 1987.

Lewis, Bernard, *The Muslim Discovery of Europe*, London, 1982.

Mackintosh-Smith, Tim, *Travels with a Tangerine*, London, 2001.

Mango, Cyril, *Studies on Constantinople*, Aldershot, 1993.

Mango, Cyril (ed.), *The Oxford History of Byzantium*, Oxford, 2002.

Mansel, Philip, *Constantinople : City of the World's Desire, 1453-1924*, London, 1995.

Massignon, Louis, 'Textes Prémonitoires et commentaires mystiques relatifs à la prise de Constantinople par les Turcs en 1453´, Oriens 6, pp.10–17.

Matar, Nabil, *Islam in Britain 1558–1685*, Cambridge, 1998.

Mathews, Thomas F., *The Art of Byzantium : Between Antiquity and the Renaissance*, London, 1998.

McCarthy, Justin, *The Ottoman turks : an Introductory History to 1923*, Harlow, 1997.

McNeill, William H., *The Rise of the West : A History of the Human Community*, Chicago, 1990.

Mijatovich, Chedomil, *Constantine Palaiologos : the Last Emperor of the Greeks*, 1448–1453, London, 1892.

Morris, Jan, *The Venetian Empire : A Sea Voyage*, London, 1980.

Murphey, Rhoads, *Ottoman Warfare 1500–1700*, London, 1999.

Nicol, Donald M., *Byzantium and Venice*, Cambridge, 1988.

Nicol, Donald M., *The Immortal Emperor : The Life and Legend of Constantine Palaiologos, Last Emperor of the Romans*, Cambridge, 1969.

Nicol, Donald M., *The Last Centuries of Byzantium, 1261–1453*, London, 1972.

Nicolle, David, *Armies of the Ottoman Truks 1300–1774*, London, 1983.

Nicolle, David, *Constantinople 1453*, Oxford, 2000.

Nicolle, David, *The Janissaries*, London, 1995.

Norwich, John J., *A History of Byzantium*, 3 vols, London, 1995.

Ostrogorsky, George, *History of the Byzantine State*, trans. Joan Hussey, Oxford, 1980.

Parry, V. J., *Richard Knolles' 'History of the Turks'*, ed. Salih Özbaran, Istanbul, 2003.

Parry, V. J. and Yapp, M. E. (eds), *War, Technology and Society in the Middle East*, London, 1975.

Partington, J. R., *A History of Greek Fire and Gunpowder*, Cambridge, 1960.

Pears, Edwin, *The Destruction of the Greek Empire and the Story of the Capture of Constantinople by the Turks*, London, 1903.

Rose, Susan, *Medieval Naval Warfare, 1000–1500*, London, 2002.

Runciman, Stephen, *The Eastern Schism : A study of the Papacy and Eastern Churches Druing the 11th and 12th Centuries*, Oxford, 1955.

Runciman, Stephen, *The Fall of Constantinople*, Cambridge, 1965.

Runciman, Stephen, *The Eastern Schism*, Oxford, 1955.

Schwoebel, Robert, *The Shadow of the Crescent : The Renaissance Image of the Turk, 1453–1517*, Nieuwkoop, 1967.

Setton, Kenneth M., *The Papacy and the Levant (1204–1571), vol. II : The Fifteenth Century*, Philadelphia, 1978.

Shaw, Stanford, *History of the Ottoman Empire and Modern Trukey, Vol. I : Empire of the Gazis*, Cambridge, 1976.

Sherrard, Philip, *Constantinople : The Iconography of a Sacred City*, London, 1965.

Simarski, Lynn Teo, 'Constantinople's Volcanic Twilight', *Saudi Aramco World*, Nov./Dec., 1996.

Stacton, D., *The World on the Last Day*, London, 1965.

Tsangadas, B. C. P., *The Fortifications and Defence of Constantinople*, New York, 1980.

Vakalopoulos, Apostolos E., *The Origins of the Greek Nation : The Byzantine Period, 1204–1461*, New Brunswick, 1970.

Van Millingen, Alexander, *Byzantine Churches in Constantinople*, London, 1912.

Van Millingen, Alexander, *Byzantine Constantinople*, London, 1899.

Vassilaki, Maria (ed.), *Mother of God : Representations of the Virgin in Byzantine Art*, Turin, 2000.

Ware, Timothy, *The Orthodox Church*, London, 1993.

Wheatcroft, Andrew, *Infidels : The Conflict between Christendom and Islam 638–2002*, London, 2003.

Wheatcroft, Andrew, *The Ottomans : Dissolving Images*, London, 1995.

Wintle, Justin, *The Rough Guide History of Islam*, London, 2003.

Wittek, Paul, *The Rise of the Ottoman Empire*, London, 1963.

Yerasimos, Stephane, *La Fondation de Constantinople et de Sainte-Sophie dans les Traditions Turques*, Paris, 1990.

Yerasimos, Stephane, *Les Traditions Apocalyptiques au tournant de la Chute de Constantinople*, Paris, 1999.

| 옮긴이의 말 |

'아시아'와 '유럽'이라는 말은 고대 아시리아어에서 각기 '일출'과 '일몰'을 의미한 '아수asu'와 '에레브ereb'라는 말에서 나왔다고 한다. 라틴어인 '오리엔스Oriens'와 '오키덴스occidens'도 같은 관념에서 나온 한 쌍의 말이다. 이 책에 자주 등장하는 '아나톨리아Anatolia' 역시 그리스어로 '일출'을 의미하는 '아나톨레anatolê'에서 나왔다. 이런 구분의 기준선은 이 책의 무대가 되는 두 개의 좁은 바다 보스포로스 해협과 다르다넬스 해협이었다. 즉 두 해협의 동쪽 아나톨리아(현재의 터키)는 해가 뜨는 아시아이자 오리엔트고, 그 서쪽 발칸 반도는 해가 지는 유럽이자 옥시덴트였다. 이들 개념이 유라시아 대륙 양쪽 끝까지 확대 적용된 것은 후대의 일이었다.

이 책은 바로 그 동양과 서양 두 세력이 벌인 중세 말의 가장 중요한 전쟁 이야기다. 당시 동양과 서양의 가장 큰 대결 요소는 종교였다. 서양은 서력기원 이후 유대교에서 갈라져 나간 기독교를 믿고 있었고, 동양은 7세기에 탄생한 이슬람교를 믿고 있었다(유교·불교·힌두교를 믿는 유라시아 대륙 동부의 사람들은 그들의 안중에 없었다). 흥미롭게도 이들 두 종교는 모두 유대교에서 갈라져 나와 유일신 체계 등 골격뿐만 아니라 세부적인 내용들까지도 비슷한 종교였다. 이슬람 세력은 서아시아와 북아프리카 지역을 석권하고 기독교 세계의 남동쪽과 남서쪽 끝인 발칸 반도와 이베리아 반도에 교두보를 마련하기 위해 끊임없이 '성전'을 벌였고, 기독교 세력은 이런 압박을 물리치고 이슬람의 손아귀에 들어간 두 종교 공통의 성지 예루살렘을 되찾기 위해 십자군을 조직하는 등 역시 '성전'으로 맞섰다.

이 책의 시간적 무대인 15세기의 상황은 어땠을까. 이베리아 반도에서는 8세기부터 시작된 이슬람 세력의 지배가 10세기 이후 점차 영토를 빼앗기면서 반도 남쪽 끝 일부만 유지한 채 종말을 기다리고 있었다. 반면에 발칸 반도에서는 이슬람계의 신흥 강자인 오스만 제국이 이미 상당 부분을 석권하고 있었다. 13세기 마지막 해에 건국된 오스만 제국은 제2대 술탄인 오르한 1세 때 처음 유럽으로 진출했고, 제3대 술탄인 무라트 1세는 1365년 발칸 반도의 에디르네로 수도를 옮겼다. 이후 잠시 숨을 고른 오스만 제국은 제5대 술탄 메흐메트 1세 때부터 다시 국력을 키워 이 책이 다루는 전쟁 직전에는 불가리아를 포함하는 도나우 강 이남의 발칸 반도를 거의 석권하고 세르비아를 속국으로 거느리는 등 두 대륙에 걸친 강자 자리를 굳히고 있었다.

반면에 오스만 제국의 등장 이전에 역시 발칸 반도와 아나톨리아의 두 대륙을 차지하고 있었던 비잔티움 제국은 콘스탄티노플과 그 교외 일부 그리고 펠로폰네소스 반도 정도로 영역이 축소돼 있었다. 말하자면 오스만 제국 안의 두 개의 섬만이 그들의 영역이었다. 영토상으로만이 아니라 국권 자체도 온전치 못해, 이 전쟁의 한쪽 지휘자인 비잔티움 황제 콘스탄티노스 11세의 즉위를 오스만 제국으로부터 승인받아야 하는 등 독립국과 속국의 위치를 넘나들고 있었다. 그렇다면 이 전쟁은 승부가 뻔한 전쟁이었다. 동원된 병력 역시 수십만 대

수천의 상대가 되지 않는 싸움이었다.

그러나 전쟁을 성립시킨 요인이 있었다. 바로 콘스탄티노플이라는 도시였다. 이 도시는 난공불락이었다. 도시는 두 변이 바다고 한 변이 육지인 세모꼴이었는데, 방어에 매우 유리한 조건을 지니고 있었다. 남쪽은 물살이 거세어 공격군의 접근을 허용치 않는 마르마라 해였고, 북동쪽은 크리소케라스라는 좁고 긴 만灣이었는데 그 입구만 잠가버리면 이 또한 안전한 부분이었다. 그러면 서쪽의 육지 부분만 남는데, 여기에는 내성과 외성 그리고 해자로 이루어진 강력한 삼중 성벽이 구축돼 접근을 허용치 않았다. 이 성벽은 내전 시 내부의 호응에 의해 성문이 열린 것을 제외하고는 외적이 이를 뚫고 들어간 적이 없었다. 이슬람 세력 역시 7세기 이후 계속해서 성벽 돌파를 노렸지만 모두 실패하고 보따리를 쌌다.

이런 상황에서 벌어진 이 전쟁은 서양사에서 중세와 근대의 분기점으로 여길 정도로 주목을 받아온 사건이었다. 이와 더불어 단일 사건으로는 유례가 없을 만큼 당시의 현장 기록들이 많고 이에 따라 연구도 많이 축적됐다. 이 전쟁만을 다룬 책으로 우리나라에서 번역된 것만으로도 스티븐 런시먼의 『1453 콘스탄티노플 최후의 날』(1965, 이순호 옮김)과 시오노 나나미의 『콘스탄티노플 함락』(1983, 최은석 옮김) 등이 있고, 최근에는 국내 저자인 김형오가 이를 소설 형식으로 가공한 『술탄과 황제』(2012)를 펴내기까지 했다. 이 책은 이런 여러 저서 가운데서도 가장 상세하다는 강점이 있다. 전쟁 이전의 상황을 간단히 짚고, 전쟁의 준비 과정과 전투의 전개 상황 그리고 전쟁 이후의 상황까지 비중에 따라 빼곡이 정리했다. 불과 몇 시간 만에 끝난 마지막 총공격 날은 시간대별로 장章을 달리해 서술할 정도다. 이와 함께 현장 목격자들의 진술을 육성 그대로 들려주는 점도 이 책의 미덕이다. 600개에 가까운 주석은 모두 이런 '현장의 육성'을 그대로 전한 흔적이다. 단순히 사실만 나열한 것이 아니라 난공불락이던 삼중 성벽이 무너진 원인을 과학기술의 발전에서 찾고, 당시 사회에서 불길한 징조로 여겨졌던 여러 가지 이상 기상 현상들의 원인을 지구 반대편에서 일어난 대규모 화산 폭발에서 찾는 등 분석도 곁들여 읽는 재미를 더해 준다. 콘스탄티노플 함락의 전모가 가장 알차게 정리된 책이다.

2015년 6월

옮긴이 이재황

| 찾아보기 |

비잔티움 제국 최후의 날

지은이 로저 크롤리
옮긴이 이재황
펴낸이 윤양미
펴낸곳 도서출판 산처럼

등 록 2002년 1월 10일 제1-2979
주 소 서울시 종로구 사직로8길 34 경희궁의 아침 3단지 오피스텔 412호
전 화 02-725-7414
팩 스 02-725-7404
E-mail sanbooks@hanmail.net
홈페이지 www.sanbooks.com

제1판 제1쇄 2015년 8월 5일

값 23,000원

ISBN 978-89-90062-59-8 03920